JN331270

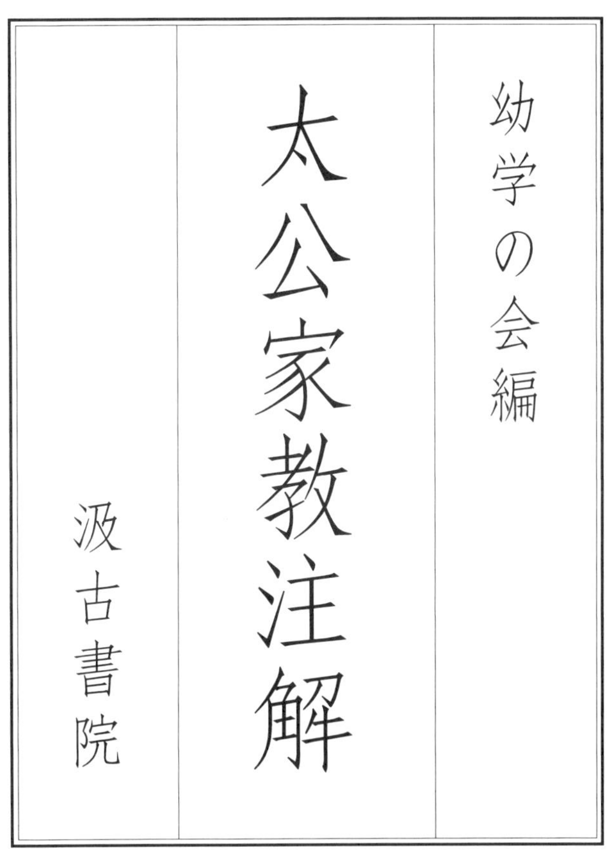

幼学の会編

太公家教注解

汲古書院

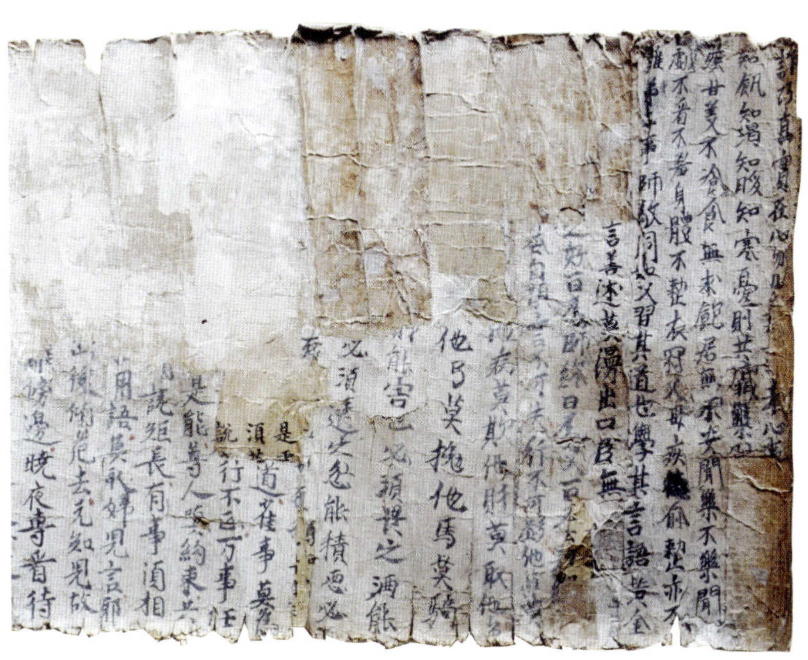

太公家教　42 寧楽本

目次

凡例

本書は、①略解題、②本文注解篇、③校異表、④影印篇、⑤解題、⑥索引から成る。

①略解題においては、太公家教の概略やその研究史、また、その諸本の残存状況や諸本の系統について簡単に説明した。

②本文注解篇は、〈本文〉〈校勘〉〈押韻〉〈通釈〉〈注〉から成り、次のような要領で作成した。

〈本文〉

一、底本には、P三七六四（諸本番号33）を用い、他の諸本により本文を校訂した。

一、本文の校訂については、〈校勘〉及び、③校異表を参照されたい。校異表における校訂本文が、〈本文〉に該当している。

一、最初と最後の章段を、それぞれ「序」「跋」とし、それ以外の本文内部を、押韻、内容によって、23の章段に分け、章段毎に冒頭に章段番号を示した。

一、校訂本文を上段に記し、下段にその書き下し文を配した。

一、本文には原則として通行の字体を用い、句読点を施した。

一、書き下し文は、現代仮名遣いによった。助字の類は原則として平仮名に直して表記した。

一、全文（「序」「跋」を含む）を613句とし、個々の章句の上に、通し番号を施した。

〈校勘〉

一、底本の原文を改めた場合は、本文にアラビア数字をつけて、【校勘】の項で説明した。

一、底本以外の諸本を呼ぶ場合、諸本の通し番号を用いた（略解題参照）。

一、無の記号は、底本にその部分の文字が無いこと、破は、破損、難は、難読を示す。

〈押韻〉

一、章段ごとに、韻字を指摘し、その韻の種類を示した。韻の分類は『広韻』に拠った。

一、一つの章段に同じ韻字が複数回現れるときは、最初のものだけを指摘し、それ以降は省略に従って、箇所数を記した。

〈通釈〉

一、【通釈】の項に、各章段毎の通釈を記した。

〈注〉

一、施注した箇所については、書き下し文に漢数字をつけて【注】の項で言及した。

一、注において諸本、系統に言及する場合は、略解題に示した諸本の通し番号、系統による。その諸本番号、系統は、校異表と共通である。

一、注の引用文中の〈　〉部分は、原文では小字注記であることを示す。

一、頻出する参考文献三点については、次の略称を用いた。

入矢校釈――入矢義高氏「「太公家教」校釈」（『福井博士頌寿記念　東洋思想論集』〈福井博士頌寿記念論文集

刊行会、一九六〇年〉所収）

松尾論文――松尾良樹氏「音韻資料としての『太公家教』―異文と押韻―」（『アジア・アフリカ言語文化研究』17、一九七九年3月）

ドミュエヴィル訳――Paul Demiéville, L'œuvre de Wang le zélateur（*Wang Fan-tche*）suivie des Instructions Domestiques de L'aïeul（*T'ai-Kong Kia-Kiao*）Poèmes populaires des T'ang（VIIIe-Xe siècles）édités, traduits et commentés d'après des manuscrits de Touen-houang, Bibliothèque de L'institut des Hautes Études Chinoises *Volume XXVI*, Collège de France Institut des Hautes Études Chinoises, Paris, 1982（P・ドミュエヴィル『太公家教』、山崎誠訳、幼学の会編『海外の幼学研究』2〈幼学の会、二〇〇八年〉所収）

③校異表は、33本（P三七六四）を底本として、太公家教現存諸本（断簡を含む）の全ての本文の様態を把握できるように、章段ごとに作成した。その校訂本文が、②の本文である。校異表の凡例については別に示した。

④影印篇には、敦煌文書（スタイン文書、ペリオ文書など）、トルファン文書における太公家教の写真を収めた。スタイン文書（S記号の文書番号を付す）、ペリオ文書（P記号の文書番号を付す）は、東洋文庫所蔵のマイクロフィルムの焼付写真に拠った（なおペリオ文書の内、『法蔵敦煌西域文献』1―34〈上海古籍出版社、一九九五―二〇〇五年〉に拠ったものもある）。羅振玉旧蔵三本は、『鳴沙石室佚書』『貞松堂蔵西陲秘籍叢残』一集に拠り、北京本は、『敦煌宝蔵』、寧楽本は、寧楽美術館提供の写真に拠る。トルファン文書は、『大谷文書集成』（龍谷大学善本

叢書10、法蔵館、一九九〇年）貳に拠った。影印に当たって、それらを敦煌文書（羅振玉本、スタイン本、ペリオ本、北京本、寧楽本）、トルファン文書の順に並べ、各文書はまた、その整理番号の順序に並べた（文書番号や残存状況などについては、略解題を参照されたい）。

⑤解題においては、略解題を踏まえ、太公家教の享受史に見られる問題点などを中心に論じ、今後の課題にまで踏み込んだ。

⑥索引は、語句索引、成句索引の二部から成っている。語句索引は、『太公家教』の重要語句を採り、成句索引は、その成句を拾ったものである。

太公家教注解

略解題

黒田彰

本書は、幻の幼学書、太公家教を注解したものである。その注解に先立ち、長い時を経て現在に甦った太公家教について、簡単な解説を加えておきたい。

近時、齋藤孝氏による『声に出して読みたい日本語』が評判となっている[①]。齋藤氏の主張は、文学作品（古典が多い）を暗誦し朗誦すること、即ち、音読するということが、ポイントなのだが、翻って考えてみれば、音読こそは、幼学が生命とする言語の第一の習得方法に外ならなかった。幼学とは、中国、日本における古代以来の所謂、初等教育を意味する術語である。その幼学の存在また、幼学が文学、文化に与える、基底的な影響の広さ、深さが明らかとなったのは、比較的近時のことに属する。

最須敬重絵詞巻二に、本願寺三世の覚如が「五歳ニテ、始テ朗詠集ヲウケ給ケルヨリ、イクハク月日ヲヘス、四部ノ読書ノ功ヲオヘ」とあるのに注目し、和漢朗詠集を始めとする「四部の書」というものが、我が中世に存在していたことを明らかにされたのは、太田晶二郎氏「「四部ノ読書」考」であった[②]。太田氏は、後宇多院御遺告などから、四部の書が四種一組の幼学書で、その四種とは、千字文（または、新楽府）、百詠、蒙求、和漢朗詠を指し、後に室町時代になると三注、即ち、千字文、蒙求、胡曾詩の注が広く行われるようになったとされる。また、氏は、それら幼学書の性質として、㈠故事、成語等を学び覚えるもので、㈡詩形態――毎句定字数、有韻――であって、暗誦に適し、㈢その本文を引っかかりとして、詳細は注として説明されているのに就いて知ることを得る、という三つの特徴を上げ、さらに、「幼学の書は、程度は低いものであるけれども、根柢的な影響を広範囲に及ぼす。高尚なる文芸・思想等に至っても、その史的考察に、当時の幼学書が何であったかを知って、之を考慮に入れる要がある」と説かれたことは、文学史、文化史を研究する者にとって、肝に銘ずべき、重要な提言であった。四部の書、三注を典型とする幼学は、以来、仏教における唱導（講経）活動の研究の進展に伴い、唱導と表裏をなす注釈活動の枢要な一角を占めることが知られつつあるが、それにしても、幼学の本格的な研究は、まだ緒に就いたばかりとすべきである。また、幼学書の範疇はさらに広く、我が国の仲文章、口遊、中国の孝子伝や太公家教などを数えることが出来る。③そして、幼学（また、注釈、唱導）には、なお未開拓、不明の領域が多々残されており、今後の研究に俟つべき課題は二、三に留まらない。

一

太公家教と呼ばれる、耳慣れない書物がある。太公家教は、古代の暗誦用幼学である。太公家教は、早く平安時代、我が国に将来されていた。そのことは、「日本第一大学生（のだいがくしょう）、和漢ノオニトミテ、ハラアシクヨロヅニキハドキ人」（愚管抄四）と評され、崇徳院方の大立者として保元の乱に斃れた藤原頼長の日記、台記康治二（一一四三）年九月二十九日条に、「今日所㆑見、及㆓一千三十巻㆒。因所㆑見之書目六（録）、載㆑左」とする「雑家三百四十二巻」の中に、

太公家教一巻、首付、保延六年

と記されていることによって分かる。頼長が本書を見たのは、保延六（一一四〇）年のことらしいが、興味深いのは、太公家教に先立つ六書目に、同じ保延六年分の書名として、「新楽府二巻、保延六年、受二夫子説一」、さらに太公家教の後、一書を隔て、「註千字文一巻、保延六年」「註百詠一巻、保延六年」などが見えることで、このことは、本書の幼学書としての性格を示唆するものとして、注目すべきである。太公家教はその後、鎌倉時代に金沢文庫、南北朝時代に東福寺などに伝えられていたようであるが、④内容については全く知られることのないまま、以後消息を絶ってしまう。⑤

中国においては、例えば六朝末の顔之推撰、顔氏家訓勉学八の、

諺曰、積レ財千万、不レ如二薄伎在一レ身

が、「余り傑作といえないこの諺は『太公家教』によるかも知れない」との説があり⑥（太公家教574、577句に、「積レ財千万……不レ如二薄芸（伎）随一レ軀（身）」と見える。句番号は仮に後述、入矢義高氏校訂本文のものによる）、もしそうであるならば、太公家教の最も古い引用例ということになろうが（また、北斉魏収の魏書二十七列伝十五穆崇の、「白玉投レ泥、豈能相汚」なども、同296、297句「白玉投レ泥、不レ汚二其色一」に拠るか。北史二十列伝八にも同じ句が見える）、従来本書の名の文献に現われた最初のものは中唐、李翺（りこう）（字は習之）の李文公集六「答二朱載言一書」に記す、

俗伝太公家教

であろうとされている。⑦そして、太公家教は、北宋十世紀末頃まで、子供の読み物として盛んに行われたが、十一世紀以降、漸次その流行が衰え、やがて滅びてしまったと言われている。⑧

かくて日中双方の文学史上から、久しくその姿を消したかに見えた太公家教が、奇跡的に再び世に現われたのは、二十世紀初頭に発見された所謂、敦煌文書の内においてであった。即ち、羅振玉氏が逸早く、民国二（一九一三）年

刊行の『鳴沙石室佚書』の中に、ほぼ完整なその内の一本を影印、収載したことにより、太公家教のなお今日における伝存が、広く世界的に知られることになったのである。[⑨]

とは言え、太公家教の本文内容に関する研究が飛躍的に進展したのは、やはり第二次世界大戦後のことであった。ここでは、我が国のそれを代表する入矢義高、松尾良樹氏の仕事に触れておく。まず入矢義高氏は、昭和三十五年十一月、「「太公家教」校釈」と題する論攷を発表し、短篇ながら複雑極まる太公家教の本文公刊に踏み切られた。[⑩]数多の異本を擁する太公家教の、本格的な校訂本文公刊の嚆矢とすべき、画期的な業績であった。入矢氏の作成されたその本文は、全六〇八句から成っており、加えて、深い含蓄に富む校注二四三条が付される。氏の校訂本文は、前述羅振玉氏旧蔵本を底本とし、併せて十三本のスタイン本及び、北京本（乃字三七ｖ。ｖは紙背文書 verso を指す）、寧楽本（寧楽美術館本）の計十六本に拠られたものであった。そして、氏が、太公家教の文章や内容から見た特徴を、左のように述べられていることは、大変重要である。

本書の文章は、すでに唐宋の学者たちが笑つたように、頗る鄙俗であり、しかもたどたどしい。大体としては四字句の韻語を基調とし、隔句押韻して、適宜に換韻しており、記誦し易いスタイルになつてはいる。しかし、時には韻を失つた句も混じており、ことに換韻の際にはそれがモタモタする傾きがある。その内容も、一貫した体系をもつておらず、儒家や老荘の人生観が錯雑して現われるほか、現実に根ざした生活の智慧のようなものも、少からず織りこまれている。しかも、その叙述の順序が前後錯綜していて、同内容の句の重出も二、三には止まらない。このように、本書はいかにも稚拙で、泥くさいものではあるが、しかし我々はそこに、当時の庶民生活から沁み出た体臭と、彼等の生活感情の陰影を読み取ることができる

また、校注を通じた「音韻上の注意すべき現象」の諸特徴から、

本書の成立時期が中唐であることを物語つている

ことを指摘されている点も、注意すべきであろう。

次いで、松尾良樹氏は、昭和五十四年三月、「音韻資料としての『太公家教』—異文と押韻—」と題する論文を著し、入矢氏が御覧になれなかったペリオ本に基づいて、より広汎な観点からもう一つの校訂本文を公刊された。[11] 松尾氏のそれは、まず全体が二十三節に分かたれ、計六二二句から成っている。氏が、本文作成上の底本とされたのは、P二五六四（原巻とされる。Pはペリオ本を指す）、P二八二五（甲巻）、P三六二三（乙巻）、P三七六四（丙巻）の四本で、他に入矢氏の用いられた十六本を参照する。氏の業績の特筆すべき点は、第一に、太公家教全二十三節の各節毎の押韻を明らかとし、それらを韻譜に纏めたこと、第二に、別途詳細な異文表を作成して、異文に看取される傾向、特徴を論じられたことにあるだろう。殊に、異文を通じて、

> とりわけ『太公家教』の場合には、句毎の独立性が強い上に、多くの小段落で意味のまとまりをなしているから、語句の改変が極めて行われやすい。異なる文字表記でありながら意味も異っているけれどもそれぞれの句としては意味が通っているという例がかなり頻出する

ことを上げ、そのような実態の背景として、音通という現象に注目し、以下の如く指摘されていることは、非常に重要であろう（Sはスタイン本を指す）。

『太公家教』の写本には題記を有するものが幾つかあるが、次に挙げる各題記は注目に価いする。

S四七九　写本「乾符六年正月廿八日学士呂晶〔康〕三読誦記」　乾符六年は八七九年。

P二八二五　写本「大中四年庚午正月十五日学生宋文顕読　安文徳写」　大中四年は八五〇年。

この題記から、『太公家教』が暗誦されるものであったことを確めることができる。中国に於ける初等教育に於

ける暗誦の重視、とりわけ童蒙の識字課本に於いては、それは必須のことであったし、隔句毎の押韻また暗誦の便宜のための工夫であったことも考え合せねばならない。さらにP二八二五写本からは書写に際して原本を見ながらそれを忠実に書き写すというやり方以外に、一人が唱え、別の人がそれを書くというやり方があり得たことを知ることができる。そして、宋文顕なる人物が読み、安文徳が記したという記載は、二人の間の情報の伝達が言語音声を媒介としたことを意味するわけで、とすれば、これは音声として表現された言語を、中国語ではいかに文字で表記するかという問題と関わる。中国語では音の分節単位と意味の分節単位とが強固な結合関係を保っており、文字はこの結合関係の接点の役目を担う。しかし音の分節単位は少数で限られているのに対し、意味の分節単位は無数であって、そのため、一つの音分節単位に多くの意味分節単位が結ばれることになる。文字で言えば、多くの同音異字が存在することになる。音声言語を文字で表記するとは、その音に結びつく同音異字のどれかを表記することであり、そのどれを選ぶかは文脈によって決められるのである。その際に、同音異字群からはみ出た別の字を用いることは少い、と思われる。字形を書き誤ることはあるだろうが、全体としてはさほど多くない

なおその他、国外における太公家教の本文研究として重要なものに、ポール・ドミュエヴィル[12]、高国藩[13]、汪泛舟[14]、周鳳五[15]、鄭阿財・朱鳳玉[16]などの諸氏による業績を上げることが出来る。

敦煌出土の太公家教には、入矢氏が、「恐らく原作者の手に成ると思われる」と言われた[17]、序文と跋文が付いていて、本書撰述の動機や目的などを知ることが出来る。ここで、それらを一瞥しておく。まず序文を示せば、次の通りである（羅振玉氏旧蔵本に拠り、他本を参照した）。

〔余乃生逢㆓乱㆒代、長値㆓危時㆒。

亡(望)レ郷失レ士、波迸流離。
只欲二隠レ山学(居住)レ道、不レ能二忍レ凍受レ飢。
只欲レ揚二〔名〕後代一、復無二晏嬰之機一。
才軽徳薄、不レ堪二人師一。
徒二消人食一、浪二費人衣一。
随レ縁信レ業、且レ逐二時之宜(随)一。
輒以討二論(其)墳典一、簡二択書詩(詩書)一。
依レ経傍レ史、約二礼時宜一。
為二書一巻一、助二誘童児(幼)一、
用伝二於後一。幸願思レ之

序文は、「時」「離」「飢」「機」以下、広韻上平韻（5支―8微）で隔句押韻されている。文中の乱代、危時が、具体的に何時を指すのかは、よく分からない。波迸は、散り散りになること、晏嬰は、春秋時代の名臣の名で、墳典は、三墳五典を指し、古い書物を意味している。右の序文から、太公家教は、幼学書たらんことを動機、目的として作られたものであって、一方、それは専ら儒教的立場を基本とする書物であること等が知られる。さらに「随レ縁信レ業」などに、仏教語（縁、業）の使用されていることも、注意すべきである。続けて、跋文を示せば、次の通りである（羅振玉氏旧蔵本欠。S三八三五に拠り、他本を参照した）。

余之志也、
四海為レ宅、五常為レ家。

不レ驕(思)二身意(恩愛)一、不レ楽二栄華一。
食不二重味一、衣不二純麻一。
唯(為)貪二此書一巻一、不レ用二黄金千車一。
集二之数韻一、未レ弁二玼(雌)瑕一。
本不レ呈二於君子一、意三欲教二於童児一。(了也)

跋文も、「家」「華」「麻」「車」「瑕」と、下平韻（9麻）で隔句押韻されている（最後の「児」のみ、上平韻〈5支〉）。「四海為レ宅」は、住居を定めぬこと、五常は、儒教の徳目、仁、義、礼、智、信を指す。玼瑕は、玉の傷で、欠点や誤りの意味である。跋文からは、本書が数種の押韻から成ること、やはり幼学書たらんと心懸けて作られたことや、また、著者にとって「此書一巻」が「黄金千車」より大切なものであったらしいことなどを、読み取り得る。

しかし、その序文、跋文からは、太公家教の作者についての具体的な事実を、殆ど窺うことが出来ない。その作者に関し、例えば太田晶二郎氏は宋、王明清の玉照新志五に、「世伝太公家教……当二是唐村落間老校書為レ之」と言うのを受けて、「唐代、田舎の老書生が作ったもの」とされている。⑱ 書名についても、確かなことは分からない。王明清は、太公を「猶二曾高祖之類一」即ち、曾祖（祖父母の父母）や高祖（祖父の祖父）の如きものと考え、王国維氏は、本文中に、「太公未レ達、釣二魚於水一」の句がある所から、「或後人因レ是、取二太公二字一、冠二其書一」とされている。⑲ 敦煌文書中に、姉妹篇のような武王家教の存することを思えば、原書名の由来はさて置くとして、現在の書名に関しては、王国維氏の説が該当しそうである。

二

太公家教は、人生の様々な局面における、言わば処世訓を、暗誦用に仕立てた幼学書である。左に、その内容の一部を紹介しよう。第292句―313句（入矢氏校訂本に拠る。松尾氏のそれによる第13段）の本文を示せば、次の通りである（羅振玉氏旧蔵本に拠り、他本を参照した）。

292近㆑朱者赤、293近㆑墨者黒。
294蓬生㆓麻中㆒、295不㆑扶自直。
296白玉投㆑泥、297不㆑汚㆓其色㆒。
298近㆑佞者諂、299近㆑偸者賊。
300近㆑愚者痴、301近㆑賢者徳。
302近㆑聖者明、303近㆑淫者色。
304貧人由㆑嬾、305富人懇㆑力。
306勤耕之人、307必豊㆓穀食㆒。
308勤学之人、309必居㆓官職㆒。
310良田不㆑耕、311損㆓人功力㆒。
312養㆑子不㆑教、313費㆓人衣食㆒

隔句の押韻は、入声24職である（黒、賊、徳のみ、入声25徳）。292・293句は、晋、傅玄の太子少傅箴（太平御覧二四四所引）に、「近レ朱者赤、近レ墨者黒」と見え、諺「朱に交われば赤くなる」の源流に当たる。諺の流布、成立に幼学の果たした役割は大きい。294・295句は、大戴礼記五、七に「蓬生二麻中一、不レ扶自直」（太平御覧九九七所引曾子にも）、荀子一に、「蓬生二麻中一、不レ扶而直」、論衡二率性八に、「蓬生二麻間一、不レ扶自直」などとある。296・297句は、魏書二十七列伝十五に、「白玉投レ泥、豈能相汚」、石山寺本真言要決一に、「孔子云……白玉投二於緇泥一、不レ能レ汚二毀其色一」などと見える（論語陽貨の、「不レ曰レ白乎、涅而不レ緇」〈孔安国説に、「至白者、染二之於涅一而不レ黒」と言う〉から出たか）。また、310・311句は、敦煌本百行章34に、「良田……不レ耕、終是荒蕪之穢」、312句は、敦煌本武王家教に、「太公曰、養レ子不レ教、為二一錯一」などとある。さて、292句以下については、十五本の太公家教諸本が現存するが、296・297「白玉投レ泥、不レ汚二其色一」二句の無い本が、十五本中の八本に達する。本句の前後は全て、回りの感化が大きいことを言うのに対し、本句のみ、回りに感化されないことを言い、前後と一致しない。さらに292・293と294・295、298・299と300・301以下の対句を崩すので、この二句は、後人の増益の可能性が高い（諸本間の余の異同に関しては、省略に従う）。

敦煌出土の太公家教は、管見に入ったものとして目下、四十八本の伝存が確認できる[20]（他に西夏本などもある）。今、それらを羅振玉氏旧蔵本、スタイン本、ペリオ本、北京本、寧楽本、大谷本の順に、通し番号を付して示せば、左の如くである（Bは北京本を指す。同一文書内に、幾つかのそれが含まれる場合には、アルファベットの小文字で区別する。下段に入矢氏による校訂本の句番号、（　）内に松尾氏による句番号、その下の〔　〕内に本書の校訂本文の句番号を示した。また、題は題記を、首は首題のあること、尾は尾題のあることを、それぞれ表わしている）。

1羅振玉氏旧蔵本――1～595（1～609）〔1～600〕首尾

2　同甲巻——366～413（374～423）〔366～415〕

3　同乙巻——343～384（349～394）〔343～386〕

4　S四七九——566～595（580～609）〔571～600〕尾

5a　S一一六三a——348～608（356～622）〔348～613〕尾

5b　v b——題

5c　v c——120（125）〔124〕

5d　v d——120、121（125、126）〔124、125〕

5e　v e——170、171、172（174、175、176）〔172、173、174〕

5f　v f——386（396）〔388〕

5g　v g——436～442（447～453）〔439～445〕

5h　v h——555（573）〔560〕

6a　S一二九一a——5～142（5～147）〔5～146〕

6b　v b——142～211（147～215）〔146～213〕

6c　c——229～299（233～305）〔231～299〕

7　S一四〇一——439～607（450～621）〔442～613〕

8　S三〇一一v——29、30（29、30）〔29、30〕

9　S三八三五——50～608（50～622）〔50～613〕尾

10　S四九〇一v——1（1）首〔1〕

11 S四九二〇——412〜608（422〜622）〔414〜613〕尾
12 S五六五五——395〜608（405〜622）〔397〜613〕尾
13 S五七二九——8〜82（8〜82）〔8〜86〕
14 S五七七三——128〜279（133〜285）〔132〜281〕
15 S六一七三——95〜361（100〜369）〔99〜361〕
16 S六一八三——33〜125（33〜130）〔33〜129〕
17 S六二四三——403〜524（413〜538）〔402〜529〕
18 P二五五三1——1〜43（1〜43）〔1〜43〕
19 P二五六四——1〜608（1〜622）〔1〜613〕首尾
20 P二六〇〇——596〜607（610〜621）〔601〜612〕尾
21 P二七三八——50〜595（50〜609）〔50〜600〕
22 P二七七四——454〜552（465〜566）〔454〜557〕
23 P二八二五——139〜608（144〜622）〔143〜613〕尾
24 P二九三七——48〜354（48〜362）〔48〜354〕
25 P二九八一v——218〜595（222〜609）〔220〜600〕
26 P三〇六九——452〜571（463〜585）〔455〜576〕
27 P三一〇四——252〜361（257、258〜369）〔254〜361〕
28 P三二四八v——68〜232（68〜236）〔68〜239〕

29 P三四三〇—160～457、458（164～468、469）〔162～460〕
30 P三五六九—348～595（356～609）〔348～600〕尾
31 P三五九九—1～442（1～453）〔1～446〕首
32a P三六二三a—3～595（3～609）〔3～600〕尾
32b vb—題
32c vc—題
33 P三七六四—1～608（1～622）〔1～613〕首尾
34a P三七九七a—376～608（386～622）〔374～613〕尾
34b vb—題
35a P三八九四a—119～515（124～529）〔123～520〕
35b vb—題
36 P四〇八五—63～229、230（63～233、234）〔63～232〕
37 P四五八八—478～595（489～609）〔481～600〕尾
38 P四八八〇—1～46（1～46）〔1～50〕首
39 P四九九五v—181～442（185～453）〔183～445〕
40 P五〇三一(13)—46～61（46～61）〔46～61〕
41a B一一v（乃三七v）a—1～5（1～5）〔1～5〕首
41b vb—1～41（1～41）〔1～41〕首尾

42寧楽本――48〜107〔48〜112〕〔49〜111〕
43大谷本三一六七――423〜436〔434〜447〕〔426〜439〕
44大谷本三一六九――475〜484〔486〜495〕〔478〜487〕
45大谷本三一七五――371〜389〔381〜399〕〔373〜391〕
46大谷本三五〇七――1〜10〔1〜10〕〔1〜10〕
47大谷本四三七一――463〜471〔474〜482〕〔466〜474〕
48大谷本四三九四――567〜588〔581〜602〕〔572〜593〕

ところで、右の太公家教諸本は一体、何時頃書写されたものなのだろうか。43―48は、大谷文書即ち、吐魯番（トルファン）文書中の太公家教の断簡であるが[21]、大谷文書は四―八世紀間のものとされるから[22]、これらは八世紀以前のものということになろう。今暫く43―48の大谷本を別として、諸本を見互すと、その内の幾本かに書写年時を記すものがあって、およその年代を知る手掛りとすることが出来る。以下に、それらの主要なものを列挙してみる。

イ（23P二八二五）大中四年庚午正月十五日学生宋文顕読安文徳写。
ロ（4S四七九）□（乾）符六年正月廿八日学生呂康三読誦記。
ハ（30P三五六九）維景福二年二月十二日蓮台寺学士索威建記耳。
ニ（33P三七六四）天復九年己巳歳十一月八日学士郎張允平時写記之耳。
ホ（37P四五八八）壬申年十月十四学士郎張盈信紀書之二。

ヘ（5aＳ一一六三ａ）庚戌年十二月十七日永寧寺学仕郎如順進自手書記。
ト（9Ｓ三八三五）庚寅年十二月日押牙索不子自手記耳。
チ（24Ｐ二九三七ｖ）維大唐中和肆年二月廿五日沙州燉煌郡学士郎兼充行軍徐解然太学博士宋英達。
リ（34bＰ三七九七ｖｂ）開宝九年丁丑年四月八日王会……維大宋開宝九年丙子歳三月十三日写子文書了。

イ—リの年紀を、西暦に置き直して示せば、左の通りである。

イ大中四年—八五〇年
ロ乾符六年—八七九年
ハ景福二年—八九三年
ニ天復九年—九〇九年
ホ壬申年—八五二、九一二年
ヘ庚戌年—八九〇、九五〇年
ト庚寅年—九三〇、九九〇年
チ中和四年—八八四年
リ開宝九年—九七六年

ニの天復（九〇一—九〇三）は三年までしかなく、続く天祐（九〇四—九〇七。九〇七年、唐滅亡）の四年間を挟み、天復九年というのは、実際は五代後梁の開平三年に当たる。ホヘトは干支年号で、推定し得る二つの案を上げた。また、チリは、太公家教の書かれた文書の裏面に見える年紀となっている（なお35b〈P三八九四v〉には、光化四〈九〇一〉の年紀も見える）。これらによって、敦煌出土の太公家教諸本1—42は、九世紀後半の五、六十年間（イ—ニ）ないし、九世紀半ばから十世紀にかけて、約百五十年の間に写されたものであることが判明する。

中で、太公家教を書写するに際し、イに、

　学生宋文顕読、安文徳写

とあり（敦煌本開蒙要訓の一本〈S七〇五〉にも、「大中五年辛未三月廿三日、学生宋文献誦、安文徳写」と見える）、ロに、

　学生呂康三読誦記

とあることは前述、松尾氏も注目された如く、一人が誦し、もう一人がそれを書き写す、或いは、誦しつつ書くという、幼学における暗誦、音読の重要さ、また、実態を示唆するものとして、極めて興味深い資料となっていることを、ここで再確認しておきたい[23]。

さて、前掲太公家教諸本の8S三〇一一vには、

　得人一牛、還人一馬。得人一牛、還人一馬。得人一牛、還人一馬。得得得人人人一。得人一牛、還。得人一牛、還人一馬。人一牛、還一馬

なる文言が見える[24]（図版参照）。これは、太公家教第1段29、30句「得㆓人一牛㆒、還㆓人一馬㆒」を繰り返し書いたもので、両句を暗記し、併せて、用字の練習を試みた文章に外ならず、当時の人々の、音読を中心とする、幼学への接し方を示す、大変貴重な資料と言えよう。数行後には、「千字文勅員外」なども見える（8S三〇一一vの表は、論

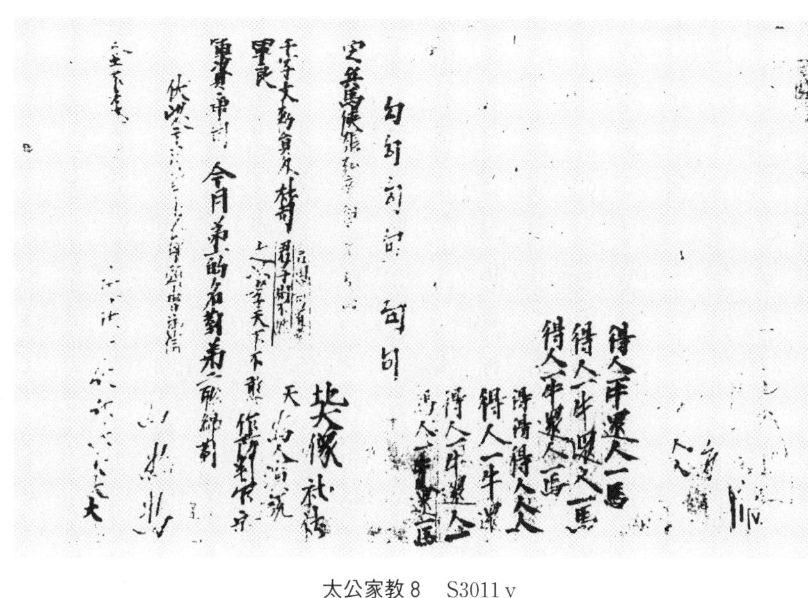

太公家教８　S3011ｖ

語集解巻六、七）。また、9S三八三五、10S四九〇一ｖなどには、千字文が合写され、加えて、15S六一七三の裏文書は、千字文だが、一行に同じ字を二十回前後繰り返したものが、全面を埋め尽くしており、恰も私達の初等教育における漢字練習帖を彷彿とさせるものがあると同時に、表の太公家教の幼学としての性格を示す点に、注意すべきであろう。[25]

三

幼学書における太公家教の特徴の一つは、現存するその諸本四十八本を通覧しても、有注本が一本も見当たらないことであろう。このことは、同じ敦煌文書にあって、例えば千字文に千字文注（S五四七一、P三九七三ｖ）が、[26]百詠に百詠注（S五五五、P三七三八）が、[27]蒙求に蒙求注（P四八七七、敦研〇九五〈敦煌研究院蔵〉）が[28]備わることと較べ、太公家教の内容的特質を際立たせるものと考えて良い。つまりその内容は、当時の人々にとって極めて平易なものであって、別途注に就いて学ぶ必要がなく、直ちに読誦に入り得る、即ち、音読を専らとしたものと思われるのである。そして、この内容的特質こそが、人々に広範に受け容れられ、上掲の如き多数の写本を今日に残す、理由の一半をなしたものと考えられる。

敦煌出土の太公家教が多数の写本を擁することについては、例えば松尾氏が、

> 敦煌俗文学資料の中では極めて多くの写本を有〔し〕……恐らく異文資料としては、その示しうる現象の幅は屈指のものである……このことは、『太公家教』がいかに流行したかを物語るものである

と指摘された通りである㉙。ところで、不思議なことに、太公家教には、いまだに定まった本文が存在しない。それは例えば入矢氏による校訂本文が全六〇八句、松尾氏によるそれが六二二句と、全句数が異なっていることを見ても分かる。その原因が偏に太公家教の伝存諸本の多さにあることは、誠に皮肉なことと言わなければならないであろう。松尾氏の指摘されたように、諸本の多さは、テキストとしての異文の振幅を劇的に大きなものとし、異文の扱い方一つが、直ちに句数の変化と結び付いているのである。そして、このような混乱の根幹に横たわるのが、太公家教諸本というものの得体の知れなさであることは、言を俟つまい。しかし、従来太公家教諸本、殊にその内容系統を対象に取り上げた研究は、管見に入らない。ところで、本書所収の校異表の作成過程において、1—42の敦煌から出土した太公家教諸本には、一定の系統の存することが明らかとなった。以下、そのことを簡単に説明しよう㉚（43—48の大谷本の系統は後述）。

太公家教112—131句の本文を示せば、次の通りである（入矢氏校訂本に拠る）。

112見㆓人善事㆒、113必須㆑讃㆑之。
114見㆓人悪事㆒、115必須㆑掩㆑之。

116隣有㆓災難㆒、117必須㆑救㆑之。
118見㆓人闘打㆒、119必須㆑諫㆑之。
120見㆓人不是㆒、121必須㆑語㆑之。
122好言善術、123必須㆑学㆑之。
124意欲㆑去処、125必須㆑審㆑之。
126不㆑如㆑意者、127必須㆑教㆑之。
128非㆓是時流㆒、129必須㆑棄㆑之。
130悪人欲㆑染、131必須㆑避㆑之

押韻は、全て上平声7支である。126・127句は、論語学而の、「無㆑友㆓不㆑如㆑己者㆒」、子罕の、「毋㆑友㆓不㆑如㆑己者㆒」を言い換えたものであろう。さて、上記112—131句については、太公家教諸本の四十二本中、十七本に本文が伝存する（1、21、32a、9、28、35a、19、15、31、24、33、16、6a、36、5c、5d、14本）。次頁の**対校表**は、入矢氏校訂本文に対する、その十七本の本文異同の状況を示したものである。始めに入矢氏校訂本文を置き（句番号を付す）、その左に十七本を置いてある（諸本は前掲1—42の番号で示す）。諸本番号下の空白は、そのテキスト本文が、右側の入矢氏校訂本文と同じであることを表わし、異同のある場合は、そのテキストの文字を書き入れてある（墨滅等は省略）。——は、その句（文字）が無いことを示す。‖は、破損、□は、難読をそれぞれ表わしている。▼は、当該箇所に、入矢氏校訂本文には無い句が入ることを示し、その句は、表末に一括して、番号順に上げてある。……▶は、……▶が112—131句内における某テキストの始め、◀……が終わりを表わす（**対校表**参照）。

対校表における、例えば句の有無を示す、——部に着目すると、まず19、15、31、24、6a、36六本に、112、113二句

太公家教対校表

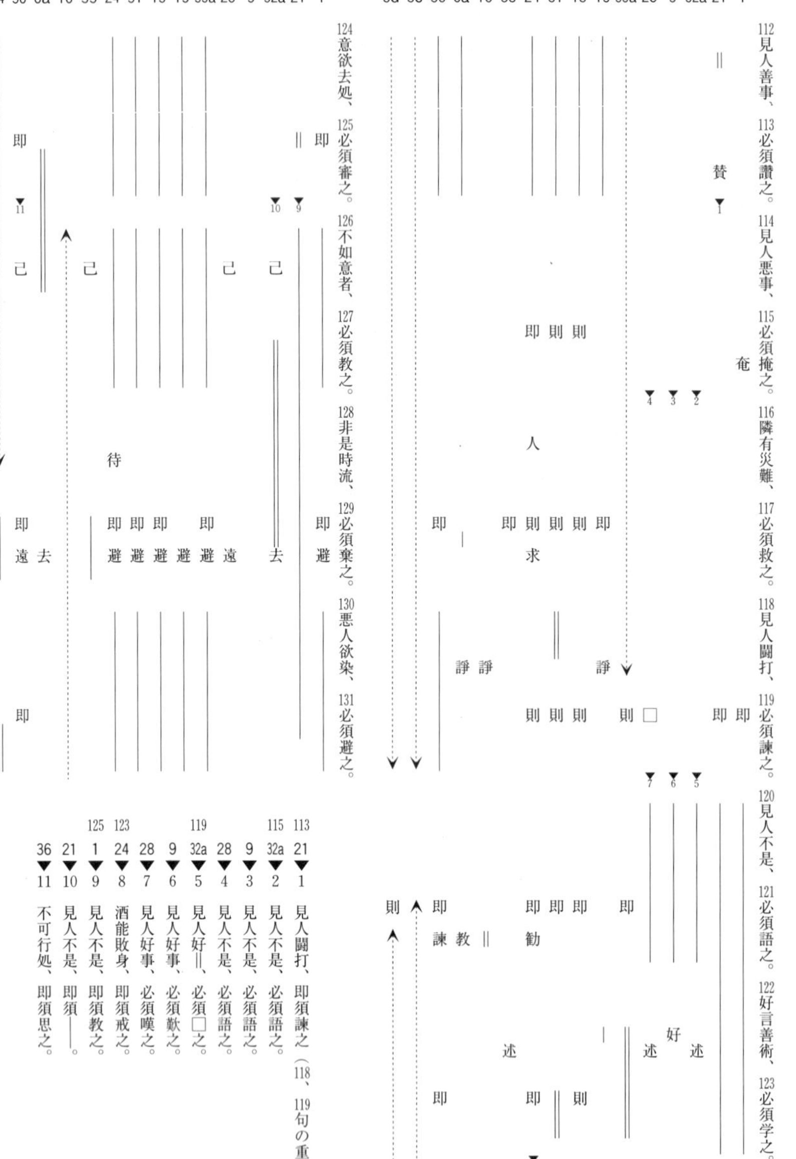

1 21 32a 9 28 35a 19 15 31 24 33 16 6a 36 5c 5d

112見人善事、113必須讃之。114見人悪事、115必須掩之。116隣有災難、117必須救之。118見人闘打、119必須諫之。120見人不是、121必須語之。122好言善術、123必須学之。

1 21 32a 9 28 35a 19 15 31 24 33 16 6a 36 14

124意欲去処、125必須審之。126不如意者、127必須教之。128非是時流、129必須棄之。130悪人欲染、131必須避之。

1 (113) 21 見人闘打、即須諫之（118、119句の重出）。

2 (115) 32a 見人不是、必須語之。

3 9 見人不是、必須語之。

4 28 見人不是、必須語之。

5 (119) 32a 見人好‖、必須□之。

6 9 見人好事、必須歎之。

7 28 見人好事、必須嘆之。

8 (123) 24 酒能敗身、即須戒之。

9 (125) 1 見人不是、即須教之。

10 21 見人不是、即須——。

11 36 不可行処、即須思之。

が無いことに気付く。また、1、21二本には、120、121、122、123四句が無いのに対し、32a、9、28三本には、120、121二句が無いこと以下、これらの句の有無は、一定の秩序をもっており、句の有無に従って、諸本が幾つかのグループ、即ち、系統を形作っているらしいことが分かる。そして、対校表における、諸本の――部を整理することにより、次の六つの系統を得ることが出来るのである㉛（諸本は前掲1―42の番号で示す。無は、当該句の無いことを表わす）。

(1) 1・21→120―123四句無。126、127二句無。130、131二句（「悪人欲染、必須」）無。
(2) 32a・9・28→120、121二句無。
(3) 35a・19・15・31・24→112、113二句無。124―127四句無。130、131二句無。
(4) 33・14→129句無。
(5) 16（125句まで存）
(6) 6a・36→112、113二句無。（不明、5c〈120句のみ〉・5d〈120・121句のみ〉）

(1)―(6)は、対校表の句の有無により、諸本を整理したに過ぎないが、(1)や(2)、(6)、また、(3)の24本など、相対的なものとは言え、強固なグループを形作っていることが知られるであろう。

そこで、敦煌本太公家教の全文を仮に二十五段に分かち、右に見る如き、句の有無を中心に、表現上の異同をも加味して、各段における諸本の様相を辿ることにより、今考証を全て省いて結論のみを示せば、暫定的に以下のA―G七系統、十類の、太公家教の諸本系統を得ることが出来る（題のみの五本〈5b、32b、32c、34b、35b〉を省く。一～三句を存するだけの10、8、5e三本は、系統不明に含める）。また、43―48大谷本は、43―45、48四本のF系統に属することが、既に判明している[32]（46、47本は系統不明）。

太公家教諸本系統一覧

A　1・21・42・23・26

B　(1) 19・18・41a・41b・3

　　(2) 35a・27

C　(1) 31・15・39・5a

　　(2) 29

　　(3) 17

D　32a・9・28・13・6b

E　33・38・16・6a・36・14・2・22

F　24・25・6c・30・7・37・4・〔43・44・45・48〕

G　34a・12・11

不明、10・8・5c・5d・5e・5f・5g・5h・20・40・43・〔46・47〕

以上、謎の多い幼学、太公家教の基礎的研究として、校異表作成の前提となる諸本整理の仮説を提示してみた。E系統やDの一部、また、G系統が、諸本中相対的に古態を留めようことは、かつて指摘したことがあるが[33]、大谷本の属するF系統も、大谷文書が八世紀以前のものであることから考えて、確実に古い系統であると言えるであろう。

さて、例えば348・349句「三人同行、必有二我師一焉」等に見る論語の引用や、336・337句「知レ過必改、得レ能莫レ忘」等に見る千字文の受容のことなどは、本書の注解篇を参照されたい。

付記　当略解題は、黒田彰「音読する幼学―太公家教について」（『文学』7・2、平成18年3月）に加筆、訂正を加えたものである。校了近く、19本を底本とする太公家教訳注を含む、伊藤美重子氏による労作、『敦煌文書にみる学校教育』（汲古書院、平成20年12月）に接したが、残念なことに、その成果は殆ど取り入れることが出来なかった。

注

① 齋藤孝氏『声に出して読みたい日本語』（草思社、平成13年）

② 太田晶二郎氏「「四部ノ読書」考」（太田晶二郎著作集一、吉川弘文館、平成3年。初出昭和34年）。また、今野達氏「童子教の成立と注好選集―古教訓から説話集への一パターン―」（『説話文学研究』15、昭和55年6月。『今野達説話文学論集』〈勉誠出版、平成20年〉四に再録）参照。

③ 幼学の会による『諸本集成 仲文章注解』（勉誠社、平成5年）、『口遊注解』（勉誠社、平成9年）、『孝子伝注解』（汲古書院、平成15年）参照。また、同メンバー黒田彰、後藤昭雄、東野治之、三木雅博による『上野本 注千字文注解』（和泉書院、平成元年）もある。

④ 太田晶次郎氏「「太公家教」」（太田氏注②前掲書。初出昭和24年）

⑤ 例えば童蒙抄（寛文六年刊）に引かれる太公家教は、全て明末の善書、明心宝鑑を介するものであるとされる（太田氏注④前掲論文）。

⑥ 宇都宮清吉氏訳注『顔氏家訓』（中国古典文学大系9〈平凡社、昭和44年〉所収）八章九三、458頁注二。なお当略解題は、校異表、校訂本文などの作成と併行しながら書かれたものであるため、以下に引用する太公家教本文は、原則として入矢義高

氏注⑩後掲論文所収の校訂本文（羅振玉氏旧蔵本を底本とする）に拠っており、句番号や本文等、本書所収のものと、一部異なる場合があることを、予め断わっておきたい。

⑦ 王国維氏「太公家教跋」（羅振玉氏刊『鳴沙石室佚書』所収太公家教〈民国二年〉跋）

⑧ 王重民氏「太公家教」（同氏『敦煌古籍叙録』〈商務印書館、一九五八年〉三、子部上所収。初出一九四八年）

⑨ 羅振玉氏注⑦前掲書。なお同氏の民国中刊『貞松堂蔵西陲秘籍叢残』一集にも後述、別の二本の断簡を収めている。

⑩ 入矢義高氏「「太公家教」校釈」（『福井博士頌寿記念 東洋思想論集』〈福井博士頌寿記念論文集刊行会、昭和35年〉所収）

⑪ 松尾良樹氏「音韻資料としての『太公家教』—異文と押韻—」（『アジア・アフリカ言語文化研究』17、昭和54年3月）。なお校了近く接した、伊藤美重子氏による、太公家教の訳注も（同氏『敦煌文書にみる学校教育』〈汲古書院、平成20年〉二部一章附2）、松尾氏と同様、P二五六四を底本とし、全体を二十五段、六二二句に分けられている。

⑫ Paul Demiéville, L'œuvre de Wang le zélateur (*Wang Fan-tche*) suivie des Instructions Domestiques de L'aïeul (*T'ai-Kong Kia-Kiao*) Poèmes populaires des T'ang (VIIIe-Xe siècles) édités, traduits et commentés d'après des manuscrits de Touen-houang, Bibliothèque de L'institut des Hautes Études Chinoises *Volume XXVI*, Collège de France Institut des Hautes Études Chinoises, Paris, 1982. P・ドミュエヴィル、山崎誠訳『太公家教』（海外の幼学研究2、幼学の会、平成20年）

⑬ 高国藩氏「敦煌写本『太公家教』初探」（『敦煌学輯刊』一九八四・一）

⑭ 汪泛舟氏「『太公家教』考」（『敦煌研究』一九八六・一）、『敦煌古代児童課本』（敦煌文化叢書、甘粛人民出版社、二〇〇〇年）三

⑮ 周鳳五氏『敦煌写本太公家教研究』（明文書局、民国七十五〈一九八六〉年）

⑯ 鄭阿財・朱鳳玉氏『敦煌蒙書研究』（敦煌学研究叢書、甘粛教育出版社、二〇〇二年）四章二節一、二

⑰ 入矢氏注⑩前掲論文

⑱ 太田氏注④前掲論文

⑲ 大国維氏注⑦前掲跋

⑳　なおS三八七七中に、「捜神記一巻、太公家教一巻、孝経一巻、百鳥名一巻、茶酒一巻」と書名が見える。また、かつて饒宗頤氏が、「京都藤井氏有鄰館蔵敦煌残巻紀略」（『選堂集林　史林』〈中華書局香港分局、一九八二年〉下所収）において、「藤井〔守一〕君旋出目録数紙相示、楷書端正、其首題云、「何彦昇秋輦中丞蔵敦煌石室唐人秘笈六十六種」、乃知藤井君所得者、即何氏旧物。因検勘之、止得五十八種、尚欠其八。而目録中有《太公家教》残巻、亦不在藤氏所得之内、蓋早散出者……唐蘭亦曾蔵有《太公家教》残巻（見北京大学《五十周年紀念敦煌考古工作展覧概要》）……藤井氏所蔵敦煌残巻簡目（何彦昇旧蔵……何氏原目中、尚有《太公家教》一、祭文一、孔子項託問答文一（有天福年号）、藤井氏蔵均無之」と指摘された、藤井斉成会有鄰館本（何彦昇旧蔵本）太公家教は、饒宗頤の指摘通り、藤井有鄰館には現存しない（藤井善三郎館長御教示）。また、唐蘭旧蔵本も行方が知れない。

㉑　大谷探検隊が日本に齎した大谷文書、即ち、吐魯番文書の内に、太公家教の残簡が存することを、早くに発見されたのは小島憲之氏であった（「学事閑日―ある童蒙教訓書断片を中心として―」〈『短歌文芸　あけぼの』10・4、昭和52年8月〉。なお同氏の『万葉以前―上代びとの表現』〈岩波書店、昭和61年〉八章「海東と西域―啓蒙期としてみた上代文学の一面―」にも言及がある〈初出、昭和58年〉）。小島氏は、大谷文書三一六七号が太公家教の一部に外ならないことを明らかにされ、敦煌の地以外にも吐魯番において、太公家教の行われた可能性を始めて示唆したのである。次いで、鄭阿財氏は、大谷文書三一六七の他、三一六九、三一七五、三五〇七も太公家教であることを指摘され（「学日益斎敦煌学札記」、『周一良先生八十生日記念論文集』所収、中国社会科学出版社、一九九三年）、また、近時、張娜麗氏は、それら四点の大谷文書に、四三七一、四三九四の二点を加え、現在、計六点の太公家教が大谷本として数えられることを明らかにされたのである（『西域出土文書の基礎的研究』〈汲古書院、平成18年〉Ⅲ部一章一）。その六本が43―48の大谷本に該当する。43―48は、小田義久氏編『大谷文書集成』弐（龍谷大学善本叢書10、法蔵館、平成2年）図版七五、八二、八四、八五に収録されている（但し、47〈四三七一〉は、図版未収録）。その釈文篇によれば、43は九・六糎×九・二糎、44は、九・五×七、45は、一一・三×一〇、46は、一〇・七×九、47は、四・三×五、48は、一〇・五×一〇・五の大きさとされ、43―45三本は、共に「朱点を附す」と注されている。さらに44は、「三六六七号文書〔43〕と関連?」と言われる。

㉒ 小田義久氏『大谷文書の研究』（法蔵館、平成8年）二章

㉓ 松尾氏注⑪前掲論文、及び、東野治之氏『遣唐使と正倉院』（岩波書店、平成4年）三部「敦煌と日本の『千字文』」参照。また、イ―リの奥書に散見する学生、学士、学士（仕）郎等と幼学書（初学書、訓蒙書）との深い関わりについても、東野論文に詳しい。また、学校との関わりは、伊藤美重子氏「敦煌写本「太公家教」と学校」（『お茶の水女子大学中国文学会報』20、平成13年4月。同氏注⑪前掲書、二部一章に再録）参照。

㉔ 図版は、『敦煌宝蔵』25に拠る。

㉕ 東野氏注㉓前掲論文参照。また、日本における千字文の伝来、流布については、同氏『書の古代史』（岩波書店、平成6年）二章3「『千字文』と古代の役人」参照。

㉖ 注③前掲『上野本 注千字文注解』参照。

㉗ 胡志昂氏『日蔵古抄李嶠詠物詩注』（海外珍蔵善本叢書、上海古籍出版社、一九九八年）参照。

㉘ 鄭阿財・朱鳳玉氏注⑯前掲書三章二節一に、両本の翻字を収める。さて、敦煌本蒙求注については、かつて王重民が、それをP五五二二として紹介されたことがあり（注⑧前掲書三、子部上「李氏蒙求、李翰撰」）、我が国において最も通行する蒙求注の権威、早川光三郎氏は、その王氏の説を受けて、P五五二二を古注蒙求の一本と認定しつつ、「P五五二二号は仏人ベルナール・フランク氏の書簡によれば、嘗ては見られたのであるが、現在はどう紛れたのか見当たらぬとのことである。それ故、今は王氏の解説のみが手掛かりである。それによると、この残闕本は……書陵部本などに酷似する」（新釈漢文大系58『蒙求』上解説、明治書院、昭和48年）と言われたが、例えば『敦煌遺書総目索引』（商務印書館、一九六二年）によれば「蒙求註」は、P四八七七である（なおP五五二二は、同書に、「五〇四四至五五二二（闕）」と記す。また、敦煌研究院編『敦煌遺書総目索引新編』〈中華書局、二〇〇〇年〉も、P四八七七を「蒙求注」とするが、P五五二二は、「古文尚書禹貢十一行」であって、「P・五〇四四至五五二一（空号）」と記されている）。故に、P四八七七、新出の敦研〇九五両本は、紛れもなく蒙求の新注（徐子光注）以前の古注と捉えられるべきものである。蒙求注に関しては、徐子光注以前の古注（旧注）に注意すべきこと、夙に山田孝雄（「蒙求と国文学」㈠㈡、『國學院雑誌』19・10、11、大正2年10、11月）、山岸徳平氏（「説話文学の

支那的要素」、『文学』2・5、昭和9年5月。「翻訳・翻案文学としての説話文学」、『国語と国文学』15・4、昭和13年4月）らの指摘された通りであり、蒙求の古注等については近時、池田利夫氏による労作『蒙求古註集成』四巻（汲古書院、昭和63—平成2年）が備わるが、惜しまれるのは、敦煌本蒙求注の含まれないことである。ペリオ本に関しては、相田満氏による故宮博物院本蒙求注との比較研究（「中国故事の古層と新層—『類林』系類書と『蒙求』をめぐる問題について—」〈和漢比較文学叢書18『和漢比較文学の周辺』所収、汲古書院、平成6年〉）が、敦研〇九五については、張娜麗氏による翻字、故宮博物院本等との比較（「敦煌研究院蔵李翰《蒙求》試解—与日蔵古抄本之比較」、『敦煌研究』二〇〇二・五）などが出現しつつあるものの、なお我が国における敦煌本蒙求注両本の本格的且つ、正式な紹介と、蒙求古注としての体系的な位置付けが、目下の急務と言えよう。

㉙ 松尾氏注⑪前掲論文。伍子胥変文、父母恩重経講経文、句道興捜神記などに与えた影響については、入矢氏注⑩前掲論文校注17、28、216等に詳しい。なお入矢氏が、大目乾連冥間救母変文の、「「覆水盆に返らず」と太公も申されぬ」（「覆水難収大（俗）公云」）に関して、「太公望の教えを集めたと称する『太公家教』（実は中唐に編まれた格言集）にも出ている」（『仏教文学集』〈中国古典文学大系60、平凡社、昭和50年〉80頁注五五）とされるのは、太公家教に見えず、思い違いか（395句「不レ照二覆盆之下一」を取り違えるか）。

㉚ 敦煌本1—42の各段に亙る具体的な諸本の様相及び、それらの考証の詳細は、黒田彰「太公家教攷」（『日本敦煌学論叢』一〈比較文化研究所、平成18年〉所収）及び、岡田美穂「太公家教の諸本生成と流動」（『中京大学文学部紀要』41・2、平成18年12月）を参照されたい。

㉛ しかし、これは入矢氏校訂本文に対し、諸本に無い句の幾通りかの型を分類してみたに過ぎない。結果に違いはないが、112—131句における諸本系統について正確には、さらに▼1—11に示した句の入替り、増減を考慮した、やや複雑な手続きを必要とする。例えば今、異同が集中的に現われる112句以下を、

112 113「見人善事、必須讃之」—a

114 115「見人悪事、必須掩之」—b

116 117「隣有災難、必須救之」―c
118 119「見人闘打、必須諫之」―d
120 121「見人不是、必須語之」―1
122 123「好言善術、必須学之」―2
124 125「意欲去処、必須審之」―3
126 127「不如意者、必須救之」―4
128「非是時流」―5_1
129「必須救之」―5_2
130 131「悪人欲染、必須避之」―6
▼567「見人好事、必須歎（嘆）之」―a′

と符号化して、112―131句における諸本の形を整理してみると、やはり次の如く六系統となることが知られる。

(1) 1・21→abcd31$5_1$$5_2$（246無）。
(2) 32a・9・28→ab1cda′234$5_1$$5_2$6。
(3) 35a・19・15・31・24→bcd12$5_1$$5_2$（a346無。24は、2の次に、「酒能敗身、即須戒之」〈5段の102、103句〉二句を置き、別系としても良い。35aは、119句以下存）。
(4) 33・14→abcd1234$5_1$6（5_2無）。
(5) 16→abcd123（4以下欠）。
(6) 6a・36→bcd1234$5_1$$5_2$6（a無）。（不明、5c・5d）

㉜ 43―48大谷本の系統については、黒田彰「大谷文書の太公家教―太公家教攷・補」（『佛教大学文学部論集』93、平成21年3月）参照。

㉝ 黒田注㉚前掲論文

本文注解篇

〔序〕（1～22）

1 2 余乃生逢乱代、長値危時。
3 4 望[1]郷失土、波迸流移。
5 6 只欲隠山学道、不能忍凍受飢。
7 8 只欲[2]揚名後代、復無晏嬰之機。
9 10 才軽[3]徳薄、不堪人師。
11 12 徒消人[4]食、浪費人衣。
13 14 随縁信業、且[5]逐随時之宜。
15 16 輒以討論墳典、簡択書[6]詩。
17 18 [7]依経傍史、約礼時宜。
19 20 為書一巻、助[8]誘童児、
21 22 流伝万代。幸願[9]思之。

余、乃ち生まれて乱代に逢い、長じて危時に値（あ）う。
[一]郷を望み土を失いて、[二]波迸（はほう）流移す。
只（ただ）山に隠れて道を学ばんと欲するも、凍（こご）えを忍び飢えを受くること能（あた）わず。
[三]只名を後代に揚げんと欲するも、復（また）[四]晏嬰の機無し。
才軽く徳薄くして、人の師たるに堪えず。
徒（いたず）らに人の食を消（つく）し、浪（みだ）りに人の衣を費す。
[五]縁に随い業に信（まか）せて、且（まさ）に時の宜（よろ）しきに逐随（したが）わんとす。
輒（すなわ）ち以て[六]墳典を討論し、[七]書詩に[八]簡択す。
[九]経（けい）に依り史に傍（そ）いて、[一〇]礼に時宜を約す。
書一巻を為（つく）り、童児を助け誘（いざな）い、
万代に流伝せん。幸願（ねが）わくは之（これ）を思え。

【校勘】1郷失……移只欲、底本破、38により補う。　2欲揚……嬰之、底本破、6aにより補う。　3徳、底本「得」、6a他により改める。　4食浪……信業、底本破、38により補う。　5逐、底本「遂」、38他により改める。6書詩、底本破、38により補う。　7依経……史約、底本破、6aにより補う。　8誘、底本「幼」、38他により改める。　9思之、底本破、38により補う。

【押韻】時（上平7之）、離（上平5支）、飢（上平6脂）、機（上平8微）、師（上平6脂）、衣（上平8微）、宜（上平5支。二箇所）、詩（上平7之）、児（上平5支）、之（上平7之）。

【通釈】私はそもそも世の中が乱れた時代に生まれ、成長しては危険な時代に出会った。望郷の思いを抱きながら、土地も失い、逃げ廻り散り散りになって他国をさまよった。ただ山に隠れて道を学びたいと思うけれども、寒さや飢えに耐えることが出来ない。ただ我が名を後世に揚げたいと願うけれども、私には晏嬰のような素質はない。才能も徳も軽薄で、人の師たる資格はない。いたずらに人が与えてくれる食料や衣服を消費するだけだ。前世から決められている命運に従って、世の中の流れが良しとする所に従おうと思う。そこで、古典を検討し、『書経』や『詩経』から選び出し、経書や史書に依りながら、礼を基準として時代が良しとするものを纏めた。一巻の書を作り、子供たちを助け導き、後の世に永く伝えたいと思う。どうかこの思いを考えてほしい。

【注】

一　望郷を、「忘郷」に作る本もあるが、これでも意味は通る。

二　波迸は、逃げ廻って散り散りになること、流移は、故郷を離れて他国をさすらうこと。『晋書』食貨志に、「至㆓於永嘉㆒、喪乱弥甚。雍州以東、人多㆓飢乏㆒、更相鬻売、奔迸流移、不㆑可㆓勝数㆒」とある。流移を、「流離」に作る本もあるが、その「波迸流離」の例は、『隋書』房陵王勇伝に、「恋㆑土懐㆑旧、人之本情。波迸流離、蓋不㆑獲㆑已」とある。

三　名を後代に揚ぐは、『孝経』開宗明義章に、「立㆑身行㆑道、揚㆓名於後世㆒、以顕㆓父母㆒、孝之終也」とある。

四　晏嬰は、春秋時代の斉の宰相。霊公、荘公、景公に仕え、よく国を治めて、名臣と称された。『史記』列伝に伝がある。機は、素質。

五　随縁、業は、仏教語。前世から決定されている命運に従って。『伍子胥変文』に「（子胥）按㆑剣悲歌而歎曰……悲歌已了、更復前行、信㆑業随㆑縁、至㆓於潁水㆒」とある。

六　墳典は、三墳五典のこと。古い書物。

七　書詩は、『尚書（書経）』と『毛詩（詩経）』を言う。

八　簡択は、選び出すこと。

九　経は、経書を言う。

一〇　礼に時宜を約しは、礼を基準として時代が良しとするものを纏めて、の意。約礼は、『論語』の用語。『論語』雍也に、「君子博学㆓於文㆒、約㆑之以㆑礼」とある（子罕、顔淵にも）。

〔第1段〕（23～50）

23 24 経[1]論曲直、書論上下。
25 26 易弁剛柔、詩[2]分風雅。
27 28 礼上往来、楽[3]尊高下。
29 30 得人一牛、還人一馬。
31 32 往而不来、非成礼也。
33 34 来而不往、亦非礼也[4]。
35 36 知恩報恩、風流儒雅。
37 38 有恩不報、豈成人也。
39 40 事君尽忠[5]、事父尽孝。
41 42 礼聞来学、不聞往教。
43 44 捨父事師、必望功効。
45 46 先[6]慎口言、却整容皃。
47 48 善事須貪、悪事莫楽。

経[一]は曲直を論じ、書[二]は上下を論ず。
易[三]は剛柔[四]を弁じ、詩[五]は風雅[六]を分かつ。
礼[七]は往来を上(たっと)び、楽[八]は高下を尊ぶ。
人[九]より一牛を得て、人に一馬を還す。
往[一〇]きて来ざるは、礼を成すに非ざるなり。
来て往かざるも、亦(また)礼に非ざるなり。
恩[一一]を知り恩を報ずるは、風流[一二]の儒雅なり。
恩有りて報ぜざるは、豈(あに)成人[一三]ならんや。
君に事(つか)え忠を尽くし、父に事え孝を尽くす。
礼[一四]に来たりて学ぶを聞き、往きて教うるを聞かず。
父[一五]を捨て師に事うるは、必ず功効[一六]を望む。
先[一七]ず口言を慎み、却(のち)に容皃(ようぼう)を整う。
善事[一八]はすべからく貪(むさぼ)るべく、悪事は楽(この)む[一九]莫(な)かれ。

真[7]実在心、勿行虚教[8]。

— 真実は心に在り、虚教を行う勿かれ。

【校勘】1経論曲、底本破、38により補う。 2詩分風、底本「分流儒」、38他により改める。 3楽尊高下、底本破、38により補う。 4也、底本難、16による。 5忠、底本「終」、16他により改める。 6先、底本破、38により補う。 7真、底本「直」、24他により改める。 8教、底本「巧」、16他により改める。

【押韻】下（上35馬）、雅（上35馬）、馬（上35馬）、也（上35馬）、孝（去36効）、教（去36効）、効（去36効）、皃（去36効）、楽（去36効）。

【通釈】儒教の聖典である六つの経書は、物事の曲直を論い、例えばその内の『書経』は、君臣の上下関係を説き明かしている。また、『易経』は、陰と陽とを弁別し、『詩経』は、風（民謡）と雅（宮廷詩）とを分けている。そして、『礼記』『周礼』『儀礼』などの礼の書は、人の往き来、礼のやりとりを大切なものとし、また、『楽経』は、音の高低を肝要とする。さて、礼について言えば、例えば人から一頭の牛を貰ったならば、人に一頭の馬を返すものだ。また、自分が行くだけで、人が来ないというのは、礼になっていない。同様に、逆に人が来るだけで、自分は行かないのもまた、礼に適わない。人から受けた恵みを注意深く見分け、それに報いる者は、先人の遺風を受け継いだ、正しい儒学を奉ずる者と言えよう。人の恵みを受けながら、それに報いようとしないような者は、どうして一人前の立派な人間と言えようか。君主には臣事し、父親には孝行を尽くすものである。礼として弟子たる者は、先生の許にやって来て学ぶもので、先生が弟子の所へ出掛けて行って教えるなどという話は、聞いたことがない。

〔第１段〕（23〜50）

若者が一旦、父親を捨てて先生に付くのは、必ずや将来、立派な仕事を成し遂げることを期待してのことである。だから、若者はまず口のきき方に十分気を配り、次いで己れの姿形（すがたかたち）を、礼に背かぬようきちんとすることだ。また、善い事に関しては、必ずそれを楽しむべく、反対に悪い事は、些かといえども好んではならない。大体まことというものは、人の心の中に備わっているものであって、内実の伴わない教えを決して践み行ってはならない。

【注】

一　経は、儒教の正典を指す。経書のことで、具体的には後述の六経。

二　書は、六経（詩、書、礼、楽、易、春秋）の一の『書経』を指す。

三　易は、六経の一、『易経』を指している。

四　剛柔は、陰陽の意。『易経』繫辞上に、「剛柔断」、「剛柔相摩」などと見える。

五　詩は、六経の一、『詩経』を指す。

六　風雅は、『詩経』の六義（六つの分類法。風、雅、頌、賦、比、興）における風（民謡）と雅（宮廷詩）のこと。

七　礼は、六経の一の『礼記』『周礼』『儀礼』を指す。上は、尊ぶ。往来は、人の行き来で、礼のやりとりを言う。『礼記』曲礼上に、「礼尚㆓往来㆒」とあるのに基づく。

八　楽は、六経の一、楽経（がくけい）を指している（楽経は散逸して伝わらない）。高下は、音の高低。19本以下、当句を「尊卑高下」に作る諸本が多いのは、前句「礼上㆓往来㆒」に引かれ、『礼記』曲礼上の、「君臣上下、父子兄弟、非㆑礼不㆑定」「礼者自卑而尊㆑人」などによって形を変えられたものであろう。『太公家教』におけるこのような異文の存在について、松尾論文に、「とりわけ『太公家教』の場合には、句毎の独立性が強い上に、多くの小段落で意味のまとまりをなしているから、語句の改変が極めて行われやすい。異なる文字表記でありながら意味も異っているけれどもそれぞれの句としては意味が通っているという例がかなり頻出する。例えば28句「楽尊高下」の異文「尊卑高下」はこれでも句としての意味は通っており、ただ前後の文脈から、書易詩礼に続くものとして楽に作るべき事が分るにすぎない。また26句「詩分風雅」の異文「風流儒雅」は、原巻では二行後に当る36句「風流儒雅」と風・雅二字が共通するために誤られたものであろう」と言われる。なおドミュエヴィル訳は、「礼尚往来、尊卑高下」の本文を立て（「尚」とする本はない。氏が『礼記』により、独自に本文を改めたもの）、「尊卑高下」句をも礼の説く所に掛けるが、この処置は、23・24句「経論曲直、書論上下」について、特に書と経を引く理が不明で、礼の領分であろうとする、氏の解釈に深く関わる。しかし、経は道理の姿、書は上古の天と人また、天子と臣民の上下を説くものと見て、問題はなく、六経の楽を見失った処置と思われる。

九　当句の類句が『王梵志詩集』（二二一）に、「得二他一束絹一、還二他一束羅一」と見え、『五灯会元』十六には、「得二人一牛一、還二人一馬一」と当句が引かれる。

10　『礼記』曲礼上に、「往而不レ来、非レ礼也。来而不レ往、亦非レ礼也」とあるのに基づく。

11　以下の句は、『明心宝鑑』下安義篇十五に、「太公曰、知レ恩報レ恩、風光如レ雅、有レ恩不レ報、非レ為レ人也」と引かれる。また、類句が、『王梵志詩集』に、「有レ恩須二報上一、得レ済莫二孤恩一」（二一七）、「知レ恩須レ報レ恩、有レ恩莫レ不レ報」（二一八）、「先得二他恩重一、酬償勿レ使レ軽」（二一九）などと見える。

12　風流は、先人の遺風余流。儒雅は、儒学を奉ずる者。『庾信集』一「枯樹賦」に、「殷仲文者風流儒雅、海内知レ名」とある。

13　成人は、教養や人格の完成した人。『論語』憲問に、「子路問二成人一」とある。当句は、『伍子胥変文』に、「有レ恩不レ報、豈成人也。有レ恩若レ報、風流如雅」と見える。

一四　『礼記』曲礼上に、「礼聞二来学一、不レ聞二往教一」とあるのに基づく。

一五　捨父は、暫く父を捨て去る意。

一六　功効は、勲功。功も、効も、いさおし（手柄）の意。

一七　『礼記』冠義に「礼義之始、在下於正二容体一斉二顔色一順中辞令上。容体正、顔色斉、辞令順、而后礼義備」とある（辞令は、言葉遣い）。口言は、口で言うこと。却については、入矢校釈の校注（19）に、「案ずるに、「却」は俗語、「後」の義。唐詩・変文に屢見」と指摘されている。

一八　当句は、『王梵志詩集』（二四三）に、「悪事惣須レ棄、善事莫二相違一」と見え、『明心宝鑑』継善篇一に、「太公曰、善事雖レ貪、悪事莫レ楽」と引かれる。なお1羅振玉本について、入矢校釈校注（20）は、「底本〔1羅振玉本〕は「善能行孝、物（勿）貪悪事、莫作詐巧」三句に作る。案ずるに、底本は「善能行孝」の句を衍するか、或はこの句の上に更に一句を脱するか。寧楽本〔41〕は「詐巧」二字を存し、底本に似る」と言う。

一九　楽（ごう）は、去声で、好むこと。

二〇　真実を底本以下「直実」に作るものがあることについて（校異表参照）、入矢校釈校注（21）は、「敦煌写本には此の二字混用の例多し」とする（直実は、正しい性質）。虚教は、内容を伴わない教え。後漢、荀悦の『申鑒』二に、「未レ可二以備一、謂二之虚教一」などと見える。

〔第２段〕（51～66）

51 52 孝子事父、晨省暮看[1]。
53 54 知飢知渇、知暖知寒。
55 56 憂則共戚、楽則同歓。
57 58 父母有疾、甘美不飡。
59 60 食無求飽、居無求安。
61 62 聞楽不楽、聞戯不看。
63 64 不修[2]身体、不整衣冠。
65 66 父母疾愈、整亦不難。

[一]孝子は父に事(つか)え、[二]晨(あした)に省み暮れに[三]看る。
飢えを知り渇きを知り、暖を知り寒を知る。
憂えるときは則ち共に戚(うれ)え、楽しむときは則ち同(ひとし)く歓ぶ。
[四]父母疾(やまい)有れば、甘美飡(くら)わず。
食は飽くを求むること無く、[五]居は安きを求むること無し。
[六]楽(がく)を聞けども楽まず、戯(わざおぎ)を聞けども看ず。
身体を[七]修(かざ)らず、衣冠を[八]整(ただ)さず。
父母の疾愈(い)ゆれば、整しても亦難あらず。

【校勘】１看、底本「飡」、31他により改める。　２修、底本「羞」、6a他により改める。

【押韻】看（上平25寒。二箇所）、寒（上平25寒）、歓（上平26桓）、飡（上平25寒）、安（上平25寒）、冠（上平26桓）、難（上平25寒）。

【通釈】孝行な息子は父に仕えるため、早朝には見舞い、暮れ方にはご機嫌を伺う。飢えてはいないか、喉が渇いてはいないかと気を付け、或いは暑がってはいないか、寒くはないかと気を付ける。心配事がある時は、共に悩みを分かち合い、父が満足していれば、等しく楽しめば良い。父母が病気で看病している間は、旨い食事をしてはならない。また、飽きるまで食べることを求めてはならないし、居心地の良さを求めてもならない。音楽を聴いても楽しんではならないし、演劇（アトラクション・雑伎）の騒ぎが聞こえても視てはならない。身体を飾り立てず、身繕いや冠を正すこともしない。父母が回復すれば、それらを正しても構わない。

【注】

一　以下の十六句は、第1段の「事レ父尽レ孝」の孝子の心得について述べたもので、次の段落（67～80の十六句）が弟子の心得について述べたものと対をなす。ここで述べられた孝は、第10段「新婦事レ君、同二於事父一」では夫婦の倫理に敷衍される。本段については、『父母恩重経講経文』（P二四一八）に、「太公家教、孝子事レ親、晨省暮省。知レ飢知レ渇、知レ暖知レ寒。憂則共レ戚、楽則同レ歓。父母有レ病、甘美不レ飡。食无レ求レ飽、居无レ求レ安。聞レ楽不レ楽、見レ戯不レ看。不レ修二身体一、不レ整二衣冠一。待至二疾癒一、整亦不レ難」という引用が見える。他本に、「孝心事レ父」という本文があるが、この本文によれば、孝心を以って父に事える意となろう。

二　当句は、『礼記』曲礼上の、「凡為二人子之礼一、冬温而夏凊、昏定而晨省」（およそ人の子たる者の礼として、父母に対して冬は温かに、夏は涼しく過ごせるように配慮し、毎晩寝具や寝床を快適にし、毎朝機嫌を伺う）に基づく。孝子伝にも、これを踏まえた表現「渠常嚼哺。定省之間、見二其衰弊一、悲傷爛肝、頃莫レ忘」（船橋本『孝子伝』4

邢渠）や「賛曰、老莱至孝、奉事二親一。晨昏定省、供謹弥懃」（陽明本『孝子伝』13老萊之）がある（幼学の会『孝子伝注解』〈汲古書院、二〇〇三年〉参照）。清代の幼学書『弟子規』にも、「冬則温、夏則凊、晨則省、昏則定」と見える。

三　この箇所の「看」「参」「飡」の三種類の異文について、入矢校釈は、「参」を採るが、松尾論文、ドミュエヴィル訳は、いずれも「看」の本文を採用している。押韻から見ると「看」の優れていることが、その根拠であろう。もう一つの、1本他の「参」は、字形の類似に因るものであろうと考えられ（因みに、参は、下平22覃）、第三の異文、33本の「飡」は転訛後の「参」との音通によるものである。この例に見られる二次に亙る異文の発生は、この二つの原理（字形の類似と音通）の組み合わさったものである。

四　「父母有疾」以下の十句は、『礼記』曲礼上の、「父母有レ疾、冠者不レ櫛、行不レ翔、言不レ隋、琴瑟不レ御、食レ肉不レ至レ変レ味、飲レ食不レ至レ変レ貌、笑不レ至レ矧、怒不レ言レ詈、疾止復レ故」、『論語』学而の「君子食无レ求レ飽、居无レ求レ安」、同陽貨の「夫君子之居レ喪、食レ旨不レ甘、聞レ楽不レ楽、居処不レ安」、及び、『孝経』十八喪親章の、「孝子之喪レ親也……聞レ楽不レ楽、食レ旨不レ甘」などを取り合わせている。『論語』学而の引用は明らかな誤用と言えるが、韻の合いそうな句を断章取意することが本書の特徴の一つでもある。『新集文詞九経抄』335に、「太公曰、父母有レ疾、甘美不レ餐、食無レ求レ飽、飢無レ求レ安、問（聞）レ楽不レ楽、是戯不レ者、不レ修二身体一、不レ整二於冠一、待レ至二疾癒一、正（整）亦不レ難」と引かれる。

五　底本の「君」は、字形の類似による誤写。入矢校釈校注（25）に、「居」の異文「飢」は、唐代北西方言に発生した音韻変化、即ち、魚韻の止摂への変入の結果生じた（喉音の後の韻母は、「yi」となり、居と飢が同音となってしまった）誤写の例であるとの指摘がある。

〔第 2 段〕（51～66）

六　入矢校釈校注（26）は、「楽」を入声4覚に読んで音楽と取り、対偶の上でこれに対応する「戯」を是としている。これに従って訓読した。楽は耳で、戯（アトラクション）は目で楽しむものを指す。なお異文の「聞喜不看」の本文によれば、「楽しいことを聞いても」の意となる。

七　底本他の「羞」と、別系の「修」との本文対立があるが、共に同音。「身体を羞じず」（身なりも構わず看病する意）と読んでも意は通じるが、「修身体」に較べ、「羞身体」の方は漢文表現としては一般的でない。書承によらず、音読、或いは暗誦に依拠して本文を再生する時に生じる異文である。

八　入矢校釈校注（27）は、「整」を「正」に通じると指摘する。孝子は病中の親を、夜の目も寝ず、衣服も脱がずに看病する。それ故に、衣冠を正す暇もなく看護に心を尽くし、父母の快復の後やっと衣冠を正すゆとりが生まれるのである。有名な「親嘗湯薬」の漢文帝の故事、「母嘗病三年。（漢文）帝目不レ交レ睫、衣不レ解レ帯、湯薬非レ口、親嘗弗レ進」（『漢書』袁益伝）に基づく。

〔第３段〕（67〜84）

67 68 弟子事師、敬同於父。
69 70 習其道術、学其言語。
71 72 有疑則問、有教則受。
73 74 鳳凰愛其毛羽、賢士惜其言語。
75 76 黄金白銀、乍可相与。
77 78 好言善述[1]、莫漫出口。
79 80 臣無境外之交、弟子有束修之好。
81 82 [2]一日為君、終日為主。
83 84 一日為師、終日為父。

[一]弟子は師に事(つか)え、敬うこと父に同じくす。
其の道術[二]を習い、其の言語を学ぶ。
[三]疑い有らば則ち問い、教え有らば則ち受く。
[四]鳳凰(ほうおう)は其の毛羽を愛し、賢士は其の言語を惜しむ。
[五]黄金白銀、乍(むし)ろ相与うべし。
[六]好言善述、漫(みだ)りに口より出だす莫(な)かれ。
[七]臣に境外の交(まじわり)無く、弟子に束修(そくしゅう)[八]の好(よしみ)有り。
[九]一日君為(た)らば、終日主為り。
[一〇]一日師為らば、終日父為り。

【校勘】 1述、底本「術」、16他により改める。 2底本始め同じE系統の16本や、ＢＣ系統には、この上に「曲礼曰」が存する。 6a他により省く。

【押韻】父（上9虞。二箇所）、語（上8語。二箇所）、受（上44有）、与（上8語）、口（上45厚）、好（上32晧）、主（上9虞）。

【通釈】弟子は師によく仕え、師を父と同じように敬う。師の道徳や学術を習い、その言語表現を学ぶ。疑問が有れば師に質問をし、師から教えが有ればそれを受ける。鳳凰はその羽の美しさにより愛され、賢者はその言い回しの素晴らしさにより大切にされる。金銀財宝はむしろ人に与えてしまうのが良い。しかし、師から授けられた素晴らしい言葉や優れた表現は、みだりに口外してはいけない。臣下たる者は国境を越えてよしみを通じてはならないが、弟子たる者は師に礼物を贈りよしみを通じなければならない。一日でも主君であったならば、その人はいつもあなたの主（あるじ）である。一日でも師であったならば、その人はいつもあなたの父である。

【注】

一　父母を敬い、仕えることを説く前段に続いて、この段では、弟子として師に仕える心構えを説く。『孝経』士章に、「資二於事レ父以事レ君而敬同」とあり、父に仕える敬意を以って、主君に仕えることを説くが、ここは、それを父と師との関係に言い換える。

二　道術は、ここでは道徳や学問の意。『墨子』非命下などに出る。

三　前の「其の道術を習い、其の言語を学ぶ」の文辞について、学習の際の具体的なあり方を述べる。『論語』季氏に、「孔子曰、君子有二九思一、視思レ明、聴思レ聡……疑思レ問」とあり、『百行章』疑行章に、「立身之道、疑則問レ之」とある。当句から次の「鳳凰愛其毛羽、賢子惜其言語」に掛けては、底本と同じ系統に属する6a、36、16本に存するが（但し16本は「鳳凰……言語」無）、それ以外の諸本には存しない。

四　人が鳳凰の美しい羽によって愛されるように、賢者はその素晴らしい言い回しによって大切にされる。「惜」は、ここでは、いとおしむ、大切にするの意であろう。鳳凰の羽毛の美しさについては、『白氏六帖』鳳に、「鳳羽族之美」「五綵羽」「千金毛」などとある。

五　金銀財宝などは人に与えてしまうが良い、の意。「乍可」は、俗語。「むしろ……した方が良い（……した方がまし）」の意。『王昭君変文』に、「乍可三陣頭失二却馬一、那堪向レ老更亡レ妻（戦陣で馬を失う方がまだましだ。どうして年老いて妻を亡くすのに堪えられようか）」の例が見える。

六　好言は、立派な言葉。善述は、優れた表現法。前の、「習二其道術一、学二其言語一」を受けて、師から教えてもらった素晴らしい言語表現や修辞をいう。後の第5段126・127句にも、「好言善術、必須レ学レ之」とある。

七　臣下たるものは国境を越えて他国の人間と交わってはいけないが、弟子たるものは師に見える際には贈り物を贈り、師によしみを通じなくてはならないの意。「境外之交」と「束修」との組み合わせは、『漢書』朱邑伝に、「邑廉潔守レ節、退食自公、亡二境外之交、束脩之饋一、可レ謂二淑人一」、『後漢書』第五倫伝に、「伝曰、大夫無二境外之交、束脩之饋一」などとある、「士たるものは境外の交りや束脩の饋（贈り物）をしない」という教訓に、既に見えている（『後漢書』の李賢注によると、『春秋穀梁伝』隠公元年冬十二月の伝に、「聘レ弓鍭レ矢、不レ出二竟場一。束修之肉、不レ行二竟中一」とあるのに基づく）。

八　束修は、「束脩」とも記し、もともと十条の干肉（脩）のこと。師に入門するに際し、挨拶の意を込めて贈る贈り物として用い、師への礼を尽くすことの象徴。こうした師への入門の挨拶としての束脩は、『論語』述而の、「子曰、自行二束脩一以上、吾未二嘗無レ誨焉一」とあるのに基づく。注七に引いた『漢書』『後漢書』や、その元になる

『穀梁伝』では、目上の人への一般的な贈り物として用いられ、こうした贈り物の授受をしないことを良しとする文脈で用いられており、ここでは意味がずれる。

九　注一で見たように、この箇所では、君臣―父子―子弟という類同関係が強調される。一旦、君臣の関係を結べば、それは終生の関係となるように、一旦、子弟の関係を結べば、終生、師を父のように扱わなければならないと述べる。「終日」は、「いつも」「ずっと」の意で用いられているか。『童子教』に、「一日師不レ疎、況数年師乎」とある。

10　元曲「玉鏡台」に、「夫人云、小姐拝二哥哥一、一日為レ師、終身為レ父」、『醒世姻縁』第三十五回に、「一日為師、終身為父。可見這師弟的情分、也不是可以薄得的。但如今的先生、就如今日做官的心腸一様」、『西遊記』第三十一回に、「行者道、你這個潑怪、豈知一日為レ師、終身為レ父」と見え、「終身父と為る」の形で諺として広く用いられていた。6a本がこの形を取るため、入矢校釈を始め「終身」と本文を校訂するものが多いが、6a本以外は全ての諸本が「終日」とするため、暫くこのままにしておく。

〔第４段〕（85～115）

85 教子之法、
86 87 常令自慎、[1]勿得随宜。
88 89 言不可失、行不可虧。
90 91 他籬[2]莫越、他[3]戸莫窺。
92 93 他嫌莫道、他事莫知。
94 95 他貧莫笑、他病莫譏[4]。
96 97 他財莫願、他色莫思。
98 99 他強莫触、他弱莫欺。
100 101 他弓莫挽[5]、他馬莫騎。
102 103 弓折馬死、[6]償他無疑。
104 105 財能害己、必須遠之。
106 107 酒能敗身、必須戒之。
108 109 色能致害、必須去之。

[一]子を教うる法は、常に自らをして慎しましめ、[二]随宜を得ること勿(な)かれ。

言は失うべからず、行は虧(か)くべからず。

[三]他の籬(まがき)は越ゆること莫かれ、他の戸は窺(うかが)うこと莫(な)かれ。

[四]他の嫌は道(い)うこと莫かれ、他の事は知ること莫かれ。

[五]他の貧は笑うこと莫かれ、[六]他の病は譏(そし)ること莫かれ。

他の財は願うこと莫かれ、[七]他の色は思うこと莫かれ。

他の強は触るること莫かれ、[八]他の弱は欺くこと莫かれ。

[九]他の弓は挽(ひ)くこと莫かれ、他の馬は騎ること莫かれ。

弓折れ馬死なば、他に償(つぐな)うこと疑い無し。

[一〇]財は能(よ)く己を害(そこな)う、必ず之(これ)を遠ざくべし。

[一一]酒は能く身を敗る、必ず之を戒むべし。

[一二]色は能く害を致す、必ず之を去るべし。

110 111 忿能積悪、必須忍之。[7]

112 113 心能造悪、必須裁之。

114 115 口能招禍、必須慎之。

[三] 忿は能く悪を積む、必ず之を忍ぶべし。

[四] 心は能く悪を造（な）す、必ず之を裁つべし。

[五] 口は能く禍（わざわい）を招く、必ず之を慎むべし。

【校勘】1勿得随宜、底本[無]、16により補う。　2籬、底本「離」、16他により改める。　3他戸莫窺他嫌莫道、底本[無]、但し、「他傔莫道、他戸莫規」として95句の次に置く。　4譏、底本「欺」、6a他により改める。　5挽、底本[難]、16他による。　6償、底本「賞」、16他により改める。　7忍、底本「思」、16他により改める。

【押韻】宜（上平5支）、虧（上平5支）、窺（上平5支）、知（上平5支）、譏（上平8微）、思（上平7之）、欺（上平7之）、騎（上平5支）、疑（上平7之）、之（上平7之。二箇所）。

【通釈】子供に教えることは（次のようなことだ）。常に自らを慎重にして、勝手気ままにしてはならない。言葉には失言がないように、行動は欠けた所がないようにすべきだ。他人の家の垣根を乗り越えてはいけない。他人の戸口をのぞき込んではいけない。他人が嫌がることを言ってはいけない。他人のことを知りたがってはいけない。他人の貧しさを笑ってはいけない。他人の欠点を非難してはいけない。他人の財産を欲しがってはいけない。他人の妻を思ってはいけない。他人が得意としている所に触れてはならない。他人の弱みにつけ込んでだましてはいけない。他人の弓を引いてはいけない。他人の馬に乗ってはならない。弓が折れ馬が死んだら、必ず弁償しなければならない。

らない。財産は（あり過ぎると）自分を駄目にする。これを遠ざけなければならない。酒は身を破滅させる。これを戒めるべきだ。女の色香は害をなす。これを近付けないように。怒りは悪事を重ねさせる。これを我慢しなければならない。心は悪事をなすものだ。これを断ち切るべきだ。口は災いを招く。慎重でなければならない。

【注】

一　始めにこの段の主題を明示する。この形は、「養男之法」で始まる第8段に、もう一つ例がある。なお、この段は、文の形で103句までと、104句以後とに大きく二分される。

二　随宜は、心任せの意。

三　『詩経』国風、鄭風「将仲子」に、「将仲子兮、無レ踰二我牆一」とある。

四　嫌は、人の嫌がること。『無門関』45頌に、「他弓莫レ挽、他馬莫レ騎、他非莫レ弁、他事莫レ知」とある。

五　当句は、類句が『王梵志詩集』（二〇八）に、「他貧不レ得レ笑、他弱不レ得レ欺」と見える。

六　病は、欠点、きず。

七　色は、女性の容色。他の色は、ここでは他人の妻の意。

八　当句は、類句が『王梵志詩集』に見える。注五参照。

九　以下の二句は、『童子教』に、「不レ挽二他人弓一、不レ騎二他人馬一」とあり、『童子教諺解』に、「是は、他人の道具をわがもののやうにしてつかふことなかれとなり。弓や馬にかぎるべからず。なににてもかくのごとくたるべし。無門関にも、他の弓をばひくことなかれ、他の馬にはのることなかれ、他の非をべんずることなかれ、他のわざをしることなかれといへり。明心宝鑑下巻載、太公謂二武王一曰、好レ挽二他弓一為二七奴一、愛レ騎二他馬一為二八賤一」とある。『無門関』については、注四参照。『明心宝鑑』は、その立教篇十二に見える。また、『武王家教』に、「好挽二他弓一、好騎二他馬一、為二一失一」とあり、『管蠡抄』十、世俗に、「大唐俗語要略曰、他弓不レ挽、他馬莫レ騎」とある。

一〇 この二句は、纂図附音本『注千字文』59「尺璧非宝」句注に、「太公曰、財能害己、必須遠之」として引かれる（東野治之氏『正倉院文書と木簡の研究』〈塙書房、一九七七年〉二部「『論語』『千字文』と藤原宮木簡」注（48））。また、『百行章』近行章第四十三に、「財能害レ己、酒能敗レ身、色能尽レ命、奢能招レ禍」とある。105句は、遠を「畏」に作る本もあり、これでも解釈できる。「必須」は、「きっと……しなければならない」の意で、「必ず……べし」と訓む。

一一 以下の四句及び、114・115句については、類句が『武王家教』に、「酒能敗レ身、去レ之、色能喪レ身、畏レ之、口能招レ禍、慎レ之」と見える。

一二 注一一所引の『武王家教』に、「色能喪レ身、畏レ之」とあり、また、『戦国策』に、「晋文公得二南之威一三日不レ聴レ朝。遂推二南之威一而遠レ之、曰、後世必有下以レ色亡二其国一者上」とある。なお109句は、去を「遠」に作る本もあって、これも十分に理解可能な本文である。

一三 忿は、腹を立てること、怒り。

一四 『涅槃義記』十に、「依レ想所レ生二欲心一、能造二悪業一」とある。

一五 『童子教』に、「口是禍之門、舌是禍之根」とあり、『童子教諺解』に「およそ人の口はもろ〳〵の悪事をいだす事、人の家の門戸ににたり、是をわざはひの門といふ也……弁意長者子経に云、尓時世尊以二偈頌一曰、人心是毒根、口為二禍之門一、心念而口言、身受二其罪殃一、家語、金人銘曰、誠能慎福之根、口是何傷禍之門也。報恩経云、人生二世間一、禍従レ口生。山居四要云、禍従レ口出、病従レ口入」とある。文中の「家語」は、『孔子家語』のことで、その巻三観周に、「廟堂右階之前有㆓金人㆒焉。三㆓緘其口㆒而銘㆓其背㆒曰、古之慎㆑言人也。戒㆑之哉。無㆑多㆑言、多㆑言多㆑敗……口是何傷、禍之門也」と見える。「報恩経」は、『大方便仏報恩経』のことで、その巻三論議品第五に、「仏告㆓阿難㆒。人生㆓世間㆒、禍従㆑口生……是故阿難、一切衆生、禍従㆑口出、口舌者鑿㆑身之斧、滅㆑身之禍」とある。また、『傅子』(『太平御覧』三六七所引)に、「擬㆓金人銘㆒作㆓口銘㆒云……病従㆑口入、禍従㆑口出」とある。『武王家教』にも、極めて近い表現がある。注一一参照。我が国の文献では、兼明親王の「座左銘」(『本朝文粋』十二)に「禍胎出㆑自㆑口、須㆑緘㆓於其唇㆒」とあり、『明文抄』四に、「要覧」を引いて、「禍従㆑口出」とあると言う。

〔第5段〕（116〜143）

116
117 見人善事、必須讃之。

118
119 見人悪事、必須掩之。

120
121 隣有災難、必[1]須救之。

122
123 見人闘打、必須諫之。

124
125 見人不是、必須語之。

126
127 好言善述、必須学之。

128
129 意欲去処、必須審之。

130
131 不如己者、必須教之。

132
133 非是時流、必須去之。

134
135 悪人欲染、必須避之。

136
137 羅網之鳥、悔不高飛。

138
139 呑鉤之魚、恨不忍飢。

140
141 人生悞計、恨不三思。

[一]人の善事を見ば、必ず之(これ)を讃(ほ)むべし。
[二]人の悪事を見ば、必ず之を掩(おお)うべし。
隣に災難有らば、必ず之を救うべし。
人の闘打[三]するを見ば、必ず之を諫(いさ)むべし。
[四]人の是(ただ)しからざるを見ば、必ず之を語るべし。
[五]好言善述は、必ず之を学ぶべし。
[六]意欲する去処(ところ)は、必ず之を審(つまび)らかにすべし。
[七]己(おのれ)に如(し)かざる者は、必ず之を教うべし。
[八]是(ぜ)に非ざる時流は、必ず之を去るべし。
[九]悪人の染めんと欲(せ)ば、必ず之を避くべし。
[一〇]網に羅(かか)るの鳥は、高く飛ばざるを悔ゆ。
鉤(はり)を呑むの魚は、飢えを忍[一一]ばざるを恨む。
[一二]人生計るを悞(あやま)りて、[一三]三思せざるを恨む。

142
143 禍将及己、悔不慎之。　―　禍のまさに己に及ばんとして、之を慎まざるを悔ゆ。

【校勘】1必、底本「即」、16他により改める。

【押韻】之（上平7之。十一箇所）、飛（上平8微）、飢（上平6脂）、思（上平7之）。

【通釈】他人の善行を目にしたら、必ずそれを褒め称えるべきである。他人の悪事を目撃しても、決してそれを言い触らすべきでない。他人の殴り合うのを見たら、必ず非を告げそれを止めさせるべきだ。人の不正を見掛けたら、必ずそのことを言って聞かせるべきである。立派な言葉遣い、良い表現法は、何としてもそれを習得すべきである。自分の考えることについては、曖昧なままにせず、必ずそれをはっきりとしたものとしておくべきだ。己より劣った者は、必ずそれを教え導いてやるべきだ。間違った時勢には、決して便乗してはならない。悪人が自分を仲間に引き入れようとしたら、何としてもそれを回避しなければならない。例えば網に掛かった鳥は、網に掛からぬよう高く飛ばなかったことを悔いる。鉤に掛かった魚は、餌に我慢し切れなかったことを恨むものだ。そのように人は人生における計画を誤って、慎重に考えなかったことを悔むことになる。禍が今にも己に及びそうになってから、慎重でなかったことを悔いても、それでは遅いのである。

【注】

一　当段116―135句間には、『太公家教』諸本間における大きな異同が現われ、諸本の系統を考える目安の一とすることが出来る。ここで、その異同の概略を、校異表に基づいて簡単に述べておく。今仮に116—135句を、以下のa—a′の符号で表わすことにする。

116 117「見人善事、必須讚之」—a
118 119「見人悪事、必須掩之」—b
120 121「隣有災難、必須救之」—c
122 123「見人闘打、必須諫之」—d
124 125「見人不是、必須語之」—1
126 127「好言善述、必須学之」—2
128 129「意欲去処、必須審之」—3
130 131「不如己者、必須救之」—4
132「非是時流」—5_1
133「必須救之」—5_2
134 135「悪人欲染、必須避之」—6
125▼123「見人好事、必須歎（嘆）之」—a′

そして、116—135句間における各諸本の本文をa—a′で示してみると、次の五つの系統に分けることが出来る。

(1) 33・16・14・6a・36↓abcd1234 5_1 5_2 6（33、14本は、5_2[無]。16本は、4以下欠。6a、36本は、a[無]）＝E

(2) 19・35a・31・15↓bcd12 5_1 5_2（2346[無]。35aは、123句以下存）＝B、C

(3) 24→(2)と同じだが、2の下に「酒能敗身、即須戒之」（第4段106・107句）二句が入る＝F

(4) 32a・9・28→ab1cda′2345₁5₂6＝D

(5) 1・21（・23）→abcd315₁5₂（246無。なお23本は、この部分がない）＝A。5c・5d＝不明

＝の下に、校異表におけるA―Fとの対応を示したが、B、Cの違いを除き、(1)―(5)の分類は、大体A―Fの分類とはっきり対応していることが知られよう。なお具体的な理由は、それぞれの箇所で述べるが、上記の本文異同による対句の崩れから、A―D、Fの系統は、Eの系統に較べて、後出性が認められる。「見聞善事」以下は、類句が386句以下に、「聞㆓人善事㆒、乍可㆓称揚㆒。知㆓人有㆑過、密掩深蔵」と見える。また、『王梵志詩集』（一八八）に、「見㆑悪須㆓蔵掩㆒、知㆑賢唯讃揚」ともある。当句以下は、『明心宝鑑』正己篇五に、「太公曰、見㆓人善事㆒、即須㆑記㆑之。見㆓人悪事㆒、即須㆑掩㆑之」と引用されている。当句と次句を欠くEの二本、B(1)、C(1)、Fは、対句の形が崩れる（校異表参照）。

二　Dは、次句の下に、124・125句「見㆓人不是㆒、必須㆑語㆑之」を置くが、対句の形が崩れる（校異表参照）。意味の類似により二句を引き寄せたものと思われる。

三　闘打は、打ち合うこと。

四　不是は、不正の意。Aは、次句の下に、後出の128・129「意欲去処、即須㆑審㆑之」句を置くが、対句の形が崩れる。Aの21本は、132・133句「非㆓是時流㆒、必須㆑去㆑之」を省き、それを修正しようとするが、いずれにしても、Aの「意欲去処、即須㆑審㆑之。見㆓人不是㆒、即須㆑教（避）㆑之」の形は、句が意味的対応をなさない（校異表参照）。

五　好言は、立派な言葉遣いで、善述は、良い表現法。第3段77・78句に「好言善述、莫㆓漫出㆒㆑口」、69・70句に「習㆓其道術㆒、学㆓其言語㆒」の類句が見える。なお入矢校釈は、次句に付けられた校注（51）において、D系統の後

〔第5段〕（116～143）

出性を、「A本（D、9本）も此の二句（好言善術、必須学之）を有するも、更にその前に「見人好事、必須歎之」（125句▼2）二句を増す。案ずるに、A本の増句は前出の「見人善事、必須讃之」と文意重複す。故に取らず」と指摘されている。Aは、当句（126句）以下、135句までを欠く（1本は、132・133句を存する）。

六　意欲は、思う意。去処は、処に同じく、去は、助辞。思う処は。ドミュエヴィル訳は、「どこかへ行こうとする時は」とする。B(1)、B(2)、C(1)、Fは、当句（128句）から131句まで、及び、134・135句を欠くので、124句以下が、「見人不是、必須語之。好言善述、必須学之。非是時流、必須去之」の形となり、対句の形が崩れる。

七　『論語』学而の、「無レ友二不レ如レ己者一」、子罕の、「毋レ友二不レ如レ己者一」を言い換えたもの。

八　正しからざる時勢には、決して便乗してはならない、ということであろう。ドミュエヴィル訳は、「非是時流」を、「時勢に逆らうものからは」とする。

九　以下の類句が、『王梵志詩集』（二〇〇）に、「悪人相遠離」と見える。

一〇　類句が、『王梵志詩集』（一九八）に、「高飛能去レ網、豈得レ値二低羅一」と見える。当句以下は、纂図附音本『注千字文』57「禍因悪積」句注に、「太公曰、羅レ網之鳥、恨レ不二高飛一。呑レ鉤之魚、恨レ不レ忍レ飢。人生誤レ計、恨レ不二三思一。禍若レ及レ己、悔欲二何為一」（東野治之氏『正倉院文書と文簡の研究』〈塙書房、一九七七年〉二部「『論語』『千字文』と藤原宮木簡」注（48）に指摘される）、敦煌本『新集文詞九経抄』（P三三六八）に、「太公曰、人之懃慎、不レ得レ随レ宜。羅レ網之鳥、恨レ不二高飛一。呑レ鉤之魚、恨レ不レ忍レ飢。人之誤レ計、恨レ不二三思一。禍若レ及レ身、悔欲二何為一」と引かれ、また、宋、羅璧の『識遺』三「忍字二義」に、「小説著二太公勧忍之言一曰、呑レ鉤之魚、悔レ不レ忍レ飢。羅レ網之鳥、悔レ不レ忍レ飛。人生悞レ計、悔二不レ忍為一」と引かれる。また、唐五代の長沙窯址出土の瓷器に「羅網之鳥、悔レ不二高飛一」、「懸レ釣之魚、悔レ不レ忍レ飢」と記されたものがある（徐俊氏「唐五代長沙窯瓷器題

詩校証」、『唐研究』第四巻〈北京大学出版社、一九九八年〉）。

二　忍ぶは、我慢する意。

三　人生における計画を誤って。悞は、あやまること。誤に同じ。

亖　三思は、三度思うことで、慎重に考えること。『論語』公冶長の、「季文子三思而後行。子聞レ之曰、再斯可矣」より出た言葉。

〔第６段〕（144～161）

144 145 其父出行、子則[1]従後。
146 147 路逢尊者、[2]斉脚斂手。
148 149 尊者賜酒、必須拝受。
150 151 尊者賜肉、骨不与狗。
152 153 尊者賜菓、懐核在手。
154 155 勿得[3]棄之、為礼大醜。
156 157 対客之前、不得叱狗。
158 159 [4]対食之前、亦不得漱[5]口。
160 161 憶而莫忘、終身無咎。

其の父出でて行かば、子は則ち後ろに従う。
[一]路に尊者に逢わば、脚[二]を斉(そろ)え手を斂(おさ)む。
[三]尊者酒を賜わば、必ず拝受すべし。
尊者肉を賜わば、骨を狗(いぬ)に与えず。
尊者菓を賜わば、核(たね)を手に懐(おさ)む[四]。
[五]これを棄つるを得ること勿(な)かれ、礼と為すに大(はなは)だ醜し。
[六]客に対う前、狗[七]を叱ることを得ず。
[八]対食の前、亦口を漱(すす)ぐことを得ず。
[九]憶えて忘るること莫(な)くば、身終るまで咎(とが)無し。

【校勘】1則、底本「須」、6a他により改める。　2者、底本[難]、14による。　3得、底本「即」、19他により改める。　4対食之前、底本[無]、19により補う。　5漱、底本「嗽」、「漱」の誤写と見て、35a他により改める。

【押韻】後（上45厚）、手（上44有。二箇所）、受（上44有）、狗（上45厚。二箇所）、醜（上44有）、口（上45厚）、咎（上44有）。

【通釈】その父が出掛けようとする時、子供は後ろに従わなければならない。路上で目上の人に出会ったら、脚を揃え手を組み合わせて礼をしなければならない。目上の人が酒を与える時は、身を屈（かが）めながら受けなければならない。目上の人から肉を与えられたら、その骨を狗に与えてはならない。目上の人に果物を与えられたら、その核（たね）を掌（てのひら）に持ち、投げ捨てないように持っていなければならない。それは礼儀に外れ下品である。来客の前で食事する際には、狗を叱ってはならない。向き合って食事を共にする場合にもまた、先に口を漱いではならない。これらをよく覚えて、その戒めを守るならば、一生咎められることはない。

【注】

一 『礼記』曲礼の、「遭㆓先生于道㆒、趨而進、正立、拱㆑手」を踏まえる。『王梵志詩集』の、「逢㆑人須㆓手斂㆒、避㆑道莫㆓前盪㆒」（一九九）、敦煌本『崔氏夫人訓女文』の、「路上逢㆑人須㆑斂㆑手、尊卑廻避莫㆑湯㆑前」（S四一二九）などの句もこれを踏まえたものであろう（盪も湯も、蕩と同義で、ぶらついて人の歩行を妨げる意）。

二 この句の後に、A系統には、独自句「尊人之前、不㆑得㆑唾㆑地」（尊き人の前には、地に唾することを得ず）があって（校異表参照）、それは、『礼記』曲礼の「尊客之前、不㆑叱㆑狗、譲㆑食不㆑唾」を踏まえた表現となっている。尊客の前では、犬にも叱声を浴びせず、食物を譲られたら、汚いものを食べたので吐いたと思われないため、食べた後に唾を吐かないようにする意である。本段に「不得唾地」の句が重出することについて、『敦煌写本太公家教研究』の校勘記は、この二句は後の158句で13(1)(2)、C(1)、F系統に出現する独自句「対客之前、不レ得レ吐レ狗。対食之前、不レ得レ唾レ地、亦不レ得レ漱レ口」と重複し、「地」が韻を踏まないので削るべきだとしている（失韻については、例えば「不レ得レ地レ唾」〈唾は去39過〉と校訂しても解決しない）。入矢校釈校注（66）にも、「一句多」いとされている。『礼記』による追加記事であろう。A以外の系統にこの独自句二句は存在せず、また、A系統には、「尊者」と「尊人」という文字の対立も存する（校異表参照）。以上の理由から、この二句は本来存在しなかった増補句と見做される。それを削れば失韻の問題も解消する。

三　以下の表現も、『礼記』曲礼の、「侍二食於長者一、主人親饋（すすむ）、則拝而食……毋レ反二魚肉一、毋レ投二与狗骨一」、また「侍二飲於長者一、酒進則起、拝受二于尊所一……賜二果於君前一、其有レ核者、懐二其核一」に基づく。類句が『王梵志詩集』（一七五）に、「尊人与二酒喫一、即把莫二推辞一」と見える。

四　在手は、「於（于）手」に同じ。なお「核」は、『礼記』の本文に則せば正しいが、異文の「挟」（はさむ）でも意は通じる。その場合は、「懐（おさ）めて手に挟む」と訓める。

五　勿得は、「不得」に同じ。異文の「若也」ならば、「もし」の意。「之を棄つる」は、核だけではなく、骨も含まれよう。骨や核を地に捨てるならば、単に礼節に背くばかりでなく、さらにその振舞いはぶざまでもある、の意。

六　156句以下の四句は、宴会作法を述べているが、後の158・159二句については、校異表に見る通り、158句「対食之前」に、これに対応するB(1)、(2)、C(1)、F系統の独自句「不得唾地」が認められる。入矢校釈校注（66）には、「二句、A本〔9本〕に従う。G本〔6b本〕は「之前」二字を欠く。E本〔15本〕は二句の間に「不得唾地」の一句多く、J本〔14本〕は「対食之前」の句を脱して、ただ「亦不得□□」の一句のみ。底本〔1本〕も「対食之前」の句無くして、「不得唾涕、亦不得漱口」二句に作る」とある。その判断に従う。

七　『礼記』曲礼における主人側の作法、「尊客之前、不レ叱レ狗」と、客の側の作法である、「主人未レ弁（あまねくせ）、客不レ虚（すすが）レ口」とを取り合わせたもの。後者は、本来主人が料理の全部を味わって食事を終えるまで、客は口を漱がないの意。先に食事を終えたサインである漱口をしてはならないと誡め、自分の食事が終わっても、他人に先んじて口を漱いでは不作法であると教えているのである。『百行章』飾行章にも、「人前莫二涕唾一、同レ食勿二先漱一レ口」とある。注八参照。

八　『武王家教』にも、「何名為二七奴一、太公曰……食不レ漱レ口、為二一奴一……何名為二八賤一。太公曰……唾涕汚レ地、為レ五賤一」とあり、食後、口を漱がないことや、地面を唾や鼻汁で汚すことを不作法だとしている。

九　ここまでを、81句から始まる「教子之法」、つまり幼童に対する礼法の一纏まりと見做す（第一段落）。後出の230句も、「敬慎二口言一、終レ身無レ苦」という類似した言い回しで締め括り、終わっているが、これも幼童に対する礼法の第二段落の終わりを示すものであろう。このように、同一句の繰り返しによる、段落の区切り意識が働いていることに注目したい。

〔第７段〕（162～181）

162 163 立身之本、義譲為先。
164 165 賤莫与交、貴莫与親。
166 167 他奴莫与語、他婢莫与言。
168 169 商販之家、慎莫為婚。
170 171 市道接利、莫与為隣。
172 173 敬上愛下、汎愛尊賢。
174 175 孤児寡婦、特可矜憐[1]。
176 177 乃可無官、不得失婚。
178 179 身須択行、口須択言。
180 181 共悪人同会、禍必及身。

【校勘】１憐、底本「怜」、36他により改める。

[一]立身の本(もと)は、[二]義譲を先と為す。
[三]賤(いや)しきは与(とも)に交わる莫(な)かれ、貴きは与に親しむ莫かれ。
[四]他の奴(ど)は与に語る莫かれ、他の婢(ひ)は与に言う莫かれ。
[五]商販の家は、慎みて婚を為す莫かれ。
[六]市道の利を接(つ)ぐは、与に隣を為す莫かれ。
[七]上を敬い下を愛し、[八]汎(ひろ)く愛し賢を尊ぶ。
[九]孤児寡婦(かふ)、特に矜憐(きんりん)すべし。
[一〇]乃(むし)ろ官無かるべくも、婚を失するを得ず。
[一一]身は須(すべから)く行(こう)を択(えら)ぶべし、口は須く言(げん)を択ぶべし。
[一二]悪人と共に同会すれば、禍(わざわい)必ず身に及ぶ。

【押韻】先（下1先）、親（上17真）、言（上22元。二箇所）、婚（上23魂。二箇所）、隣（上17真）、賢（下1先）、憐（下1先）、身（上17真）。

【通釈】立身の根本とは、義を重んじへりくだることを第一にすること。賤しい者とは一緒に交わってはならないし、貴い人とは親しくしてはいけない。他人の奴隷とは一緒に語らってはならないし、他人の婢（はしため）とは一緒に喋ってはいけない。商いをする家とは、婚姻を結んではならない。商売で利を得ようとする輩とは、隣同士になってはいけない。目上の者を敬い目下の者を可愛がり、弱い者を広く愛し賢者を尊ぶこと。孤児や寡婦は特に憐れみを掛けてやるべきである。官に就くことが出来なくても良いが、結婚出来ないのはいけない。身を処すには行動を選ぶ必要があり、口に出すには言葉を選ぶ必要がある。悪人と一緒に会すれば、災いが必ずその身に及ぶ。

【注】

一　立身は、世の中を渡っていく人格を形成すること。『孝経』開宗明義章に、「立レ身行レ道、揚二名於後世一、以顕二父母一、孝之終也。夫孝、始二於事レ親、忠於事レ君、終二於立レ身」とある。また『晋書』王祥伝に、「夫言行可レ覆、信之至也。推レ美引レ過、徳之至也。揚レ名顕レ親、孝之至也。兄弟怡怡、宗族欣欣、悌之至也。臨レ財莫レ過二乎譲一、此五者、立身之本」と見える。「……之本……為先」の例としては、唐文宗「令三鎮州行営兵馬各守二疆界一詔」に、「然国家之本、愛レ人為レ先」と見える。

二　義は、義理を重んじること、譲は、へりくだること。

三　賤しい人々とは交際してはならない、尊貴な人々とは親しくしてはならない、の意。身分を越えた付き合いを慎むことを教える。貴人と親しく付き合うと、後から無礼を咎められたり、巻き添えで罪に連座させられたり、様々な危険が伴う。

四　先の「賤莫与交」を承けた文辞であろうが、また、「他の……」とある所から、第4段の「教子之法」で述べられた90・91句「他籬莫レ越、他戸莫レ窺」や、100・101句「他弓莫レ挽、他馬莫レ騎」など、他人の家の中や他人のものに、妄りに関わってはいけないという教えをも、同時に込めたものであろう。

五　商販は、商売をすること、また、商人。商人は利を重んじ、義理や人情を軽んじるので、慎重に付き合い、縁組みをして親戚付き合いをしてはいけないという意。白居易の「琵琶行」に、「老大嫁作二商人婦一、商人重レ利軽二別離一」とあるのは、商人に対するイメージとして共通する。『三国志』呉書華覈伝に、「兵民之家、猶復逐レ俗、無二儋石之儲一、而出有二綾綺之服一、至二於富賈商販之家一、重以二金銀一、奢恣尤甚」とある。E36本、D6b本、B(1)、F系統に商販を、「生分」に作る。生分は、親が生きている内に兄弟が財を分けて別居すること。また、夫婦仲が悪く、生別すること。争いや訴訟沙汰の原因となる。「商販」と音が近似するために交代したか。第18段429句に、「夫婦信レ讒、男女生分」の例が見える。

六　市道は、商人のように実利を第一に考えるやり方のこと。『史記』廉頗藺相如列伝に、「夫天下以二市道一交、君有レ勢、我則従レ君、君無レ勢則去、此固其理也」と見え、『顔氏家訓』慕賢に、「市道小人、争二一銭之利一」とある。接利は、利に近付こうとすること、また、そうしようとする人のこと。蘇頲「刑部尚書韋抗神道碑」（全唐文二五八）に、「作レ姦犯レ科者莫レ忌。接レ利乗レ便者皆是」の例が見える。

七　目上の者を敬い、目下の者を可愛がること。士たる者の仁徳の一つ。『漢書』王莽伝に、「莽曰、保成師友祭酒唐林、故諫議祭酒琅邪紀逡、孝弟忠恕、敬レ上愛レ下、博通二旧聞一、徳行醇備、至二於黄髪一、靡レ有二愆失一。其封レ林為二建徳侯一、逡為二封徳侯一」とある。『仲文章』貴賤篇に、「居レ上而施二愛於下一、待レ下而致二敬於上一」とも見える。

八　汎愛は、分け隔てなく愛すること。『論語』学而に、「汎愛レ衆而親レ仁」とある。尊賢は、賢者を尊ぶこと。

九　孤児や寡婦には特に憐みをかけてやらねばならない、の意。『礼記』王制に、「少而無レ父者謂二之孤一、老而無レ子者謂二之独一、老而無レ妻者謂二之矜一、老而無レ夫者謂二之寡一。此四者天民之窮而無レ告者也。皆有二常餼一」とあり、古くからこれらの弱者に対する保護が問題とされていた。この思想を受けて、中国の律令やそれを踏襲した日本の律令においても、これらの弱者に対する近親者や管轄の役所の扶養が条文化されている。矜憐は、憐むこと。

一〇　官に就くことが出来なくても構わないが、結婚出来ないのはいけない。乃可は、寧可と同義。「むしろ……であってもよいが」の意の俗語。能可、耐可とも作る。失婚は、結婚出来ない意。

一一　『孝経』卿大夫章に、公卿大夫の孝の徳目として、「是故非法不レ言、非道不レ行。口無レ択レ言、身無レ択レ行、言満天下無二口過一、行満天下無二怨悪一」とあるが、これは先王の定めた法ではないことを勝手に言ったり、行ったりしてはならないことを戒めたもので、この場合、言行には当然、選択の余地がなくなる。本条は、これとは逆に、言行をよく選んで、他から非難されぬようにせよと諭す。

一二　『童子教』に、「親二近悪友一者、如二藪中荊曲一」、『仲文章』（西野本）金友篇に、「穴賢、努々不レ可レ語二悪人一」「随レ友得二善悪一、亦以如レ此」とある。

〔第８段〕（182～201）

182 183 養[1]男[2]之法、莫聴誑[3]語[4]。
184 185 育女之法、莫聴離母。
186 187 男年長大、莫聴好酒。
188 189 女年長大、莫聴遊走。
190 191 丈夫飲酒、揎捲捋肘。
192 193 行不択地、言不択口。
194 195 触突尊賢、闘乱朋友。
196 197 女人遊走、逞其姿首。
198 199 男女雑合、風声大醜。
200 201 慙恥宗親、損辱門戸。

[一]男を養う法は、[二]誑語（きょうご）を聴（ゆる）すこと莫（な）かれ。
女を育つる法は、母を離るるを聴すこと莫かれ。
男年（とし）[三]長大になれば、酒を好むを聴すこと莫かれ。
女年長大になれば、[四]遊走するを聴すこと莫かれ。
[五]丈夫（じょうふ）酒を飲めば、[六]揎捲捋肘（せんけんらつちゅう）し、
行くに地を択（えら）ばず、言うに口を択ばず、
尊賢と[七]触突し、朋友と闘乱す。
女人遊走すれば、其の[八]姿首を逞（ほしいまま）にし、
男女雑合して、[九]風声大いに醜し。
[一〇]宗親を慙恥（は）ずかしめ、[一一]門戸を損辱す。

【校勘】1養、底本破、36他による。　2男、底本「児」、36他により改める。　3誑、底本「誰」、36他により改める。　4語、底本「言」、36他により改める。

【押韻】語（上8語）、母（上45厚）、酒（上44有）、走（上45厚）、肘（上44有）、口（上45厚）、友（上44有）、首（上44有）、醜（上44有）、戸（上10姥）。

【通釈】息子を養育するには、嘘をつかせてはならない。娘を育てるには、母親の側を離れさせてはならない。男の子が成人となった時には、酒好きにさせてはいけない。女の子が成人となった時には、出歩くことをさせてはいけない。成人となった男が酒を飲むと、粗暴な振舞いをして、好き勝手な所に出掛け、好き勝手なことを言う。目上の人と衝突し、友達と喧嘩をする。一人前の女が外を出歩くことになると、美しい姿をこれ見よがしに人目に曝し男と女がごちゃごちゃになって、醜聞を撒き散らし、一族に恥を掻かせ、家門を傷付けることになる。

【注】

一　子供の養育法、また、成人となってからの教育法を、男女に分けて述べる。後者については、男については飲酒、女については外出の禁止を言うが、それぞれが190句以下で、6句ずつを用いて、その弊害が極めて具体的に記述されている。当句以下は、『明心宝鑑』訓子篇十に、「太公曰……養レ男之法、莫レ聴二誑語一。育レ女之法、莫レ教レ離レ母。男年長大、莫レ習レ楽レ酒。女年長大、莫レ教二遊走一」と引かれる。

二　誑語は、偽りの言葉、出鱈目。『周易参同契』下に、「惟斯之妙術兮、審諦不二誑語一、伝二於億世後一、昭然而可レ考」、また『金剛般若波羅蜜経』に、「如来是真語者、実語者、不誑語者、不異語者」とある。

三　長大は、成長する、成人となること。第12段240句に、「女年長大」の句がある。『王梵志詩集』（〇四三）に、「長大取二得妻一、却嫌二父母醜一」とあるのは、その一例。

四　遊走は、出歩くこと。『女論語』訓男女章に「莫レ縦二遊行一」の句がある。

五　丈夫は、成人した男子。

六　揎捧捋肘は、げんこつ（「捧」は諸本の「拳」に同じ）を突き出し、臂を撫でること。粗野乱暴な振舞い。元曲に、類似表現が成語として見え、「劉行首」第三折に、「欺レ良圧レ善没二分暁一、揎拳捋袖行二凶暴一」とあり、この揎拳捋袖の語は、「桃花女」「生金閣」「殺狗勧夫」にも見え、「勘頭巾」第四折に、「攞袖揎拳」の語が見える。また、『輟耕録』二十八所引の楽府「水仙子」に、「裸袖揎拳」の語があるが、この語について、『通雅』一に、揎字を考証する中で、「俗有二裸袖揎拳之語一」と言う。

七　触突は、突き当たること。『女論語』和柔章に、「触二突尊賢一」の句がある。

八　姿首は、美しい容貌。『遊仙窟』に、「須臾之間、有二一婢一、名瑟心、亦有二姿首一」とあり、その金剛寺本に、「カホヨキ」の訓がある。逞は、気ままに振舞うこと。

九　風声は、風評、うわさ。

一〇　宗親は、一族、同族。

一一　損辱は、損ない傷付けること。家門を傷付ける意。『後漢書』五十四、楊震伝に、楊震が安帝の乳母王聖の悪事を糾弾して奉った疏に、「外交属託、擾二乱天下一、損二辱清朝一、塵二点日月一」とある。また、『女論語』学作章に、「恥二辱門風一」、学礼章に、「辱二賤門風一」の句がある。E系統の36本は、この句の後に、「悪名既顕、婚嫁難售」という独自句があり、それは、「悪名既に顕（あきら）かなれば、婚嫁售（おこな）い難し」と読んで、娘の不行跡の悪評が立つと、嫁に行けなくなる、の意。

〔第９段〕（202～213）

202 203 婦人送客、莫出閨庭。
204 205 所有言語、下気低声。
206 207 出行逐伴、隠影蔵形。
208 209 門前有客、莫出斉庁[1]。
210 211 一行有失、百行倶傾。
212 213 能依此礼、無事不精。

一 婦人客を送るに、二 閨庭（けいてい）を出ずる莫（な）かれ。
三 所有（あらゆる）言語は、気を下げ声を低くす。
四 出行には伴（とも）を逐（したが）え、五 影を隠し形を蔵（かく）す。
六 門前に客有れども、七 庁を斉（かぎ）りて出ずる莫かれ。
八 一行失有らば、百行倶（とも）に傾く。
九 能（すなわ）ち此の礼に依（よ）りて、一〇 事の精（まこと）ならざる無し。

【校勘】 １庁、底本「聴」、９により改める。

【押韻】 庭（下平15青）、声（下平14清）、形（下平15青）、庁（下平15青）、傾（下平14清）、精（下平14清）。

【通釈】 既婚女性が客を見送る時は、邸内を出てはならない。話をする時は、すべからく語気を柔らかくし低い声でする。外出する場合は必ず同伴者を連れるようにし、出来るだけ自分を目立たないようにする。門前に客が来ても、自らは表座敷から出てはならない。一つの誤った行動が、全てを台無しにしてしまう。この礼儀に従えば、何事においても間違うことはない。

【注】

一　C(1)の39本は、当句の前に、「迎行章第八」の章題を付す。婦人の迎客、出行の心得を説く、本段の内容を巧く表わす命名と言える。

二　閨庭は、家庭のことだが、ここでは家内を指す。閨門とも言う（閨は、寝室）。「莫出」を、「不出」に作る諸本が多い。古く『大戴礼記』十三に、「有二三従之道一。在レ家従レ父。適レ人従レ夫。夫死従レ子。無レ所二敢自遂一也。故令レ不レ出二閨門一事、在二饋食之間一而已矣」とあり、『晋書』九十二に、「多士豊二於貴族一、爵命不レ出二閨庭一」等と見える。『女論語』守節章に、「有レ女在レ室、莫レ出二閨庭一」とある。

三　所有は、あらゆるの意の口語的な用法。『女論語』立身章に、「喜莫二大笑一、怒莫二高声一」とある。

四　ドミュエヴィル訳は、「外出して同伴者を探す時は、その影を目立たぬようにし、その姿を隠せ」とする。『女論語』立身章に、「出必掩レ面、窺必蔵レ形」とある。

五　『太平御覧』六六五所引「東郷序」に、「謂二潜霊遁レ跡隠レ影蔵レ形也」とある。

六　『女論語』待客章に、「有二客到レ門、無二人在レ戸、須下遣二家童一問中其来処上」とある。

七　底本を始めとする諸本の「聴」字を、9本は、「庁」に作る。入矢校釈は、「案ずるに、「聴」は即ち「庁」の字」（校注（83））とする。庁には、家また、表座敷の意味がある。斉は、限る意。第11段の260句に、「側立斉庁」とある。『敦煌写本太公家教研究』、『敦煌古代児童課本』、『敦煌蒙書研究』など、「莫出斉庁」の「斉」字を「聞」に誤るが、「斊」字（底本等）は、「斉」の異体字である。ドミュエヴィル訳は、「中庭から出てはならぬ」とする。

八　『女論語』守節章に、「一行有レ失、百行無レ成」とある。当句は、『明心宝鑑』正己篇五に、「太公曰、一行有レ失、百行倶傾」と引かれる。

九　「能依二此礼一」句は、依字を於字に作る本が多い。於から依への変化について、入矢校釈は、「魚韻の止摂への変入の例」（校注（85））と説明する。

一〇　何事も間違うことはない。『雲笈七籤』十五に、「心之所レ主、則無二事不一レ精」とある。

〔第10段〕（214～239）

214 215 新婦事君、同於事父。
216 217 音声莫聴、形影不覩。
218 219 夫之父兄、不得[1]対語。
220 221 孝養翁家、敬事夫主。
222 223 汎愛尊賢、教示男女。
224 225 行則緩歩、言必細[2]語。
226 227 懃事女功、莫学歌舞。
228 229 小為人子、長為人[3]母。
230 231 出則斂容[4]、動則庠序。
232 233 敬慎口言、終身無苦。
234 235 希見今時、貧家養女。
236 237 不解糸麻、不閑針縷。
238 239 貪食不作、好[5]戯遊走。

[一]新婦君に事(つか)うること、父に事うるに同じ。
[二]音声を聴くこと莫(な)かれ、形影覩(み)ず。
夫の父兄、[三]対(むか)い語ることを得ず。
[四]翁家を孝養し、敬(うやま)いて[五]夫主に事う。
汎(ひろ)く[六]尊賢を愛し、[七]男女に教え示す。
[八]行くときは則ち緩く歩み、言うときは必ず細やかに語る。
[九]懃(ねんごろ)に女功を事とし、[一〇]歌舞を学ぶこと莫かれ。
[一一]小(おさな)くしては人の子と為り、長じては人の母と為る。
出づるときは則ち[一二]容(かたち)を斂(おさ)め、動くときは則ち[一三]庠序(ようじょ)たり。
[一四]敬いて口言を慎めば、[一五]身を終うるまで苦しみ無し。
[一六]希れには見る今時、貧家女(むすめ)を養うに、
[一七]糸麻を解せず、[一八]針と縷(いと)とを[一九]閑(なら)わず、
食を貪りて作らず、[二〇]戯(わざおぎ)を好みて遊び走るを。

【校勘】１得、底本「徳」、14他により改める。　２細、底本「少」、31他により改める。　３母、底本「父」、31他により改める。　４容、底本「客」、15他により改める。　５戯、底本「喜」、31他により改める。

【押韻】父（上９麌）、覩（上10姥）、語（上８語。二箇所）、主（上９麌）、女（上８語。二箇所）、舞（上９麌）、母（上45厚）、序（上８語）、苦（上10姥）、縷（上９麌）、走（上45厚）。

【通釈】新婦はその夫に仕えること、父に仕えるが如くせよ。その声を聴かないようにせよ、その姿、その影をさえ見ないようにせよ。舅や義兄に対しては、顔と顔を合わせて話をしないようにせよ。婚家の親には孝養を尽くし、夫には主人に仕えるように恭（うやうや）しく仕えよ。尊きも賢きも広く人々を愛し、息子や娘達に教えよ。行く時は緩やかに歩み、談話の時は慎み深く語れ。女の手仕事に向かう時は勤勉になし、歌唱や舞踊を習得しないようにせよ。幼い時は人の子、長じては人の母となる。外出するに当たっては見た目を整え、動く時はゆったりと威厳を示せ。口から出る言葉を慎めば、一生涯不幸になることは無いだろう。今時は貧しい家族でも（次のような）娘達を育てていることが稀には見受けられる。絹糸と麻糸の区別にも精通していないような、針仕事にも刺繍にも励まないような、何もしないで食べることだけを熱望し、気晴らしや出歩くことを好むような（娘達を）。

【注】

一　以下は233句まで、39本に「事夫章第九」の章句名があるように、良妻（嫁）としての心得が記されていると見られ、234句以下は、その良妻像の裏返しということになる。伊藤美重子氏が、「ほとんど『女論語』からの借用からなっている」（「敦煌写本「太公家教」と学校」〈『お茶の水女子大学中国文学報』20、二〇〇一年四月〉）と指摘する程ではないが、全体として女子を対象とした教訓になっていることは、それが増補されたものであるにせよ、『太公家教』における、女子をも対象とした幼学書としての性格を考える上で重要である。子供の道徳的精神的な形成に積極的な役割を担ったのはむしろ女性であり、故に、教育論が女性に向けて書かれるのである。215句「同於事父」は、C(1)、B(1)(2)、F、及び、Eの36本には、「敬同於父」（敬うこと父に同じ）とある。

二　この二句は、解釈が分かれる所で、「聞訊丈夫声音、不能偸听。対待丈夫行踪、不能探察」（夫の声を聞いても、盗み聴きをしてはならない。夫の行く先に対しては、探してはならない）（『敦煌古代児童課本』）とか、「音をたてず、人目につかず」（伊藤美重子氏注一前掲論文）などの解釈もある。『女論語』事舅姑章には、「阿翁阿姑、夫家之主。既入二他門一、合レ称二新婦一。供承看養、如二同父母一。敬二事阿翁一、形容不レ覩。不二敢随行一、不二敢対語一」という類句があり、山崎純一氏の解釈では、「舅・嫁間の性愛の発生を嫁の厳しい自制により防ごうとするのである。また、舅と嫁の間の情交の嫌疑を周囲の者に懐かせぬよう、嫁に厳しい自制を求めているのである」として、「阿翁さまに仕えるときは、目を伏せお姿見ぬようにせよ。我から進んでついては行くな。我から進んでお話しするな」と訳出している（『女四書・新婦譜三部書全釈』、明治書院、二〇〇二年）。この性的禁忌の論理からは、「父兄」に対する、E系統を始めとする異文の「婦兄」はあり得ないことになる。

三　当句「不得対語」についても、「新婦不能対語頂撞」（「口答えしてはならない、盾突いてはならない」、『敦煌古代児童課本』）と「夫の親兄弟には、問われてからお答えする」（伊藤美重子氏注一前掲論文）というような、解釈の幅がある。第9段204―207句「所有言語、下レ気低レ声。出行逐レ伴、隠レ影蔵レ形」も、類似した内容である。

四　翁家は、異文に、「君家」「翁婆」とするものがある。翁家は、舅、君家は、婚家、翁婆は、姑の意となる。君家については、第11段の注三参照。周鳳五氏は、君家、翁家、翁婆は共に、夫の母の意であると言う（『敦煌写本太公家本研究』）。「家」の発音は（gu）、『大漢和辞典』には、「姑に通ず。〔正字通〕家、与レ姑同、大家、女之尊称」とある。この良妻の陰画とも言うべき裏返しの悪妻ぶりが、第11段の242・243句に、「不レ敬二君家一、不レ畏二夫主一」と繰り返される。

五　夫主は、俗語で、夫を言う（入矢校釈校注（88））。『女誡』に、「殊不レ知二夫主之不レ可レ不レ事、礼義之不レ可レ不レ存也」などとあり、第11段243句にも、「不畏夫主」と見える。

六　当句は、19本のみが、「親愛尊卑」と作る。

七　男女は、俗語で、多くは自己の児女を言う（入矢校釈校注（89））。第18段429句に、「男女生分」とある、「男女」も同義である。

八　当句以下は、『明心宝鑑』婦行篇二十に、「太公曰、婦人之礼、語必細、行必緩歩。止則斂容、動則庠序。耳無二途聴一、目無二余視一。出無二諂容一、廃レ飾二裙褶一、不レ窺不レ観二牖戸一」の引用があり、また、『新集文詞九経抄』404に、「婦人之礼、言必細語、行必緩歩。止則斂レ容、動則庠序。耳无二途聴一、目无二邪視一。出无レ冶レ容、入无レ廃レ飾」とあるのも、この箇所を踏まえている。このことから、「耳無途聴」以下を持つ、異本が唐代に既にあったらしいことが知られる。

九　女功は、女工とする異文もあるが、意味は同じ。女紅とも。衣生活に関わる女性の手仕事を指す。曹大家（班昭）『女誡』婦行にも、「専心紡績、不レ好二戯笑一。潔斎（潔斎）酒食、以奉二賓客一、是謂二女工（婦功）一」とある。ここでは、『女誡』婦行に言う、婦人の四つの徳行を、それぞれ婦徳は、「新婦事君、同於事父。音声莫聴、形影不覩。夫之父兄、不得対語。孝養翁家、敬事夫主。汎愛尊賢、教示男女」、婦言は、「言必細語……敬慎口言」、婦容は「出則斂容、動則庠序」、婦功は、「勤事女功、莫学歌舞」のように当て嵌めることが出来る。「懃」には、異文「勤」(同音)がある。

一〇　歌舞は、『礼記』内則に、「成童十五以上……学二楽誦詩舞勺一」(勺は、少年の舞の意)とあり、歌舞は、十五歳以上になって習得するものとされている。ここでは、このような儒教の礼楽の歌舞の意ではなく、一般的な歌唱や舞踏を指す。『新集文詞九経抄』2―72にも、「清潔自守、莫レ学二歌舞一」(P三九九〇)とある。

一一　当句の異文に、39本に言う「事夫章第九」の一部である、256・257句「小為二人子一、長為二人父一」と同じ形の句を持つ、底本を始めとする、異本群E系統がある。これから推測を加えるならば、本句は本来ここには存在せず、「小為二人子一、長為二人父一」を借用し、それを女子型に改め、「小作二人子(妻)一、長為二人母一」としたものであろう(「子」には、異文「妻」がある)。そのように見るならば、ドミュエヴィル訳が、「小作二人妻一、長為二人母一」と「小為二人子一、長為二人父一」の本文対立があるとしているのは、「小作二人子(妻)一、長為二人母一」から「小為二人子一、長為二人父一」へと、本卦還りした痕跡と考えるべきであろう。

一二　斂容は、厳粛な表情をすること。『新集文詞九経抄』405に、「止則斂レ容、動則庠序」とある。

一三　庠序は、古代の地方の学校を指すが、別の意味として、「挙動安詳粛穆的意志」(物腰がゆったりと厳かで静かである)のあることが、『敦煌変文字義通釈』に指摘されている。仏典に頻出する語で、例えば「爾時世尊安然庠序、従二三昧一起」(『済諸方等学経』)、「常行二正法一饒益二衆生一。威儀庠序」(『大方広仏華厳経』金剛幢菩薩十廻向品)、「観二其遊歩威儀庠序一」(同、入法界品)などの例を上げることが出来る。

一四　「敬慎口言」の「敬」を、B(2)、C(1)系統は、「先」に作る。「先慎口言」の形は、第1段45句に前出する。

〔一五〕ここまで婦人の徳を述べる。注一でも指摘した通り、『太公家教』が女子の教訓にかなりの分量を割いていることは注目すべきことである。「終身無苦」は、第6段161句に、「終身無咎」の類句が見え、第6段注九でも触れたように、繰り返しは、段落の区切りを示すものであろう。

〔一六〕「希見」と下句との関係が難解である。入矢校釈校注（95）も、「この句……解し難し。待考」としている。伊藤美重子氏注一前掲論文の訳文では、「今時に見かけるのは、貧しい家に育った娘」としており、「希」の意味が無視されている。ドミュエヴィル訳は、Giles 氏や Eichhorn 氏の所説を援用して、「女児殺し」の風習かとしている。異本には見えないが、「常見→希見」の誤写過程を考えるのも一法であろう。「見」の目的語は、二句の範囲を超えて、239句「好戯遊走」まで掛かり、貧しい家でも、以下のような具体的悪癖のある娘を養うことは、今時では珍しいことではない（暗にそのような悪癖を持つと親に養って貰えないという嚇し文句）、という下降史観を述べたものとも、警世的発言とも取れる解釈を行った。

〔一七〕糸麻には、機織りの義はなく、絹と麻を指す。跋文606・607句にも、「食不レ重レ味、衣不ニ糸麻一」と見え、贅沢な布を意味するが、当然絹の方が高価である。即ち、当句は、絹と麻の区別も出来ぬ意となる。なお入矢校釈校注（96）も同様な解釈をして、異文「「麻布」に作るは非」としている。ここから249句までは、悪女ぶりの具体的列挙である。

〔一八〕針縷は、針と糸筋をいう。『急就篇』十に、「鍼縷補袒縫縁循」とあり、その注に、「鍼所ニ以縫レ衣也、縷線也」と言う。

〔一九〕閑には、習う意がある。『類聚名義抄』法下に、「ヲシフ　ナラフ」の訓がある。ここでは、針仕事に熟練しないの意。

二〇　「遊走」の語は、第8段189句、196句に既出。F系統は、この二句の次に、独自句「不ㇾ事㆓女功㆒、不ㇾ敬㆓父母㆒」を有するが、増益と見られる。

〔第11段〕（240～267）

240 241 女年長大、聘為人婦。
242 243 不敬君家、不畏夫主。
244 245 大人使命、説辛道苦。
246 247 夫罵一言、反応十句。
248 249 損辱兄弟、連累父母。
250 251 本不是人、状同猪狗。
252 253 含血噀人、先汚其口。
254 255 十言九中[1]、不語者勝。
256 257 小為人子、長為人父。
258 259 居必択隣、慕[2]近良友。
260 261 側立斉庁[3]、候待賓侶[4]。
262 263 [5]客無親疎、来者当受。
264 265 合食与食、合酒与酒。

[一]女は年(とし)長大にして、[二]聘(へい)せられて人の婦(つま)為り。
[三]君家を敬わず、[四]夫主を畏れず。
[五]大人[六]使命すれば、[七]辛を説き苦を道(い)う。
[八]夫罵(ののし)ること一言ならば、反応すること十句なり。
[九]兄弟を損辱し、父母に連累す。
本より是れ人ならず、[一〇]状猪狗(さまちょく)に同じ。
[一一]血を含み人に噀(ふ)くは、先ず其の口を汚す。
[一二]十言九中(あた)るも、語らざるは勝る。
[一三]小(おさな)くしては人の子為り、長じては人の父為り。
[一四]居は必ず隣を択(えら)び、近き良友を慕(ねが)う。
[一五]斉庁に側立し、賓侶を候待す。
[一六]客に親疎無く、来たる者は当(まさ)に受くべし。
合(まさ)に食すべきには食を与え、合に酒すべきには酒を与う。

266
267 閉門不看、還同猪狗。――門を閉じて看ざるは、還た猪狗に同じ。

【校勘】1中、底本「衆」、31他により改める。　2慕、底本「暮」、31他により改める。　3庁、底本「聴」、14他により改める。　4侶、底本「客」、29他により改める。　5客、底本「侶」、29他により改める。

【押韻】婦（上44有）、主（上9麌）、苦（上10姥）、句（上平10虞）、母（上45厚）、狗（上45厚。二箇所）、口（上45厚）、勝（下平16蒸）、父（上9麌）、友（上44有）、侶（上8語）、受（上44有）、酒（上44有）。

【通釈】女は年がいって大人になると、娶（めと）られて人の妻となる。そうすると夫の家を敬わず、夫をも畏れない。目上の者が命令しても、辛いとか苦しいとか言って逃れようとする。夫が一言罵ろうものなら、十句も口答えが返ってくる。そうなると自分の兄弟を辱め、累は自らの父母にも及ぶ。これは本来人ではない、その様子は豚や犬と同じである。そうした行いは血を口に含んで人に吹き掛けると、先ず自分の口自体をその血で汚してしまうようなものだ。十回ものを言って九回的中しても、何も言わない方が優れている。男の子は小さい時は人の子であるが、成長しては人の父となる。だから、住居を決める時には必ず隣人を選び、近くの良き友を頼れ。我が家の母屋に家族で並び立って迎え、賓客を接待せよ。客に親疎の分け隔てをしてはならず、やって来た者は当然受け入れなければならない。食事を出すべき時にはきちんと食事を出し、酒を飲むべき時にはきちんと酒を出す。（もてなしがいやだといって）門を閉めて会わないのは、豚や犬と同じだ。

【注】

一　前出の第8段186―189句に、「男年長大、莫聴好酒、女年長大、莫聴遊走」とあった。ここではそれを受け、さらに成長して、人の妻となってからの戒めが述べられている。長大は、大きくなって一人前の大人になること。

二　聘は、定められた手続きと婚礼によって、嫁として迎える意。

三　君家は、夫の家で、婚家の意。第10段220句「孝養翁家」の「翁家」にも、F系統に、「君家」の異文が見えた。敦煌本『夫妻相別書』（P三二一二v）に、「今則夫婦無レ良、便作二五逆之意一、不レ敬二翁嫁（家）一、不レ敬二夫主一」と類句が見える。

四　夫主は、夫。第10段221句にも、「敬事夫主」とあった。

五　大人は、父母等、年長者に対する敬称。ここでは、舅、姑を指す。『新婦譜補』和妯娌に、「大人胸中、如二天地一一般」とあるのは、ここと同様の用法である。

六　使命は、ここでは、命令の意。

七　説辛道苦は、「辛い、苦しい」と不平を訴えること。説、道は、言うの意。『女論語』事舅姑章に、「咆二哮尊長一、説レ辛道レ苦」と見える。

八　敦煌本『放妻書』（S〇三四三v）に、「妻則一言十口、夫則販（反）木（目）生レ嫌」と本句の類句が見えるのが注意され、また、「夫若挙レ口、婦便生レ嗔」という表現も、一本の『放妻書』（S五五七八、六五三七v）に見えている。反応は、ここでは、反抗する、反論する意。

九　『女論語』学礼章に、「辱二賤門風一、連二累父母一……如此之人、有レ如二犬鼠一」とあり、注三所引『夫妻相別書』にも、「不レ事二六親眷属一、汚二辱梟門一、連二累兄弟父母一」と、以下の文言と類同の言い回しが見える。第8段にも、女人が遊び歩くと悪い噂が立ち、「慙二恥宗親一、損二辱門戸一」（200・201句）となるとされている。

一〇　猪狗は、豚や犬。『女論語』事父母章に、「如レ此婦人、狗彘豺狼」とある。

一一　喺は、噀に同じ。水などが噴出する意で、ここは、血を口に含んで人に吹き掛ける意であろう。血は、汚い言葉の比喩。敦煌本『新集文詞九経抄』250に、「太公曰、含レ血遜レ人、先悪二其口一」、同2―16に、「太公曰、含レ血喺レ人、先悪二其口一」と引かれ、『五灯会元』十八の臨安府崇覚空禅師の話に、「含レ血噀レ人、先汚二其口一」と見える。また、『明心宝鑑』正已篇五にも、「太公曰、欲レ量二他人一、先須二自量一。傷レ人之語、還是自傷。含レ血噴レ人、先汚二自口一」と見える。この句と次の句は、F系統の諸本には欠けている。共に諺であろう。

一二　十回ものを言って九回的中したとしても、何ものを言わない方が勝っている、の意。敦煌本『新集文詞九経抄』287に、「太公曰、十言九中、不語者勝」と見える。『史記』亀策列伝に、「先得二此亀一者為二天子一、且十言十当、十戦十勝」とあり、後のものだが、乾隆帝の『御製楽善堂全集定本』の「拱極城」詩に、「児童十言九不レ中、由来太平久息レ兵」と見える。本句だけが他の句と韻を大きく異にする。

一三　第10段228・229句に、「小為二人子一、長為二人婦一」とあるのと対応する。ここから、婦人に対して、男の子が生まれてからの育て方について教える。

一四　択隣は、きちんとした隣家、隣人を選んで居を定めること。『晏子春秋』内篇に、「君子居必択レ隣、遊必就レ士、択レ居所以求レ士、求レ士所以辟レ患也」（『芸文類聚』二十三にも引かれる）とある。孟子の母が我が子のために住居を三度移した「孟母三遷」の故事（『列女伝』一母儀伝「鄒孟軻母」に見える）と共に用いられることが多い。『類説』に、「軻母択レ隣」の題目があり、同故事を引き、『白氏六帖』宅にも、「孟母三徙〈以択レ隣〉」とある。第20段494・495句にも、「孟母三思、為レ子択レ隣」とある。

一五　以下は、人の妻としての接客の心得を説く。斉庁は、斎庁で、本来祭祀のための建物の意であるが、ここは、数本に見える「庁堂」と同義で、立派な堂屋（母屋）の意で用いられるか。底本の「斉聴」に作るのは音通であろう。第9段208・209句に、婦人が客を迎える時のマナーとして、「門前有レ客、莫レ出二斉庁一」と見えた。側立は、並んで立つこと。客を迎える時に、夫の傍らに立って控えることを言う。

一六　当句以下は、『明心宝鑑』遵礼篇十六に、「太公曰、客無二親疎一、来者当レ受。父不レ言二子之徳一、子不レ言二父之過一」と見える。

〔第12段〕（268〜293）

268 269 抜貧作富、事須方寸。
270 271 看客不貧、古今実語。
272 273 握[1]髪吐飧、先有常[2]拠。
274 275 閉門不看、不如猪鼠。
276 277 高山之樹、苦於風雨。
278 279 路傍之樹、苦於刀斧。
280 281 当道作舎、苦於客旅[3]。
282 283 不慎之家、苦於官府。
284 285 牛羊不圏、苦於狼虎。
286 287 禾熟不収、苦於雀鼠。
288 289 屋漏不覆、壊其梁柱[4]。
290 291 兵将不慎、敗於軍旅。
292 293 人生不学、費其言語。

[一]貧を抜けて富と作るは、[二]事須らく[三]方寸にあるべし。
[四]客を看るに貧とせざるは、古今の[五]実語なり。
[六]髪を握りて飧を吐くは、先に[七]常拠有り。
[八]門を閉ざして看ざるは、猪鼠にも如かず。
[九]高山の樹は、風雨に苦しみ、
路傍の樹は、刀斧に苦しむ。
道に当たりて舎を作れば、客旅に苦しむ。
慎しまざる家は、官府に苦しむ。
牛羊圏わざれば、狼虎に苦しみ、
禾熟して収めざれば、雀鼠に苦しむ。
[一〇]屋漏りて覆わざれば、其の梁柱を壊つ。
[二]兵将慎しまざれば、軍旅に敗る。
[三]人生まれて学ばざれば、其の言語を費す。

【校勘】1握、底本「堀」、15他により改める。　2常、底本「嘗」、31他により改める。　3旅、底本「侶」、35a他により改める。　4柱、底本「住」、31他により改める。

【押韻】寸（去26慁）、語（上8語）、拠（去9御）、鼠（上8語。二箇所）、雨（上9麌）、斧（上9麌）、旅（上8語。二箇所）、府（上9麌）、虎（上10姥）、柱（上9麌）。

【通釈】貧乏から抜け出して裕福になるのは、その人の心の持ち様によるのである。人と接するのに貧乏かどうかで区別しないというのは、古今を通じての真実の言葉である。髪を洗っている最中や、食事中であろうと、客に会ったという周公旦の故事は、人を迎え入れる態度として、常に変わることのない拠り所である。門を閉ざして人に会わないというのは、動物にも劣るやり方だ。高い山の木は、風雨に曝されることになり、道傍の木は、切られてしまう。道路沿いに家を建てると、旅人に煩わされ、行動に慎重さがなく目立ったことをする家は、役所から責められる。牛や羊は柵で囲わなければ、狼や虎の来襲を心配しなければならないし、穀物が熟して収獲しなければ、雀や鼠に悩まされる。雨が漏る家は修理しなければ、梁(はり)や柱までが駄目になってしまう。軍隊の将たる者は慎重に行動しなければ、戦いに敗れる。人は学問をしなければ、的確な表現が出来ず、だらだらと無駄な言葉を費すものだ。

【注】

一　39本に、「慎行章第十」という章名がある。慎行は、行動を慎しむことで、『孝経』に見える語。その感応章に、

「修レ身慎レ行、恐レ辱レ先也」とある。「慎行章」にふさわしいのは、276―283句の第二段落である。290句にも、「不レ慎」の語があるが、この句を含む、284―291句の第三段落は、周囲のものをうまく管理すべきことを説く。

二　事須は、唐代の口語。事は、接頭辞で、意味はない。白居易の「潯陽歳晩、寄二元八郎中・庾三十三員外一」（『白氏文集』十七）の、「丹砂不二肯死一、白髪事須レ生」はその例である。また、変文にも多く用いられ、『八相押座文』の、「欲レ得二身中仏性明一、事須三懃聴二大乗経一」などはその一例である。

三　方寸は、心を言う。

四　人と接するのに貧乏かどうかで区別しない、の意。『百行章』に、「接レ客無二貴賤一、至者当レ看」とあり、同じことを言う。

五　実語は、嘘偽りのない真実の言葉で、仏教語。

六　髪を握りて飧を吐くは、『史記』魯周公世家に、「周公戒二伯禽一、我于二天下一已不レ賤矣。然我一沐三握レ髪、一飯三吐レ哺、起以待レ士、猶恐レ失二天下之賢人一」とあるのに基づく。周公旦は、賢人を自分の許に集めることに努め、髪を洗っている途中でも、髪を握って面会し、食事中でも、口の中の物を吐き出して迎えたという。飧は、夕食。

七　常拠は、常に変わることのない拠り所。

八　第11段266・267句に、「閉レ門不レ看、還同二猪狗一」という、殆ど同一の句が見える。また、「不レ如二猪鼠一」の類句が、第23段595句に、「不レ如二養猪一」と見える。

九　敦煌本『雑抄』に、「行高二於人一、衆必非レ之。木秀二於林一、風吹雨折」とある。以下、「……に苦しむ」という形の句が続く。定型の言い回しを繰り返すのは、通俗教訓書の方法の一つ。

一〇　唐五代の長沙窯址出土の瓷器に、「屋漏不レ蓋、損二失梁柱一」と見える（第5段注一〇徐俊氏論文）。

二　兵将の語は、第22段557句に見える。

三　「人生不レ学」の措辞は、第21段516句にも見える。

〔第13段〕（294～313）

294 295 近朱[1]者赤、近墨者黑。
296 297 蓬生麻中、不扶自直。
298 299 近佞者諂、近偸者賊。
300 301 近愚者痴、近賢[2]者徳。
302 303 近聖[3]者明、近婬者色。
304 305 貧人多嬾[4]、富人多力。
306 307 勤耕之人、必豊穀食。
308 309 勤学之人、必居官職。
310 311 良田不耕、損人功力。
312 313 養子不教、費人衣食。

[一]朱に近づく者は赤く、墨に近づく者は黒し。
[二]蓬(よもぎ)も麻中に生ずれば、[三]扶(たす)けずして自ら直(なお)し。
[四]佞(ねい)に近づく者は諂(へつら)い、[五]偸(ちゅう)に近づく者は賊(ぬす)む。
[六]愚に近づく者は痴にして、[七]賢に近づく者は徳なり。
聖に近づく者は明にして、[八]婬(いん)に近づく者は色なり。
[九]貧人は嬾(おこたり)多く、[一〇]富人は力(つとめ)多し。
[一一]勤耕の人は、必ず穀食を豊かにす。
勤学の人は、必ず官職に居り。
[一二]良田耕さずば、[一三]人の功力を損う。
[一四]子を養いて教えずば、人の衣食を費す。

【校勘】 1朱、底本「珠」、31他により改める。 2近賢者徳、底本「近聖者明」、27他により改める。 3近聖者明、底本「近賢者徳」、27により改める。 4嬾、底本「頼」、29他により改める。

【押韻】黒（入25徳）、直（入24職）、色（入24職）、賊（入25徳）、徳（入25徳）、力（入24職。二箇所）、食（入24職。二箇所）、職（入24職）。

【通釈】朱に親しめば赤く、墨に親しめば黒くなる。元来真っ直（すぐ）でない蓬も、真っ直な麻の中で成長すれば真っ直となる。佞者（ねいしゃ）に親近する者は媚び諂（へつら）うようになり、盗人に親近する者は自分も盗みを働くようになる。愚者に親近する者は自らも愚かとなり、賢人に親近する者は賢徳を得る。聖人に親近する者は聖明を得、淫人に親近する者は情欲に迷うようになる。貧乏な者はとかく怠けがちであり、富裕な者はよく努力する。よく耕す者は、必ず穀物に恵まれる。よく学ぶ者は、必ず官職に就く。良田も耕さずにおけば、人に余分な労力を強いるようになる。同様に、子供を養育しても教育を施さなければ、無駄に衣食を費やすことになってしまう。

【注】

一　当段は、前半に教育における環境の重要さを説き（294—303句）、後半にその上で絶えず努力する者のみが財産、地位を得ることが出来るとし（304—309句）、結論として、教育の不在が将来的に大きな人的損失を招くことを説く（310—313句）。C(1)の39本は、310句に「弁説章第十一」の章名を置くが、その意味は今一つ明らかでない。「近レ朱者赤」以下については晋、傅玄の『太子少傅箴』（『太平御覧』二四四所引）に、「近レ朱者赤、近レ墨者黒」とある。敦煌本『新集文詞九経抄』359に、「太公曰、近レ佞者讒、近レ賊者盗。近レ朱（珠）者赤、近レ墨者黒。蓬生二麻中一、不レ扶自直」、『明心宝鑑』交友篇十九に、「太公曰、近レ朱者赤、近レ墨者黒。近レ賢者明、近レ才者智。近レ痴者愚、近レ良者徳。近レ智者賢、近レ愚者暗。近レ佞者諂、近レ偸者賊」などとして引かれる。また、明、孫承恩の『文簡集』一箴「簡二近習一」に、「近二鮑魚芝蘭一、古人之所レ慎、近レ朱者赤、近レ墨者玄」と見える（四庫全書珍本二集所収）。諺「朱に交われば赤くなる」の源であろう。『書言字考』九下に、「交レ朱者丹」の注として、宋、王楙の『野客叢書』二十九（「傅玄太子箴」を引く）を上げている。

二　蓬は、元来まっ直には伸びないが、まっ直に伸びる麻の中で成長すると、自然にまっ直に伸びるようになる。『大戴礼記』五及び、七に、「蓬生二麻中一、不レ扶自直」、『荀子』一に、「蓬生二麻中一、不レ扶而直」、『曾子』（『太平御覧』九九七所引）に、「蓬生二麻中一、不レ扶自直」とあり、また、『論衡』二率性八に、「蓬生二麻間一、不レ扶自直」と見える（『玉函秘抄』中331、『管蠡抄』八慎染習〈「貞観政要曰」〉として引く）。なお『書言字考』九上に、「麻中蓬」注として、「大戴礼」「荀子」等を上げている（『野客叢書』十五には、「曾子之書」とする）。注三参照。敦煌本『応機抄』上に、「太公曰……蓬生二麻中一、不レ扶自直。白沙投レ涅、不レ染自黒」とあるのは、『太公家教』に基づく。なお、唐五代の長沙窯址出土の瓷器に、「蓬生二麻中一、不レ扶自直」と記されたものがある（第5段注一〇徐俊氏論文）。

三　「不レ扶自直」句の次に、B(1)、B(2)中の27本及び、D、F系統の諸本は、「白玉投レ泥（涅）、不レ汚（悪）二其色一」の二句を有する（底本〈E〉及び、A、B(2)の35a本、C系統[無]。校異表参照）。白玉は、白璧で、白璧は例え泥の中に投げ込まれても、その本来の色を失うことはない、の意だが、当句は、前の「蓬生二麻中一、不レ扶自直」句の蓬を、本来真っ直なものと誤解して、付加されたものらしい（蓬は、曲がりくねっている）。また、注二所引の『大戴礼記』本文に続き、「白沙在レ泥、与レ之皆黒」、『荀子』本文に続き、「白沙在レ涅、与レ之倶黒」とあるのとも関係があろう。当句については、例えば北斉、魏収の『魏書』二十七列伝十五に、「白玉投レ泥、豈能相汚」、『真言要決』一に、「孔子云……白玉投二於緇泥一、不レ能レ汚二毀其色一」とあり、敦煌本『新集文詞九経抄』2にも、「孔子云……白玉投レ泥、則不レ能レ損二其色一」と見える。『論語』陽貨の、「不レ曰レ白乎、涅而不レ緇」（孔安国説に、「至白者、染二之於涅一而不レ黒」と言う）に基づく。敦煌本『雑抄』の、「蓬生二麻中一、不レ扶自直。白玉投レ泥、不レ汚二其色一」は、当句を有する『太公家教』を引いたものであろう。

四　佞は、口先だけで横しまなこと。

五　偸は、盗人。賊は、盗む意。

六　愚も、痴も、共に愚かなこと。B⑴、B⑵の27本、Fの三系統三本は両字を入れ替える（校異表参照）。第21段512・513句に、「近愚者闇、近智者良」の類句が後出。

七　B⑴及び、B⑵の27本の二本以外の諸本は全て、当句を「近聖者明」に作り、次句を「近賢者徳（得）」に作るが（B⑴は、「近智者良」）、入矢校釈に、「みな「近賢者徳」と「近聖者明」を互倒し、韻を失う。いま改む」（校注(120)）と言われるように、当句は押韻句なので、その二本に従い、次句はB⑵の27本に従う（校異表参照）。

八　色は、男女の情欲。B⑴以外のB⑵の27本、D、F系統五本が、当句を欠き（Fの24本は、301句「近賢者徳」も欠く）且つ、前述「白玉投レ泥（涅）、不レ汚（悪）二其色一」を有するのは（注三及び、校異表参照）、対句の崩れを修正しようとしたものであろう。

九　当句は、『明心宝鑑』正己篇五に、「太公曰、貧而雑レ懶、富而雑レ力」と見える（雑は、集める意）。A系統及び、B⑵の35a本は、「多嬾富人」四字を欠き、「貧人多力」という意味不明句を現出し、一句不足となっている。中で、Aの21本が300句「近愚者痴」も欠くのは、さらにそれを修正したものらしい。なお入矢校釈は、当句をDの9本により、「貧人由嬌」とし、また、ドミュエヴィル訳に、SI（Dの9本）における「由嬌」の異同を上げるが、共に「嬾」を誤読したものである。

〔第13段〕（294～313）

一〇　『女論語』九に、「大富由レ命、小富由レ勤」などとある。

一一　当句は、敦煌本『新集文詞九経抄』198に、「太公曰、勤耕之人、必豊二穀食一。勤学之人、必居二官職一」と引かれ、類句が、『王梵志詩集』(二四二)に「但知懃作レ福、衣食自然豊」と見える。『論語』衛霊公の、「耕也餒在二其中一。学也禄在二其中一」に基づくものであろう(餒(だい)は、飢えること)。

一二　敦煌本『百行章』34に、「良田……不レ耕、終是荒蕪之穢」とある。F系統には、当句以下の四句無(校異表参照)。

一三　功力は、労力。『唐律疏議』二十「賊盗」四に、「諸山野之物、已加二功力一、刈伐積聚、而輒取者各以レ盗論」とあり、また、『続日本紀』九、養老六年閏四月乙丑に、「如部内百姓、荒野閑地、能加二功力一、収二獲雑穀一三千石已上、賜二勲六等一」と見える。

一四　敦煌本『武王家教』に、「太公曰、養レ子不レ教、為二一錯一」とある。

〔第14段〕（314〜337）

314 315 与人共食、慎莫先嘗。
316 317 与人同飲、莫先把觴。
318 319 行不当路、坐不背堂。
320 321 路逢尊者、側立道傍。
322 323 有問善対、必須審詳。
324 325 子従外来、先須就堂。
326 327 未見尊者、莫入私房。
328 329 若得飲食、慎莫先嘗。
330 331 饗其宗祖、始到耶嬢。
332 333 次霑兄弟、後及児郎。
334 335 食必先譲、労必自当。
336 337 知過必改、[1]得能莫忘。

[一]人と食を共にしては、慎みて先に嘗（な）むること莫（な）かれ。
人と飲を同じくしては、先に[二]觴（さかずき）を把（と）ること莫かれ。
[三]行きては路に当たらず、坐しては[四]堂に背かず。
[五]路に尊者に逢わば、道の傍に側（そば）立（た）つ。
問わるること有らば善く対（こた）え、[六]必ず審詳にすべし。
[七]子外より来たれば、先ず堂に就くべし。
未だ尊者に[八]見（まみ）えざれば、私房に入ること莫かれ。
若し飲食を得ば、慎みて先に嘗むること莫かれ。
其の[九]宗祖（そうそ）に饗（きょう）するときは、始めに[一〇]耶嬢（やじょう）に到す。
次に[一一]兄弟を霑（うるお）し、後に[一二]児郎に及ぶ。
食は必ず先に譲り、[一三]労（つとめ）には必ず自ら当たる。
[一四]過ちを知らば必ず改め、能を得ては忘るること莫かれ。

【校勘】1得、底本「徳」、31他により改める。

【押韻】嘗（下平10陽。二箇所）、觴（下平10陽）、堂（下平11唐。二箇所）、傍（下平11唐）、詳（下平10陽）、房（下平10陽）、嬢（下平10陽）、郎（下平11唐）、当（下平11唐）、忘（下平10陽）。

【通釈】人と食事をする時は、行儀を守り最初に口にしてはいけない。人と酒を飲むとき、最初に杯を取ってはならない。道を歩いては通行の邪魔をしてはならない、坐る場合は堂に背を向けてはならない。通路で目上の人に逢ったならば、傍らに寄り道の端に立つ。目上の人に問われたらよく答え、その言葉は正確で明白でなければならない。子は外出から帰れば、まず父母のいる堂に赴かなければならない。家族の目上の人に見え（まみ）ない間は、自分の部屋に入ってはならない。もし飲食をする機会を得た時は、最初に口にしてはいけない。祖先に料理を供えた時は、始めに父母の所に持って行かなければならない。次に恩恵を父母の兄弟に浴させ、その後、子供達に与える。食事の時はまず譲り、労には必ず自ら当たる。過ちを知れば必ず改め、身に付けた技は忘れてはならない。

【注】

一　本段は末尾まで前段に引き続き39本にいう弁設章に当たる。本段の内容は前半部後半部に二分され、前半323句までは家族外の社交の場で守るべき礼法を述べる。324句以後は社交の場から移り、家族内での礼法を述べる。最後に全体を総括するため、336・337句において、『千字文』に由来する格言、「知過必改、得能莫忘」を引用して、締め括るものと見られる。

二　「把觴」について、周鳳五・汪泛舟両氏は、「挙觴」の本文を採用しているが、校異表に見るように、諸本にこの異文を持つものは存在しない。

三　『礼記』曲礼に、「為二人子一者、居不レ主レ奥、坐不レ中レ席、行不レ中レ道、立不レ中レ門」とある。「当」に適当な訓が見付からないが、路の真ん中に立ち通行の妨害をすることを言う。汪泛舟氏も、「当路」に「居于路中」と注し、「不能当着道路中間」（道の真ん中に居座ってはならない）と同じ解釈をしている。

四　背堂について、入矢校釈校注（123）は、「この句、底本（1本）は「坐不当輩当」五字に誤る。いまA・E（9・15本）二本に従い、ただその「皆」を「偕」に改む」として、「坐不偕堂」の本文に改めている。「坐しては堂を偕（とも）にせず」と訓読するか。堂は、家長の居所である建物の中心である。訪問先の主人の居所である堂に共に坐すことはしない、の意。しかし、校異表に見る如く、入矢氏の参照しなかったペリオ本の諸本では、「背堂」に作る例が多い。従って、この本文に拠り、「主人の居る堂に背を向けない」と解釈しておきたい。

五　『礼記』曲礼に、「遭二先生于道一、趨而進、正立拱レ手。先生与レ之言則対、不二与レ之言一則趨而退」とある。これを踏まえた言い換えであろう。類句が第6段146・147句に、「路逢二尊者一、斉レ脚斂レ手」と見える。

六　必須の語は、既出。例えば第4段104・105句、「財能害レ己、必須レ遠レ之」などに頻出する。審詳は、つまびらかの意。

七　これも『礼記』曲礼の、「夫為二人子一者、出必告、反必面」を踏まえた言い換えであろう。堂は、注四と同じく家長の居室を指す。

八　尊者は、父兄を指す。

九　宗祖は、先祖に同じ。「饗二其宗祖一」は、祖先の前に酒食を献じて祀る儀礼をいう。このお供えの酒食を、「なおらい」の如く、長上の者から順に配ることを言うのであろう。

一〇　爺嬢（娘）の語は、父母の意の俗語。耶は、爺に同じ（入矢校釈校注（128）には、「敦煌写本では「爺」字を用いること罕」であると言う）。

一一　児郎は、俗語で、息子の意。

一二　兄弟は、ここでは父の兄弟を指す。

一三　校異表に見る通り、底本を始め「労必自当」の本文を採るものが多いので、これに従うが、入矢校釈では、「醪必自嘗」の本文を採り、その校注（129）に、「「醪」、底本・E本（1・15本）ともに「労」に誤る。A本（9本）に拠って改む」としている。まず「醪」は、濁り酒。字音は、異文の「労」と同音である。入矢校釈は、四字目の「当」も字形の類似による誤写即ち、「嘗」から「當」への異文が生じたものと考えている。確かに、「若得飲食、慎莫先嘗。饗其宗祖、始到耶嬢。次霑兄弟、後及児郎。食必先譲、労必自当（醪必自嘗）」は、一連の食に関わる礼法心得を説いており、文脈上は、「醪必自嘗」（醪だけは酒になっているかどうか最初に自ら味見をする）も成り立つ。醪が腐敗していないかどうか自ら味見をするのは、『孝子伝』の「親嘗投薬」に通じる孝養の在り方を示している。この形を意味の上で、より抽象化したものが、「労必自当」（労（つとめ）には必ず自ら当たる）の本文である。

一四　『易』の「見レ善則遷、有レ過則改」と、『論語』学而の「過則勿レ憚レ改」を踏まえ、『千字文』に、「知レ過必改、得レ能莫レ忘」の句がある。これを借用して、一連の礼法を説く本節の結語としている。この句について、上野本『注千字文』には、「知二己有一レ過、必速改レ之。詳也。伝曰。宿二不善一、而宿二不詳一之。学得芸伏、記レ之莫レ忘也」という注がある。これは有名な句で、『続日本紀』神護景雲三年十月一日条にも、「又云久、過乎知天方必改与能乎得天方莫忘止伊布」とある。入矢校釈校注（130）は、さらに『新合六字千文』（S五九六一）の、「顔回知レ過必改、子夏得レ能莫レ忘」、『千字文注』（S五四七一）「得能莫忘」の、「夫人立身之身、必須剋レ己行レ仁、博学二六芸一、所レ得所レ能、終始勿レ忘レ之、心府曰、益知二新月無レ怠、切々而問レ之、近々而思レ之、在於在於外思レ之、在二於心一也」などの用例を上げ、「得能」（徳能）の二字は、技量・才能の義ありと指摘している。因みに、『太公家教』が明らかに『千字文』を踏まえていると思われる箇所として、第16段392・393句の「罔レ談二彼短一、靡レ恃二己長一」や、第21段532・533句の「女慕二貞潔一、男効二才良一」などがある。

〔第15段〕（338〜357）

338 339 与人相識、先[1]整容儀。
340 341 称名道字、然後相[2]知。
342 343 倍年已長、則父事之。
344 345 十年已上、則兄事之。
346 347 五年[3]已外、則肩随之。
348 349 三人同行、必有我[4]師。
350 351 択其善者[5]而従之、其不善者[6]而改之。
352 353 滞不択職、貧不択妻。
354 355 飢不択食、寒不択衣。
356 357 小人為財[7]相殺、君子[8]以[9]徳義相[10]知。

[一]人と相識(あいし)るに、先ず[二]容儀を整う。
[三]名を称し字(あざな)を道(い)い、然る後に相知る。
[四]倍年已長(ばいねんいちょう)なれば、則ち之(これ)に父事(ふじ)す。
十年已上なれば、則ち之に兄事(けいじ)す。
五年已外なれば、則ち之に肩随(けんずい)す。
[五]三人同行すれば、必ず我が師有り。
其の善き者を択(えら)びて之に従い、其の善ならざる者は之を改む。
[六]滞れば職を択ばず、貧しきには妻を択ばず。
[七]飢ゆれば食を択ばず、寒きには衣を択ばず。
[八]小人は財の為に相殺(あいころ)し、君子は徳義を以て相知る。

【校勘】 1整、底本「政」、31他により改める。　2知、底本「之」、31他により改める。　3已、底本「与」、15他により改める。　4師、底本「師焉」、29他により改める（注五参照）。　5而、底本「如」、31他により改める。

6而、底本「如」、31他により改める。　7殺、底本無、31により補う。　8以、底本「与」、1他により改める。9徳、底本「得」、27他により改める。　10知、底本「之」、31他により改める。

【押韻】儀（上平5支）、知（上平5支。二箇所）、之（上平7之。四箇所）、師（上平6脂）、妻（上平12斉）、衣（上平8微）。

【通釈】他人と面識を持つ場合には、まず身なりをきちんと整えよ。自分の姓名を名乗り字（あざな）を言って、その後にお互いに知り合う。相手が自分の年齢の倍以上の年長者であれば、父のように彼に仕えよ。自分より十年以上年上であれば、兄のように彼に仕えよ。五年以上年上の者であれば、彼と並んで肩一つ後から付き従え。三人が行いを共にすれば、必ずその中には自分の師とする所があるものだ。その善き所を選んで従い、その善からぬ所を見て改めよ。行き詰まれば職を選り好みしない。貧しい時には妻を選り好みしない。飢えれば食を選り好みしない。寒い時には衣を選り好みしない。小人はつまらぬ財のために相手を殺し、君子は優れた徳や義によって相手を知る。

【注】

一　先の第14段314句以下が、食事に関する心得を中心に述べるのに続き、当句以下は、他人と関わる場合の、基本的な心得を述べる。

二　容儀は、姿かたち。容儀を整う（或いは、政（ただ）す、正す）は、身なりをきちんと整えること。整字、底本並びに、A系統諸本は「政」に作り、B(1)、F系統は、「正」に作る。入矢校釈校注（131）には、「底本〔1本〕は政（＝正）

に作る。亦た通ず」と指摘する。

三　名は、姓名。称名は、姓名を名乗ること。初対面の人には、まず自分の姓名と字（あざな）を告げるルールを教える。

四　以下は、『礼記』曲礼上に、「年長以ㇾ倍、則父二事之一、十年以長、則兄二事之一、五年以長、則肩二随之一」とあるのに基づく。鄭玄注や孔穎達疏によると、これは二十歳以上の成人に適用される礼であるという。以下の父事、兄事は、父に仕えるように、また、兄に仕えるように、これに従うこと。肩随は、鄭玄注に、「肩随者与ㇾ之並行差退」とあり、並びながら、肩一つ遅れて後から付き従う様。なお『礼記』には、この文に引き続き、「群居五人、則長者必異ㇾ席」とあって、B⑴、Fの25三本に見える、「群居五人、長者必跪（危）」の独自句は、それに基づく。元の陳天祥『四書弁疑』十一に、『孟子』離婁上の、「人人親二其親一長二其長一而天下平」注として、「倍年以長、父二事之一。十年以長、兄二事之一」と見える。「十年已上」「五年已外」の「已上」「已外」を、「已（以）長」とする本文もあるが、自分との年の差の開き具合により「已長」「已上」「已外」を使い分けている可能性があり、暫く底本に従う。

五　以下は、『論語』述而の、「子曰、三人行、必有二我師一焉。択二其善者一而従ㇾ之、其不善者而改ㇾ之」による。底本始め多くの本が、「師」字の下に、「焉」字を持つが、押韻から見て不適当である。また、「改」を「蓋」に作る本もあるが、音通であろう。第5段116―119句に、「見二人善事一、必須讃ㇾ之。見二人悪事一、必須ㇾ掩ㇾ之」とあった。『新集文詞九経抄』361に、「孔子曰、三人共行、必有二我師一焉。択二其善者一而従ㇾ之、其不ㇾ善者而改ㇾ之」とあり、『百行章』問行章に、「是以三人同行、必有二我師一」とあり、『五灯会元』十九にも、「三人同行、必有二一智一」という類句が見える。

六　以下は、周囲の状況を見て、逆境の時にはあれこれと選り好みすべきではないことを教える。滞は、仕事が無く生活が立ち行かなくなることをいう。択妻は、家柄など条件をつけて、妻を選ぶこと。『韓詩外伝』一に、「曾子……任重道遠者、不レ択レ地而息。家貧親老者、不レ択レ官而仕」、『列女伝』二賢明伝「周南之妻」にも、「家貧親老、不レ択レ官而仕、親操二井臼一、不レ択レ妻而娶」とあり、『水滸伝』第二十四には、「正是『飢不レ択レ食、寒不レ択レ衣、慌不レ択レ路、貧不レ択レ妻』」という、以下との類似表現が見える。第19段462―469句にも、「小人負レ重、不レ択レ地而息。君子困窮、不レ択レ官而事。屈厄之人、不レ羞二執鞭之仕一。飢寒在レ身、不レ羞二乞食之恥一」とあって、困窮すれば、仕事を選り好みしたり、外聞を恥じたりしていられないことを列挙する例が見える。

七　『孟子』公孫丑に、「飢者易レ為レ食、渇者易レ為レ飲」、また、尽心に、「飢者甘レ食、渇者甘レ飲」とあるのが古く、『五灯会元』五にも、「問、如何是和尚家風。師曰、飢不レ択レ食」と見える。

八　『論語』里仁に、「君子喩二于義一、小人喩二于利一」、『荘子』盗跖に、「小人徇レ財、君子徇レ名」とあるように、利や財を重んじる小人と徳義や名誉を重んじる君子とを対比する例は、古くから見られる。但し、ここは、君子と交わろうとすれば徳義が必要であることを述べて、この章段の締め括りとしたものであろう。

〔第16段〕(358〜393)

358 359 欲求其[1]短、先取其長。
360 361 欲求其円、先取其方。
362 363 欲求其[2]弱、先取其[3]強。
364 365 欲求其剛、先取其柔。
366 367 欲防外敵、先須[4]内防。
368 369 [5]欲量他人、先須自量。
370 371 欲揚人悪、[6]便是自揚。
372 373 傷人之語、還是自傷。
374 375 凡人不可貌相、海水不可斗量。
376 377 [7]茅茨之家、[8]或出公王。
378 379 蒿艾之下、[9]或有蘭香。
380 381 助祭得食、助闘得傷。
382 383 仁慈者寿、[10]凶暴者亡。

一 其の短を求めんと欲せば、先ず其の長を取る。
其の円を求めんと欲せば、先ず其の方を取る。
其の弱を求めんと欲せば、先ず其の強を取る。
其の剛を求めんと欲せば、先ず其の柔を取る。
二 外敵を防がんと欲せば、先ず須らく内に防ぐべし。
他人を量らんと欲せば、先ず須らく自ら量るべし。
三 人の悪を揚げんと欲せば、便(すなわ)ち是れ自ら揚ぐ。
人を傷(そこな)う語は、還(かえ)って是れ自ら傷う。
四 凡(およ)そ人は貌相(ぼうそう)すべからず、五 海水は斗量すべからず。
六 茅茨(ぼうし)の家も、或いは公王を出だし、
七 蒿艾(こうがい)の下も、或いは蘭香有り。
八 祭を助くれば食を得、闘いを助くれば傷を得。
九 仁慈なる者は寿(いのちなが)く、凶暴なる者は亡ぶ。

384 385 清々之水、[11]為土所傷。
386 387 済々之人、為酒所殃。[12]
388 389 聞人善事、乍可称揚。[13]
390 391 知人有過、密掩深蔵。
392 393 是故罔談彼短、[14]靡恃己長。

[一〇]清々たる水も、土の傷う所と為り、
済々たる人も、酒の殃(ほろ)ぼす所と為る。
[二]人の善事を聞かば、乍(たちま)ち称揚すべし。
人の過(あやま)ち有るを知るも、密(ひそ)かに掩(おお)いて深く蔵す。
是(こ)の故に[三]彼の短を語る罔(な)く、己(おの)が長を恃(たの)むこと靡(な)かれ。

【校勘】 1短、底本「矩」、5a他により改める。　2弱、底本「強」、29他により改める。　3強、底本「弱」、29他により改める。　4内、底本「自」、2他により改める。　5欲量他人先須自量、底本無、19により補う。　6便是、底本「先須」、29他により改める。　7茅、底本「芧」、2他により改める。　8或、底本「必」、2他により改める。　9或、底本「必」、5a他により改める。　10凶、底本「胷」、39他により改める。　11為土所傷済々之人、底本無、39により補う、　12殃、底本「傷」、39他により改める。　13揚、底本「陽」、31他により改める。　14短、底本「矩」、31他により改める。

【押韻】 長（下平10陽。二箇所）、方（下平10陽）、強（下平10陽）、柔（下平18尤）、防（下平10陽）、量（下平10陽。二箇所）、揚（下平10陽。二箇所）、傷（下平10陽。二箇所）、王（下平10陽）、香（下平10陽）、亡（下平10陽）、殃（下平10陽）、蔵（下平11唐）。

【通釈】短かいものを知ろうと思うならば、まず長いものについて知らなければならない。円いものについて知ろうと思うならば、まず四角いものについて知らなければならない。何故弱いかを知ろうと思うならば、まず何故強いかを知らなければならない。何故固いかを知ろうと思うならば、まず何故柔かいかを知らなければならない（物の一面だけを見ていては駄目だ）。外敵を防ごうと思うならば、まず内を守らなければならない。他人のことを推し量ろうとするならば、まず自分のことを考えてみなければならない。他人の悪を言い立てようとするならば、それは自分から自分の悪を言い立てることだ。他人を中傷する言葉は、返って自らを傷付けることになる。他人は上べの顔かたちで判断してはならない。海の水は升（ます）で量ることは出来ない（そのように深いのだから、表面だけで推し測ってはいけない）。萱葺（かやぶき）の粗末な家から王公が出ることもあるし、蓬（よもぎ）の下に香りの良い蘭があることもある。祭祀の手助けをすればお下がりが手に入り、喧嘩の加勢をすると怪我をする。慈しみ深い人は長生きするが、凶暴な者は亡んでしまう。清らかな水も土のために濁ってしまい、立派な人も酒のために身を滅ぼす。人の善行を耳にしたならば、直に褒めるが良い。人の過ちを知っても隠しているが良い。だから、人の短所を話さないようにし、自分の長所に拠りかからないようにしなければならない。

【注】

一　以下365句までの八句は、物事の或る一面を知ろうとする時には、まずそれと対照的な側面に着目すべきことを言う。当句以下、373句まで、敦煌本『新集文詞九経抄』250に、「太公曰、欲レ求二其長(短)一、先取二其短(長)一、欲レ求二其円一、先取二其方一。欲レ求二其剛(柔)一、先取二其柔(剛)一。欲レ防二外敵一、先須二内防一。欲レ量二他人一、先須二自量一。揚二人之悪一、皆是自揚。傷レ人之語、還是自傷」として引かれている。また、368句以下が、『明心宝鑑』孝行篇四に、「太公曰、欲レ量二他人一、先須二自量一。傷レ人之語、還是自傷。含レ血噴レ人、先汚二自口一」として引かれる。

二　以下の四句は、外よりはまず内（自分）に目を向けるべきことを言う。

三　以下の四句は、他人に悪意をもって接すれば、自分自身にはね返ることを言う。『孔子家語』三弁政に、「言二人之善一、若二己有レ之。言二人之悪一、若二己受レ之」とある。

四　以下六句は、表面だけで判断してはいけないことを言う。この二句は、『明心宝鑑』省心篇十一に、「太公曰、凡人不レ可レ逆、海水不レ可二斗量一」として引かれる。

五　『淮南子』泰族訓に、「太山不レ可二丈尺一、江海不レ可二斗斛一」とある。

六　茅茨の家は、萱葺（かやぶき）の粗末な家。『韓非子』五蠹に、「尭之王二天下一也、茅茨不レ剪、采椽不レ斲」とある。

七　蒿艾は蓬草（よもぎ）。野に生える雑草で、凡庸なものの例え。「蘭香有り」は、その中にも優れたものが存在することを言う。

八　『淮南子』説林訓に、「佐レ祭者得レ嘗、救レ闘者得レ傷」とある。祭は、神や祖先を祭ること。また、『国語』周語下に、「佐レ雍者嘗焉、佐レ闘者傷焉」、『顔氏家訓』省試に、「王子晋云、佐レ饔得レ嘗、佐レ闘得レ傷」という類以表現が見える。雍は、料理の役人、饔は、料理。

九　この二句は、敦煌本『新集文詞教林』『新集文詞九経抄』369及び、『明心宝鑑』継善篇に引かれる。

一〇　『百行章』慮行章に、「清々之水、塵土濁レ之、済々之人、愚朋所レ誤」とある。

一一　以下四句については、第5段116—119句に、「見二人善事一、必須レ讃レ之。見二人悪事一、必須レ掩レ之」という類似句がある。その注参照。

一二　『千字文』の45・46句をそのまま用いるが、崔瑗の「座右銘」（『文選』五十六）に、「無レ道二人之短一、無レ説二己之長㆒」とある。敦煌本『新集文詞九経抄』2—22に、「莫㆑談㆓他短㆒、莫㆑恃㆓己長㆒」（P三三六八）として引く。

〔第17段〕（394〜417）

394 395 鷹鴿雖迅、不能快於風雨。
396 397 日月雖明、不照覆盆之下。
398 399 唐虞雖聖、不[1]能化其明主。
400 401 微子雖賢、不能諫其暗君。
402 403 比干雖恵、不能自免其身。
404 405 蛟竜雖聖、不能殺岸上之人。
406 407 刀剣雖利、不能殺清潔之人。
408 409 羅網雖細、不能執無事之人。
410 411 非災横禍[2]、不入慎家之門。
412 413 人無遠慮、必有近憂。
414 415 斜径[3]敗於良田、讒言敗於善人。
416 417 君子以含[4]弘為大、海水以[5]博納為深。

一 鷹鴿（おうよう）は迅（はや）しと雖も、風雨に快たる能わず。
二 日月は明しと雖も、覆盆の下を照らさず。
三 唐虞（とうぐ）は聖四なりと雖も、其（そ）の明主を化す能わず。
五 微子は賢なりと雖も、其の暗君を諫むる能わず。
六 比干は恵（さと）七しと雖も、八自（みずか）ら其の身を免（まぬが）るる能わず。
九 蛟竜（こうりゅう）は聖なりと雖も、岸上の人を殺す能わず。
一〇 刀剣は利（と）しと雖も、清潔の人を殺す能わず。
一一 羅網は細なりと雖も、一二無事の人を執る能わず。
一三 非災横禍は、慎家の門に入らず。
一四 人遠慮無くば、必ず近憂有り。
一五 斜径は良田を敗（やぶ）り、讒言（ざんげん）は善人を敗る。
一六 君子は弘（ひろ）きを含むを以って大を為（な）し、海水は博（ひろ）く納（い）るるを以って深を為す。

【校勘】1不能……雖賢、底本無、31により補う。　2禍、底本「火」、2他により改める。　3径、底本「俓」、31他により改める。　4、5以、底本「与」、31他により改める。

【押韻】雨（上9麌）、下（上35馬）、主（上9麌）、君（上平20文）、身（上平17真）、人（上平17真）、門（上平23魂）、憂（下平18尤）、深（下平21侵）。

【通釈】鷹やはし鷹は速く飛ぶが、風雨の中を速く飛ぶことは出来ない。日月は明るいが、覆った盆の下までは照らさない。尭舜は聖人だが、明主を教化することは出来ない。微子は賢人だが、暗君は教化出来ない。比干は恵かったが、自身の不幸を逃れることは出来なかった。蛟竜は水中の聖獣だが、岸にいる人を殺すことは出来ない。刀剣は鋭くても、清廉潔白な人を傷つけることは出来ない。法の薄網の目は細かいが、何もしていない人を執らえることは出来ない。ひどい災いや言われのない災難は、行いを慎しむ家の門には入らないものだ。人は遠い慮りが無ければ、きっと近い悩みに合う。真っ直でない道が良田の整然とした区画を損なうように、讒言は善人を傷付ける。君子は何事も受け容れる度量をもつことで偉大なのであり、海水はあらゆる河川を受け入れることで深いのだ。

【注】

一　鷹鷂は、たか。鷂は、はしたかで、小型の鷹。松尾論文は、当句以下の押韻について（松尾論文は、本書の17、18段を17段としその韻を上平韻とする）、「押韻群17（394―457）は最も多く失韻していて問題があるが、諸写本いずれによっても改めることができない」と、問題点を指摘している。当段におけるその失韻箇所は、「雨」「下」「主」「憂」「深」となる。

二　覆盆は、盆に覆われた下の部分。『抱朴子』十二弁問に、「日月有レ所レ不レ照……是責三三光不レ照二覆盆之内一也」、『百行章』平行章十九に、「日月雖レ明、覆盆難レ照」とある。唐五代の長沙窯址出土の瓷器にも、「日月雖レ明、不レ照二覆盆之下一」と見える（第5段注一〇所引徐俊氏論文）。また、当句以下は、『明心宝鑑』省心篇十一に、「太公曰、日月雖レ明、不レ照二覆盆之下一。刀剣雖レ快、不レ斬二無罪之人一。非災横禍、不レ入二慎家之門一」と引かれる。『万葉集』五892に収める、山上憶良の「貧窮問答歌」の、「日月は明しといへども我がためには照りや給はぬ」は、或いは、当句に基づくか。

三　唐虞は、三皇五帝中の尭（姓は陶唐氏）と舜（姓は有虞氏）を指す。当句は、400・401句「微子雖レ賢、不レ能レ諫二其暗君一」及び、402・403句「比干雖レ恵、不レ能三自免二其身一」と三連句をなすものの如くだが、問題は、底本を含むB(1)、D、E、G、F五系統が、399・400句「不能化其明主」「微子雖賢」を欠くことで（校異表参照）、

唐虞雖レ聖、不レ能レ諫二其暗君一
比干雖レ賢、不レ能三自免二其身一

とする、上記五系統の二連句型が、元の形を留めるらしいことである（399句末の「主」も失韻している）。しかし、「唐虞雖レ聖、不レ能レ諫二其暗君一」では一面、意味が通じない所から、「微子雖レ賢」等の増益が行われたものらしい（尭舜の前君は「暗君」ではない。ところが、その結果の「唐虞雖レ聖、不レ能レ化二其明主一」は〈二句目は、401句「不レ能レ諫二其暗君一」を裏返したものか〉、一層意味の分からないものとなってしまった）。さて、「雨」「下」「主」を失韻する394―397、399・400句は、後に増益された可能性の高い部分と見られる。興味深いのは、C(2)の29本が398・

399句を「虞舜雖レ聖・不レ能レ化二其父母一」と作ることで（B(2)の35a本は、399句のみ「不レ能レ化二其父母一」と作る）、これは「頑嚚」（『尚書』堯典）とされる父母による、舜の継子伝説（敦煌本『舜子変』や孝子伝で著名）に基づいた改変と見られる。なおドミュエヴィル訳は、その29本の「虞舜雖聖、不能化其父母」を採用し、29本以外の「唐虞」を誤り、また、399句の「化其明主」を、401句との対偶に外れた、誤りと見ている。

四　陽明本『孝子伝』1舜に、「帝舜重花……其父瞽瞍、頑愚不レ別二聖賢一」、船橋本『孝子伝』1舜に、「舜字重華……其父瞽叟、愚頑不レ知二凡聖一」とある。

五　微子は、名を啓、また、開と言い、殷紂王の庶兄で、屢々紂王を諌めたが、聞き入れられず、国外に去った。『史記』殷本紀に、「紂愈淫乱不レ止。微子数諌、不レ聴……遂去」とある。箕子、比干と共に、殷の三仁と称される（『論語』微子）。暗君は、ここでは殷紂王を指す。

六　比干は、殷紂王のおじ。紂王を強く諌めたが、聖人の心臓にある七つの穴（七竅）が見たいという紂王のために、胸を剖かれて殺された（『史記』殷本紀）。

七　入矢校釈は、この字を「慧」に改め、「諸本みな「恵」に作るも、慧・恵二字の通用は、六朝唐時代を通じて極めて普遍的」とする（校注(152)）。

八　「不レ能三自免二其身一」は、自分では我が身に振り掛かる禍を逃れることが出来なかった、の意。当句を、「不レ免三禍及二其身一」とする五本（B(1)、G系統及び、Eの2、Fの25本）があり、その方が意味が通り易い。また、その五本は全て、上記二連句型の五系統に属していることが注目される（注一及び、校異表参照）。この変化は早く、二連句型の本文内で起きたものらしい。

九　蛟は、竜の一種で、みずち。明、楊慎の『古今風謡』「呉孫皓天紀中童謡」に、「不レ畏二岸上虎一、但畏二水中竜一」

と見える。当句は、406・407句「刀剣雖レ利、不レ能レ殺二清潔之人一」と対句をなすか。

一〇 当句は、『明心宝鑑』省心篇十一に引かれる。注二参照。407句「不レ能レ殺二清潔之人一」を、B(1)(2)、C(1)、D、G系統及び、Fの25本は、「不レ斬(殺)二無(无)罪之人一」とする。なお407句末「人」をA、C(2)(3)系統及び、Fの30本は、「士」に作る(校異表参照)。

一一 羅も、網も、あみ。転じて、法律の意で、法の網を指す。

一二 無事は、何もしていない意。409句の「執二無事之人一」を、G系統は、「殺二清潔之士一」に作るが(Fの25本は、「殺二清慎之人一」)、この変化は、403句「不レ能三自免二其身一」を「不レ免三禍及二其身一」とする五本(B(1)、G系統及び、Eの2、Fの25本)の中で起きたものである(注八及び、校異表参照)。

一三 非は、悪い意。ドミュエヴィル訳は、C(2)系統(29本)の「飛災」(突然の災難)を採用する。横禍は、言われのない災難。慎家は、慎み深い家。『王子安集』「平台秘略論十首」「規諷九」に、「諺曰、禍不レ入二慎家之門一」と見え、同句が、『雪竇四集瀑泉集』一、『五灯会元』十八、『蜀中広記』八十四などにも見えている。

一四 『論語』衛霊公に、「子曰、人無二遠慮一、必有二近憂一」とある(敦煌本『新集文詞九経抄』17に、「孔子曰」として引かれる)。当句は、句末の「憂」を失韻しており、前句(410・411句)に引かれた、後の増益であろう(F系統の25本は412・413句[無])。

一五 斜径は、真っ直ではない小道。斜は、邪に同じ。整然と区画された田の秩序を乱す意。『漢書』五行志中之上に、「成帝時謌謡又曰、邪径敗二良田一、讒口乱二善人一」とあり、『古今諷謡』にも見える。当句の引用が、敦煌本『新集文詞教林』191に、「太公家教云、斜耕敗二於良田一、讒言敗二於善人一」、敦煌本『新集文詞九経抄』60に、「太公曰、斜径敗二於良田一、讒言敗二於善人一」、『明心宝鑑』省心篇十一に、「太公曰……斜耕敗二於良田一、讒言敗二於善人一」と見える。なお句中において、「敗㆓於良田㆒」「敗㆓於善人㆒」の如く、助辞の於が目的語に付くことに関しては、六朝の訳経が敦煌文物（変文、講経文）に影響を与えたとする、周一良氏の説を引く周鳳五氏の指摘がある（『敦煌写本太公家教研究』五章四節、明文書局、一九八六年）。

一六　当句は、前句（414・415句）と対応せず（むしろ次段418・419句に対応する）、韻も失う。類句が敦煌本『文詞教林』23に、「郭象曰……故君子以㆑含㆑弘為㆑大、海以㆓博納㆒為㆑深」、敦煌本『新集文詞九経抄』13に、「鮑子曰……故君子以㆑含㆑弘為㆑大、海水以㆑博為㆑深」と見える。なお同類句は、『管子』二十形埶解の、「海不㆑辞㆑水、故能成㆓其大㆒……明主不㆑厭㆑人、故能成㆓其衆㆒」など数多い。

〔第18段〕（418～457）

418 419 寛則得衆、敏[1]則有功。
420 421 以法治人、人則得安。
422 423 国信讒言、必殺忠臣。
424 425 治家信讒、家必敗亡。
426 427 兄弟信讒、分[2]別異居。
428 429 夫婦[3]信讒、男女生分。
430 431 朋友信讒、必至死怨。
432 433 天雨五穀、荊棘蒙恩。
434 435 抱薪救火、火必成[4]炎。
436 437 揚湯止沸[5]、不[6]如去薪。
438 439 千人排門、不[7]如一人抜関。
440 441 一人守隘[8]、万夫莫当。
442 443 貪心害己、利[9]口傷身。

[一]寛なれば則ち衆を得、敏なれば則ち功有り。
法を以って人を治めば、人則ち安きを得。
国讒言（ざんげん）を信ずれば、必ず忠臣を殺す。
家を治めて[二]讒を信ずれば、[三]家必ず敗亡す。
兄弟讒を信ずれば、[四]分別して居を異にす。
夫婦讒を信ずれば、[五]男女生分す。
朋友讒を信ずれば、必ず死怨に至る。
天五穀に雨ふれば、[六]荊棘（けいきょく）も恩を蒙る。
[七]薪（たきぎ）を抱きて火を救えば、火必ず炎を成す。
[八]湯を揚げ沸（に）ゆるを止めむには、薪を去るに如（し）かず。
[九]千人門を排（おしひら）くも、一人関を抜くに如かず。
[一〇]一人隘（せば）きを守れば、万夫も当たる莫し。
[一一]貪心は己れを害し、利口は身を傷つく。

444 445 瓜田不整履[10]、李[11]下不整冠。
446 447 聖君雖渇、不飲盗泉之水。
448 449 暴風疾雨、不入寡婦之門。
450 451 孝子不隠情於父、忠臣不隠情於君[12]。
452 453 法不加[13]於君子、礼不下於小人。
454 455 君濁[14]則用武[15]、君清[16]則用文[17]。
456 457 多言不益[18]其体、百伎[19]不妨[20]其身。

〔一二〕瓜田（かでん）に履（くつ）を整えず、李下に冠を整えず。
〔一三〕聖君は渇くと雖も、〔一四〕盗泉の水を飲まず。
〔一五〕暴風疾雨なれども、寡婦（かふ）の門に入らず。
〔一六〕孝子は情を父に隠さず、忠臣は情を君に隠さず。
〔一七〕法は君子に加えず、礼は小人に下さず。
〔一八〕君濁（にご）れば則ち武を用う、君清ければ則ち文を用う。
〔一九〕多言は其の体を益せず、百伎は其の身を〔二〇〕妨げず。

【校勘】1敏、底本「慜」、31他により改める。　2分別異、底本「必見以」、31他により改める。　3婦、底本「妻」、31他により改める。　4成、底本「盛」、31他により改める。　5止、底本「至」、29他により改める。　6如、底本「而」、31他により改める。　7如、底本「好」、31他により改める。　8守隘、底本「潘命」、31他により改める。　9利、底本「治」、31他により改める。　10履、底本「利」、31他により改める。　11李、底本「々」、31他により改める。　12於、底本[無]、5aにより補う。　13加、底本「家」、29他により改める。　14濁、底本「清」、5a他により改める。　15武、底本「文」、22他により改める。　16清、底本「濁」、29他により改める。　17用文、底本「勇美」、5a他により改める。　18益、底本「改」、5a他により改める。　19伎、底本「行」、22他により改める。　20妨、底本「方」、22他により改める。

【押韻】功（上平1東）、安（上平25寒）、臣（上平17真）、亡（下平10陽）、居（上平9魚）、分（上平20文）、怨（去25願）、恩（上平24痕）、炎（下平24塩）、薪（上平17真）、関（上平27刪）、当（下平11唐）、身（上平17真。二箇所）、冠（上平26桓）、水（上5旨）、門（上平23魂）、君（上平20文）、人（上平17真）、文（上平20文）。

【通釈】人民に対して寛大であれば民衆の支持を得、事を為すに機敏であれば大功があろう。法を以って人民を治めるならば、人民は安寧を得よう。国を治めて讒言を信じれば、必ず忠臣を殺す羽目になる。家を治めて讒言を信じれば、家族は必ず敗亡する。兄弟が互いに讒言を信じれば、別れて居を異にすることになる。夫婦が讒言を信じれば、男女同士が父母の生前中に財産を分けて別居することになる。朋友が讒言を信じれば、必ず死に至るほどの怨みを致すことになる。天が五穀に雨を降らせれば、荊棘までもが余恩を蒙る。薪を抱いて火を救おうとすれば、火は必ず炎と成る。沸騰を止めるために湯釜を火から下ろすよりは、薪を取り除くのがよい。千人掛かりで門を開くよりは、一人で要路の関を抜くに如くはない。しかし、一人でも隘路を守れば、万夫でも攻略することが出来ない。欲深い心は自己を害し、巧みな弁舌はやがて我が身を傷付ける。瓜田で履を整えて（履いて）はならず、李の下で冠を整えてはならない。聖君は喉が渇いても、盗泉の水を飲まない。暴風疾雨に遭遇しても、寡婦の家の門に入ったりしない。孝子は父に隠しごとをせず、忠臣は君主に隠しごとをしない。法は君子には該当しないし、礼は小人には適用しない。道に外れた君主は武力を用い、清廉な君主は文教を用いる。多言は其の体に利益とならないが、多くの伎を習得することは其の身のために妨げにはならない。

【注】

一　本段は、39本によれば、「慎口章」に含まれることになるが、一見纏まりのない諺、格言により構成されている観がある。まず周鳳五氏の指摘するように、冒頭の九句について増補の問題もあろう。「敏則有レ功」は、言うまでもなく『論語』陽貨の、「寛則得レ衆、信則民任焉、敏則有レ功」に誘発された竄入であり、前段の末句の、「君子以二含弘一為レ大、海水以二博納一為レ深」の「含広」「博納」を受けて、「寛則得レ衆」とのみあるべきである。さらに続く二句「以レ法治レ人、人則得レ安」は、例えば『商君書』更法に、「拠レ法而治者、吏習而民安」とあるように、本来法家の思想であり、周氏の言うように、この二句があることで、返って前後の文意に矛盾混同が生じている。ここで、孤立した本文であるが、25本の、「寛則得レ衆、尽レ法無レ人」のように、「人に対して寛大であれば、民衆の支持を得、法理を尽くして厳しく人民を治めるならば、彼らは去っていく」という意味であれば、儒家の主張として一貫するように思われる。このように論理を追って行くならば、本段冒頭には、かなり改編増補が行われていることが推定されるが、そのことを裏書きするように、失韻（功、亡、居、怨、炎、当、水）が目立つことにも注意を払いたい（押韻参照）。改めて本段の構成を眺めるならば、㈠寛容の勧め（前段の末句を受けている）、㈡機敏な判断、㈢法治主義、㈣讒言の害などの主題がまず提示され、続く432・433句は㈠、434―441句は㈡、444―451句は㈣、452―455句は㈢の如く、それぞれの主題に関連する諺、格言が列挙されていると見做せようか。418・419句は、敦煌本『新集文詞九経抄』206に、「語曰、寛則得レ衆、敏則有レ功」と見える。

二　信讒は、讒言を信じること。敦煌本『新集文詞九経抄』60に、「治レ国信讒、必害二忠臣一。理レ家信讒、必疏二其親一。夫婦信レ讒、必見二生離一。朋友信レ讒、必致二死怨一」とあるのは、本書の流布上の異文の一形態と見られる。

三　当句には、「必敗国虚」や「不レ敬二二親一」の異文が生じている。校異表参照。

四　分別異居は、兄弟の間に亀裂が生じて、親子兄弟が共に生活する所謂、同居共財の大家族の状態が崩壊することを言い、また、国家の分断をも示唆する。類句が『王梵志詩集』に、「当房作二私産一、共語覓二嗔処一」（七七。夫の家族と分け合う代わりに、自分達のために家督の一部として残しておくようになる）、「財物同二箱櫃一、房中莫レ畜レ私」（一五二。財物を共通の箱に置け、部屋の中に私に蓄えてはならぬ）と見える。同居共財の下、存命の両親の家督を分割することが、唐令で禁じられていることは、『唐律疏議』一二戸婚律に、「諸祖父母父母在、而子孫別籍異財者、徒三年。〈別籍異財不二相須一。下条準レ此。〉疏議曰……若子孫別生二戸籍一、財産不レ同者、子孫各徒三年。注云、別籍異財不二相須一、或籍別財同、或戸同財異者、各徒三年。故云不二相須一……若祖父母父母令レ別レ籍、及以子孫妄継人後一者、徒二年。子孫不レ坐。疏議若祖父母父母処分、令二子孫別籍一、及以二子孫一妄継二人後一者、得二徒二年一。子孫不レ坐。但云別籍、不レ云レ令二其異財一、令二異財一者、明二其無罪一」とあることから知られる。これらは、実態はともかくとして、字義通りに解釈すれば、子孫が兄弟共に祖父母、父母と同居することを規定している。有名な名例律の十悪に見える不孝の定義にも、「祖父母父母在、別籍異財者」の一項や、「若有レ闕二供養一者」の一項がある。戸婚律には、父母の喪中の兄弟別籍異財を禁じるので、喪が明けて後は、兄弟の別籍異財が許されたと考えられる。

五　男女は、俗語で、子供達の意（第10段注七参照）。生分とは、不和が行き渡った家族では、親の存命中に世襲財産（家督）が、子供達によって分割されていることを言う。入矢校釈校注（164）は、清の黄生の『義府』を引いて、俗語であると指摘している。『義府』が引くのは、『漢書』地理志下の「康叔之風既歇、而紂之化猶存。故俗剛彊、多二豪桀侵奪一、薄二恩礼一、好二生分一」の一節で、王先謙『漢書補注』によれば、「師古曰、生分、謂四父母在而昆弟不三同二財産一。〔補注〕先謙曰、生分、蓋夫婦乖異。下韓地民（同じ地理志の下文「高二仕宦一、好二文法一、民以二貪遴争訟生分一、為レ失」を指す）、以二生分一為レ失。同二義顔一、以レ生為二父母在一、分為二昆弟不レ同レ財。於レ文不レ順、且昆弟同レ財固善。分亦未レ為二大失一。若以二父母在一、而分レ財為レ非。豈父母死而分レ財、即是乎。知二其義之未一レ安矣」とある。顔師古は父母の生前中に兄弟が財を分けることと解釈するに対し、王先謙は顔師古の説に反論して、夫婦が分かれることであると説く。小竹武夫氏『漢書』上（筑摩書房、一九七七年）の注には、この二者の解釈の違いを簡潔に、「父母の生前中に兄弟が財を分けて別居すること。一説に夫婦の仲がわるく、生別すること」と要約している。王先謙の解釈によれば、男女の意も子供達の意ではなく、文字通り夫婦男女のことと解釈すべきである。地理志に言うのは、赤眉の乱の背景として、豪族の跋扈と侵奪が最も著しいとされた河南省で、前漢以後「生分」が激しい勢いで進行し、争いごとや訴訟沙汰が絶えなかったことを叙述したものである（河地重造氏「赤眉の乱と後漢帝国の成立について」〈『歴史学研究』161　一九五三年一月〉による）。『漢語大詞典』は、『義府』の引く『漢書』地理志下の用例以外にも、明の賈仲名『対玉梳』、李劼人『天魔舞』などの例を上げている。なお、同居共財の観念が固定するまでの歴史的展開については、堀敏一氏「中国古代の家族形態」（『中国古代の家と集落』汲古書院、一九九六年）に詳しく考察されている。生分の語は、第7段168句の異文にも見えている（その注五、また、校異表参照）。

六　荊棘は、いばら。有用な五穀に対するもので、本来無用なもの、障碍となるものである。ここでは、恩徳が荊棘にまで広く行き渡ることの例えとして用いられる。なお、39本には、432句の前に、「慎口章第十三」の章名がある。422句「国信二讒言一」から、既に「慎口章」の内容であるように思われるが、本段辺りから増広の問題が絡み、明確な文章の段落の見極めが付きにくくなる。

七　抱薪救火は、『淮南子』覧冥訓に、「抱レ薪救レ火、鑿レ竇（あな）而止レ水」とある。救は止める意。矛盾した行為の例えである。

八　『三国志』董卓伝裴松之注所引『典略』に、「臣聞、揚レ湯止レ沸、不レ如二滅レ火去一レ薪」と見える。揚湯は、『史記』

酷吏伝に、「吏治若二救レ火揚レ沸」とあるように、沸騰した湯を火から下ろす意であるが、転じて、民を困苦から蘇らせる例えとして用いられることが多い。ここでもそのような意味があろう。

九　千人でも開かない門が、一人が門を抜くことで簡単に開いてしまう、の意。物事は手段方法を選べば最小で最大の効果を収めることが出来るという例え。『五灯会元』二十に、「千人排レ門、不レ如二一人抜一レ関」とあるのは、『太公家教』からの引用であろう。

一〇　『文選』蜀都賦の、「一人守レ隘、万夫莫レ向」（李善注に、「淮南子曰、一人守レ隘、千夫莫レ向」とある）を踏まえるか。当句では、守隘を「潘命」とする異文が生じている。入矢校釈校注（168）は、この潘命は、「判命」（判は、『詩詞曲語辞匯釈』に、「割捨之辞」〈命を投げ出す、命がけで行う意〉と言う）の意と指摘している。また、次句の莫当には、「不敵」の異文がある。『新集文詞九経抄』238に、「太公曰、一人守レ隘、万夫莫レ向。貪心害レ己、利口傷レ身」と引かれる。

一一　当句は『明心宝鑑』正己篇五に、「太公曰、貪心害レ己、利口傷レ身」と引用される。

一二　古楽府「君子行」の、「君子防二未然一、不レ処二嫌疑間一。瓜田不レ納レ履、李下不レ正レ冠」を踏まえる。23本、25本は、整を摂、躡（履き物を履く意）に作る。また、李を梨に作る伝本が多い。校異表参照。この有名な諺は、我が国の文献では、古く『管蠡抄』『明文抄』に見える。

一三　当句の聖君を、尭舜に作るものがある。また、須と雖の「二字の通用は、変文にも其の用例頗る多し」と、入矢校釈校注（170）が指摘している。校異表参照。

一四　『淮南子』説山訓に、「曾子立レ廉、不レ飲二盗泉一」、『尸子』（『水経注』洙水所引）に、「孔子至二于勝母一、暮矣而不レ宿。于二盗泉一、渇矣而不レ飲、悪二其名一也」などと見える有名な故事。盗泉は、現在の山東省泗水県にある古泉の名前。

一五　『百行章』に、「寡婦之門、无レ由莫レ往」とある。入矢校釈校注（171）は、『漁樵記劇』二折の、「你知道麼、疾風暴雨不入寡婦之門」は、当句を踏まえたものと指摘する。『孔子家語』好生に見える、暴風雨の夜に、独り住まいの男のもとに、隣家の寡婦が家が壊れたから来てくれと頼ってきたのを、嫌疑を避けて断った故事に基づく。『漢書』陳遵伝にも、「礼不レ入二寡婦之門一、而湛レ酒溷肴」と見える。

一六　隠情には、大きく二つの意味がある。その一は、『大漢和辞典』によれば、まず事情を隠してあらわさない意（『漢語大詞典』では隠瞞情況）。例えば『左伝』襄公二十七年に、「夫子之家事治、言於二晋国一無レ隠レ情」（注に、「言二於晋国一、竭レ情無レ私」と言う）とある。その二は、『礼記』少儀の、「軍旅思レ険、隠レ情以虞」（注に、「隠、意也、思也、虞、度也、当下思二念己情之所レ能、以度中彼之将レ然否上」と言う）などで、その様子を審かにはかる意（『漢語大詞典』では審度情勢）である。ここでは前者の意味か。両方とも、情は、情況の情で、心情の意ではない。情を、請、辞に作る伝本もある（校異表参照）。敦煌本『新集文詞九経抄』318に、「忠臣不レ隠二詞於君一、孝子不レ偽二辞於父一」とある。

一七　『礼記』曲礼上の、「礼不レ下二庶人一、刑不レ上二大夫一」（『孔子家語』五刑解にも、「刑不レ上二于大夫一、礼不レ下二于庶人一」とある）を踏まえる。『明心宝鑑』省心篇十一にも、「太公曰、法不レ加二於君子一、礼不レ責二於小人一」と見える。

一八　暗愚な君王は治政に暴力装置としての武力を用いるが、明君は文教によって人民の支配を行うの意。この二句の順序を逆にする伝本がある。校異表参照。

一九　多言の誡めについては、『孔子家語』観周に、「無二多言一、多言多敗」、また、敦煌本『新集文詞九経抄』239に、「子貢曰、多言失レ行、食飽傷レ心」など、数多く見える。

二〇　当句には防（まもる意）と、妨（邪魔する意）との異文対立がある。校異表参照。『顔氏家訓』勉学篇の、「諺曰、積財千万、不㆑如㆓薄伎在身㆒」などから考えると、妨が妥当であろう。456・457句は、『明心宝鑑』正己篇五に、「太公曰、多言不㆑益㆓其体㆒、百芸不㆑忘㆓其身㆒」と引用されている。

〔第19段〕（458～481）

458 459 明君不愛邪佞之臣、慈父不愛不孝之子。
460 461 道之以徳[1]、斉[2]之以礼[3]。
462 463 小人負重、不択地而息。
464 465 君子困窮、不択[4]官而事。
466 467 屈厄之人、不羞執鞭之仕[5]。
468 469 飢寒在身、不羞乞食之恥。
470 471 貧不可欺、富不可恃。
472 473 陰陽相催、終而復始。
474 475 太公未遇[6]、釣魚於水。
476 477 相如未達、売卜於市。
478 479 巣父[7]居山、魯連赴海。
480 481 孔明[8]盤桓、候時而起[9]。

[一]明君は邪佞(じゃねい)の臣を愛さず、慈父は不孝の子を愛さず。
[二]之(これ)を道(みちび)くに徳を以ってし、之を斉(ととの)うるに礼を以ってす。
[三]小人重きを負えば、地を択(えら)ばずして息(やす)む。
[四]君子困窮すれば、官を択ばずして事(つか)う。
[五]屈厄(くつやく)の人は、[六]執鞭(しゅうべん)の仕えを羞(は)じず。
[七]飢寒身に在らば、乞食の恥を羞じず。
[八]貧は欺(あなど)るべからず、富は恃(たの)むべからず。
[九]陰陽相催し、終わりて復(ま)た始まる。
[一〇]太公未だ遇わざるに、魚を水に釣る。
[一一]相如(しょうじょ)未だ達せざるに、卜(ぼく)を市に売る。
[一二]巣父(そうほ)山に居し、[一三]魯連(ろれん)海に赴く。
[一四]孔明盤桓(ばんかん)し、時を候(ま)ちて起(た)つ。

【校勘】1以、底本「与」、22他により改める。　2斉、底本「情」、22他により改める。　3以、底本「与」、22他により改める。　4不択官而事、底本「小人窮斯濫以」、5a他により改める。　5仕、底本「事」、32a他により改める。　6遇、底本「偶」、1他により改める。　7巣父、底本「塑婦」、22他により改める。　8明、底本「鳴」、35a他により改める。　9起、底本「去」、22他により改める。

【押韻】子（上6止）、礼（上11薺）、息（入24職）、事（去7志）、仕（上6止）、恥（上6止）、恃（上6止）、始（上6止）、水（上5旨）、市（上6止）、海（上15海）、起（上6止）。

【通釈】賢明な君主は讒言や諂いをする臣下を愛さないし、慈愛に満ちた父も親不孝な子は愛さない。目下の者を導くには徳の力を以ってし、目下の者を躾（しつけ）るのには礼の力を以ってする。小人は重い物を背負えば、場所を選ばずに休む。君子も困窮すれば、官職を選ばずに仕える。困り果てている人は、御者のような卑しい仕事をすることも恥としない。飢え凍えている身には、食を乞う恥も恥とは思わない。貧しい人を侮ってはいけないし、富んでいるからといってそれを自慢してもいけない。陰と陽は互いに入れ替わって起こり、終わりがあればまた始まりがある。太公望呂尚もまだ運に巡り会わない時には、渭水（いすい）のほとりで魚を釣っていた。司馬相如もまだ栄達していない時には、街中で易者をしていた。巣父は帝の位を譲られたが受けずに山中で暮らし、魯連も爵位を贈られたが断わって海上に姿をくらました。諸葛孔明も隠遁生活を続け、時節が到来するのを待って世に出たのだ。

【注】

一　本句の類句としては、『墨子』親士第一に、「故雖レ有二賢君一不レ愛二無功之臣一、雖レ有二慈父一不レ愛二無益之子一」と見えるのが、一番古い形らしく、ここから、曹植「求自試表」（『文選』三十七、『三国志』魏志十九）に「故慈父不レ能レ愛二無益之子一、仁君不レ能レ蓄二無用之臣一」、『梁書』三十八賀琛伝に、「竊聞、慈父不レ愛二無益之子一、明君不レ蓄二無益之臣一」と見えるように、諺として一般的に引かれていく。本句も、この諺を元に作り出されたか。また、敦煌本『新集文詞九経抄』314には、「家語曰、慈父不レ愛二不孝之子一、明君不レ納二無益臣一、寧愛二有力之奴一、不レ用二無力之子一」とあり、『孔子家語』にこの文は見えないが、本条と関わりを持つと思われ、A系統が「慈父不レ愛二無力之子一」の本文を持つことや、その23本に、「只愛二有力之奴一」の書き入れが存することなどは注意される。また、正倉院御物の「鳥毛帖成文書屏風銘」には、「父母不レ愛二不孝之子一」「明君不レ納二不益之臣一」の句が見え、『太公家教』の当二句との近似を小島憲之氏が指摘するが（「学事閑日―ある童蒙教訓書断片を中心として―」、『短歌文芸 あけぼの』10巻4号、一九七七年8月）、御物屏風銘の章句は、敦煌本『新集文詞九経抄』のものにより近いことも注意される。

二　人々を教え導くには徳、秩序を保つのには礼を以ってすべきであることを言う。『論語』為政に、「子曰、道レ之以レ政、斉レ之以レ刑、民免而無レ恥。道レ之以レ徳、斉レ之以レ礼、有レ恥且格」とあるのに基づく。

三　以下の二句は、『韓詩外伝』一に、「任重道遠者不レ択レ地而息。家貧親老者不レ択レ官而仕」と類句が見えるが、この後半の句は、『列女伝』二賢明伝「周南之妻」に、「而舜為レ之者、為レ養二父母一也。家貧親老、不レ択レ官而仕」とあり、『後漢書』六十九毛義伝にも、「所レ謂家貧親老者不レ択レ官而仕者也」と引かれるのを始め、諸書に見える。

四　第15段352・353句に、「滞不レ択レ職、貧不レ択レ妻」と既出。底本を含むE、また、B(2)、C(3)、D系統が、この二句を「君子困窮、小人窮斯濫（覧）」に作り、また、この二句に続き、「小人窮斯濫」の本文を入れるG系統の形もあるが、これらは、『論語』衛霊公の孔子の言、「君子固窮、小人窮斯濫」（君子もともより窮することはある。しかし、小人は窮すれば乱れてしまう。そこが違う）に拠るもの。この『論語』の句は、第22段548・549句にも見え、対句の対応の点から見て、後補されたものであろう。

五　屈厄は、困窮すること。

六　執鞭は、御者。卑しい仕事とされた。『論語』述而に、「子曰、富而可レ求也、雖二執鞭之士一、吾以為レ之」とあり、また、嵆康の「与二山巨源一絶交書」（『文選』四十三）に、「又仲尼兼愛、不レ羞二執鞭一」と見える。

七　漢の魏相の「明堂月令奏」（『漢書』七十四魏相伝）に、「夫風雨不レ時、則傷二農桑一。農桑傷、則民飢寒。飢寒在レ身、則亡二廉恥一」とあり、この奏は諸書に引かれる。第15段354・355句に、「飢不レ択レ食、寒不レ択レ衣」と類似句が既出。

八　以下の部分は、敦煌本『新修文詞九経抄』384に、「老子曰、行斉二膠漆一。如レ海如レ山。人之不レ恒、否泰有レ時。豊免二飢湟之弊一。貧不レ可レ軽、富不レ可レ恃。昔太公未レ遇、釣魚二於水一。相如未レ達、売卜二於市一。巣父隠二於山一、魯連赴レ海。知貧富不レ定、貴賤無レ常」と引かれる（「老子曰」以下の文章は、『老子』には見えない）。また、『明心宝鑑』省心篇にも、「太公曰、貧不レ可レ欺、富不レ可レ勢、陰陽相推、過而復始」と引かれる。『王梵志詩集』（二〇八）に、「他貧不レ得レ笑、他弱不レ得レ欺」とある。

九　『漢書』二十二礼楽志の「郊祀歌」玄冥六に、「陰陽五行、周而復始」とあり、『前漢紀』十四孝武紀五に、「陽究陰成、終而復始」とあるなど、類似の文言は、諸書に散見する。陰と陽が交互に起こり、終わりがあればまた始まりがあるの意。人の栄枯盛衰もこれと同様であることを言う。

一〇　以下、不遇から立身したり、栄華の道を捨てて隠遁した人物の句が続く。当句は、『史記』斉太公世家に見え、『蒙求』「呂望非熊」などで名高い、太公望呂尚が、年老いて不遇の身で渭水のほとりで釣りをしていた所を、周の文王に見出だされた故事に基づく。

一一　相如は、漢の著名な文人、司馬相如。不遇時代に蜀の成都で駆け落ちして、妻の卓文君と共に酒屋を営んでいた故事（『蒙求』「文君当壚」など）で有名であるが、売卜（易者）を営んでいた故事は、一般の史伝等には未見。但し、漢代においては、世を逃れたり、仕官を断ったりするものが、巫者や売卜者となって民間に身をくらます例が多かったことが指摘されており（増淵龍夫氏『中国古代の社会と宗教』第二章「漢代における巫と俠」、岩波書店、一九九六年）、ここも、仕官せずに市井に埋もれていたことを、「売卜」と称したものであろう。敦煌写本『齖䶗新婦文』にも、「昔日相如未レ達時、恓惶売ニ卜於纏市一」と、この句と同様の表現が見えるが、これは本句に拠ったものらしい。

一二　巣父は、尭の世の隠士。山中の樹上に巣を作って住んでいたので、こう呼ばれていた。尭が天下を譲ろうとしたが、受けずに山中で暮らした（皇甫謐『高士伝』等）。

一三　魯連は、魯仲連で、戦国時代の斉の人。仕官せず各国を遊説して回り、行く先々の国で知謀を巡らし策を授け、その国の難儀を救った。斉王が爵位を贈ろうとしたが、受けずに海上に逃れて姿をくらました。『晋書』一〇〇、陳敏伝に、「昔龔勝絶レ粒、不レ食ニ莽朝一。魯連赴レ海、恥レ為ニ秦臣一」と見え、『蒙求』にも、「仲連踏海」の標題がある。

一四　孔明は、諸葛孔明。隆中（湖北省襄陽の西）の茅屋に隠居していたが、劉備の三顧の礼により迎えられ、その軍師として活躍した。盤桓は、ぐずぐずして進まない様。ここは、孔明が世に出ずに隠遁生活を送っていたことを言う。「時を候ちて起つ」は、時流を見て劉備の招きに応じ、軍師として彼に仕える決意をしたことを指す。本句と類似の表現は、晋の袁宏「三国名臣賛」（『文選』四十七）に、「孔明盤桓、俟レ時而動」と見える。『蒙求』に「孔明臥竜」の標題があって、有名。

〔第20段〕（482～509）

482 483 鶴鳴九皐、声聞於天。
484 485 [1]竈裏燃火、煙気成雲。
486 487 家中有悪、人必知聞。
488 489 身有徳行、人必称伝。
490 491 [2]悪不可作、善必可親。
492 493 人能弘道、非道弘人。
494 495 孟母三思、為子択隣。
496 497 [3]不患人之不己知、患己不知人也。
498 499 欲立其身、先[4]立於人。
500 501 己欲求達、先達於人。
502 503 立身行道、始於事親。
504 505 孝無終始、不離其身。
506 507 修身慎行、恐辱先人。

一 鶴九皐(きゅうこう)に鳴けば、声天に聞こゆ。
二 竈裏(そうり)に火を燃やせば、煙気雲と成る。
三 家中に悪有れば、人必ず知聞す。
身に四 徳行有れば、人必ず称伝す。
五 悪は作(な)すべからず、善は必ず親しむべし。
六 人能(よ)く道を弘む。道の人を弘むるに非ず。
七 孟母(もうぼ)は三たび思い、子の為に隣を択(えら)ぶ。
八 人の己(おのれ)を知らざるを患(うれ)えず、己の人を知らざるを患う。
九 其の身を立てんと欲すれば、先ず人を立つ。
己の達するを求めんと欲すれば、先ず人を達せしむ。
一〇 身を立て道を行うは、親に事(つか)うるに始まる。
一一 孝は終始無く、其の身を離れず。
一二 身を修め行いを慎むは、先人を辱(はずか)しめんことを恐るるなり。

508 509 己所不欲、勿施於人。　　己の欲せざる所は、人に施すこと勿かれ。

【校勘】1竈、底本「電」、26他により改める。　2「悪不可作」から「非道弘人」までの四句、底本無、22により補う。　3不患人之不己知、底本「只□己所不欲」、25他により改める。　4立於、底本「達他」、5a他により改める。

【押韻】天（下平1先）、雲（上平10文）、聞（上平10文）、伝（下平2仙）、親（上平17真。二箇所）、人（上平17真。六箇所）、隣（上平17真）、身（上平17真）。

【通釈】鶴が奥深い沢で鳴いても、声は天まで聞こえる。かまどで火を燃やすと、煙は雲となって立ち昇る。家の中に悪い事があれば、人がきっと聞き知るものだ。人が道徳に適った行いをすると、人がきっと褒め称えて人々の間に広まって行く。悪い事をしてはいけない。良い事には必ず親しむようにしなければならない。人の力が道徳を確かなものにして行くのであって、道徳によって人が広められるのではない。孟子の母は子供のために三度思いを廻らして、隣を選んだ。人が自分を知ってくれないことを思い煩うのではなく、自分が人を知らないことを思い煩う。身を立てようと願う時には、まず人が身を立てられるようにする。自分が目的に到達しようと願う時には、まず人をそこに到達させるようにする。人間として自立し、道徳を実践するのが孝であるが、よく親に仕えることがその出発点である。孝は初めも終わりもなく、常に人の身を離れることはない。人がよく我が身を修めて慎重に行動するのは、先祖の名を汚すことを恐れるからである。自分がして欲しくないことは人にしてはいけない。

〔第20段〕（482～509）

【注】

一　『詩経』小雅、鶴鳴の、「鶴鳴二于九皐一、声聞二于天一」をそのまま用いる。九皐は、奥深い沢。『荀子』儒効に、「君子隠而顕、微而明、辞譲而勝。詩曰、鶴鳴二于九皐一、声聞二于天一、此之謂也」とあり、君子の徳は隠していても自ずから現われ出ることの比喩という。ここでも同じように、この482・483句と次の484・485句は、486―489句の比喩導入として置かれている。

二　竈（そう）は、かまどで、裏は、うちの意。

三　以下の四句、『明心宝鑑』正己篇に、「太公曰、家中有レ悪、外已知聞。身有二徳行一、人自称伝」として引かれる。

四　徳行は、道徳の実践。『論語』先進の用語で、「徳行、顔淵、閔子騫、冉伯牛、仲弓」とある。

五　仏教思想を一偈に要約したものとされる「七仏通戒偈」（『法句経』ほか）に、「諸悪莫作、衆(諸)善奉行」とある。敦煌本『新集文詞九経抄』354に、「太公曰、悪必須レ遠、善必須レ親、孟母三徙、為レ子択レ隣」として引かれる。

六　『論語』衛霊公の、「人能弘レ道、非二道弘一レ人」をそのまま用いるが、この句は前後の句との繋がりが悪い。注五に引用した、『新集文詞九経抄』所引の本文にはない。

七　孟子の母が三度住居を移して孟子を教育した故事。所謂、孟母三遷。もと『列女伝』一母儀伝「鄒孟軻母」に見える。三思を三移、三従とする異文もあるが、『新集文詞九経抄』に引く本文は「三徙」となっている。

八　『論語』学而の語句で、「子曰、不レ患三人之不二己知一、患レ不レ知レ人也」と見える。これをそのまま用いた496・497句は、文意の上で、488・489句「身有二徳行一、人必称伝」とよく対応する。490―493の四句を欠く諸本があるのは、このことと関連するだろう。また、C(1)及び、A系統の26、23本は497句を欠く。497句の韻字は「人」で、文末の助字

「也」は、韻字とは考えない。

九　『論語』雍也の、「夫仁者、己欲レ立而立レ人、己欲レ達而達レ人」に基づく。

一〇　『孝経』開宗明義章の、「立レ身行レ道、揚二名於後世一、以顕二父母一、孝之終也。夫孝始二於事レ親、中二於事レ君、終二於立レ身」に基づく。

一一　『孝経』庶人章の、「自二天子一至二於庶人一、孝無二終始一、而患不レ及者、未二之有一也」に基づく。

一二　『孝経』感応章の、「宗廟致レ敬、不レ忘レ親也。修レ身慎レ行、恐レ辱レ先也」に基づく。

一三　『論語』の語句。顔淵では、孔子の仲弓への、衛霊公では子貢への教えとして、「己所レ不レ欲、勿レ施二於人一」と見える。この第20段においては、『論語』と『孝経』の措辞を借りた表現が目立つ。

〔第 21 段〕（510～539）

510 511 近鮑者[1]臭、近蘭者香。
512 513 近愚者闇、近智者良。
514 515 明珠不[2]瑩、焉発其光。
516 517 人生不学、語不成章。
518 519 小[3]而学者、如日出之光。
520 521 長[4]而学者、如日中之光。
522 523 老[5]而学者、如日暮之光。
524 525 人而不学、冥々如夜行。
526 527 柔必勝[6]剛、弱必勝強。
528 529 歯剛則折、[7]舌柔則長。
530 531 [8]凶必横死、欺敵者亡。
532 533 女[9]慕貞潔、男効才良。
534 535 行善[10]獲福、行悪[11]得殃。

[一]鮑(ほう)に近づく者は臭く、蘭に近づく者は香(こう)ばし。
[二]愚に近づく者は闇(くら)く、智に近づく者は良し。
[三]明珠瑩(みが)かずば、焉(いず)くんぞ其(そ)の光を発せん。
[四]人生まれて学ばずば、語章を成さず。
[五]小にして学ぶは、日出(ひので)の光の如し。
長じて学ぶは、日中(ひなか)の光の如し。
老にして学ぶは、日暮(ひぐれ)の光の如し。
[六]人にして学ばずば、冥々(めいめい)として夜行くが如し。
[七]柔は必ず剛に勝ち、弱は必ず強に勝つ。
[八]歯剛なれば則ち折れ、舌柔なれば則ち長し。
[九]凶は必ず横死し、[一〇]敵を欺く者は亡ぶ。
[一一]女は貞潔を慕(した)い、男は才良を効(なら)う。
[一二]善を行わば福を獲(え)、悪を行わば殃(わざわい)を得。

536 537 行来不遠、所見不長。　　[三]行来遠からずば、見る所長ぜず。

538 539 学問不広、智恵不長。　　学問広からずば、智恵長ぜず。

【校勘】1臭、底本「嗅」、1他により改める。　2瑩、底本「螢」、5a他により改める。　3而、底本及び諸本「児」、意により改める。　4而、底本「児」、1他により改める。　5而、底本「児」、1他により改める。　6剛、底本「光」、22他により改める。　7舌、底本「兮」、5a他により改める。　8凶必横死、欺敵者亡、底本[無]、32aにより補う。　9慕、底本「暮」、1他により改める。　10獲、底本「擢」、誤写と見て改める。　11得、底本「徳」、1他により改める。

【押韻】香（下平10陽）、良（下平10陽）、光（下平11唐）、章（下平10陽）、行（下平11唐）、強（下平10陽）、長（下平10陽。二箇所）、亡（下平10陽）、殃（下平10陽）。

【通釈】塩漬けの魚に近づく者は臭くなり、蘭草に近づく者は香ばしくなる。同様に、愚か者に親近する者は道理に暗くなり、智者に親近する者は良い影響を受ける。珠は磨かなければ、どうして本来の光を放つことが出来ようか。人は小さい時から勉強しないと、筋道立った言葉遣いが出来ない。小さい時から学ぶのは、日の出の光のようなものだ。これから幾らでも明るくなる。成人して学ぶのは、日中の光のようなものだ。但し、先々幾らでも明るくなる訳ではない。老いて学ぶのは、日暮（ひぐれ）の光のようなものだ。光は弱々しいが、それでも暗闇よりはましである。人であるにも関わらず学ばなければ、ちょうど夜の暗闇の中を手探りで進むに等しい。柔は必ずや剛に優れ、弱は必ずや強に優れよう。歯というものは堅いからこそ折れるのであり、舌というものは柔らかいからこそ長持ちするのである。凶暴な者はまともな死に方が出来ず、敵を騙（だま）す者はいずれ自分も騙されて滅びる。女は貞潔をこいねがい、男は才智に富む者を見習うべきである。善いことをすれば幸福を得られ、悪いことをすれば不幸を得ることになる。生まれた所にのみ留まるのでなく、遠くまで出掛けなければ、見聞は広まらない。広く学ばないと、本当の知識は育たない。

【注】

一　当段は、まず知恵を尊び、己れを磨く学問を大切にすべきことを説く（510—525句）。また、柔弱なることを心懸け、女らしく男らしくあって、善行をなすこと（526—535句）、そして、例え遠く出掛けてもなお広く学んで、自らの知恵をさらに磨くことを勧め（536—539句）、結びとする。

　鮑は、塩漬けの魚。生臭いものの例え。蘭は、香草で、よい香りの例え。『大戴礼記』五曾子疾病五十七に、「与㆓君子㆒游苾乎、如㆑入㆓蘭芷之室㆒、久而不㆑聞、則与㆑之化矣。与㆓小人㆒游貸乎、如㆑入㆓鮑魚之肆㆒、久而不㆑聞、則与㆑之化矣」、『説苑』十七雑言に、「与㆓善人㆒居、如㆑入㆓蘭芷之室㆒、久而不㆑聞㆓其香㆒、則与㆑之化矣。与㆓悪人㆒居、如㆑入㆓鮑魚之肆㆒、久而不㆑聞㆓其臭㆒、亦与㆑之化矣」、『孔子家語』四六本に、「与㆓善人㆒居、如㆑入㆓芝蘭之室㆒、久而不㆑聞㆓其香㆒、即与㆑之化矣。与㆓不善人㆒居、如㆑入㆓鮑魚之肆㆒、久而不㆑聞㆓其臭㆒、亦与㆑之化矣」（『管蠡抄』八「慎染習」、『明文抄』四等にも引かれる）、『顔氏家訓』二慕賢に、「与㆓善人㆒居、如㆑入㆓芝蘭之室㆒、久而自芳也。与㆓悪人㆒居、久而自臭也」、『論（語）撰考讖』（『太平御覧』九八三所引）に、「漸㆓於蘭㆒則芳、漸㆓於鮑㆒則臭」などとある（芷しは、よろいぐさで、香草。芝は、霊芝で、ひじりたけのこと。神草とされる）。当句は、明、孫承思の『文簡集』一箴「簡二近習一」に、「近二鮑魚芝蘭一、古人所レ慎。近レ朱者赤、近レ墨者玄」と見える（四庫全書珍本二集所収）。

二　第13段300・301句に、「近愚者痴、近賢者徳」と前出。

三　『礼記』学記に、「玉不レ琢不レ成レ器、人不レ学不レ知レ道」とある。類句が第23段578句に、「学是明月神珠」と見える。

四　人は小さい時から勉強しないと、単語が文章にならない。当句後半517句、A系統三本の「言不レ成レ章」ならば（校異表参照）、言葉が文（あや）をなさないの意。成章は、あやをなすこと。転じて、文章を作ること。成章の語は、古く『易経』説卦に、「故易六位而成レ章」とある。降って、『三国志』十九魏書十九、任城陳蕭王伝の曹植の言葉に、「言出為レ論、下レ筆成レ章」などと見える。第12段292・293句に、「人生不レ学、費二其言語一」の類句が前出。

五　『説苑』三建本に、「晋平公問二於師曠一曰、吾年七十、欲レ学、恐已暮矣。師曠曰、暮何不二炳燭一乎……臣聞レ之、小而好レ学、如二日出之陽一、壮而好レ学、如二日中之光一、老而好レ学、如二炳燭之明一。炳燭之明、孰レ与二昧行一乎。平公曰、善哉」とあり（炳燭（へいしょく）は、灯火で照らすこと。晩学の例え）、この話は散逸した『師曠』にあったらしい。同じ話が、『金楼子』四立言篇上に、「晋平公問二師曠一曰、吾年已老、学将レ晩耶。対曰、少好レ学者、如二日盛陽一。老好レ学者、如二炳燭夜行一」と見え、『顔氏家訓』三勉学に、「幼而学者、如二日出之光一、老而学者、如二秉レ燭夜行一」と見える。当句は、敦煌本『新集文詞九経抄』429に、「太公曰、小而学者、如二日出之光一。長而学者、如二日中之光一。老如レ学者、如二日暮之光一。老而不レ学、冥冥如二夜行一」として引かれる。以下、518・519「小而学者」句、520・521「長而学者」句、522・523「老而学者」句の三連句のように見えるが、518・519「小而学者」句と520・521「長而学者」句及び、522・523「老而学者」句と524・525「人而不学」句の対句であろう。

六　当句は、『明心宝鑑』上勧学篇九に、「太公曰、人生不レ学、冥冥如二夜行一」と見える。冥々は、暗い様。

七　『老子』三十六章に、「柔弱勝二剛強一」、七十八章に、「弱之勝レ強、柔之勝レ剛、天下莫レ不レ知、莫二能行一」とあり、『淮南子』十二道応訓にも、「老子曰、柔之勝レ剛也、弱之勝レ強也、天下莫レ不レ知、而莫二之能行一」と見える。また、類句が第16段362―365句に「欲レ求二其弱一、先取二其強一。欲レ求二其剛一、先取二其柔一」と見える。F、Gの二系統は、当句の前後を入替えて、「弱必勝強、柔必勝剛」とし（校異表参照）、「剛」の押韻となるが、「剛」も下平11唐で問題はない。注九参照。

八　『説苑』十敬慎に、「老子曰、夫舌之存也、豈非レ以二其柔一。歯之亡也、豈非レ以二其剛一耶」、『淮南子』一原道訓に、「歯堅二於舌一而先レ之敝」とある。

九　凶（兇）は、人を傷付けることで、凶暴の意。横死は、横様の死で、全うでない死に方。『説苑』十敬慎に、周の太廟の金人の銘として、「強梁者不レ得二其死一、好レ勝者必遇二其敵一」とあり（『孔子家語』三観周にも同じものが見える）、前半は、『老子』四十二章に、「強梁者不レ得二其死一」と見え、強暴な者は、まともな死に方が出来ず、横死を遂げる意。これは、『老子』七十六章の、「人之生也柔弱、其死也堅強……故堅強者死之徒、柔弱者生之徒……強大処レ下、柔弱処レ上」などと同じ考え方に基づく。類句が第16段383句に、「凶暴者亡」と前出。なお諸本中、底本を含むA、C(1)、E三系統は、当句及び、次句を欠き、それが本来の形と思しく、この二句は、後の増益に掛るものであろう。聊か意味の外れるその二句を有するB(1)、D、F、G四系統は、対句の形を崩している（校異表参照）。また、その内のF、G二系統は、526・527二句を倒置する（注七参照）。

一〇　「欺レ敵」は、敵を凌ぐこと。常に敵に勝とうとする者は、いつかは亡びる意。

一一　『千字文』41・42句「女慕貞潔、男効才良」に基づく。女は貞潔であることをこいねがい、男は才智に富む者を見習う意。当句は、敦煌本『新集文詞九経抄』370に、「太公曰……女慕二貞潔一、男効二才良一」として引かれる。

一二　当句は、敦煌本『韓朋賦』末尾に、「行レ善獲レ福、行レ悪得レ殃」と見える。殃（おう）は、災い。

一三　以下、見聞を広めて見識を磨き、広く学んで知恵を養うべきことを言う。敦煌本『百行章』知行章七十三の、「若不二広学一、安能知也。未レ遊二辺遠一、寧知二四海之寛一」は、同様のことを述べたものである。

〔第22段〕（540～561）

540 541 欲知[1]其君、視其所使。
542 543 欲知[2]其父、先視其子。
544 545 欲知[3]其木、視其文理。
546 547 欲知其人、視其奴婢。
548 549 君子固[4]窮、小[5]人窮斯濫矣
550 551 病則無楽[6]、酔則無憂。
552 553 飲人狂[7]薬、不得責人具[8]礼。
554 555 聖人避其酔客、君子恐其酔士[9]。
556 557 智者不見人之過、愚夫好見人之恥[10]。
558 559 兵将之家、必出勇夫。
560 561 学問之家、必出君子。

[一]其の君を知らむと欲しては、[二]其の使う所を視(み)る。
[三]其の父を知らむと欲しては、先ず其の子を視る。
[四]其の木を知らむと欲しては、其の[五]文理を視る。
其の人を知らむと欲しては、[六]其の奴婢(ぬひ)を視る。
[七]君子も固(もと)より窮(きゅう)す、小人は窮すれば斯に濫(みだ)る。
病めば則ち楽しみ無し、[八]酔えば則ち憂い無し。
[九]人に狂薬を飲まさば、人に礼を具(そな)うるを責むることを得ず。
[一〇]聖人は其の酔客を避け、君子は其の酔士を恐る。
智者は人の過ちを見ず、[一一]愚夫は人の恥を見るを好む。[一二]
[一三]兵将の家には、必ず勇夫を出だす。
学問の家には、必ず君子を出だす。

【校勘】 1知、底本「之」、1他により改める。　2知、底本「之」、1他により改める。　3知、底本「作」、22他

により改める。　4固、底本「困」、22他により改める。　5小人窮斯濫矣、底本「不択官而士」、1他により改める。　6無楽、底本「有薬」、19他により改める。　7狂、底本「強」、22他により改める。　8具、底本「無」、5a他により改める。　9士、底本「事」、21他により改める。　10之、底本「知」、22他により改める。

【押韻】使（上6止）、子（上6止。二箇所）、理（上6止）、婢（上4紙）、矣（上6止）、憂（下平18尤）、礼（上11薺）、士（上6止）、恥（上6止）、夫（上平10虞）。

【通釈】主人の人となりを知ろうとしては、その家臣をよく観察することだ。その父を知ろうとしては、最初にその子を視ることだ。木の性質を知ろうとしては、その木目をよく視ることだ。その人となりを知ろうとしては、その奴婢をよく観察することだ。君子ももとより窮することはある。しかし、小人は窮すれば乱れてしまう。そこが違うのだ。病めば楽しみは無くなるが、酔えば憂いごとは無くなる。人に麻薬である酒を飲ませたら、人が礼を備えないことを責める（咎める）ことは出来なくなる。聖人は酔っぱらいの客を避け、君子は酔漢を恐れる。智者は人の過ちを見ないようにし、愚か者は人の恥を見るのを好む。兵将の家柄には、必ず勇者が出る。学問の家系には、必ず君子が出るものだ。

【注】

一　比較的短い本段は、やや脈絡を欠く三つの主題から構成されている。末尾に近付くにつれ、構成力が弱くなっているが、後人の増広部分である可能性の高いことを示唆しよう。まず最初は、人物の見極め方、二つ目は、酒に関する訓戒を内容とする。三つ目は、他人の過ちに対する賢愚の態度の違いを示して、家柄の見極め方に及び、最初の主題である人物の見極め方に帰結する。

二　入矢校釈校注（210）は、類句として、『列女伝』三仁智伝「曹僖氏妻」の、「且吾聞レ之、不レ知二其子一者、視二其父一。不レ知二其君一者、視二其所レ使」、陳子昂『陳拾遺集』上軍国利害事の、「諺曰、欲レ知二其人一、観二其所レ使、不レ可レ不レ慎也」、元無名氏『生金閣劇』第一折の、「便好レ道、未レ見二其人一、先観二使数一」（使数とは奴婢の称、元朝の俗語）などがあることを指摘する。『新集文詞九経抄』373にも、「欲レ知二其君一、先観二其使一。欲レ知二其父一、先視二其子一」の引用がある。

三　542・543句の類句として、『孔叢子』居衡篇の、「子思曰、有二此父一斯有二此子一者、道之常也」、『楊子法言』孝子篇の、「无二是父一无二是子一、无二是子一无二是父一」などがある。

四　本句には、校異表に見られる通り、「作」と「知」の本文対立が認められる。「作木」は「柞木」（木を切る）の誤写とも考えられる。

五　文理は、紋理で、木目のこと。

六　上句の「欲レ知二其君一、視二其奴婢一」の言い換え。但し、木と人と、文理（木目）と奴婢との譬喩的対比が工夫されている。

七　校異表に見る通り、34a・11・12以外の諸本では、第19段の464・465句に既出の、「君子固窮、小人窮斯濫矣」の句がここにある。しかも、底本を除き、『論語』に先祖帰りした形（『論語』衛霊公の、「君子亦有レ窮乎、子曰、君子固窮、小人窮斯濫矣」の引用）である。この句がこの位置にあるのは、文脈上適当でないが、以下に続く酒に関する警句を挿入するために、再び援用されたものと思われ、削除することが出来ない。549句「病則無楽」には、「無楽」から発生分岐した「有薬」と「無法」の異文がある。

八　『和漢朗詠集』下、酒でも知られる『白氏文集』「鏡換杯」の、「茶能散レ悶為レ功浅、萱噵忘レ憂得レ力微」を始めとして、酒の忘憂の効能を歌う例は古来多い。

九　入矢校釈校注(216)は、当句と一致する句道興『捜神記』楚荘王条の、「飲二人狂薬一、不レ得レ責二人具礼一」を指摘し、狂薬は、日本語の「気ちがい水」に当たるものとも注している。ドミュエヴィル訳は、『晋書』三五裴楷伝の、「長水校尉孫季舒、嘗与二石崇一酣燕、慢傲過レ度、崇欲表免之。楷聞レ之、謂レ崇曰、足下飲二人狂薬一、責二人正礼一、不二亦乖一乎。崇乃止」が、同じような話を伝えると指摘する。同趣のことが、『魏書』二七徐邈伝の、「時科禁レ酒、而邈私飲、至二于沈酔一。校事趙達問以二曹事一、邈曰、中二聖人一。達白二之太祖一、太祖甚怒。渡遼将軍鮮于輔進曰、平日酔客、謂酒清者為二聖人一、濁者為二賢人一、邈性修慎、偶酔言耳。竟坐得レ免レ刑」や、陶淵明「飲酒」の、「但恨多二謬誤一、君当レ恕二酔人一」などにも見える。

一〇　注七に前述した『論語』の引用「君子固窮、小人窮斯濫矣」から、「智者不レ見二人之過一、愚夫好レ見二人之恥一」の間に（君子＝智者、小人＝愚夫が照応している）、酒に関する訓戒が挿入されている。一つは、憂いを払う玉箒風の飲酒の肯定的見方であり、もう一つは、理性を失わせる薬物としての否定的見方である。『太公家教』では、第8段190・191句の、「丈夫飲酒、揎拳捋肘」や、第16段386・387句の、「済済之人、為レ酒所レ殃」などにも、飲酒に対する訓戒が見える。文脈上は、酒を肯定する句の無い方が、意味がよく通じる。

一一　他人の過ちに対する智者の態度としては、第16段358・359句の、「欲レ求二其短一、先取二其長一」や、390・391句の、「知二人有レ過、密掩深蔵」などが既出。

一二　校異表に見る通り、A・B(1)では、ここに独自句「女無二明鏡一、不レ知二面上之精麁一」（19本では更に「人無良友、不レ知二行之虧余一」が続く）」が入る。１本を除くA系統では、校異表に見る通り、異文「愚夫之子、多患小人過」を受ける。一方、多くの写本では、この句は、次段563句以下に位置する。本段の文脈からも、この句がここに位置することには無理がある。この句の出没が機械的竄入により生じていることが知られる貴重な例である。この独自句については、第23段の注二参照。

三　敦煌本『新集文詞九経抄』375に、「将軍之門、必出二勇士一。博学之家、則有二君子一」とある。「兵将之家」の用例は見出だせないが、『漢書』八十五谷永伝（『芸文類聚』三十三にも）に、「将軍之門」という表現が見える。558・559句の類句としては、次段の586・587句「重賞之下、必有二勇夫一」がある。

〔第23段〕（562〜600）

562 563 人相知於道術[1]、魚相望於江湖。
564 565 女無明鏡、不知面上之精麁。
566 567 人無良友、不知行之虧余[2]。
568 是以結交朋友、
569 570 須択良賢、寄死託孤。
571 572 意重則密、情薄則疎[3]。
573 574 栄則同栄、辱則同憂[4]。
575 576 難則相救[5]、危則相扶。
577 578 勤是無価之宝[6]、学是明月神珠[7]。
579 580 積財千万、不如明解経書。
581 582 良田千頃[8]、不如薄芸[9]随軀。
583 586 慎是竜[10]宮海蔵、忍[11]是護[12]身之符。
585 586 香餌之下、必有懸魚。

一 人は道術に相(あい)知り、魚は江湖に相望む。
二 女明鏡無くば、面上の精麁(せいそ)を知らず。
人良友無くば、行いの三虧余(きよ)を知らず。
是(こ)こを以って朋友と交わりを結ぶは、
四 須く良賢を択(えら)び、死に寄せて五孤を託すべし。
意重ければ則ち密にして、六情薄ければ則ち疎なり。
七 栄うれば則ち同(とも)に栄え、辱(はずかし)めらるれば則ち同に憂(うれ)う。
難には則ち相救(たす)け、危には則ち相扶(たす)く。
八 勤は是れ無価の宝、学は是れ明月の神珠なり。
九 積財千万なるも、明らかに経書を解くに如(し)かず。
良田千頃(せんけい)なるも、薄芸の軀(み)に随うに如かず。
一〇 慎は是れ竜宮の海蔵、忍は是れ護身の符なり。
一一 香餌の下(もと)、必ず懸魚有り。

587 588 重賞之下、必有勇夫。[13]
589 590 功者可賞、過者可誅。[14]
591 592 不念無力之子、只愛有力之奴。
593 594 養男不教、不如養奴。
595 596 養女不教、不如養猪。
597 598 痴人畏婦、賢女敬夫。
599 600 孝是百行之本、故云其大者乎。

重賞の下、必ず勇夫有り。
[一二]功者は賞すべく、過者は誅すべし。
[一三]無力の子を念(おも)わず、只有力の奴を愛す。
[一四]男を養うに教えずは、奴を養うに如かず。
女を養うに教えずは、[一五]猪を養うに如かず。
[一六]痴人は婦(つま)を畏(おそ)れ、賢女は夫を敬う。
[一七]孝は是れ百行の本(もと)、故に云う[一八]其れ大なる者かと。

【校勘】1術、底本「述」、21他により改める。　2余、底本「失」、5a他により改める。　3疎、底本「師」、5a他により改める。　4憂、底本「辱」、21他により改める。　5救、底本「求」、5a他により改める。　6宝、底本「報」、5a他により改める。　7珠、底本「朱」、5a他により改める。　8頃、底本「傾」、5a他により改める。　9芸、底本「伎」、5a他により改める。　10竜宮海蔵、底本「護身之符」、9により改める。　11忍、底本「謙」、9により改める。　12護身之符、底本「百行之本」、9により改める。　13賞、底本「償」、1他により改める。　14誅、底本「珠」、5a他により改める。

【押韻】湖（上平11模）、麁（上平11模）、余（上平9魚）、孤（上平11模）、疎（上平9魚）、憂（下平18尤）、扶（上平10虞）、珠（上平10虞）、書（上平9魚）、軀（上平10虞）、符（上平10虞）、魚（上平9魚）、夫（上平10虞。二箇所)、誅(上平10虞)、奴(上平11模)、猪(上平9魚)、乎(上平11模)。

【通釈】人は道においてお互いに知り合い、魚は河や湖においてお互いを望み見る。もし女に良く映る鏡がなかったならば、顔に施した化粧がきちんと出来たか、いい加減にしか出来ていないかは分からない。(同じ様に)もし人に良い友達がいなかったら、自分の行いが足らないのか、十分であるのかが分からない。こういう訳で、友達と交わりを結ぶについては、良く出来た賢者を選び、死に際しては遺児を託すことが出来るようにするべきだ。友達を思う心が重ければ、両者の関係は密になり、情が薄くなれば、両者の関係は疎遠になる。栄える時は一緒に栄え、辱めを受ける時は、一緒になってこれを憂う。難局にはそれを救い、危機にも扶助し合う。勤勉は値無き宝物、学問は明月のような宝玉である。千万の財を積んでも、経書をすらすらと解き明かすには及ばない。良い田を千頃持っていたとしても、ちょっとした才芸を身に付けているのには及ばない。慎みは竜宮の海中の宝物庫のように貴く、忍耐は身を守る大切な護身の符である。良い匂いのする餌の下には必ず針に引っ掛かった魚がいる。同様に手厚い恩賞の下には、必ず勇猛果敢な男がいるものだ。功績のある者は賞賛し、過ちを犯した者は責め咎めるべきである。力の無い実子は大切に思わず、ただ力のある奴隷を愛する。息子を養育するのに教育をしなかったならば、奴隷を養育する方がましだ。娘を養育するのに教育をしなかったならば、豚を養育する方がましだ。愚か者はいたずらに自分の妻を恐れ、賢い女は夫を敬うものだ。孝は全ての行いの基本であり、それ故に「偉大なるもの」と賞賛されているのだ。

【注】

一　以下、本書の締め括りに向かい、交情、学問、慎み、忍耐の重要さを改めて説く。それぞれに一つの主題となる句を立て、その後に二句ずつの対句を連ねるという形式で記される。本句は人との交わりの大切さを説く対句群の前置きとなるもので、『荘子』内篇大宗師に、「魚相二忘乎江湖一、人相二忘乎道術一」とあるのに基づく。但し、『荘子』では、「魚は満々と水をたたえた江や湖に住めば互いの存在を忘れ、人は自然の道のうちにあれば互いの存在を忘れる」という、無為自然の中で他者を気にせず自由な境地に到達する様をいうのに対し、ここでは、「忘」が「望」に変わり、元の老荘の思想を離れて、「人は行き交う道において互いに相知り、魚は江湖において互いに相見る」と、生活を営む上で人は他者と関わりを持つものだという文脈に転換する。道術は、『荘子』では、「道」の意で用いられるが、後に道徳と学問、学術などの意で用いられる。第3段69・70句に「習二其道術一、学二其言語一」と見えたのは、道徳・学問の意であるが、ここは、『荘子』で用いられている「道」の意。

二　A、B⑴系統にはこの二句がない。敦煌本『新集文詞九経抄』377に、「太公曰、女無レ鏡、不レ知二面之精粗一。士無二良朋一、不レ知二己之有レ失」、『百行章』揚行章に、「人無二良朋一、無三以益二其志一。女無二明鏡一、何以照二其色一。是以良友能揚二其徳一也」とある。また、『明心宝鑑』交友篇、『童蒙鈔』交義部にも、「太公曰、女無二明鏡一、不レ知二面上精粗一、士無二良友一、不レ知二行歩虧余一」と引用される。

三　虧余は、欠けている所と足りている所。

四　この一句は、D、F系統にない。

五　託孤は、もと『論語』泰伯に、「曾子曰、可三以託二六尺之孤一、可三以寄二百里之命一、臨二大節一而不レ可レ奪也。君子人与、君子人也」とあるのに基づく語で、「託孤寄命」の形で熟語として用いられることが多い。『百行章』志行章に、「寄レ死託レ孤之徒、同遭二盛衰一之侶」とある。

六　この一句は、23を除くA系統にない。

七　宋、劉摯の「上二哲宗一論二亢旱一」（『宋名臣奏議』所収）に、「同二栄辱一者不レ在」など、「同栄辱」という表現は奏状に散見する。『百行章』棄行章に、「好則同レ栄、悪則同レ恥」とある。

八　以下は、学業の重要性を説く。当句以下、諸系統間に句の出入りがあることは、校異表参照。敦煌本『新集文詞九経抄』265に、「子曰、学如二牛毛一、成如二鱗(麟)角一。李琳曰、勤是無価之宝、慎是護身之符、作是竜宮海蔵、学是明月神珠」とあるのは、F系統諸本の本文に近い。「無価之宝」は、『法華経』に見える「無価宝珠」と関わるか。「明月神珠」は、『法苑珠林』等に例を見る。第21段514・515句に「明珠不レ瑩、焉発二其光一」と、「明珠」の語が見える。

九　以下二句は、子に財産を残すより、学問や技芸を教えることが大切であると説く。『漢書』七十三章賢伝に、「鄒魯諺曰、遺二子黄金満籯一、不レ如二一経一」と見えるのが古いもので、『顔氏家訓』勉学に、「諺曰、積財千万、不レ如二薄伎在レ身」とあり、敦煌本『雑抄』に、「賜二子千金一、不レ如レ教二之一芸一」とある。敦煌本『新集文詞九経抄』265に、注八所引の文言に引続き、「良田万頃、不レ如二薄伎随レ躯」とあり、また、同264に、「太公曰、賜二子千金一、不レ如レ教二之一伎一」とあるのは、この箇所を引いたもの。元の李治撰『敬斎古今黈』五に、『顔氏家訓』の「諺曰、積財千万、不レ如二薄芸在レ身」を引き、次いで、「則今人所レ謂良田千頃、不レ如二薄芸随レ身者也」と、この箇所の句を引くのも注意される。『明心宝鑑』省心篇、『童蒙鈔』勧学部にも、「太公曰、良田万頃、不レ如二薄芸随レ身」と引かれる。

一〇　以下は、慎重さや忍耐の重要性を説く。当句以下の諸系統間における句の出入りについては、校異表参照。

一一　『黄石公三略』に、「軍讖曰、香餌之下、必有二死魚一。重賞之下、必有二勇夫一」、『太平御覧』三〇七に、「黄石公記曰」として、「香餌之下、必有二懸魚一。重賞之下、必有二死夫一」とある。第5段138・139句に、「呑レ鉤之魚、恨不レ忍レ飢」の類句が既出。

一二　『春秋繁露』に、「有レ功則賞、有レ罪則罰」と類似の表現があり、上句はAの21本、D、F系統の本文と近い。

一三　第19段458・459句に、「明君不レ愛二邪佞之臣一、慈父不レ愛二不孝之子一」と類似句が既出し、一部の写本に、それに続けて「只愛二有力之奴一」と書き入れがあるのは、この箇所と重なる。第19段注一参照。そこに引いた敦煌本『新集文詞九経抄』の、「家語曰、慈父不レ愛二不孝之子一、明君不レ納二無益臣一、寧愛二有力之奴一、不レ用二無力之子一」（現存『孔子家語』に不見）の句は、本条とも関わりを持ち、A系統、G系統の、「慈父不レ愛二不孝之子一」という伝本も存する。

一四　第8段182・183句に、「養男之法、莫レ聴二誑語一」、184・185句に、「育女之法、莫レ聴レ離レ母」と類句が既出。

一五　第11段266・267句に、「閉レ門不レ看、還同二猪狗一」と類句が既出。

一六　愚かな人は婦（つま）を畏れるもの、賢い女は夫を敬うものだ、の意か。『明心宝鑑』治家篇に、「太公曰、痴人畏レ婦、賢女敬レ夫」とある。

一七　十三経注疏本『孝経』三才章の、「子曰、夫孝天之経也、地之義也、民之行也」注、「経、常也。利レ物為レ義。孝為二百行之首一、人之常徳」の宋邢昺疏に、「鄭注論語云、孝為二百行之本一」とあり、この文辞が鄭玄注『論語』に出るものであることが分かる。晋、袁宏の『後漢紀』江革伝に、「夫孝者百行之本、衆善之始也」（『後漢書』では「夫孝者百行之冠、衆善始也」）、『百行章』孝行章冒頭に、「孝者百行之本、徳義之基」とあり、また、『続日本紀』天応元年の光仁天皇の詔に、「古人有レ言……其仁孝者百行之基奈利」と見える。

一八　『孝経』広至徳章に、「子曰、君子之教以㆑孝也……詩云、愷悌君子、民之父母、非㆓至徳㆒、其孰能順㆑民如㆑此其大者乎」とある。

〔跋〕（601～613）

601 余之[1]志也、
602 603 [2]四海為宅、五常為家。
604 605 不驕身意、不楽栄華。
606 607 食不重味、衣不純麻。
608 609 唯貪此書一巻、不用黄金千車。
610 611 集之数韻、未弁玼瑕。
612 613 本不呈於君子、意欲教於童児。

余の志や、
[一]四海を宅と為し、[二]五常を家と為す。
[三]身意に驕(おご)らず、栄華を楽(ねが)わす。
[四]食は味を重ねず、[五]衣は純麻ならず。
唯(ただ)此の書一巻に貪(ふけ)りて、[六]黄金千車を用いず。
[七]之(これ)を数韻に集め、未(いま)だ[八]玼瑕(しか)を弁ぜず。
本より君子に呈せず、童児に教えんと[九]意欲(ねが)う。

【校勘】 1之、底本「知」、23他により改める。　2四海為宅五常為家、底本「五帝為家四海為択」、9により改める。

【押韻】 家（下平9麻）、華（下平9麻）、麻（下平9麻）、車（下平9麻）、瑕（下平9麻）、児（下平5支）。

【通釈】 私の志は天下を住み家とし、人が行うべき五つの道を家とすることだ。気持ちの上で傲ることなく、栄華を願うことなどない。食事は質素にし、衣服も贅沢はしない。この書一巻の執筆に没頭して、千両の車に積んだ黄金などは必要としない。内容を韻毎に分けて、これを集めた。欠点もあろうが、それがよく判別出来ない。もとより君子に差し出そうというものではなく、子供に教えようと願うものである。

【注】

一　602句と603句は押韻によって、底本の順序を改めた。校勘2参照。四海は、天下。『史記』高祖本紀に、「夫天子以二四海一為レ家。非二壮麗一無二以重威一」とある。また、「為家—為宅」の対偶は、『三国志』巻六十五華覈伝に、「以二九域一為レ宅、天下為レ家」の例がある。

二　五常は、人が常に行うべき五つの道。仁、義、礼、智、信。『漢書』董仲舒伝に、「夫仁誼礼智信、五常之道、王者所レ当二脩飾一也」とある。また、父の義（ただしさ）、母の慈、兄の友（兄弟が仲よくする）、弟の恭（慎しみ深さ）、子の孝。『尚書』泰誓下に、「商王受、狎二侮五常一、荒怠弗レ敬」とあり、孔穎達の疏に、「五常即五典、謂二父義、母慈、兄友、弟恭、子孝一。五者人之常行」と言う。

三　身意は、ここでは体と心の意ではなく、自分の意志。

四　『史記』平準書に、「公孫弘、以二漢相一、布被、食不レ重レ味、為二天下先一」とある。重味は、二品以上のおかずを食すること。

五　純は、絹。『論語』子罕に、「子曰、麻冕礼也。今也純、倹也。吾従レ衆」とあり、純と麻とを比較して純の方が安いとされているが、ここでは純麻は贅沢なものとする。

六　千両の車に積んだ黄金。『史記』孟嘗君列伝に、「今臣窃聞、秦遣レ使車十乗載二黄金百鎰一以迎二孟嘗君一」とある。

七　韻毎に分けて集めた、の意。

八　玼瑕は、本来は玉の傷。そこから、誤り、欠点の意。本書には誤りもありましょうが、という弁明、謙遜の気持ちを言う。

九　意欲で一語。唐代の口語。

校異表

校異表　凡例

一、この校異表は、現存する太公家教四十八本について、その本文の異同を示したものである。注解篇の校訂本文は、この校異表に基づいて作成されている。

一、四十八本の太公家教は、スタイン本、ペリオ本、北京本、寧楽美術館本、大谷本の通し番号によって示す（次項参照）。

一、通し番号は、以下の諸本を表わすものである（各本における本文の残存状況については、略解題参照）。

1	羅振玉氏旧蔵本
2	同甲巻
3	同乙巻
4	S四七九
5a	S一一六三a
5b	vb
5c	vc
5d	vd
5e	ve
5f	vf
5g	vg
5h	vh
6a	S一二九一a
6b	vb
6c	c
7	S一四〇一
8	S三〇一一v
9	S三八三五
10	S四九〇一v
11	S四九二〇
12	S五六五五
13	S五七二九
14	S五七七三
15	S六一七三
16	S六一八三
17	S六二四三
18	P二五五三1
19	P二五六四
20	P二六〇〇
21	P二七三八
22	P二七七四
23	P二八二五
24	P二九三七
25	P二九八一v
26	P三〇六九
27	P三一〇四
28	P三二四八v
29	P三四三〇
30	P三五六九
31	P三五九九
32a	P三六二三a
32b	vb
32c	vc
33	P三七六四
34a	P三七九七a
34b	vb
35a	P三八九四a
35b	vb
36	P四〇八五
37	P四五八八
38	P四八八〇
39	P四九九五v
40	P五〇三一(13)
41a	B一一v（乃三七v）a
41b	vb
42	寧楽本
43	大谷本三一六七
44	大谷本三一六九
45	大谷本三一七五
46	大谷本三五〇七
47	大谷本四三七一
48	大谷本四三九四

一、校異表は、33本（P三七六四）を底本とする。

一、表の始めに句番号を示し、次いで校訂本文を掲げ、その左に底本（E33本）の翻刻を置いた。

一、校訂本文は、底本の33本を中心として現存諸本の本文異同を校勘し、底本を校訂したもので（注解篇〈校勘〉参照）、注解篇〈本文〉に該当している。

一、表における諸本は、A―G七系統に基づいて並べられている。表の上段のアルファベットは、A―Gの系統を表している（略解題参照）。

一、表の二段目に前掲、諸本の通し番号を示す。

一、系統の並べ方は、本文の遠近により、以下の二通りとした。

1　第6段まで―E、B（1）、B（2）、C（1）、F、D、A、不明

2　第7段以降―E、C（1）、C（2）、C（3）、A、B（2）、D、B（1）、F、G、不明

一、表中の諸本番号の下に、33本（三行目）との異同を示した。空白は、33本と同じであることを表わす。33本にない字句については、表の右から見て、字句の初出の本を、33に準じて扱った。

一、表中に、用いた記号は、次の通りである。

┈┈→　―　諸本の始まり（33本に対する）。

←┈┈　―　諸本の終わり（33本に対する）。

――　―　その句（文字）が無いこと。

＝＝　―　破損。

□　―　難読。

▼　―　その箇所に独自句の入ること。

一、表中の小数字は、33本に対する諸本の校異番号で、▼の下に番号を付し、段の末尾に〔独自句〕欄を設けて、その内容を示す。

一、〔校異〕欄においては、最初に句番号、次いで諸本番号、校異番号を示し、その下に、33本の該当文字を記して、校注を施した。

一、〔独自句〕欄も同様に、最初に句番号、次いで諸本番号、独自句番号を示し、その下に33本に対する独自句内容を記した。

〔序〕

句番号	校訂本文	E 33	E 38	E 6a	B(1) 19	B(1) 41a	B(1) 41b	B(1) 18	C(1) 31	D 32a	D 13	A 1	不明 10	不明 46
1	余乃生逢乱代、	余[1]乃生逢乱代	世	↓		伐	伐		伐	↓	┆	↓	↑	‖[2]
2	長値危時。	長値危時	‖	┆		祖	祖	‖		┆	┆		┆	‖
3	望郷失土、	望‖	‖郷失土	┆	忘	忘	忘	‖		□	┆		┆	‖
4	波迸流移。	‖	波迸流移	┆	余	塯	留	‖		‖	┆	離	┆	‖
5	只欲隠山学道、	‖隠山学道	只欲‖	□						‖	┆	居住	┆	‖
6	不能忍凍受飢。	不能忍凍受飢		‖		↑	愛	‖		‖	┆		┆	‖
7	只欲楊名後代、	只欲‖	□楊名後世	代	於後代	┆	於後世	‖	陽 於後伐	‖ 於後□	┆	｜ 伐	┆	揚 於後‖

句番号	校訂本文	E			B (1)				C (1)	D		A	不明	
		33	38	6a	19	41a	41b	18	31	32a	13	1	10	46
8	復無晏嬰之機。	‖機	復無晏嬰之		纓	┊	—経	‖瓔	英	‖	┊↓		┊	‖
9	才軽徳薄、	才軽得薄	‖	徳		┊	箔	‖		‖		徳	┊	‖徳[1]
10	不堪人師。	不堪人師				┊	期	‖		‖	‖		┊	
11	徒消人食、	徒消人‖	食	銷		┊	従	‖	逍	‖	‖		┊	┊↑
12	浪費人衣。	‖	浪費人衣			┊	沸	‖			‖		┊	┊
13	随縁信業、	‖	随縁信業			┊		愛		‖	‖受		┊	┊
14	且逐随時之宜。	且遂随時之宜	—逐‖	[1]—逐—	逐	┊	但□	‖	逐	‖	逐—	逐—随	┊	┊
15	輒以討論墳典、	輒以討論墳典				┊		‖		‖	‖	其	┊	┊
16	簡択書詩。	簡択‖	蔄　書詩	講読詩書	諫　詩書	┊	棟	‖詩書	諫　詩書	棟　詩書	‖詩書	詩書	┊	┊

句番号	17〜22
校訂本文	依経傍史、約礼時宜。為書一巻、助誘童児、流伝万代。幸願思之。
E 33	‖ ‖礼時宜 為書一巻 助幼童児 流伝万代 幸願‖
E 38	衣経謗史 約 ‖ 誘[2] 在世 能思之
E 6a	依 傍 儀 [1] 誘[1] 在世 能
B(1) 19	於 傍所 誘 留
B(1) 41a	
B(1) 41b	依 傍 遺詩 誘 留 世
B(1) 18	於 傍[1]所 違 誘 ｜
C(1) 31	於 疏 誘 伐
D 32a	於 ‖ ‖ ‖ ‖
D 13	軽傍 詩 誘 ‖ 伐
A 1	依 傍 用 於後
不明 10	
不明 46	

〔校注〕

1 33 1 乃、「及」を見せ消ちして下記。

1 46 2 逢、残画による。

9 46 1 德、残画による。

13 6a 1 業、抹消して下記。

17 18 1 傍、「傍」の人偏に後筆で「｜」を加える。

19 6a 1 巻、下に一字分空白あり。

20 6a 1 誘、「誘同」、「同」は衍字と見て省く。

20 38 2 児、「見」に重ね書きして訂す。

〔第 1 段〕

句番号	校訂本文	E				B (1)			C (1)	F	D			A			不明	
		33	38	16	6a	19	41b	18	31	24	32a	13	9	1	42	21	40	8
23	経論曲直、	‖直	経論曲	┆	[1]					┆			┆	則 ｜	┆	┆	┆	┆
24	書論上下。	書論上下		┆	詩				詩	┆	‖	詩	┆	｜	┆	┆	┆	┆
25	易弁剛柔、	易弁剛柔	‖	┆		▼[1]別	入	□		┆	‖		┆		┆	┆	┆	┆
26	詩分風雅。	分流儒雅	詩分風	┆	詩分風	風	風 濡	風	風	┆	‖	‖	┆	則詩	┆	┆	┆	┆
27	礼上往来、	礼上往来		┆				常		┆	裳		┆	楽興行	┆	┆	┆	┆
28	楽尊高下。	‖	楽尊高下	┆		尊卑	尊卑	尊卑		┆	尊卑	尊卑	┆	信義成著▼[1]	┆	┆	┆	┆↓
29	得人一牛、	得人一牛		┆	[1]					┆	‖	壱	┆		┆	┆	┆	
30	還人一馬。	還人一馬		┆			罘	｜		┆	‖	壱	┆		┆	┆	┆	
31	往而不来、	往而不来	‖	┆						┆	‖		┆		┆	┆	┆	▼[1]↑┆

句番号	校訂本文	E 33	E 38	E 16	E 6a	B(1) 19	B(1) 41b	B(1) 18	C(1) 31	F 24	D 32a	D 13	D 9	A 1	A 42	A 21	不明 40	不明 8
32	非成礼也。	非成礼也						誠[1]										
33	来而不往、	来而不往	‖	↓										―				
34	亦非礼也。	亦非礼□	也								‖			―				
35	知恩報恩、	知恩報恩		‖							‖							
36	風流儒雅。	風流儒雅	‖	‖	襦		濡				‖ □	濡						
37	有恩不報、	有恩不報	‖	‖														
38	豈成人也。	豈成人也	‖	‖			去					‖[1]						
39	事君尽忠、	事君尽終	‖ 忠	忠	‖ 忠	忠	忠[1]	‖ 忠	忠		‖			忠				
40	事父尽孝。	事父尽孝	慈	‖	慈						‖			敬				
41	礼聞来学、	礼聞来学	‖	‖				‖			‖	文						

句番号	校訂本文	E 33	E 38	E 16	E 6a	B(1) 19	B(1) 41b	B(1) 18	C(1) 31	F 24	D 32a	D 13	D 9	A 1	A 42	A 21	不明 40	不明 8
42	不聞往教。	不聞往教	‖	‖			↑			↓			↓		↓	↓	↓	↓
43	捨父事師、	捨父事師	‖					↑										
44	必望功効。	必望功効		聞		聞			巧		忘	‖		敬同於父				
45	先慎口言、	‖慎口言	先	‖							‖			慎其言語				
46	却整容皃。	却整容皃	□ ‖								‖	曲		整其			↓ ‖	
47	善事須貪、	善事須貪	‖											能行孝			‖	
48	悪事莫楽。	悪事莫楽	‖							↓				物貪悪事▼1	↓▼2		‖	
49	真実在心、	直実在心	‖	‖						真 ‖	真	真 ‖		真	真	↓	‖	
50	勿行虚教。	勿行虚巧	‖ □ ‖	教	斯	教			欺	‖	‖	‖	↓ 欺	物生欺誑	□ ‖	物1 ‖	‖ 欺巧	

〔校注〕

23 6a 1 曲直、「曲直」を見せ消ちして右傍記。
29 6a 1 一牛、「牛一」として「一」に転倒符を付す。
32 18 1 礼、「礼礼」、衍字と見て一字省く。
38 13 1 豈、下に「成」らしき字の抹消あり。
39 41b 1 忠、「君」の右傍記による。
50 21 1 物、上に抹消あり（「在心」の抹消か）、難読。右傍記あるも難読。

〔独自句〕

24 19 ▼1 得人一牛（墨で囲う）
28 1 ▼1 仁道立焉
30 8 ▼1 得人一牛、還人一馬、得人一牛、還人一馬、得得得人人人、得人一牛、還、得人一牛、還人一馬、人一牛、還一馬
48 1 ▼1 莫作詐巧
48 42 ▼2 ‖‖詐巧

〔第 2 段〕

句番号	校訂本文	E 33	E 16	E 6a	E 36	B(1) 19	C(1) 31	F 24	D 32a	D 13	D 9	A 1	A 42	A 21	不明 40
51	孝子事父、	孝子事父		親				‖	‖			心	心 ‖	‖	‖
52	晨省暮看。	晨省暮飧	参	参		参	看	慕	‖ 慕参	慕参	参	看	‖	‖	‖
53	知飢知渇、	知飢知渇	‖					其 ‖			飢知			‖	‖
54	知暖知寒。	知暖知寒	‖					‖			‖			‖	‖
55	憂則共戚、	憂則共戚					時	‖ 供感	‖	‖	‖	時			‖
56	楽則同歓。	楽則同歓					時 観	寒	‖	‖	□	時	‖	観	‖
57	父母有疾、	父母有疾	‖					‖	‖ [1]	‖			‖	‖	‖
58	甘美不飧。	甘美不飧	‖					‖						‖	‖
59	食無求飽、	食無求飽						‖				[1]		‖	‖

句番号	校訂本文	E 33	E 16	E 6a	E 36	B(1) 19	C(1) 31	F 24	D 32a	D 13	D 9	A 1	A 42	A 21	不明 40
60	居無求安。	居無求安	飢		↓	飢		飢	飢 ‖	飢 □	飢				‖
61	聞楽不楽、	聞楽不[1]楽	‖		↓			‖	‖	‖		求			問 ↑
62	聞戯不看。	聞戯不看	‖	喜	↓	喜	喜 歓	‖	喜 歓	‖	喜 勧	喜		喜	↑
63	不修身体、	不羞身体		｜修	脩			‖	修	‖	修	脩		‖	↑
64	不整衣冠。	不整衣冠					於	於		‖				‖	↑
65	父母疾愈、	父母疾愈				喩	喩	‖	‖	喩		得至 瘉	兪[1]	得至 瘉	↑
66	整亦不難。	整亦不難	‖		‖				‖	‖	正	止		止	↑

〔校注〕

57 32a 1 疾、下に抹消あり。

59 1 1 無求、「無求無求」、三、四字目を衍字と見て省く。

61 33 1 不、転倒符あるか。

65 42 1 疾、下に抹消あり。

〔第 3 段〕

句番号	校訂本文	E 33	E 16	E 6a	E 36	B(1) 19	C(1) 31	F 24	D 32a	D 13	D 9	D 28	A 1	A 42	A 21
67	弟子事師、	弟子事師						‖仕		‖		┆			
68	敬同於父。	敬同於父						衣	依	‖		↓		□	
69	習其道術、	習其道術					述	述	述	‖	|	述	也	也	也
70	学其言語。	学其言語[1]			‖				‖	‖					
71	有疑則問、	有疑則問				|	|	|	‖	‖	|	|	|	|	|
72	有教則受。	有教則受		‖		|	|	|	‖	‖	|	|	|	|	|
73	鳳凰愛其毛羽、	鳳凰愛其毛羽	|		‖	|	|	|	‖	‖	|	|	|	|	|
74	賢士惜其言語。	賢士惜其言語	|		‖昔	|	|	|	‖	‖	|	|	|	|	|

句番号	校訂本文	E				B (1)	C (1)	F	D				A		
		33	16	6a	36	19	31	24	32a	13	9	28	1	42	21
75	黄金白銀、	黄金白銀							‖	‖	[1]			‖	
76	乍可相与。	乍可相与						矣		‖		‖		‖	
77	好言善述、	好言善術	述			述	述	述	述	‖	好述	述	述	‖ 述	述
78	莫漫出口。	莫漫出口	満	望	不	満	満	満	満	‖	満	満	|		[1]
79	臣無境外之交、	臣無境外之交								‖	教			‖	
80	弟子有束修之好。	弟子有束修之好▼[1]	脩▼[2]		脩[1]	収	終▼[3]	君	‖	‖		脩	羞	‖	羞[2]
81	一日為君、	一日為君[1]								壱			師	師	師
82	終日為主。	終日為主						中		‖			父	父	父
83	一日為師、	[1]一日為師								‖		[2]	君	‖	君

句番号	校訂本文	E 33	E 16	E 6a	E 36	B(1) 19	C(1) 31	F 24	D 32a	D 13	D 9	D 28	A 1	A 42	A 21
84	終日為父。	終日為父		身	‖			鐘		‖			主	‖	主

〔校注〕

70 33 1 語、「其ト」として下記。

75 9 1 黄、上に抹消あり。

78 21 1 漫、「満ト」として下記。

80 36 1 好、「酒」の右傍記による。

80 21 2 好一日為師、右傍に別筆で「好一日為師」と重ねて記す。

81 33 1 君、難読字に「君」と重ね書きし、見せ消ち符号を付して下記。

83 33 1 一日、右傍記による。

83 28 2 為、「為為」、衍字と見て一字省く。

〔独自句〕

81 33▼1 曲礼曰

81 16▼2 曲礼曰

81 31▼3 田礼曰

〔第 4 段〕

A			D				F	C (1)		B (1)	E				校訂本文	句番号
21	42	1	28	9	13	32a	24	15	31	19	36	6a	16	33		
	‖				‖	‖			孝		孝 ｜	□ ｜		教子之法	教子之法、	85
[1]	‖				‖ ↑	‖	｜				｜	｜		常令自慎	常令自慎、	86
｜	｜	｜	即			‖							勿得随宜	｜	勿得随宜。	87
														言[1]不可失	言不可失、	88
				駈			帰							行不可虧	行不可虧。	89
驢	籬 ‖		蘺 驀	驀		驀	蘺 驀		籬	蘺 驀	驀	蘺 驀	籬 驀	他離莫越	他籬莫越、	90
｜	‖	｜	不 虧	｜		｜	｜		窺		｜	窺	他戸莫規	｜	他戸莫窺。	91
｜	｜	｜		｜		｜	｜				｜		他嫌莫道	｜	他嫌莫道、	92
	‖					‖					▼[1]			他事莫知	他事莫知。	93

句番号	校訂本文	E 33	E 16	E 6a	E 36	B(1) 19	C(1) 31	C(1) 15	F 24	D 32a	D 13	D 9	D 28	A 1	A 42	A 21
94	他貧莫笑、	他貧莫笑						↓	|	‖					‖	
95	他病莫譏。	他病莫欺▼[1]		譏	譏[2]		‖	↓				[1]譏				
96	他財莫願、	他財莫願				[1]		↓						取	取	取
97	他色莫思。	他色莫思	知			知		↓						侵	‖	□
98	他強莫触、	他強莫触			|			↓	‖	彊‖					‖	彊
99	他弱莫欺。	他弱莫欺			|				‖若	‖		[1]			‖	[2]
100	他弓莫挽、	他弓莫□	‖挽				‖		秘				□		抛	弓他
101	他馬莫騎。	他馬莫騎							其							
102	弓折馬死、	弓折馬死		析					析					析	‖	
103	償他無疑。	賞他無疑	償	偿	償				上	償□		償	□	常	‖	常

句番号	校訂本文	E				B (1)	C (1)		F	D				A		
		33	16	6a	36	19	31	15	24	32a	13	9	28	1	42	21
104	財能害己、	財能害己	‖													
105	必須遠之。	必須遠之		｜	畏		‖□	畏[1]	知					畏	畏	畏
106	酒能敗身、	酒能敗身					須		｜	[1]					‖	
107	必須戒之。	必須戒之	誡	誡	亦誡	誡	誡	誡	｜	誡		誡	解		‖	‖
108	色能致害、	色能致害	乱	乱	乱	乱			｜	□□		[1]	置	置	‖	置
109	必須去之。	必須去之	棄‖		遠	棄	遠‖	遠	｜			[1]棄		遠	遠	遠
110	忿能積悪、	忿能積悪		怨			‖		怨							
111	必須忍之。	必須思之	[1]忍	忍	忍	忍	忍	亦忍	亦	忍		忍	｜	忍	↑	‖忍
112	心能造悪、	心能造悪		生					生	生			｜			
113	必須裁之。	必須裁之						亦遠						[1]戒		戒

句番号	校訂本文	E				B(1)	C(1)		F	D				A		
		33	16	6a	36	19	31	15	24	32a	13	9	28	1	42	21
114	口能招禍、	口能招禍														
115	必須慎之。	必須慎之			亦		‖	亦	亦					1		亦

〔校注〕

86 21 1 自、右傍に別筆で「勿得□」と記す。
88 33 1 言不可、「言不」の間に「可」を右傍記し、「不」に転倒符を付す。
95 9 1 他、欄外に記す。
95 36 2 莫識、「識莫」として「莫」に転倒符を付す。
96 19 1 莫、右傍記による。
99 9 1 弱、「若」を抹消して右傍記。
99 21 2 弱、「若」を抹消して右傍記。
105 15 1 須、右傍記による。
106 32a 1 能敗、「敗能」として「能」に転倒符を付す。
108 9 1 能、下に抹消あり。
109 9 1 必須、「須必」として「必」に転倒符を付す。
111 16 1 必、右傍記による。
113 1 1 必須、「須必」として「必」に転倒符を付す。
115 1 1 須、下に一字分空白あり。

〔独自句〕

93 36▼1 他彊莫触、他弱莫欺
95 33▼1 他傔莫道、他戸莫規

〔第 5 段〕

句番号	校訂本文	E 33	E 16	E 14	E 6a	E 36	B(1) 19	B(2) 35a	C(1) 31	C(1) 15	F 24	D 32a	D 9	D 28	A 1	A 21	A 23	不明 5c	不明 5d
116	見人善事、	見人善事		┆	｜	｜	｜	┆	｜	｜	｜		1			‖	┆	┆	┆
117	必須讃之。	必[1]須讃之		┆	｜	｜	｜	┆	｜	｜	｜					賛 ▼1	┆	┆	┆
118	見人悪事、	見人悪事		┆				┆						1			┆	┆	┆
119	必須掩之。	必須掩之		┆				┆	則	則	即	▼1	▼2	▼3	奄	奄	┆	┆	┆
120	隣有災難、	隣有災難		┆				┆			人						┆	┆	┆
121	必須救之。	即須救之	必	┆	必─			┆	則	則	則 求	必	必	必	必	必	┆	┆	┆
122	見人闘打、	見人闘打	諍	┆	諍	｜	諍	┆▼	‖								┆	┆	┆
123	必須諫之。	必須諫之		┆		｜		則	則	則	則			□	即 ▼1	即 ▼2	┆	┆▼	┆▼
124	見人不是、	見人不是		┆								｜	｜	｜			┆		

句番号	校訂本文	E 33	E 16	E 14	E 6a	E 36	B(1) 19	B(2) 35a	C(1) 31	C(1) 15	F 24	D 32a	D 9	D 28	A 1	A 21	A 23	不明 5c	不明 5d
125	必須語之。	必須語之	‖	↓	教	即諫		即	即	即	即勧	▼1	▼2	▼3	即教	即避	┆	↑	則↑
126	好言善述、	好言善述	術	┆	術	術	—術	‖	術	術	術		好術		—	—	┆	┆	┆
127	必須学之。	必須学之		┆		即	—	‖	‖	則	即				—	—	┆	┆	┆
128	意欲去処、	意欲去処		┆			—	—	—	—	▼1 —				—	—	┆	┆	┆
129	必須審之。	必須審之		┆	‖	即 ▼1	—	—	—	—	—				—	—	┆	┆	┆
130	不如己者、	不如己者	↑	┆	‖		—	—	—	—	—		意		—	—	┆	┆	┆
131	必須教之。	必須教之	┆	┆	‖		—	—	—	—	—	‖			—	—	┆	┆	┆
132	非是時流、	非是時流	┆	↓			1				待	‖			—	—	┆	┆	┆
133	必須去之。	——	┆	—	必須去之	即遠	避	即避	即避	即避	即避	‖	棄	遠[1]	即避	—	┆	┆	┆
134	悪人欲染、	悪人欲染	┆				—	—	—	—	—				—	—	┆	┆	┆

句番号	校訂本文	E					B(1)	B(2)	C(1)		F	D			A			不明	
		33	16	14	6a	36	19	35a	31	15	24	32a	9	28	1	21	23	5c	5d
135	必須避之。	必須避之	┆	‖		即	｜	｜	｜	｜	｜			[1]	｜	｜	┆	┆	┆
136	羅網之鳥、	羅網之鳥	┆	‖													┆	┆	┆
137	悔不高飛。	悔不[1]高飛	┆	‖				‖	‖	恨		‖					┆	┆	┆
138	呑鉤之魚、	呑鉤之魚	┆	‖	懸	懸		‖	‖		無	‖				‖	┆	┆	┆
139	恨不忍飢。	恨不忍飢	┆			悔		‖ 之				‖	｜				┆	┆	┆
140	人生悮計、	人生悮[1]計	┆	‖	件	悟	誤				誤	敬	呉	□	誤	誤	┆	┆	┆
141	恨不三思。	恨不三思	┆	‖					限					□			┆	┆	┆
142	禍将及己、	禍将及己	┆			若 身			‖								┆	┆	┆
143	悔不慎之。	悔不慎之	┆	‖					‖		誨	‖			恨 忍	忍	↓	┆	┆

〔校注〕

116 9 1 善、「悪」を抹消して右傍記。

117 33 1 必須、「須必」として「必」に転倒符を付す。

118 28 1 見人悪事、必須掩之、右傍記による。

132 19 1 是時、「時是」として「是」に転倒符を付す。

133 28 1 遠、「避」を抹消して右傍記。

135 28 1 避、「避」を抹消して右傍記。

137 33 1 不、「之[ト]」として下記。

140 33 1 悞、難読字に見せ消ち符号を付して右傍記。

〔独自句〕

117 21▼1 見人闘打、即須諫之

119 32a▼1 見人不是、必須語之

119 9▼2 見人不是、必須語之

119 28▼3 見人不是、必須語之

123 1▼1 意欲去処、即須審之

123 21▼2 意欲去処、〃須審之

125 32a▼1 見人好〃、必須□之

125 9▼2 見人好事、必須歎之

125 28▼3 見人好事、必須嘆之

127 24▼1 酒能敗身、即須戒之

129 36▼1 不可行処、即須思之

〔第 6 段〕

句番号	校訂本文	E				B (1)	B (2)	C (1)		F	D				A		
		33	14	6a	36	19	35a	31	15	24	32a	9	28	6b	1	21	23
144	其父出行、	其父出行[1]									‖			↓			
145	子則従後。	子須従後	□	則	即	則		則	則	則	‖	則	則	↓		則	‖
146	路逢尊者、	路逢尊‖	‖者	逢見↑	逢見人					逢見		[1]		↓			‖
147	斉脚斂手。	斉脚斂手		↑			‖	‖		剣		剣			剣 ▼1	▼2	▼3
148	尊者賜酒、	尊者賜酒		↑						│			則		人	人	‖
149	必須拝受。	即須拝受		↑	拝面	則	必	必	必	│	‖		必		必[1]	必	‖
150	尊者賜肉、	尊者賜肉	│	↑	宍			│	宍	│	‖	□		□			宍
151	骨不与狗。	骨不与狗		↑			必			│	‖		苟	□	苟	苟	
152	尊者賜菓、	尊者賜菓		↑				│ ‖				[1]	則賜菓				‖

句番号	校訂本文	E 33	E 14	E 6a	E 36	B(1) 19	B(2) 35a	C(1) 31	C(1) 15	F 24	D 32a	D 9	D 28	D 6b	A 1	A 21	A 23
153	懐核在手。	懐核在手			[1]	挟	守	‖	挟	□	挟	挟	挟				‖
154	勿得棄之、	勿即棄之	‖		[1]	得		得	得	則	得	得去	去		若也	若也	‖也
155	為礼大醜。	為礼大醜	‖		違可	違	可			違	□□	違				□	
156	対客之前、	対客之前															
157	不得吐狗。	不得吐苟			狗	狗	狗	狗	狗	口	狗	狗	狗	狗	唾涕	唾啼	‖
158	対食之前、	―	―		対食不唾	之前▼1	之前▼2	之前▼3	之前▼4	之前▼5	之前	之前	之前	之前[1]	―	―	―
159	亦不得漱口。	亦不得嗽口	□‖		―嗽	瀬	漱	―嗽	咮	嗽	―嗽	嗽	―嗽	―□嗽	―漱	―嗽	‖
160	憶而莫忘、	憶而莫忘	‖		慎之		慎之	児亡			慎之	慎之	□	思之			如[1]
161	終身無咎。	終身無咎					无	苦	苦	苦	苦	苦	□			―	修

〔校注〕

144 33 1 其父、「父其」として「其」に転倒符を付す。
146 9 1 路、抹消して下記。
149 1 1 必須、右傍記による。
152 9 1 菓懐、一字抹消して右傍記。
153 36 1 懐、「携」の右傍記による。
154 36 1 即、右傍記による。
158 6b 1 之前、「前之」として「之」に転倒符を付す。
160 23 1 如、右傍記による。

〔独自句〕

147 1 ▼1 尊人之前、不得唾地
147 21 ▼2 尊人之前、不得唾地
147 23 ▼3 尊人之前、不得唾□・（抹消）地
158 19 ▼1 不得唾地
158 35a ▼2 不得唾地
158 31 ▼3 亦不得唾地
158 15 ▼4 不得唾地
158 24 ▼5 不得唾地

〔第 7 段〕

句番号	校訂本文	E 33	E 14	E 36	C(1) 31	C(1) 15	C(2) 29	A 1	A 21	A 23	B(2) 35a	D 32a	D 9	D 28	D 6b	B(1) 19	F 24	不明 5e
162	立身之本、	立身之本					↓		|									┆
163	義讓為先。	義讓為先					□			‖								┆
164	賤莫与交、	賤莫与交	‖	賊			‖		|	‖					賊		奚	┆
165	貴莫与親。	貴莫与親		奸			‖		|						□			┆
166	他奴莫与語、	他奴莫与語			|		‖	|										┆
167	他婢莫与言。	他婢莫与言	‖							‖					|			┆
168	商販之家、	商販[1]之家	‖	生分					敗	‖		反	賞		生分	生分	生分	┆
169	慎莫為婚。	慎莫為婚		莫与	莫与	莫与	‖		与	‖	莫与	莫与	莫与	莫与	莫与‖	莫与	莫与	┆
170	市道接利、	市道接利					‖											┆

句番号	校訂本文	E			C(1)		C(2)	A			B(2)	D				B(1)	F	不明
		33	14	36	31	15	29	1	21	23	35a	32a	9	28	6b	19	24	5e
171	莫与為隣。	莫与為隣												‖				↓
172	敬上愛下、	敬上愛下	‖	□[2]		[1]				‖		受						
173	汎愛尊賢。	汎愛尊賢	‖	‖	凡	凡				‖		凡受		凡		凡		‖
174	孤児寡婦、	孤児寡婦		‖			‖		而						‖		‖	□[1]
175	特可矜憐。	特可矜[2]怜[3]		憐	持 秴		憐	憐	櫝[1] 憐			|				憐	無□怜[4]	↑
176	乃可無官、	乃可無官	‖							‖								
177	不得失婚。	不得失婚	‖	[1]						‖						[2]		
178	身須択行、	身須択行[1]	‖						|									
179	口須択言。	口須択言							|									
180	共悪人同会、	共悪人同会		□集			|	| [2]	|	[1] ‖	聚				聚集			

句番号	校訂本文	E			C(1)		C(2)	A			B(2)	D				B(1)	F	不明
		33	14	36	31	15	29	1	21	23	35a	32a	9	28	6b	19	24	5e
181	禍必及身。	禍必及身								‖	殃　其身							

〔校注〕

168 33 1 販、「飯ト」として上記。

172 15 1 敬上、「受ト」として「上敬」を下記し、「敬」に転倒符を付す。

172 36 2 □、「愛」ではない。「念」のような字か。

174 5e 1 □、「交ト□」。

175 21 1 犢、抹消して右傍記。

175 33 2 矜、「今」を見せ消ちして下記。

175 33 3 怜、「怜」はレンの音（先韻）の場合、「憐」の俗字と『広韻』に記す。本来は「怜」は「レイ」で「さとい（怜悧）」の意で、「憐」とは別字。

175 24 4 怜、「於」の草体に似た書き方をする。下に「速」を記すが、衍字と見る。

177 36 1 得、右傍記による。

177 19 2 婚、「昏ト」として下に「婚」（婚の異体字）を記し訂す。

178 33 1 行、「幸ト」として下記。

180 23 1 共、右傍記による。

180 1 2 会、右傍記による。

〔第 8 段〕

句番号	校訂本文	E 33	E 14	E 36	C(1) 31	C(1) 15	C(1) 39	C(2) 29	A 1	A 21	A 23	B(2) 35a	D 32a	D 9	D 28	D 6b	B(1) 19	F 24
182	養男之法、	養児之法	‖	男	男	男	↓				‖	男	｜	男		男	子	男
183	莫聴詆語。	莫聴誰言	‖	詆語	詆	詆	‖	詆	詆	詆[1]	詆	詆語	｜	強	強	‖	詆語	強
184	育女之法、	育女之法					‖						｜					
185	莫聴離母。	莫聴離母			｜		‖		不	不	‖		｜					｜
186	男年長大、	男年長大			｜		‖				‖		｜					｜
187	莫聴好酒。	莫聴好酒	‖	嗜	｜	飲	‖	令			‖					[1]		楽
188	女年長大、	女年長大	‖		｜		‖									▼[1] ｜		▼[2] ｜
189	莫聴遊走。	莫聴遊走						令					離母			｜	交	｜
190	丈夫飲酒、	丈夫飲酒		男人酒酔		好		好	好	好	‖	男児				｜	好	｜

句番号	校訂本文	E			C (1)			C (2)	A			B (2)	D				B (1)	F
		33	14	36	31	15	39	29	1	21	23	35a	32a	9	28	6b	19	24
191	揎捧捋肘。	揎捧捋肘		宣拳	宣拳	宣拳	宣‖	宣	宣拳脟	暄 脟	‖	宣拳	宣拳脟	楦拳	宣拳	宣拳	揮拳	宣拳□
192	行不択地、	行不択地	‖				‖			[1]	‖				‖	[2]		
193	言不択口。	言不択口	‖ ｜				‖									[1] □		
194	触突尊賢、	触突尊賢			親		‖ 親		卑	卑	觴 卑					損辱 親		損搙
195	闘乱朋友。	闘乱朋友		‖							‖			[1]				
196	女人遊走、	女人遊走						蕩		挺	‖	在外			‖	‖		
197	逞其姿首。	逞其姿首	‖	手			□							程 資	‖			恣
198	男女雑合、	男女雑合	‖	合雑				合雑		[1]	合雑					｜	[2]	
199	風声大醜。	風声大醜		可								可						
200	慙恥宗親、	慙恥宗親		族	尊		尊		尊	尊						汚染宋	汚染	汚辱

句番号	校訂本文	E			C (1)			C (2)	A			B (2)	D				B (1)	F
		33	14	36	31	15	39	29	1	21	23	35a	32a	9	28	6b	19	24
201	損辱門戸。	損辱門戸	‖	▼1	□											‖		

〔校注〕

183 21 1 誑、難読字に重ね書きして訂し、更に右傍記。

187 6b 1 莫聴、「聴莫」として「莫」に転倒符を付す。

192 21 1 行、「不」に重ね書きして訂す。

192 6b 2 地、右傍記による。

193 6b 1 言、右傍記による。

195 9 1 乱、「乱」を書き損じて下記。

198 21 1 女雑、右傍記による。

198 19 2 雑合、「合雑」として「雑」に転倒符を付す。

〔独自句〕

187 6b ▼1 利語‖□

187 24 ▼2 出語高声

201 36 ▼1 悪名既顕、婚嫁難□

〔第９段〕

句番号	校訂本文	E 33	E 14	E 36	C(1) 31	C(1) 15	C(1) 39	C(2) 29	A 1	A 21	A 23	B(2) 35a	D 32a	D 9	D 28	D 6b	B(1) 19	F 24
202	婦人送客、	婦人送客	‖	‖			▼[1]				迭					‖		宋‖
203	莫出閨庭。	莫出閨庭		‖		不	□	不	不	不	不	不		—		不—	不	‖
204	所有言語、	所有言語							行其	行其	行其		[1]	—				
205	下気低声。	下気低声		‖			柢			伍	坐□		□	—				抵
206	出行逐伴、	出行逐伴	‖	‖択		[1]		‖				□		—		‖		遂
207	隠影蔵形。	隠影蔵形	‖	[1]		刑				刑	刑	刑	刑	—		‖□		‖寧出行
208	門前有客、	門前有客[2]						□	送前	送前	送		[1]	—				
209	莫出斉庁。	莫出斉聴		□										庁		□		
210	一行有失、	一行有失	‖															

群	本	211	212	213
句番号		211	212	213
校訂本文		百行倶傾。	能依此礼、	無事不精。
E	33	百行倶傾	能依此礼	無事不精
	14	‖	‖	
	36		□	
C(1)	31			
	15		於	
	39		於 例1	
C(2)	29	□		
A	1		於	
	21		衣	
	23			
B(2)	35a		衣	
D	32a	郷		
	9		於	
	28		於	
	6b	‖	‖	↑
B(1)	19		於	
F	24	‖	於	▼1

〔校注〕

204 32a 1 言語、「語言」として「言」に転倒符を付す。

206 15 1 伴、「判」の右傍記による。

207 36 1 形、「刑」に重ね書きして訂す。

208 32a 1 門、上に抹消あり。

208 33 2 有、「道ト」として下記。

212 39 1 例、「礼」を見せ消ちして下記。

〔独自句〕

202 39 ▼1 迎行章第八

213 24 ▼1 夫人不言、々必有中、‖・（一字か二字破れ）九重、不語者勝（第11段253句の▼1、2及び、254、255句参照）

〔第 10 段〕

句番号	校訂本文	E 33	E 14	E 36	C(1) 31	C(1) 15	C(1) 39	C(2) 29	A 1	A 21	A 23	B(2) 35a	D 32a	D 9	D 28	B(1) 19	F 24	F 25	F 6c
214	新婦事君、	新婦事君					▼[1]	親	父	婦	‖					夫			
215	同於事父。	同於事父		敬同於	敬同於	敬同於[1]	敬同—	—	—	—	‖	敬同於	‖			敬同於	敬同依		
216	音声莫聴、	音声莫聴	‖	不教				不看				不交	交	交	教[1]	不看	不交		
217	形影不覩。	形影不覩		容‖		刑				刑	刑	刑	刑				刑容		
218	夫之父兄、	夫之父兄		‖	婦	婦			婦	婦			婦	婦[2]	婦		婦[1]		
219	不得対語。	不徳対語	得	得	得	得	得	得	得	得		得	得	得	得	得	‖得		
220	孝養翁家、	孝養翁家	‖	‖姑翁	婆				[1]		‖		婆	婆	婆	順	君	↓君	
221	敬事夫主。	敬事夫主	‖	‖														‖	
222	汎愛尊賢、	汎愛尊賢	凡	‖卑	凡		敬親			人			—		凡‖	親卑		‖	

句番号	校訂本文	E 33	E 14	E 36	C(1) 31	C(1) 15	C(1) 39	C(2) 29	A 1	A 21	A 23	B(2) 35a	D 32a	D 9	D 28	B(1) 19	F 24	F 25	F 6c
223	教示男女。	教示男女		誨				児				氏	侍		‖			‖	↓
224	行則緩歩、	行則緩歩		‖					緌			必			□		緑		
225	言必細語。	言必少語	‖	‖	細	細	細	小	小	小	小	小	[1]細	細	細	細	細	‖	
226	勲事女功、	勲事女功	‖	‖		[2]	勤	勤	勧	勧[1]	勤		勤	勤 工	勤	勤	勤 公	‖	
227	莫学歌舞。	莫学歌舞			儛	儛		儛		儛	儛		‖	謌	‖	謌		‖	
228	小為人子、	小為人子	‖	少 ‖	少	作妻					[1]｜		‖		‖	作妻	妻	作妻	
229	長為人母。	長為人父		‖	母	母	母		｜	[1]	｜	母		母		母	‖ 母	母	
230	出則斂容、	出則斂容	‖	‖	□	即		‖	剣	剣	[1]｜	‖ 餧	剣		其 ‖		｜	‖	
231	動則庠序。	動則庠序	‖ □				常				｜	即	朔 ｜	祥	‖			‖	↓
232	敬慎口言、	敬慎口言		竟 ↑	先	先	先	‖			｜	先			‖		□	‖	

句番号	校訂本文	E 33	E 14	E 36	C(1) 31	C(1) 15	C(1) 39	C(2) 29	A 1	A 21	A 23	B(2) 35a	D 32a	D 9	D 28	B(1) 19	F 24	F 25	F 6c
233	終身無苦。	終身無苦		┆	｜			‖		｜	｜				‖		故		
234	希見今時、	希見今時		┆			金	‖			｜			金	‖				
235	貧家養女。	貧家養女	‖	┆							｜				‖			‖	
236	不解糸麻、	不解糸麻	‖	┆					麻布	麻布	｜				‖		‖	‖	
237	不閑針縷。	不閑針縷		┆	｜		鏤	‖			｜				‖				
238	貪食不作、	貪食不作		┆				‖		｜	｜				‖			畏	
239	好戯遊走。	好喜遊走		┆	戯	戯	戯	戯			｜	戯	戯	戯	↑	戯	戯 ▼1	‖	戯 ▼2

〔校注〕

215　15　1　於父、右傍記による。

216　28　1　教、右傍に難読字あり、「交」か。

218　24　1　之、「人」の右傍記による。

218　9　2　兄、「見」を抹消して下記。

220　1　1　家、「門」として下記。

225　32a　1　言必、「必言」として「言」に転倒符を付す。

226　21　1　勧、「観」として下記。

226　15　2　女、「女隷」、「隷」を衍字と見て省く。

228　23　1　小為人子、長為人父、第11段256、257句と見做す。

229　21　1　人、次行に「人父、出則剣容、動則痒序、敬慎口言」あり。

230　23　1　出則斂容、この句以下なし。

〔独自句〕

214　39　▼1　事夫章第九

239　24　▼1　不事女工、不敬父母

239　6c　▼2　不事女功、不敬父―

〔第 11 段〕

句番号	校訂本文	E		C (1)			C (2)	A			B (2)		D		B (1)	F		
		33	14	31	15	39	29	1	21	23	35a	27	32a	9	19	24	25	6c
240	女年長大、	女年長大	‖						‖	｜		┊					母廾	母廾
241	聘為人婦。	聘為人婦	‖	唯						｜		┊					｜作婦	｜作婦
242	不敬君家、	不敬君家					‖			｜		┊			翁		‖	
243	不畏夫主。	不畏夫主					‖		住[1]	｜	‖	┊	委	委			‖	
244	大人使命、	大人使命					令			｜	令‖[2]	┊		所		令	‖之	家之
245	説辛道苦。	説辛道苦	‖			新[1]			新	｜		┊					新	
246	夫罵一言、	夫罵一言	‖			馬	‖			｜	馬	┊		馬		馬		
247	反応十句。	反応十句	‖	口	返	口	‖	矩	矩	｜	勾	┊	返口	返口	勾	口	‖	口
248	損辱兄弟、	損辱兄弟					‖			｜	褥	┊		弟兄			‖	

句番号	校訂本文	E 33	E 14	C(1) 31	C(1) 15	C(1) 39	C(2) 29	A 1	A 21	A 23	B(2) 35a	B(2) 27	D 32a	D 9	B(1) 19	F 24	F 25	F 6c
249	連累父母。	連累父母	‖							│		┆					‖	‖
250	本不是人、	本不是人				事				│		┆						
251	状同猪狗。	状同猪狗	‖	還	還	還	判			│		┆				還[1]	判	判
252	含血喺人、	含血喺人	‖	損[1]	滌	損		損	損	│		┆	│	│		│	│	│
253	先汚其口。	先汚其口	‖	悪	悪			悪	悪	│	悪	┆▼[1]	│	│	▼[2]	│	│	│
254	十言九中、	十[1]言九衆		語中	語中	語中	語中	中	中	│	語中	語	語	語種	語	│	│	│
255	不語者勝。	不語者勝					如不語			│						│	│	│
256	小為人子、	小為人子	‖	少								作為人子			作		少 ‖	
257	長為人父。	長為人父	‖									作					‖	
258	居必択隣、	居必択隣	‖									不				釈	‖	

句番号	校訂本文	E		C(1)			C(2)	A			B(2)		D		B(1)	F		
		33	14	31	15	39	29	1	21	23	35a	27	32a	9	19	24	25	6c
259	慕近良友。	暮近良友		慕	慕	慕	慕	慕	慕			慕			慕		慕	慕
260	側立斉庁、	側立斉聴	庁	聴堂	庁堂	聴‖				庁	庁堂	聴傍	庁傍	聴傍	聴堂	庁堂	安置	安置
261	候待賓侶。	候待賓客	‖		侍		侶	後	後	後	官侶	侍	後侍	時	官侶	大宮	‖	侶
262	客無親疎、	侶無親疎	‖				客				客				客	客	‖	客
263	来者当受。	来者当受	‖														‖	1
264	合食与食、	合食与食							|	‖								
265	合酒与酒。	合酒与酒								‖					1			
266	閉門不看、	閉門不看	‖							‖							‖	
267	還同猪狗。	還同猪狗	‖	不如	不如	不如						不如	不如	不如		不而	‖	不如

〔校注〕

244 21 1 大、右傍記による。

244 35a 2 ‖、「使」か。上の字との間に転倒符あるか。

245 39 1 新、「作」のような字を抹消して下記。

251 24 1 狗、下に「子」。

252 31 1 人先、「先人」として「人」に転倒符を付す。

254 33 1 十言、「言十」として「十」に転倒符を付す。

263 6c 1 受、右傍記による。

265 19 1 酒、右傍記による。

〔独自句〕

253 27▼1 々必有忠

253 19▼2 夫人不言、々必有忠

〔第 12 段〕

句番号	校訂本文	E 33	E 14	C(1) 31	C(1) 15	C(1) 39	C(2) 29	A 1	A 21	A 23	B(2) 35a	B(2) 27	D 32a	D 9	B(1) 19	F 24	F 25	F 6c
268	抜貧作富、	抜貧作富	‖			▼1										｜	‖	｜
269	事須方寸。	事須方寸					円			‖						｜	‖	｜
270	看客不貧、	看客[1]不貧								‖						｜	‖	｜
271	古今実語。	古今実語	‖						1		故					｜	‖	｜
272	握髪吐飧、	掘髪吐飧	‖	握		握 2	握	握	握[1]‖	椐	掮	悪	悪発	悪発	握	｜	‖	｜
273	先有常拠。	先有嘗拠	‖	常	常	常	常処	掌	常	‖	常	処	処	処		｜	‖	｜
274	閉門不看、	閉門不看								‖						｜	‖	｜
275	不如猪鼠。	不如猪鼠		亦同 狗	亦同 狗	亦同 狗	狗	狗			而 冢	狗	冢	而 冢		｜	‖	｜
276	高山之樹、	高山之樹	‖													水		1

句番号	校訂本文	E		C(1)			C(2)	A			B(2)		D		B(1)	F		
		33	14	31	15	39	29	1	21	23	35a	27	32a	9	19	24	25	6c
277	苦於風雨。	苦於風雨	‖							‖								1
278	路傍之樹、	路傍之樹	‖		辺			辺	辺	‖	辺	辺	露		辺	辺	辺 ‖	辺
279	苦於刀斧。	苦於刀斧	‖							‖							‖	
280	当道作舎、	当道作舎	‖				捨									之家	‖家	途之家
281	苦於客旅。	苦於客侶	↑	呂					呂		旅	旅	旅	施				1
282	不慎之家、	不慎之家								‖						指知		
283	苦於官府。	苦於官府			2					‖	苻				3		‖	1
284	牛羊不圏、	牛羊不圏				倦			囲	‖ 2					1	収	‖	収
285	苦於狼虎。	苦於狼虎									猇						‖	
286	禾熟不収、	禾熟不収								‖			｜			和		

系統	写本	287	288	289	290	291	292	293
校訂本文		苦於雀鼠。	屋漏不覆、	壊其梁柱。	兵将不慎、	敗於軍旅。	人生不学、	費其言語。
E	33	苦於雀鼠	屋漏不覆	壊其梁住	兵将不慎	敗於軍旅	人生不学	費其言語
	14	┆	┆	┆	┆	┆	┆	┆
C(1)	31			懐　柱				
	15			懐　柱				
	39		陋	懐　椎				
C(2)	29			柱				
A	1			苦於　柱				
	21			苦於				
	23	‖	‖	懐於　柱		君		[1]
B(2)	35a			[1]柱		其		
	27			懐於　柱		則		
D	32a			於　柱				
	9			於　柱				
B(1)	19			懐於　柱				
F	24		□	懐於狼	順	其		□
	25		‖	‖　柱			‖	‖
	6c			柱		其		

〔校注〕

270 33 1 客、右傍記による。

271 21 1 古、下に「語握」と書き、抹消。

272 21 1 握、「語」の右傍記による。

272 39 2 吐、下に一字あるも難読。

276 6c 1 之、抹消して右傍記。

277 6c 1 苦於、右傍記による。

281 6c 1 於、右傍記による。

283 6c 1 苦、右傍記による。

283 15 2 於、右傍記による。

283 19 3 府、「府」を書き損じて下記。

284 19 1 羊、「刀」を見せ消ちして下記。

284 23 2 圏、上に「囗」（国構え）を書き止す。

289 35a 1 梁、「梁其梁」、二、三字目を衍字と見て省く。

293 23 1 其、右傍記による。

〔独自句〕

268 39 ▼1 慎行章第十

〔第 13 段〕

句番号	校訂本文	E	C(1)			C(2)	A			B(2)		D		B(1)	F		
		33	31	15	39	29	1	21	23	35a	27	32a	9	19	24	25	6c
294	近朱者赤、	近珠者赤	朱	朱	朱	朱	禾	朱	朱	朱	朱	朱	朱		朱	‖	朱
295	近墨者黒。	近墨者黒															
296	蓬生麻中、	蓬生麻中		衆					苯							‖	
297	不扶自直。	不扶自直					[1]	状			▼1	▼2	▼3	▼4	▼5	‖ ▼6	▼7
298	近佞者諂、	近佞者諂[1]			接				‖								□
299	近偸者賊。	近偸者賊						賤								‖	↑
300	近愚者痴、	近愚者痴			遇			——		遇	痴愚		遇	痴愚	痴遇	‖	¦
301	近賢者徳。	近聖者明									賢徳			賢徳	——	‖	¦
302	近聖者明、	近賢者徳			得			得	□		聖明			智良		‖	¦

句番号	校訂本文	E	C(1)			C(2)	A			B(2)		D		B(1)	F		
		33	31	15	39	29	1	21	23	35a	27	32a	9	19	24	25	6c
303	近姪者色。	近姪者色				淫	淫	淫	‖		｜	｜	｜		｜	｜	
304	貧人多嬾、	貧人多頼[1]		来		嬾	｜	｜	｜	｜	猶嬾	由嬾	由嬾	由嬾	由嬾	由嬾	
305	富人多力。	富人多力	児勤	勤	児懃		｜	｜	｜	｜	懇[1]	懇	懇	懃		勤	
306	勤耕之人、	勤耕之人	懃	懃	懃								懃				
307	必豊穀食。	必豊穀食				居									衣	‖	
308	勤学之人、	勤学之人		懃	懃									近			
309	必居官職。	必居[1]官職			其						[2]			｜			
310	良田不耕、	良田不耕			▼1 □										｜	｜	
311	損人功力。	損人功力							費						｜	｜	
312	養子不教、	養子不教													｜	｜	

句番号	校訂本文	E	C (1)			C (2)	A			B (2)		D		B (1)	F		
		33	31	15	39	29	1	21	23	35a	27	32a	9	19	24	25	6c
313	費人衣食。	費人衣食			於				依‖						｜	｜	┆

〔校注〕

297 33 1 直、「真」を重ね書きして訂す。

298 33 1 佞、手偏を上から人偏に訂す。

304 33 1 頼、「力」を見せ消ちして下記。

305 27 1 力、下に「養子不教、費人」。

309 33 1 居、「其」として下記。

309 27 2 職、「義職」、「義」は衍字と見て省く。

〔独自句〕

297 27 ▼ 1 白玉投泥、—汚其色

297 32a ▼ 2 白玉投泥、不汚其色

297 9 ▼ 3 白玉投涅、不汚其色

297 19 ▼ 4 白玉投涅、不汚其色

297 24 ▼ 5 白玉投泥、不悪其色

297 25 ▼ 6 ‖‖‖涅、不悪其色

297 6a ▼ 7 白玉投泥、不悪其色（「色其」として「其」に転倒符を付す）

310 39 ▼ 1 弁説章第十一

〔第 14 段〕

句番号	校訂本文	E 33	C(1) 31	C(1) 15	C(1) 39	C(2) 29	A 1	A 21	A 23	B(2) 35a	B(2) 27	D 32a	D 9	B(1) 19	F 24	F 25
314	与人共食、	与人共食							1							
315	慎莫先嘗。	慎莫先嘗			賞							常			常	
316	与人同飲、	与人同飲							周		共					共
317	莫先把觴。	莫先把〔酉＋昜〕	先執	[1]執	執腸	執觴	杞觴	觴		執觴	嘗	常	嘗	執嘗	執觴	執
318	行不当路、	行不当路													中	勿中道
319	坐不背堂。	坐不背堂		座 1	陪		当輩				倍		皆			必勿中
320	路逢尊者、	路蓬尊者	[1]逢	逢		道逢	当逢	逢	道逢	逢路	風	逢	逢	逢	道逢	行逢
321	側立道傍。	側立道傍				其	其	其	其							
322	有問善対、	有問善対						聞			語即	語即	語即到		即	即

句番号	校訂本文	E	C(1)			C(2)	A			B(2)		D		B(1)	F	
		33	31	15	39	29	1	21	23	35a	27	32a	9	19	24	25
323	必須審詳。	必須審詳		祥							不必			語必 常	語必 常	語必
324	子従外来、	子従外来														
325	先須就堂。	先須就堂				省	省	省	省		嘗		常		必	必
326	未見尊者、	未見尊者		1				2								
327	莫入私房。	莫入私房			移								移			
328	若得飲食、	若得飲食														
329	慎莫先嘗。	慎莫先嘗			常			常							常	未可
330	饗其宗祖、	饗其宗祖	享	享	嚮	曾	1	食其宗祖	嚮 曾	庶	響	向	嚮		向尊	享翁
331	始到耶嬢。	始到耶[1]嬢					娘	対 娘								
332	次霑兄弟、	次霑兄弟							1						普	普

句番号	校訂本文	E	C(1)			C(2)	A			B(2)		D		B(1)	F	
		33	31	15	39	29	1	21	23	35a	27	32a	9	19	24	25
333	後及児郎。	後及児郎						—而								
334	食必先譲、	食必先譲														須
335	労必自当。	労必自当					先	□1		先		醪	醪			
336	知過必改、	知過必改						蓋							有1則	有
337	得能莫忘。	徳能莫忘	得		得	得	得	得	得	得	得	得	得	得	得	得妄

〔校注〕

314 23 1 人、上に抹消あり。

317 15 1 莫先、下に「莫ト先ト」。

319 15 1 背、「倍」の右傍記による。

320 31 1 路逢、「逢路」として「路」に転倒符を付す。

326 15 1 見、右傍記による。

326 21 2 者、右傍記による。

330 1 1 宗祖、「祖宗」として「宗」に転倒符を付す。

331 33 1 到、「道ト」として下記。

332 23 1 次、上に抹消あり。

335 21 1 □、「当」を抹消するか。

336 24 1 有、右傍記による。

〔第 15 段〕

句番号	校訂本文	E 33	C(1) 31	C(1) 15	C(1) 39	C(1) 5a	C(2) 29	A 1	A 21	A 23	B(2) 35a	B(2) 27	D 32a	D 9	B(1) 19	B(1) 3	F 24	F 25	F 30
338	与人相識、	与人相識		‖	▼[1]	┊			|							┊			┊
339	先整容儀。	先政容儀	整	‖整	整	┊	整				整	整	整語	光整	正	┊	‖	正	┊
340	称名道字、	称名道字	自		子	┊		[1]				姓	性	姓		┊	‖	性	┊
341	然後相知。	然後相之	知	知	知	┊	知	知	知	知[1]	知	知	知	知	知	┊	知	知	┊
342	倍年已長、	倍年已長				┊	上	陪		以	以			位	陪	┊	‖		┊
343	則父事之。	則父事之				┊					‖	‖	[1]	是		↓	‖		┊
344	十年已上、	十年已上	以	‖長		┊	以	[1]		以	以長	長	長	長	長		‖長		┊
345	則兄事之。	則兄事之				┊										即 ‖		即	┊
346	五年已外、	五年与外	以	已	已	┊	以上	已	已	以	以長	已長	已長	已長	已長	‖	|	已上	┊

句番号	校訂本文	E 33	C(1) 31	C(1) 15	C(1) 39	C(1) 5a	C(2) 29	A 1	A 21	A 23	B(2) 35a	B(2) 27	D 32a	D 9	B(1) 19	B(1) 3	F 24	F 25	F 30
347	則肩随之。	則肩随之		‖		↓									堅 ▼1	‖ ▼2	｜	即 ▼3	↓
348	三人同行、	三人同行		‖											｜	‖	‖		
349	必有我師。	必有我師焉		‖		‖	｜					必烏				‖	‖	｜	‖
350	択其善者而従之、	択其善者如従之	而	‖ 而	而	‖	而	釈 而	而	而	而	而	不善者而従之		而	‖ 而	‖ 児	而	‖
351	其不善者而改之。	其不善者如改之	而	而	而	‖ 而	而	而蓋	而蓋	而	而	而	而	｜	而	而 ‖	‖	而	蓋
352	滞不択職、	滞不択職		‖				釈	[1]	帯						‖	‖		‖
353	貧不択妻。	貧不択妻		‖		‖										‖			‖
354	飢不択食、	飢不択食		‖		‖											居 ↑		
355	寒不択衣。	寒不択衣[1]															↑		‖

系統	写本	本文
句番号		356 357
校訂本文		小人為財相殺、君子以徳義相知。
E	33	小人為財相― 君子与得義[1]相之
C(1)	31	殺 為 儀 知
	15	殺 ‖
	39	殺 為 知
	5a	少 ‖ ‖
C(2)	29	殺 以道 知
A	1	殺 以 ― 知
	21	殺 以
	23	殺 以 ― 知
B(2)	35a	殺 以
	27	才 殺 以徳 知
D	32a	殺 以徳
	9	殺 ― 知
B(1)	19	殺 以徳 知
	3	‖ ‖ 知
F	24	
	25	殺 以徳 知
	30	‖ ‖ 語 知

〔校注〕

340 1 1 字、「自ト」として右傍記。
341 23 1 知、上に抹消あり。
343 32a 1 之、「之」を見せ消ちして下記。
344 1 1 上、字の下部に抹消あり。
352 21 1 不択、「択不」として「不」に転倒符を付す。
355 33 1 衣、「於ト」として下記。
357 33 1 義、抹消して右傍記。

〔独自句〕

338 39 ▼1 弁信章第十二
347 19 ▼1 群居五人、長者必危
347 3 ▼2 ‖居五人、長者必跪
347 25 ▼3 群居五人、長者必跪

〔第 16 段〕

句番号	校訂本文	E		C (1)				C (2)	A			B (2)		D		B (1)		F		G	不明	
		33	2	31	15	39	5a	29	1	21	23	35a	27	32a	9	19	3	25	30	34a	5f	45
358	欲求其短、	欲求其矩	┆	短	‖		短		長	長	長							短	‖	┆	┆	┆
359	先取其長。	先取其長	┆						必 短	必 短	1 短		2						‖	┆	┆	┆
360	欲求其円、	欲求其円	┆				‖			員	1						‖		‖	┆	┆	┆
361	先取其方。	先取其方	┆		↑								2	1			‖		‖	┆	┆	┆
362	欲求其弱、	欲求其強	┆		┆			弱			彊		↑	□			1	弱	‖	┆	┆	┆
363	先取其強。	先取其弱	┆		┆			彊					┆				1	強	‖	┆	┆	┆
364	欲求其剛、	欲求其剛	┆		┆			柔					┆				‖	柔	‖	┆	┆	┆
365	先取其柔。	先取其柔	┆		┆			剛						┆		1 桑		‖	剛	‖	┆	┆	┆
366	欲防外敵、	欲防外敵	↓		┆	⿰扌方		狄				方	┆	求	方		‖		‖	┆	┆	┆

句番号	367	368	369	370	371	372	373	374	375
校訂本文	先須内防。	欲量他人、	先須自量。	欲揚人悪、	便是自揚。	傷人之語、	還是自傷。	凡人不可皃相、	海水不可斗量。
E 33	先須自防	─	─	欲楊人悪	先須自楊	傷人之語	還是自傷	凡人不可皃相	海水不可斗量
E 2	内	‖	‖	‖	‖			‖	‖ 得
C(1) 31	┆	─	─	揚	揚				
C(1) 15	┆	┆	┆	┆	┆	┆	┆	┆	┆
C(1) 39	房	─	─						
C(1) 5a		─	─		傷	々			闘
C(2) 29		─	─	楊人之	便是				升
A 1		─	─		便是				升
A 21		─	─	揚	環是		□		
A 23		─	─		便是[1]			□	升
B(2) 35a		─	─		還是 傷・				
B(2) 27	┆	┆	┆	┆	┆	┆	┆	┆	┆
D 32a	内	─	─	陽	還是 陽		□		
D 9	内	─	─		還是				
B(1) 19		他人	先須自量	楊人之	還是 陽				
B(1) 3	‖	‖	‖	‖之	還	‖	‖	‖	‖
F 25	内			陽人之	還必 揚			卯	河 升
F 30	方		‖	‖ 義	還是 陽	陽 義	陽		
G 34a	┆	┆	┆	┆	┆	┆	┆	┆↓	‖
不明 5f	┆	┆	┆	┆	┆	┆	┆	┆	┆
不明 45	┆	┆	┆	┆	┆	┆	┆↓[1]	‖	‖

句番号	校訂本文	E 33	E 2	C(1) 31	C(1) 15	C(1) 39	C(1) 5a	C(2) 29	A 1	A 21	A 23	B(2) 35a	B(2) 27	D 32a	D 9	B(1) 19	B(1) 3	F 25	F 30	G 34a	不明 5f	不明 45
376	茅茨之家、	茅茨之家		刺			刺	室		[1]		兒			苐	次	苐次	室	□室 下	‖		‖
377	或出公王。	必出公王	或	国		或 国	或 国					‖		或	或	或	‖	或		‖		‖
378	蒿艾之下、	蒿艾之下	‖					中			[2]					刈	‖	[1]	好外	‖		中
379	或有蘭香。	必有蘭香	‖	芳		出	或出		芳		芳	芳		或出	或出	或出	‖	或出	或 □	或出		‖
380	助祭得食、	助祭得食															作	作		‖		‖
381	助闘得傷。	助闘得傷								斗		□			斗		‖		酒 量	‖		‖[1]
382	仁慈者寿、	仁慈者寿[3]	‖						人 受	人 受	受	[2]		人	人		‖	者受福	人 到	‖		[1] 受
383	凶暴者亡。	胥暴者亡	‖			凶		兇			[1]			兇	兇	凶	‖	兇	凶□	‖		‖
384	清々之水、	清々之水	‖					｜	事	事	事			清	清	青	‖□	清				‖
385	為土所傷。	――	為土所傷					｜	｜	｜	｜			使					｜	‖		‖[1]

系統	写本	386	387	388	389	390	391	392	393
校訂本文		済々之人、	為酒所殃。	聞人善事、	乍可称揚。	知人有過、	密掩深蔵。	是故罔談彼短、	靡恃己長。
E	33	｜	為酒所傷	聞人善事	乍可称陽	知人有過	密掩深蔵	是故罔談彼矩	靡恃己長
	2	済々之仕	‖	‖	‖楊			□‖	‖
C(1)	31	士	須殃	是	揚			短	
	15	┆	┆	┆	┆	┆	┆	┆	┆
	39	祭人	殃		必楊	之‖	心		待
	5a	傷人斉	殃			果		[1]	
C(2)	29	｜士			楊				
A	1	｜			楊		奄		
	21	｜			揚		蜜奄		
	23	｜			楊		奄	短	
B(2)	35a	士			揚				持
	27	┆	┆	┆	┆	┆	┆	┆	┆
D	32a	人	使殃		楊			忘	是
	9	人	殃		楊			忘	
B(1)	19	｜人	殃		楊		蜜	忘	縻待
	3	↑┆	┆	┆	┆	┆	┆	┆	┆
F	25		殃					短	
	30	｜	｜寂		揚		奄	短	是
G	34a	‖人	殃	‖‖			蜜		
不明	5f	┆	┆↓	是↑	┆	┆	┆	┆	┆
	45	斉人[1]	‖	‖	‖	‖[1]	[1]奄↑	┆	┆

〔校注〕

359 23 1 先、「必須」に重ね書きして訂す。
359 27 2 長、難読字を抹消して右傍記。
360 23 1 欲、右傍記による。
361 32a 1 先取、「取先」として「先」に転倒符を付す。
361 27 2 其方、「方其」として「其」に転倒符を付す。
362 3 1 強、「弱」を抹消して右傍記。
363 3 1 弱、「強」を抹消して右傍記。
365 9 1 取、右傍記による。
371 23 1 楊傷、「傷楊」として「楊」に転倒符を付す。
373 45 1 傷、残画による。
376 21 1 茅、「苐ト」として下記。
378 25 1 艾、右傍記による。
378 23 2 下、「屋」の右傍記による。
381 45 1 得、残画による。
382 45 1 仁、「任」を抹消して右傍記。
382 35a 2 慈、「恩ト」として下記。
382 33 3 寿、「授ト」として下記。
383 23 1 亡、下に薄く「心」あり。後から「忘」に改める。
385 45 1 傷、残画による。
386 45 1 人、「士」を抹消して右傍記。
390 45 1 過、残画による。
391 45 1 密奄、残画による。
392 5a 1 罔、右傍に小字あり、「勿」か。

〔第16段〕校異表

〔第 17 段〕

句番号	校訂本文	E		C(1)			C(2)	C(3)	A			B(2)	D		B(1)	F		G		
		33	2	31	39	5a	29	17	1	21	23	35a	32a	9	19	25	30	34a	12	11
394	鷹鴒雖迅、	鷹鴒雖迅			応　須			┆							鶏		応鶻	須	┆	┆
395	不能快於風雨。	不能快於風雨			決　‖			┆						決		雲	抉		┆	┆
396	日月雖明、	日月雖明	‖		‖			┆									‖	‖	↓	┆
397	不照覆盆之下。	不照覆盆之下	‖					┆	1						|					┆
398	唐虞雖聖、	唐虞雖聖					虞舜	┆												┆
399	不能化其明主。	—	|	不能化其明主			父母	┆			1	父母	|	|	|	|	|	|	|	┆
400	微子雖賢、	—	|	微子雖賢	‖			┆		1			|	|	|	|	|	|	|	┆
401	不能諫其暗君。	不能諫其暗君	闇‖	闇	闇	闇	闇	↓		簡	闇	闇		揀	闇	闇		闇	闇	┆

句番号	校訂本文	E		C (1)			C (2)	C (3)	A			B (2)	D		B (1)	F		G		
		33	2	31	39	5a	29	17	1	21	23	35a	32a	9	19	25	30	34a	12	11
402	比干雖恵、	比干雖恵	‖					‖‖‖										‖	須	
403	不能自免其身。	不能自免其身	‖及					‖							免禍及	免禍及		免禍及	免禍及	
404	蛟竜雖聖、	蛟竜雖聖						‖		2				1	｜3			‖	4	
405	不能殺岸上之人。	不能殺岸上之人	‖					‖	｜	｜1 ‖	止					2				
406	刀剣雖利、	刀剣雖利	‖							刃									須	
407	不能殺清潔之人。	不能殺清潔之人		｜斬無罪	｜斬無罪	｜斬無罪	士	士	士	｜ 士4	1 3 士	｜ 无2罪	｜斬無罪	｜斬無罪	｜斬無罪	｜ 無事	士	‖無罪	｜斬無罪	
408	羅網雖細、	羅網雖細	‖			聖		‖					納			罔		‖	須	
409	不能執無事之人。	不能執無事之人	‖		‖是	是	｜	‖		1	3	｜				｜殺清慎2		殺清潔　士	殺清潔　士	

系統	写本	410	411	412	413	414	415	416	417
校訂本文		非災横禍、	不入慎家之門。	人無遠慮、	必有近憂。	斜径敗於良田、	讒言敗於善人。	君子以含弘為大、	海水以博納為深。
E	33	非災横火	不入慎家之門	人無遠慮	必有近憂	斜径敗於良田	讒言敗於善人	君子与含弘為大	海水与博納為深
	2	禍 ‖	‖	‖	‖	‖	↑	↑	↑
C (1)	31	禍						以	以
	39	禍	禍	里		叙		以	｜
	5a	禍		裏				以	以伝
C (2)	29	飛禍				壊		以	以
C (3)	17	□禍		‖	‖			‖	‖□
A	1	禍	｜	无		懐 ｜		｜合紅	｜如川
	21	禍				懐		｜紅	｜如川
	23	禍				懐	販[1]	矣[1]	以川
B (2)	35a	禍				経[1]		以	以
D	32a	禍			慶	｜		以貪鴻	以
	9	禍				叙		以鴻	以
B (1)	19	禍			須			以	以
F	25	禍		｜	｜			以	以泉
	30					鈃経懐		以	以｜
G	34a	‖		‖	須	‖		以	｜博
	12	禍		無人			[2]	以	｜博
	11	↓	↓	↓	↓	↓	‖	‖	‖

〔校注〕

397 1 1 覆盆、「盆覆」として「覆」に転倒符を付す。
399 23 1 不、「不」を抹消して下記。
400 21 1 雖、右傍記による。
404 9 1 雖、「能ト」として下記。
404 21 2 聖、右傍記による。
404 19 3 ｜、空格とする。
404 12 4 聖、下に難読字あり、「不」の見せ消ちか。
405 21 1 殺、「聖」と右傍記して抹消。
405 25 2 殺、「殺得」、「得」は衍字と見て省く。
407 23 1 清、「無」を抹消して下記。
407 35a 2 无、「無」を抹消して下記。
407 23 3 潔、抹消して右傍記。
407 21 4 士、「人ト」として下記。
409 21 1 無、「無無」、衍字と見て一字省く。
409 25 2 慎、「良」と右傍記。
409 23 3 人、上に抹消あり。
414 35a 1 良、「良田」から第18段420句の「以法」まで重出、難読。
415 23 1 善、「善善ト」
415 12 2 善、右の行間に「善人、君子以含弘為大、海水博納」と傍記、重出。
416 23 1 矣、右傍記による。

〔第17段〕校異表

〔第 18 段〕

句番号	校訂本文	E		C(1)			C(2)	C(3)	A				B(2)	D		B(1)	F			G			不明	
		33	22	31	39	5a	29	17	1	21	26	23	35a	32a	9	19	25	30	7	34a	12	11	5g	43
418	寛則得衆、	寛則得衆				‖徳						徳			徳						□[1]			
419	敏則有功。	慜則有功		敏		敏	敏	敏	敏	敏		敏	敏	[1]			｜	敏			殺	‖		
420	以法治人、	以法治人		｜	□	‖	理	‖									尽無				功	‖		
421	人則得安。	人則得安			[3]	々徳	々即徳治	‖	々即治	々即治[4]		々徳		民[1]	民[2]	々	｜	々		々	々	‖		
422	国信讒言、	国信讒言				‖	｜	‖	｜							家	理国信讒				｜	‖		
423	必殺忠臣。	必殺忠臣			終	‖中																		
424	治家信讒、	治家信讒					理	[1]									理							
425	家必敗亡。	家必敗亡		必家	必見	必家		[1]‖		必家		必家販	必敗国虚	必敗国□	必敗国虚	｜	不敬二親	必敗国虚		不敬二親	不敬二親	‖		↓
426	兄弟信讒、	兄弟信讒				‖		‖								｜						‖		[1]‖

系統	写本	427	428	429	430	431	432	433	434	435	436
校訂本文		分別異居。	夫婦信讒、	男女生分。	朋友信讒、	必至死怨。	天雨五穀、	荊棘蒙恩。	抱薪救火、	火必成炎。	揚湯止沸、
E	33	必見以居	夫妻信讒	男女生分	朋友信讒	必至死怨	天雨五穀	荊棘蒙恩	抱薪救火	火必盛炎	揚湯至沸
	22										
C(1)	31	分別異	婦					薭		々 成其災	
	39	分別異	婦人[2]			▼[1]			親	々 成煙	楊 □
	5a	‖	婦	‖		‖	‖	薭	□	々 成煙	‖
C(2)	29	分別異	婦			致				々 燃	楊 止
C(3)	17	‖				‖	‖	‖		々	‖
A	1	分別異	婦			致		薭荊	杞	々 成災	楊
	21	分別異	婦			致		薭荊		々—災	
	26										
	23	分別異	婦			致		薭		々 成其災	楊 止
B(2)	35a	分別	婦					薭	把	成災	楊
D	32a	別分	婦					薭	把	成煙	陽 之水
	9	別分異	婦						把	成煙	楊 致
B(1)	19	|	|			致		薭	把 炎	々	陽 止
F	25	別分異	婦	[1]		積悪累				々 焉	止[1]
	30	分別	婦			致				々 成災	楊 費
	7										
G	34a	分別異	婦						把 炎	々—	陽 止
	12	分別異	婦			寛			少	々	止
	11	‖	‖	|	‖	‖	‖	‖	‖新	々	陽 ‖
不明	5g										
	43	‖死怨	婦[1] ‖	‖	‖	‖	‖	‖		[1] ‖	‖

系統	写本	437	438	439	440	441	442	443	444	445
校訂本文		不如去薪。	千人排門、	不如一人抜関。	一人守隘、	万夫莫当。	貪心害己、	利口傷身。	瓜田不整履、	李下不整冠。
E	33	不而棄薪	千人排門	不好一人抜関	一人潘命	万夫莫当	貪心害己	治口傷身	瓜田不整利	々下不整冠
	22	┆	┆	┆	┆	┆	┆	┆	┆	┆
C(1)	31	如		如	守隘			利	履	梨
	39	如		如 □		‖	‖	利	‖ 履	梨 ↑┆
	5a	如 新		‖如	‖	‖		利	[1] ‖	‖ [1]
C(2)	29	如去		如	守隘	不		利	正履	李 正
C(3)	17	‖	‖	如	守隘		‖	‖	‖ 履	梨
A	1	如去		如	守隘	人		利	履	李 |
	21	如去		如	守隘	人		利	履	李
	26	┆	┆	┆	┆	┆	┆	┆	┆	┆
	23	如□[1]		如	守隘			利	摂履	李
B(2)	35a	去		而		不敵		利	履	梨
D	32a			而		不		利		梨 —官
	9	去		而[1]		不		利	腹	梨
B(1)	19	如		如	守隘			利	履	梨
F	25	如去		如	守隘	人夫[1]莫当		利	躡[2]履	李 正
	30	如去新		如	守隘	不敵		利 復	履	利
	7	┆	┆	┆	┆	┆↓		利	履	‖
G	34a	如去		如	守隘			理	政履	梨 政
	12	如去[2]		如	守隘			理	政履	梨 政
	11	‖	‖	‖	守隘			理	政履	梨 政
不明	5g	┆	┆↓	如	守隘	‖		利	履	梨 ↑┆
	43	‖	‖ 隔[1]	如[2]	↑┆	┆	┆	┆	┆	┆

系統	句番号	446	447	448	449	450	451	452
校訂本文		聖君雖渇、	不飲盗泉之水。	暴風疾雨、	不入寡婦之門。	孝子不隠情於父、	忠臣不隠情於君。	法不加於君子、
E	33	聖君雖渇	不[1]飲盗泉之水	暴風疾雨	不入寡婦之門	孝子不隠情於父	忠臣不隠情—君	法不[1]家於君子
	22	┆	┆	┆	┆	┆	┆	┆
C(1)	31	↑	┆	┆	┆	┆	┆	┆
	39	┆	┆	┆	┆	┆	┆	┆
	5a		□	‖			‖於	
C(2)	29	人					辞	加
C(3)	17	須	‖			‖	‖	加
A	1		道					化—
	21		道		| ‖			化—
	26	┆	┆	┆	┆	┆	┆	┆
	23					[2]		化[2][5]
B(2)	35a	難	道		父	請	[1]	加
D	32a	須	道					加
	9	難	道			消依	| 依	
B(1)	19	須				[1]	中	加
F	25	尭舜	道辺		過			楽 加[3]
	30		道		父	請		
	7	‖	‖			‖	‖	‖ 加
G	34a	尭舜須						加[4]
	12	尭舜須				|		加
	11	尭舜須	道—					加
不明	5g	┆	┆	┆	┆	┆	┆	┆
	43	┆	┆	┆	┆	┆	┆	┆

系統	番号	453	454	455	456	457
校訂本文		礼不下於小人。	君濁則用武、	君清則用文。	多言不益其体、	百伎不妨其身。
E	33	礼不下於小人	君清則用文	君濁則勇矣	多言不改其体	百行不方其身
E	22	┆	↓武	‖	‖	‖伎妨
C(1)	31	┆	┆	┆	┆	┆
C(1)	39	┆	┆	┆	┆	┆
C(1)	5a	少	濁武	妻用文	益礼	伯[1]伎妨[2]
C(2)	29	責	濁武	清用文	益	伎妨
C(3)	17	和	濁‖	‖用文	益	伎妨
A	1	知	濁武	清用文	益	日伎妨
A	21	‖之少	濁武	清用文	益‖	伎妨｜
A	26	┆	┆	↓文	益	伎妨
A	23	和	濁武	清用文	益	伎妨
B(2)	35a		濁武	｜清用文	｜益礼体	伎防
D	32a		軍濁武	軍清用文	益	伎妨
D	9		軍濁武	清用文	益	伎妨
B(1)	19		軍濁武	軍清用文	益礼	伎防
F	25		｜乱武	｜清用文	益	伎妨
F	30		｜濁武	｜清用文	益	伎
F	7		濁武	‖	‖	‖妨
G	34a		軍	軍用武	益礼	伎防
G	12	□	｜情	｜用武	益	伎妨
G	11		｜	｜用武	益	伎
不明	5g	┆	┆	┆	┆	┆
不明	43	┆	┆	┆	┆	┆

〔校注〕

418 12 1 □、「衆」を擦り消し。
419 32a 1 有功、「功有」として「有」に転倒符を付す。
421 32a 1 民、欠筆。
421 9 2 民、欠筆。
421 39 3 得、上下が逆なのは、断片を逆向きに修復したため。
421 21 4 治、「安」と右傍記。
424 17 1 家、右傍記による。
425 17 1 必、右傍記による。
426 43 1 兄弟信、残画による。
428 43 1 信、残画による。
428 39 2 纔、下に「必見敗亡、兄弟信纔、分別異居」を抹消。
429 25 1 分、「離」と右傍記。
435 43 1 必、残画による。
436 25 1 止、「至」を抹消して右傍記。
437 23 1 □、「却」か。
437 12 2 薪、上に「薪」を誤写して擦り消し。
438 43 1 人隔、残画による。
439 9 1 一、下に抹消あり。
439 43 2 一人、残画による。
441 25 1 夫莫、「莫」を抹消し右傍記。
444 5a 1 瓜、上に抹消あり。
444 25 2 躡、右傍に「政」があるか。
445 5a 1 冠、「寛ト」として右傍記。
447 33 1 盗泉、「道ト□ト」として下記。

450 19 1 孝、「者ト」として下記。
450 23 2 子、右傍記による。
451 35a 1 忠、この上に衍文「忠臣不隠請於父」。
452 33 1 不、右傍記による。
452 23 2 不、「不不」、衍字と見て一字省く。
452 25 3 加、「過」を抹消して右傍記。
452 34a 4 於、右傍記による。
452 23 5 君、下に抹消あり。
457 5a 1 伯、上に抹消あるか。
457 5a 2 身、第一筆と終筆が、「身」を構成しない。

〔独自句〕

432 39 ▼1 慎行章第十三

〔第 19 段〕

系統	写本	458	459	460	461	462	463	464
校訂本文		明君不愛邪佞之臣、	慈父不愛不孝之子。	道之以徳、	斉之以礼。	小人負重、	不択地而息。	君子困窮、
E	33	明君不愛邪佞之臣	慈父不愛不孝之子	道之与[1]徳	情之与礼	小人負重	不択地而息	君子困窮
	22			以	斉　以	少		
C(1)	5a	接　言			斉	凡		
C(2)	29			以	↑			
C(3)	17	‖		以	斉　‖	‖	‖	
A	1		無力[1]	以	斉　以	|		固
	21		無力[2]	以得	斉　以　‖	‖	‖	‖
	26	耶	無力	以	斉　以	|		
	23	接	無力[3]	以	斉　以	|		
B(2)	35a	語		以	斉　以	|	至	
D	32a	語		以	[1]　以	凡	置	
	9	耶　語		以	斉　以	凡	置	
B(1)	19			以	斉　以			
F	25	耶　‖	人	以	斉　以	凡	止[1]	
	30	語		以	斉　以	凡	□[2]	
	7	言	‖	‖	‖	凡		
	37							
G	34a			以	斉　以			
	12	你	|	|　以	斉　以			
	11	你		以	斉　以			
不明	44							
	47							

系統	写本	465	466	467	468	469	470	471	472	473
校訂本文		不択官而事。	屈厄之人、	不羞執鞭之仕。	飢寒在身、	不羞乞食之恥。	貧不可欺、	富不可恃。	陰陽相催、	終而復始。
E	33	小人窮斯濫以	屈厄之人	不羞執鞭之事	飢寒在身	不羞乞食之恥	貧不可欺	富不可恃	陰陽相催	終而復始
E	22	少 矣					斯	｜		如
C(1)	5a	不択官而事｜				処				
C(2)	29									
C(3)	17	‖	‖	‖			‖	‖	‖	
A	1	不択官而事				蒼			崔	
A	21	不択官而事	‖	‖		‖	‖	‖	[1] 崔	‖
A	26	不択官而事｜		士						
A	23	不択官而事｜	屋	[1]						
B(2)	35a	覧矣				‖				不 傷
D	32a	覧	｜	暑 仕		着		侍		周
D	9	覧矣		仕		[2]		侍	楊	周
B(1)	19	不択官而事｜						時	崔	周
F	25	不択官而仕｜		[2]		[4]			摧	周
F	30	不択官如仕｜				処				周
F	7	不択官‖	‖	‖	‖	修 処	‖	‖	‖	‖
F	37									
G	34a	不択官而事｜ ▼[1]		仕				時		周如
G	12	不択官而事｜ ▼[2]		善 仕		善[1][3]		時		周
G	11	不択[1]官而事｜ ▼[3]		仕				時		周如
不明	44									
不明	47	↓	‖	‖	‖	‖	‖	‖	‖	‖

系統	写本	474	475	476	477	478	479	480	481
校訂本文		太公未遇、	釣魚於水。	相如未達、	売卜於市。	巣父居山、	魯連赴海。	孔明盤桓、	候時而起。
E	33	太公未偶	釣魚於水	相如未達	売卜於市	塑婦居山	魯連[1]赴海	孔鳴[1]盤桓	候時而去
	22	大	鉤	而		巣父			起
C(1)	5a	達	鉤	児愚	買	巣父於	路蓮覆	名恒	
C(2)	29	┆	┆	┆	┆	┆	┆	┆	┆
C(3)	17		鉤	‖	‖	巣父		‖	‖
A	1	遇	鉤｜			｜[1]父[2]	海水		起
	21	‖	‖	[2]	不‖	‖	‖海水		‖
	26	達		過		巣父	海水		起
	23	[1]達	鉤	愚		巣父	路海水		起
B(2)	35a	達		而	買薬	巣父	路蓮海水	明―恒	
D	32a	達		児	買薬	巣父	路海水	明	後
	9	達		而	薬帀	巣父	路海水	明	
B(1)	19	達	鉤	遇		巣父	曾覆	明	後起
F	25	不遇[2]	鉤	遇	薬	巣父		明	‖起
	30	達		而遇	薬	巣父	海水	明	起
	7	‖達		而遇	衣	‖	‖	‖	起
	37	┆	┆	┆	┆	┆	┆	┆	↓‖
G	34a	達	鉤	遇	買	巣父		明	起
	12	達	鉤	[1]遇	買示	巣父		明	起
	11	達	鉤	遇	買｜	巣父		明	起
不明	44	┆	┆	┆	┆	┆↓	[2]	‖	‖
	47	↑┆	┆	┆	┆	┆	┆	┆	┆

〔校注〕

459 1 1 力、右傍記による。
459 21 2 之、右傍に五、六文字分抹消あり。
459 23 3 子、「只愛有力之奴」と右傍記。
460 33 1 与、右傍記による。
461 32a 1 情、右傍記による。
463 25 1 止、右傍に重ねて「止」と記す。
463 30 2 □、「止」を誤写したものか。
465 11 1 択、上に手偏の字を書きかけて抹消し、下記。
467 23 1 執鞭、「鞭執」として「執」に転倒符を付す。
467 25 2 事、「恥」と右傍記。
469 12 1 善、「羞」を書き直したか。或いは逆に「羞」に書き直そうとしたか。
469 9 2 乞、上に難読字を重ね書きして抹消し、下記。
469 12 3 乞、「乙」を書き損じ、下記。
469 25 4 恥、「事」と右傍記。
472 21 1 陰、「音」として下記。
474 23 1 未達、「未」の上に「達」を見せ消ちして下記。
474 25 2 遇、「過」と右傍記。
476 12 1 未、「来」として下記。
476 21 2 達、筆画を加えて「遠」に訂しようとしたか。
478 1 1 —、空格とする。
478 1 1 父、「夫」に重ね書きして「父」に訂したか。
479 33 1 連、「年」として下記。
479 44 2 赴海、残画による。
480 33 1 鳴、「名」を見せ消ちして下記。

〔独自句〕

465 34a ▼ 1 小人窮斯濫矣
465 12 ▼ 2 小人窮斯濫矣
465 11 ▼ 3 小人（「人小」として「小」に転倒符を付す）窮斯濫矣

〔第 20 段〕

句番号	校訂本文	E		C(1)	C(3)	A				B(2)	D		B(1)	F				G			不明
		33	22	5a	17	1	21	26	23	35a	32a	9	19	25	30	7	37	34a	12	11	44
482	鶴鳴九皐、	鶴鳴九皐			‖		‖						鳩鶴	□	求	高	‖				‖
483	声聞於天。	声聞於天		徹			‖			徹九	徹	徹		徹		徹	‖				
484	竈裏燃火、	電裏燃火	□然	竈‖然	竈			竈	竈然	雨底然	竈底然	竈底殺	竈底	竈底然	竈衣然	竈‖	‖	竈	竈	竈[1]	‖
485	煙気成雲。	煙気成雲		々煙雲	‖	焼	焼‖		起	火必煙	必[1]起煙	火必煙		起	起	‖	起‖				‖
486	家中有悪、	家中有悪			‖		‖									‖	‖				‖
487	人必知聞。	人必知聞		之	‖之	之	‖	[1]之	之[4]	外	外	外｜		外	外	‖	‖			之	外[2][3]
488	身有徳行、	身有徳行					得			得		得			｜						↑
489	人必称伝。	人必称伝									自	自		自	自		自				
490	悪不可作、	｜	悪不可作	｜	｜	｜	｜	｜	｜	｜											

句番号	校訂本文	E		C(1)	C(3)	A				B(2)	D		B(1)	F				G			不明
		33	22	5a	17	1	21	26	23	35a	32a	9	19	25	30	7	37	34a	12	11	44
491	善必可親。	｜	善必可親	｜	｜	｜	｜	｜	｜	｜	不観	不冠	不観		不観	‖	不‖	不観	不観	不[1]観	
492	人能弘道、	｜	人能弘道	｜	｜	｜	｜	｜	｜	｜						‖	‖				
493	非道弘人。	｜	非道弘人	｜	｜	｜	｜	｜	｜	｜						‖					
494	孟母三思、	孟母三思			‖	移	‖	移	移	悪				従							
495	為子択隣。	為子択隣			‖		‖			居											
496	不患人之不己知、	只□己所不欲	不患人之 己之	如	‖欲	知	‖ 知	知	知		不 人之 己之	不 人之 己之	不 人之 己之	不 人之 己知但	不 人知 己知	不 人之 己之	不 ‖ 己知	欲	欲	欲	
497	患己不知人也。	患己不知人也		｜			｜ ‖	｜	｜	人	仁	之		之不知人也		‖			｜		
498	欲立其身、	欲立其身	之			｜	‖	｜	[1]	[2]	己欲立｜	己欲立｜		己欲求立	己欲立而	‖	己欲立｜	己欲立	己欲立	己欲立	
499	先立於人。	先達他人		立於	‖	立於	‖	立於	立於	立於	[1]立｜	立｜	立於	立於	｜立｜	‖	立｜	立於	立於	立於	

句番号		500	501	502	503	504	505	506	507	508	509
校訂本文		己欲求達、	先達於人。	立身行道、	始於事親。	孝無終始、	不離其身。	修身慎行、	恐辱先人。	己所不欲、	勿施於人。
E	33	己欲求達	先達於人	立身行道	始於事親	孝無終始	不離其身	修身慎行	恐辱先人	己所不欲	勿施於人
	22										
C(1)	5a				是	‖					物所
C(3)	17	‖	‖				‖	‖		‖	
A	1	｜	｜								物
	21			‖	‖			‖	‖		物
	26	｜						脩			
	23	｜[2]									
B(2)	35a	欲達於身						慎行其余			惣始
D	32a	欲達己―	｜								
	9	｜	｜						[1]		
B(1)	19	｜ 先[5]									所
F	25	[1]						脩			
	30	達而	｜ ｜								
	7	‖ □				‖	‖	‖			
	37	｜	‖ ｜								
G	34a	｜[3] 達欲先									所
	12	｜ 先[6]									
	11	[4] ｜ 先	立							[1]	
不明	44										

〔校注〕

484 11 1 裏、「裏」を見せ消ちして右傍記。

485 32a 1 必、「煙」を抹消して右傍に「必」を二度記す。

487 26 1 人、右傍記による。

487 44 2 外必知聞、「外必聞」の残画があり、「聞」の右傍に「知」と記す。

487 44 3 知、前注参照。

487 23 4 之、右傍に「聞」と記す。

491 11 1 善、「著」を訂して右傍記。

498 23 1 其、右傍記による。

498 35a 2 身、下に「慎行其余恐辱」を五文字分——で見せ消ち。

499 32a 1 先立、「先立先立」、三、四字目を衍字と見て省く。

500 25 1 己、下に「己」を見せ消ち。

500 23 2 欲、右傍に一字あるが難読。

500 34a 3 —、「欲」を抹消。

500 11 4 欲、旁を「各」に作る。

500 19 5 先、見せ消ち符号があるか。

500 12 6 先、見せ消ちか。

507 9 1 人、下に「人」を見せ消ち。

508 11 1 欲、旁を「各」に作る。

〔第 21 段〕

句番号	校訂本文	E		C (1)	C (3)	A				B (2)	D		B (1)	F				G		
		33	22	5a	17	1	21	26	23	35a	32a	9	19	25	30	7	37	34a	12	11
510	近鮑者臭、	近鮑者嗅		醜	‖	臭	‖	臭	臭	‖	臭		臭	鮮臭	鮮臭	‖	醜	臭	臭	臭
511	近蘭者香。	近蘭者香	闌		‖		‖			‖						‖				
512	近愚者闇、	近愚者闇					‖		[1]	痴	暗	痴	遇暗	[4]	遇	‖			[2]	[3]
513	近智者良。	近智者良						習	□	‖	｜明	志	▼[1]					賢	知	知[1]
514	明珠不瑩、	明珠不蛍		者瑩		営	‖	瑩	栄	‖	々瑩	朱瑩		瑩	‖	瑩	瑩[1]	瑩	瑩	瑩
515	焉発其光。	焉発其光			‖		‖			‖					‖					
516	人生不学、	人生不学			‖		‖								‖	‖				
517	語不成章。	語不成章		必		言	言	言	不言	‖					‖	‖		張	｜	
518	小而学者、	小児学者	少	少			‖			‖				[1]		‖				

句番号	校訂本文	E		C(1)	C(3)	A				B(2)	D		B(1)	F				G		
		33	22	5a	17	1	21	26	23	35a	32a	9	19	25	30	7	37	34a	12	11
519	如日出之光。	如日出之光	人				‖			‖					｜	‖				
520	長而学者、	長児学者		如	‖	而	‖ 而	如		↑			而	1		‖ 2		如	而学者	
521	如日中之光。	如日中之光			‖											‖			而自	而
522	老而学者、	老児学者			‖	而	而 ‖				□			1		‖				
523	如日暮之光。	如日暮之光		‖	｜	慕	‖	□ 慕					｜		‖	‖				
524	人而不学、	人而不学	如	生		老	老 2 3	為	為		老児	生[1]	生	生	生	‖	生	生	生	生
525	冥々如夜行。	冥々如夜行		也	‖	｜		｜	｜						明児	‖				
526	柔必勝剛、	柔必勝光	剛	剛	‖	剛		剛	剛		剛	剛	剛	弱 強	弱 強	‖	弱 強	弱 強	弱 強	弱 強[1]
527	弱必勝強。	弱必勝強				若	‖	彊						柔 剛	柔 光	‖	柔 剛	柔 鋼	柔 剛	柔[1] 剛

句番号	校訂本文	E 33	E 22	C(1) 5a	C(3) 17	A 1	A 21	A 26	A 23	B(2) 35a	D 32a	D 9	B(1) 19	F 25	F 30	F 7	F 37	G 34a	G 12	G 11
528	歯剛則折、	歯剛則折			[2]	堅即	堅	堅	堅即	┆				麁析	[1] ｜	‖		鋼	鋼兮	鋼
529	舌柔則長。	兮柔則長		舌		若 [3]	舌即	舌	舌即	┆	舌	[1][2]	舌	舌久	舌 [4]	‖	舌		折	
530	凶必横死、	｜	｜	｜	▲	｜	｜	｜	｜	┆	凶必横死	兇		兇	兇	兇	兇			
531	欺敵者亡。	｜	｜	｜	┆	｜	｜	｜	｜	┆	欺敵者亡					‖				[1]
532	女慕貞潔、	女暮貞潔		母絜	┆	慕	慕	慕		┆	慕	慕		慕	‖	‖		慕	慕	[1]慕
533	男効才良。	男効才良			┆			郊		┆	▼[1]				財	‖				
534	行善獲福、	行善獲福[3]			┆		[1][2]		｜	┆						‖		[4]		
535	行悪得殃。	行悪徳殃	得	[1]	┆	得	得	得	得	┆	得	得	得	得[2]	得	得		得	得	得
536	行来不遠、	行来不遠			┆					┆				履	‖	‖	履			
537	所見不長。	所見不長			┆					┆						‖				

〔第21段〕校異表

句番号	校訂本文	E 33	E 22	C(1) 5a	C(3) 17	A 1	A 21	A 26	A 23	B(2) 35a	D 32a	D 9	B(1) 19	F 25	F 30	F 7	F 37	G 34a	G 12	G 11
538	学問不広、	学問不広			┆	｜				┆		｜				‖				1
539	智恵不長。	智恵不長			┆					┆						‖				｜

〔校注〕

512 23 1 近、「近近」、衍字と見て一字省く。
512 12 2 愚、重ね書きして「遇」を訂す。
512 11 3 愚、右傍記による。
512 25 4 者、右傍に難読字を書いて消すか。
513 11 1 知、「智」と右傍記。
514 37 1 螢、「蛍」を重ね書きして訂す。
518 25 1 児、「而」と右傍記。
520 25 1 児、「而」と右傍記。
520 7 2 者、下に「語不成章」。
522 25 1 児、右傍に難読字あり。
524 9 1 人生不、「老児不」を抹消して右傍記。
524 21 2 不、右傍記による。
524 21 3 学、下に「者」。
526 11 1 強、右傍記による。
527 11 1 柔必勝、右傍記による。
528 30 1 歯剛、「剛歯」として「歯」に転倒符を付す。
528 17 2 折、「於」として下記。
529 9 1 舌、右傍記による。
529 9 2 柔、下に抹消有り。
529 1 3 長、右傍記による。
529 30 4 長、「長剛」、「剛」は衍字と見て省く。
531 11 1 亡、「女」を見せ消ちして右傍記。
532 11 1 女、右傍記による。

534 21 1 行、右傍記による。
534 21 2 善、下に抹消あり。
534 33 3 獲、「獾」、誤字と見て改める。
534 34a 4 獲、「横」として下記。
535 5a 1 徳、下に抹消有り。
535 25 2 得、「徳」に重ね書きして訂す。
538 11 1 広、「子」の右傍記によるが、「子」は第22段543句「先視其子」の四字目であろう。

〔独自句〕

513 19 ▼1 近賢者徳
533 32a ▼1 知過必蓋

〔第 22 段〕

句番号	校訂本文	E		C(1)	A				D		B(1)	F				G			不明
		33	22	5a	1	21	26	23	32a	9	19	25	30	7	37	34a	12	11	5h
540	欲知其君、	欲之其君	求	作	知		知	｜	求	求		知	□知	‖	知	知	知	｜	
541	視其所使。	視其所使	事	言□				｜	事	事			□	□使所	使所		使[1]其所	｜	
542	欲知其父、	欲之其父	観	智子	知		知	｜	観	親		知	知	‖	知	知	知	｜	
543	先視其子。	先視[2]其子	観	観父				｜	観	観	[3]	観	観‖	‖	観[1]			｜[4]	
544	欲知其木、	欲作其木	知人	智林				[1]	之人	知父	知	知才	知才	‖	知才				
545	視其文理。	視其文理				人				父	里			‖		□		裏	
546	欲知其人、	欲知其人	之君	智		‖之			之君			[1]	□	‖					
547	視其奴婢。	視其奴婢			先知	先知	先知	先知					□	‖					
548	君子固窮、	君子困窮	固		固	[1]固				因	因	[3]	□孔	[2]		｜	｜	｜	

系統	写本	549	550	551	552	553	554	555	556
校訂本文		小人窮斯濫矣。	病則無楽、	酔則無憂。	飲人狂薬、	不得責人具礼。	聖人避其酔客、	君子恐其酔士。	智者不見人之過、
E	33	不択官而士—	病則有薬	酔則無憂	飲人強薬	不得責人無礼	聖人避其酔客	君子恐其酔事	智者不見人之過
E	22	少人窮斯覧矣	無法		狂	之		天 共[1] 仕	君子 ｜
C (1)	5a	少人窮斯藍矣	無法		□[1]	具[1]		酒	｜
A	1	小人窮斯濫矣	無法	无	誑	之	酒	酒仕	知 ｜
A	21	小人窮斯□矣	無法		誑	之		酒士	‖
A	26	小人窮斯濫矣	□[3]		狂	之	酒	恕 酒士	
A	23	小人窮斯濫矣	法[2]		誑	具		恕 士	
D	32a	小人窮斯覧矣	無法		｜	之		天 酒酔仕	君子
D	9	仕	則[1]有		□	具	君子	聖人 酒	
B (1)	19	小人窮斯濫矣	無楽				君子	聖人 士	知
F	25	小人窮斯濫矣	無法		狂	其具		天 酒士	君子
F	30	小人窮斯濫矣	□無法			□具		天 □	君子
F	7	‖	‖	‖	‖	‖ 其具	‖	‖	‖
F	37	小人窮斯濫矣	無法		狂	売其具		天 酒酔[2]仕	君子
G	34a	｜	無楽					仕	知
G	12	｜	無楽		楽			｜仕	
G	11	｜	無楽			青		仕	
不明	5h								

系統	写本	557	558	559	560	561
校訂本文		愚夫好見人之恥。	兵将之家、	必出勇夫。	学問之家、	必出君子。
E	33	愚夫好見人知恥	兵将之家	必出勇夫	学問之家	必出君子
	22	小人　之	↑	↑	↑	↑
C (1)	5a	｜	｜	｜		
A	1	之子多患―▼[1]	将軍　門		博学	有
	21	之子多患―▼[2]	将[1]軍　門		博学‖	有
	26	之子多患―▼[3]	将軍		博学	有
	23	小人[1]　竟　之[4]　▼[4]	君		博学	
D	32a	小人　之		有		
	9	少人　之事	分		[1]	
B (1)	19	之[3]　▼[5]		有	博学	
F	25	小人　之		士		有
	30	小人　之処		□		有
	7	‖人　之‖	‖	‖	‖	‖
	37	小人　之		有		
G	34a		[2]		博学	
	12	[2]　之			博学	｜
	11	之□	時		博学	
不明	5h	↓	↓	↓	文	↑

〔校注〕

541 12 1 使、重ね書きして、下に抹消あり。
543 37 1 先、「先ト」として右傍記。
543 33 2 視、上に「耴」の抹消あり。
543 19 3 子、右傍記による。
543 11 4 子、第21段538句11本の校注1参照。
544 23 1 木、「木」を重ね書き。
546 25 1 欲、上に抹消あり。
548 21 1 君、下に「窮ト」。
548 7 2 困、抹消して右傍記。
548 25 3 窮、重ね書き。
550 9 1 則、「時」に重ね書きして訂し、改めて下記。
550 23 2 有、「無」を抹消して右傍記。
550 26 3 □、「法」の異体字の書き誤り。
552 5a 1 □、「誑」の書き誤り。
553 5a 1 具、「其」に重ね書きして訂す。
555 22 1 其、「共」の見せ消ちか。
555 37 2 酔、下に抹消あり。
557 23 1 小人、「愚夫」を抹消、右傍記による。
557 12 2 愚、「遇」を訂正するか。
557 19 3 人之、「之人」として「人」に転倒符を付す。
557 23 4 耴、「過」を抹消して右傍記。
558 21 1 将軍、「軍将」として「将」に転倒符を付す。
558 34a 2 将、「馬ト」として下記。
560 9 1 学問、「問学」として、「学」に転倒符を付す。

〔独自句〕

557 1▼1 小人過、女无明鏡、不知面上之精麁
557 21▼2 小人過、女無明鏡、不知面上之精麁
557 26▼3 小人過、女無明鏡、不知面上之精麁
557 23▼4 女無明鏡、不知面上知・（右傍記）精麁
557 19▼5 女無明鏡、不知面上之精麁、＝無良友、不知行処虧失

〔第 23 段〕

句番号	校訂本文	E 33	C(1) 5a	A 1	A 21	A 26	A 23	D 32a	D 9	B(1) 19	F 25	F 30	F 7	F 37	F 4	F 48	G 34a	G 12	G 11
				是以	是以	是以	是以							是以					
562	人相知於道術、	人相知於道述	之	相行	術				術	之	術	之‖	‖				之		
563	魚相望於江湖。	魚相望於江湖	[1]	｜[2]		胡						胡	‖						
564	女無明鏡、	女無明鏡	竟	｜	｜	｜	｜	‖		｜			‖						
565	不知面上之精麁。	不知面上之精麁	之	｜	｜	｜	｜	｜		｜	｜	‖知	‖	｜					
566	人無良友、	人無良友								｜			‖						
567	不知行之虧余。	不知行之虧失	余	得	得	得	[1] [2] 余[3]	余	盈	｜	余	余	‖	余			処	知	之知
568	是以結交朋友、	是以結交朋友	｜[1]	[2]				‖					‖						

句番号	校訂本文	E 33	C(1) 5a	A 1	A 21	A 26	A 23	D 32a	D 9	B(1) 19	F 25	F 30	F 7	F 37	F 4	F 48	G 34a	G 12	G 11
569	須択良賢、	須択良賢				賢良		｜	｜		｜	｜	‖	｜	↓	↓			
570	寄死託孤。	寄死託孤	□			所		所	就				‖		↓	↓			
571	意重則密、	意重則密			蜜	察	察[1]		蜜	蜜	蜜		‖	蜜	↓	↓	蜜		
572	情薄則疎。	情薄則師	疎	｜	｜	｜	疎[1]	疎	疎	疎	疎	精 疎	‖	疎	疎	疎[2]	疎	疎	疎
573	栄則同栄、	栄則同栄					[1] 共楽	楽			共楽	共楽	‖	共楽	共‖	共楽		[2]	
574	辱則同憂。	辱則同辱	□[2]		[1] ‖ 憂	憂	憂	憂		｜	憂	共憂	‖	憂	‖	‖		[3]	
575	難則相救、	難則相求	‖ 救	救	救	久	救	危 扶	救	危 扶	救	救	‖ 救	救	‖	‖	救	救	救
576	危則相扶。	危則相扶	｜		[1]	↑		難 救	於	難 救	病	病	‖		‖	‖			
577	勤是無価之宝、	勤是[2]無価之報	宝	宝	无 宝	↑	懃 宝	懃 宝	懃 宝	事 宝	宝	懃 宝	‖	宝	□[3] 宝	懃[1] 宝[4]	事 宝	宝	宝

系統	写本	578	579	580	581	582	583	584	585
	校訂本文	学是明月神珠。	積財千万、	不如明解経書。	良田千頃、	不如薄芸随軀。	慎是竜宮海蔵、	忍是護身之符。	香餌之下、
E	33	学是明月神朱	積財千万	不如明解経書	良田千傾	不如薄伎随軀	慎是護身之符	謙是百行之本	香餌之下
C (1)	5a	珠▼1	十			溥芸　身	｜	｜	｜
A	1	珠		一経		芸			[1]
A	21	珠		詩	伯	芸	[1]		耳
A	26								
A	23	珠	[1]		頃	芸　身			
D	32a	忍　是護身扶▼2		而　詩	万	[1]而　芸	｜	｜	
D	9			｜[2]	万	芸[3]	竜宮海蔵	忍　護身　符	
B (1)	19	仕　珠				芸	勤事竜宮海｜	慎事護身　符	
F	25	忍　護身之符▼3			百頃	身	｜	｜	
F	30	忍則是護身之扶▼4	才		不	身	｜	｜	
F	7	‖▼5	‖	‖	‖	‖芸	‖	‖	‖
F	37	忍　護身之符▼6		詩	万	芸[4]	｜	｜	
F	4	忍　護‖▼7		‖	‖	‖	｜	｜	
F	48	‖▼8	‖	‖	三	‖[2]	｜	｜	‖
G	34a	事　珠				芸			
G	12	｜　珠				ト		｜	
G	11	珠			順	芸			

系統	本	586	587	588	589	590	591	592	593	594
校訂本文		必有懸魚。	重賞之下、	必有勇夫。	功者可賞、	過者可誅。	不念無力之子、	只愛有力之奴。	養男不教、	不如養奴。
E	33	必有懸魚	重償之下	必有勇夫	功者可賞	過者可珠	不念無力之子	只愛有力之奴	養男不教[2]	不如養奴
C (1)	5a	｜	｜	｜	——者償	有過者[3]誅	功		‖	長大是之
A	1	｜鉤之魚	賞 家	功[2]	之 償	誅	慈父 愛无			為人
	21	釣之魚	賞 家		有功者償	有過者珠	‖父 愛		‖	為人
	26									
	23	鉤之魚	賞		[1]	[1] 誅	慈父 愛			為人
D	32a	鉤之魚	賞		有功者	有過者	功		子[1]	而 驢
	9	鉤之魚		[1]	有功者償	□[2]過者誅	功	[1]		
B (1)	19		賞		有功者償	有過者追	‖			
F	25		賞		有功者	有過者誅	功			為他
	30	釣之宜	賞	｜	有功者	有過者誅			效	為他
	7	‖	‖	‖	有功者	‖	‖	‖	‖	児 驢
	37	鉤之魚	賞		有功[2]者	有過者誅	功			驢
	4		‖	‖	‖	‖者誅	功	‖	‖子	驢
	48	‖	賞[1]	‖	‖	‖	‖	‖	↑	
G	34a		賞			追	慈父 愛不孝			
	12		賞			誅	慈父——不孝			
	11		賞			誅	慈父 愛不孝			

系統	写本	595	596	597	598	599	600
校訂本文		養女不教、	不如養猪。	痴人畏婦、	賢女敬夫。	孝是百行之本、	故云其大者乎。
E	33	養女不教	不如養猪	痴人畏婦	賢女敬夫	孝是百行之本	故云其大者乎
C (1)	5a	—	—	愚界			
A	1		[1]	思			
A	21						
A	26	（点線）					
A	23				妻		
D	32a			児			
D	9			児			
B (1)	19		‖	児[1]			‖
F	25	[1]		[1]			知
F	30	[3]	驢			幸	諸
F	7	‖	‖	‖	‖	‖	‖
F	37	育		児			
F	4	‖	‖	‖	‖		↑
F	48	（点線）					
G	34a			児			
G	12	女[2]養					
G	11						

〔校注〕

563　5a　1　相、上に抹消あり。
563　1　2　―、空格とする。
567　23　1　知、右傍記による。
567　23　2　齗、「得」を抹消して下記。
567　23　3　余、右傍記による。
568　5a　1　――、「是以」と記し、抹消するか。
568　1　2　以結、「結以」として「以」に転倒符を付す。
571　23　1　察、「密」として右傍記。
572　23　1　踈、右傍記による。
572　48　2　踈、残画による。
573　23　1　栄則、右傍記による。
573　12　2　栄、右傍記による。
574　21　1　辱、右傍に一字あるか。
574　5a　2　同、転倒符あり。
574　12　3　辱、「辱則」、「則」は衍字と見て省く。
576　21　1　危、上に抹消あり。
577　48　1　懃、残画による。
577　33　2　是、上に「士女無」として、次行に「是」以下を記す。
577　4　3　□、「事」を抹消するか。
577　48　4　宝、残画による。

580 23 1 不、右傍記による。
580 9 2 —、空格とする。
582 32a 1 不而、「而不」として「不」に転倒符を付す。
582 48 2 如、残画による。
582 9 3 軀、右傍記による。
582 37 4 軀、旁（區）は後補か。
583 21 1 符、「扶」として下記。
585 1 1 香、右傍記による。
587 48 1 重、残画による。「重」の右傍に「□則」。
588 9 1 有、「為」を抹消して右傍記。
588 1 2 功、「夫」として右傍記。
589 23 1 功、「有行」と右傍記。
589 37 2 功、右傍記による。
590 23 1 過、上の破れに一字分あるか。
590 9 2 □、「欠」のように見えるが難読。
590 5a 3 者、右傍記による。
592 9 1 奴、右傍記による。
593 32a 1 子、「而」と右傍記。
593 33 2 教、「交」として下記。
595 25 1 養、上に「養女不教、不如養驢」句を記す。
595 12 2 女養、転倒符あるか。
595 30 3 女、「奴」を見せ消ちして右傍記。
596 1 1 猪、「狗」に近い字形を書く。
597 25 1 人、「婦」を抹消して下記。

〔独自句〕

578 5a ▼1 慎是竜宮海蔵、忍是護身之符
578 32a ▼2 作是竜宮宝蔵（「蔵」を書き損じて下記）、学是明月神珠
578 25 ▼3 勤是竜宮海蔵、学是明月神珠
578 30 ▼4 懃是竜宮海蔵、学是明月神珠
578 7 ▼5 ＝＝＝蔵（残画）、学是明（残画）＝＝
578 37 ▼6 作是竜宮海蔵、学是明月神珠
578 4 ▼7 ＝＝＝、＝＝明月神珠
578 48 ▼8 ＝＝宮（残画）海蔵、学是明（残画）＝＝

〔跋〕

句番号	校訂本文	E 33	C (1) 5a	A 23	D 9	B (1) 19	F 7	G 34a	G 12	G 11	不明 20
601	余之志也、	余知志也		之	之	‖	‖	之[1]	之	之	之
602	四海為宅、	五帝為家	常	常	四海 宅		‖				
603	五常為家。	四海為択	宅	宅	五常 家	宅	‖	宅	宅	宅	‖
604	不驕身意、	不驕身意	｜		思恩愛	体	‖	嬌 体	嬌 体	嬌 体	‖
605	不楽栄華。	不楽栄華	[1]			‖	‖				‖
606	食不重味、	食不重味	未		味	‖	‖	必			
607	衣不純麻。	衣不純麻	[1]	糸	糸	‖	‖	必	｜		
608	唯貪此書一巻、	唯貪此書一巻			為	為	‖				‖

句番号		609	610	611	612	613
校訂本文		不用黄金千車。	集之数韻、	未弁玼瑕。	本不呈於君子、	意欲教於童児。
E	33	不用黄金千車	集之数韻	未弁玼瑕	本不呈於君子	意欲教於童児
C(1)	5a		其	此遐	程	
A	23					意
D	9			雌	□	[1]
B(1)	19		‖	‖ 遐	情	
F	7	‖	‖	‖	‖	↑
G	34a		習		逞	｜
G	12	門			逞依	
G	11		[1]		逞依	
不明	20	‖	‖	庇	↑	

〔校注〕

601 34a 1 之、右傍記による。

605 5a 1 不、「善」を抹消して右傍記。

607 5a 1 不、「不」を抹消して下記。

610 11 1 数、「数数」、衍字と見て一字省く。

613 9 1 児、下に「了也」の二字がある。

影印篇

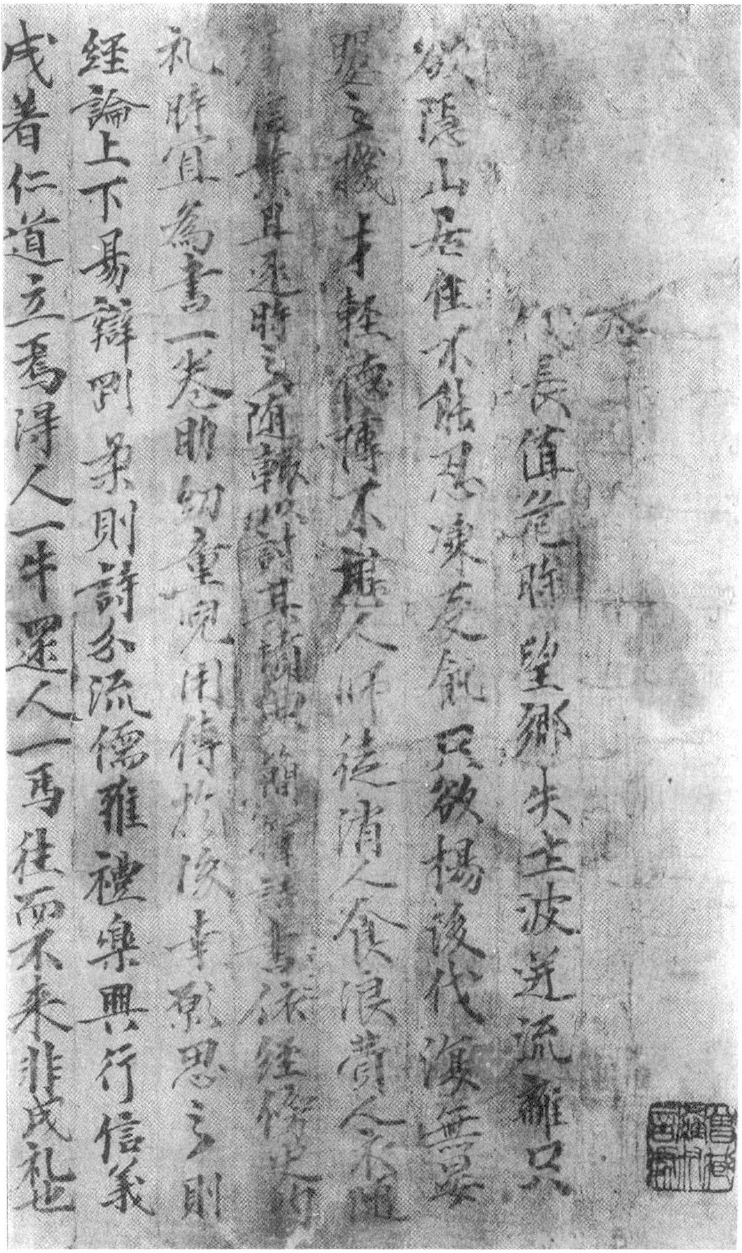

代長值危時望鄉失土波迸流離只
欲隱山居住不能忍凍受飢只欲揚後代復無晏
嬰之機才輕德薄不堪人師徒消人食浪費人紙
筆情□□且逐時之隨輙以討其論語篇經書依經傍史約
礼時宜為書一卷助幼童兒用傳於後幸願思之則
經論上下易辯罰柔則詩系流儒雅禮樂興行信義
成著仁道立焉得人一牛還人一馬往而不來非成礼也

1 羅振玉氏旧藏本（1～600）

知恩報恩風流儒雅有恩不報豈成人也事君盡
忠事父盡敬禮聞來學不聞往教捨父事師敬同
於父慎其言語整其容皃善能行孝物貪惡事
莫作詐偽直實在心物生欺誑孝心事父晨省暮
看知飢知渴知暖知寒憂時共感樂時同歡父母有
疾甘美不飡食無求飽居無求安聞樂不樂
聞喜不看不脩身體不整衣冠得至疾癒止亦不難
弟子事師敬同於父習其道也學其言語黃金白銀
乍可相与好言善述湯出口良無境外之交弟子有束

着之好一日為師終日為父一日為君終日為主教子之
法常令自慎言不可失行不可虧他籬莫越他事
莫知他貧莫咲他病莫欺他財莫取他色莫侵
他強莫觸他弱莫欺他弓莫挽他馬莫騎弓折
馬死常他無疑財能害己必須畏之酒能敗身必須
戒之色能召害必須遠之忿能積惡必須忍之心能
造惡須必戒之口能招禍必須　慎之見人善事
必須讚之見人惡事必須掩之鄰有災難必須救之
見人鬬打即須諫之意欲去處即須審之見人不是即

須教之非是時流畢須避之羅網之鳥悔不高飛呑
鉤之魚恨不忍飢人生誤計恨不三思禍將及已恨不忍
之其父出行子須從後路逢尊者齊腳斂手尊人之前
不得唾地尊人賜酒必須拜受尊者賜肉骨不與狗尊者
賜菓懷核在手若也棄之為礼大醜對客之前不得
唾蕩亦不漱口憶而莫忘終身無咎立身之本義讓為
先賤莫與交貴莫與親他奴莫語他婢莫與言商販
之家慎莫為婚市道接利莫與為隣敬上愛下
汎愛尊賢孤兒寡婦特可矜憐乃可無官不得失婚

身須擇行口須擇言惡人同福必及身養兒之法莫聽
誑言育女之法不聽離母男年長大莫聽好酒女
年長大莫聽遊走丈夫好酒宣拳脟肘行不擇地言
不擇口觸突尊卑𨶚亂用交女人遊走逞其姿首男女
雜合風聲大醜慚恥尊親損辱門戶婦人送客不出
閨庭行其言語下氣低聲出行逐伴隱影藏形門
送前客莫出齊聽一行有失百行俱傾能於此礼
無事不精新婦事父音聲莫聽形影不覩夫之
婦兄不得對語孝養翁門家敬事夫主親愛尊

賢教示男女行則緩步言必小語勤事女功莫學
歌舞小為人子長為人出則斂容動則庠序敬慎
口言終身無咎吾希見今時貧家養女不解麻布不
閑針縷貪食不作好喜遊之女年長大聘為人婦
不敬君家不畏夫主大人使命說辛道苦夫罵一言
反應十矩損辱兄弟連累父母本不是人狀同豬狗
含血損人先惡其口十言九中不語者勝小為人子
長為人父居必擇隣慕近良友側立審聽謹待
賓客侶無親疎來者當受合食与食合酒与酒

閉門不看衆道同緒獨拔貧作富事須方寸看客
不貪古今實語握髮吐飧先有掌擬閑门不看不
如獨鼠高山之樹昔於風雨路邊之樹昔於刀斧
當道作舍昔於客侶不慎之家昔於官府牛
羊不圍昔於狼虎禾熟不收昔於雀鼠屋漏不修
昔於標柱兵將不慎敗於軍旅人生不學費其
言語近禾者赤近墨者黑蓬生麻中不扶自直
近佞者諂近偷者賊近愚者癡近聖者明近賢
者德近淫者色貪人多力勤耕之人必豐穀食

勤學之人必居官職良田不耕損人功力養子不
教費人衣食与人共食慎莫先嘗与人同飲
莫先杞觴行不當路坐不當堂路逢尊者
側立其傍有問善對必須審詳子從外來先
須看堂未見尊者莫入私房若得飲食慎莫
先嘗饗其祖宗始到耶娘次霑兄弟後及兒
郎食必先讓勞必先當知過必改得能莫忘
与人相識先政容儀稱名道自然後相知陪年已
長則父事之十年已上則兄事之五年已外則

1 羅振玉氏旧蔵本〔1～600〕

肴酒之之交同行必有我師焉擇其善者而從之
其不善者而益之滯不釋穢貧不擇妻飢不擇食
寒不擇衣小人爲財相煞君子以得相知欲求其
長必取其短欲求其圓先取其方欲求其強
先取其弱欲求其剛先取其柔欲防外敵先須自
防欲揚人惡便是自揚傷人之語還是自傷凡人
不可貌相海水不可斗量茅茨之家必出公王
蒿艾之下必有蘭芳助祭得食助鬬得傷人惡
者受胥暴者之清之之事爲酒所傷聞人善

事乍可揄揚知人有過密掩深藏是故罔謀
彼短靡持己長鷹鷂雖迅不能捷於風雨日月
雖明不照盆覆之下唐虞雖聖不能化其明主
微子雖賢不能諫其暗君比干雖惠不能自免其
身蛟龍雖重不救岸上之人刀劍雖利不能煞
清潔之士羅網雖細不能執無事之人非灾
橫禍不入慎之門人无遠慮必有近憂射徑懷
於良讓言敢於善人君子含鉱為大海木博而
知小寬則得衆敏則有功以法治人人即得語

國信讒必煞忠臣治家信讒家必敗亡兄弟信讒分別
異居夫婦信讒男女生分朋友信讒必致死怨天雨
五穀蕀荊蒙恩杞薪救火〻必成灾揚湯至沸不如
去薪千人排門不如一人拔關一人守隘万人莫當貪心害
已利口傷身花田不整履李下整冠聖君雖渴不飲盜
泉〻水暴風疾雨不入寡婦〻門孝子不隱情於父忠臣不
隱情於君法不化君子礼不恕於小人君濁則用武君清則
用文多言不益其體百伎不妨其身明君不愛邪佞〻臣慈
父不愛無力〻子道〻以德齊〻以礼小人不擇地而息君子

困窮小人不擇官而事屈厄之人不羞執鞭之事飢寒在
身不羞乞膳之恥貧不可欺富不可恃陰陽相催終而
復始太公未遇釣魚水相如未達賣卜於市　天居山
魯連海水孔鳴盤桓候時而起鶴鳴九皐聲聞於天電
裏燃火燒氣成雲家中有惡人必知之身有德行人必稱傳
孟母三移為子擇鄰只患己所不知患己不知人也欲立身
先立於人己欲達先達人立身行道始於事親孝無終始
不離其身修身慎行恐辱先人己所不欲物施於人近鮑
者臭近蘭者香近愚者闇近智者良明珠不營為其

光人生不學言不成章小兒學者如日出之光長而學
者如日中之光老而學者如日暮之光老而不學冥之
如夜柔必勝剛若必勝纏齒堅即折若柔劉長女慕貞潔
男効才良行善獲福行惡得殃行來不遠所見不長學
不廣智惠不長欲知其君視其所使欲知其父先視其
子欲作其木視其文理欲知其人先知奴婢君子固窮小
人窮斯濫矣痛則無法醉則无憂飲人誑藥不得
責人之礼聖人避其酒客君子恕其酒仕知者不
見之過愚夫之子多患小人過女无明鏡不知面

上〻精藏將軍〻門必出勇夫博學〻家必有
君子是以人相知相道行魚　望於江湖人無良友不知
行〻得失是結以交用友須擇良賢寄死託孤意重則
密榮則同榮辱則同辱難則相救危則相扶勤是無價
〻寶學是明月神珠積財千万不如明解一經良田
千頃不如薄藝隨軀慎是護身〻符謙是百行
〻本香餌〻下必懸鉤〻魚重賞〻家必有勇夫〻

者可償過者可誅慈父不愛无力之子只愛有
力之奴養男不教為人養奴養女不教不如養猪
癡人畏婦賢女敬夫孝是百行之本故云其大
者乎
太公家教一卷

1 羅振玉氏旧蔵本〔1～600〕

2　羅振玉氏旧蔵本　甲巻〔366～415〕

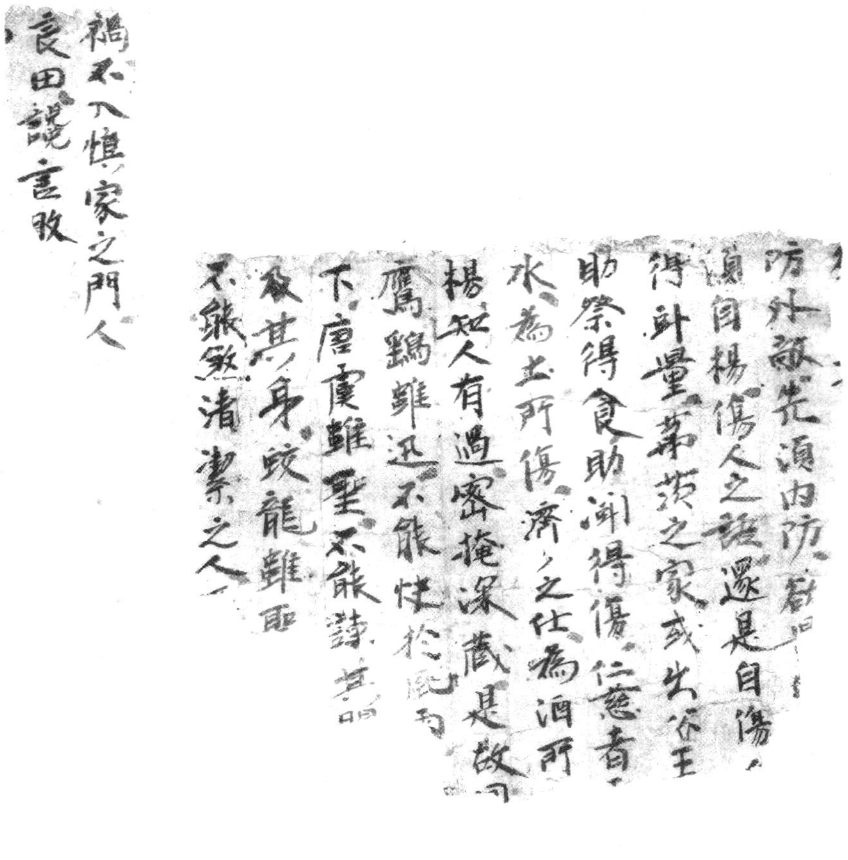
防外敵先須内防
須自揚傷人之語還是自傷
得斗量萬莢之家或出於王
助祭得食助鬪得傷仁慈者
水為土所傷濟之仕為酒所
楊知人有過密掩深藏是故
鷹鷂雖迅不能快於鳳
下虞雖聖不能誅其
教其身蛟龍雖恥
不能然清潔之人

禍不入慎家之門人
良田讒言敗

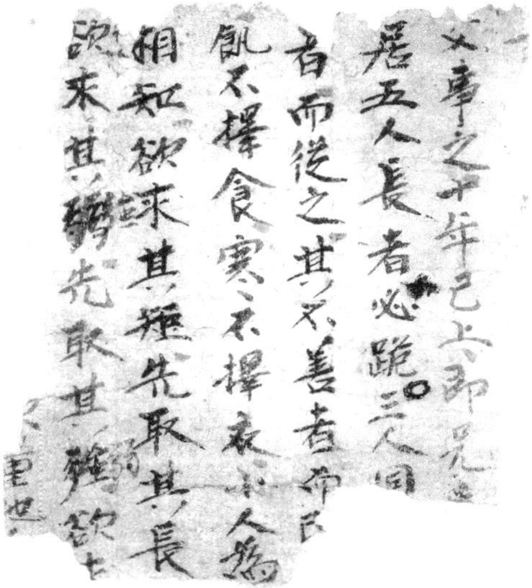

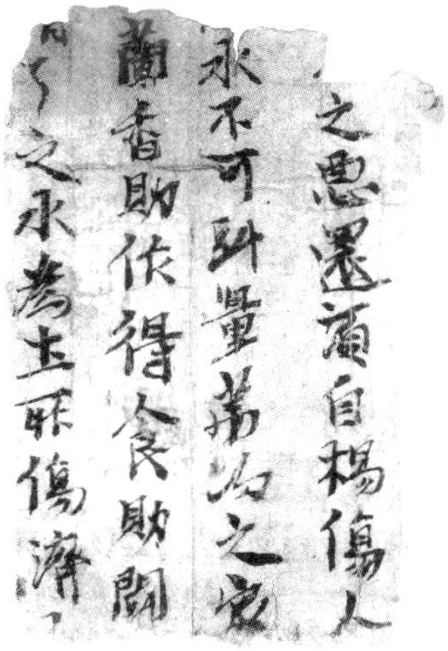

3 羅振玉氏旧蔵本 乙巻〔343～386〕

4　S四七九〔571～600〕

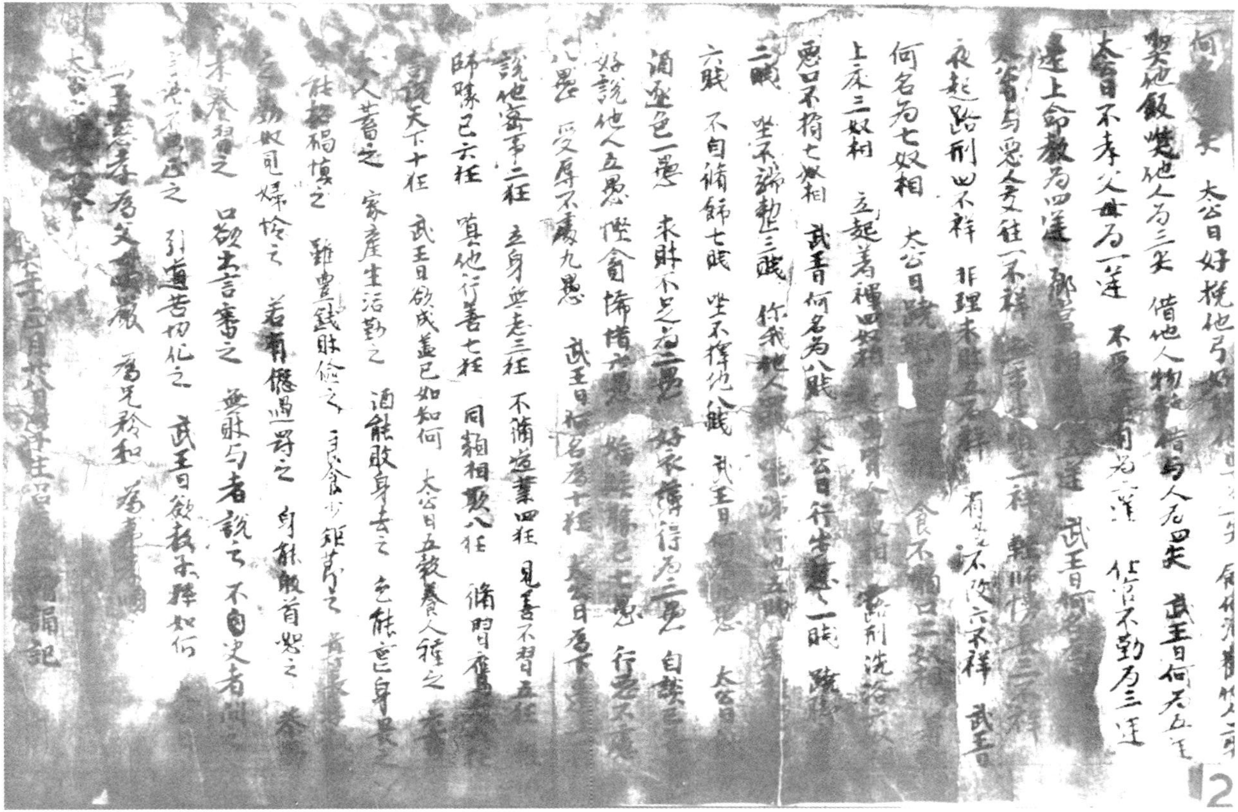
何[illegible]　太公曰好挽他弓好[illegible]一矢　[illegible]
喫他飯讌他人為三矢　借他人物[illegible]借与人元為四矢　武王曰何名五逆
太公曰不孝父母為一逆　不[illegible]有為二逆　作官不勤為三逆
違上命教為四逆　[illegible]五逆　武王曰何名[illegible]
太公曰与悪人交往一不祥　[illegible]一祥　[illegible]三不祥
夜起路刑四不祥　非理求財五不祥　有[illegible]不決六不祥　武王
何名為七奴相　太公曰[illegible]食不[illegible]口二奴相
上床三奴相　立起着褌四奴相　[illegible]刑洗浴六奴
悪口不擇七奴相　武王曰何名為八賎　太公曰行步[illegible]一賎　[illegible]
二賎　坐不端動三賎　作我他人[illegible]
六賎　不自脩飾七賎　坐不擇処八賎　武王曰[illegible]　太公曰
酒迷色一愚　求財不足之為二愚　好衣[illegible]行為三愚　自誇[illegible]
好説他人五愚　慳貪悋惜六愚　[illegible]七愚　行[illegible]
八愚　受辱不羞九愚　武王曰何名為十狂　太公曰為下[illegible]
説他密事二狂　立身無志三狂　不脩道業四狂　見善不習五狂
師嫌己六狂　嫉他行善七狂　同類相欺八狂　脩[illegible]
[illegible]說天下十狂　武王曰欲成善已如知何　太公曰五教養人種之
[illegible]人蓄之　家産生活勤之　酒能敗身去之　色能[illegible]身畏之
[illegible]禍慎之　雖豊錢財儉之　[illegible]食少[illegible]之　[illegible]
[illegible]取見婦捨之　若有[illegible]過罰之　身能敢首恕之
本[illegible]之　口欲出言審之　無取与者説之　不自史者[illegible]
[illegible]不[illegible]之　引道苦切化之　武王曰欲求不祥如何
[illegible]孝為父[illegible]　[illegible]和　[illegible]
太公[illegible]
[illegible]年三月廿八日[illegible]生呂[illegible]記

4　S四七九〔571～600〕

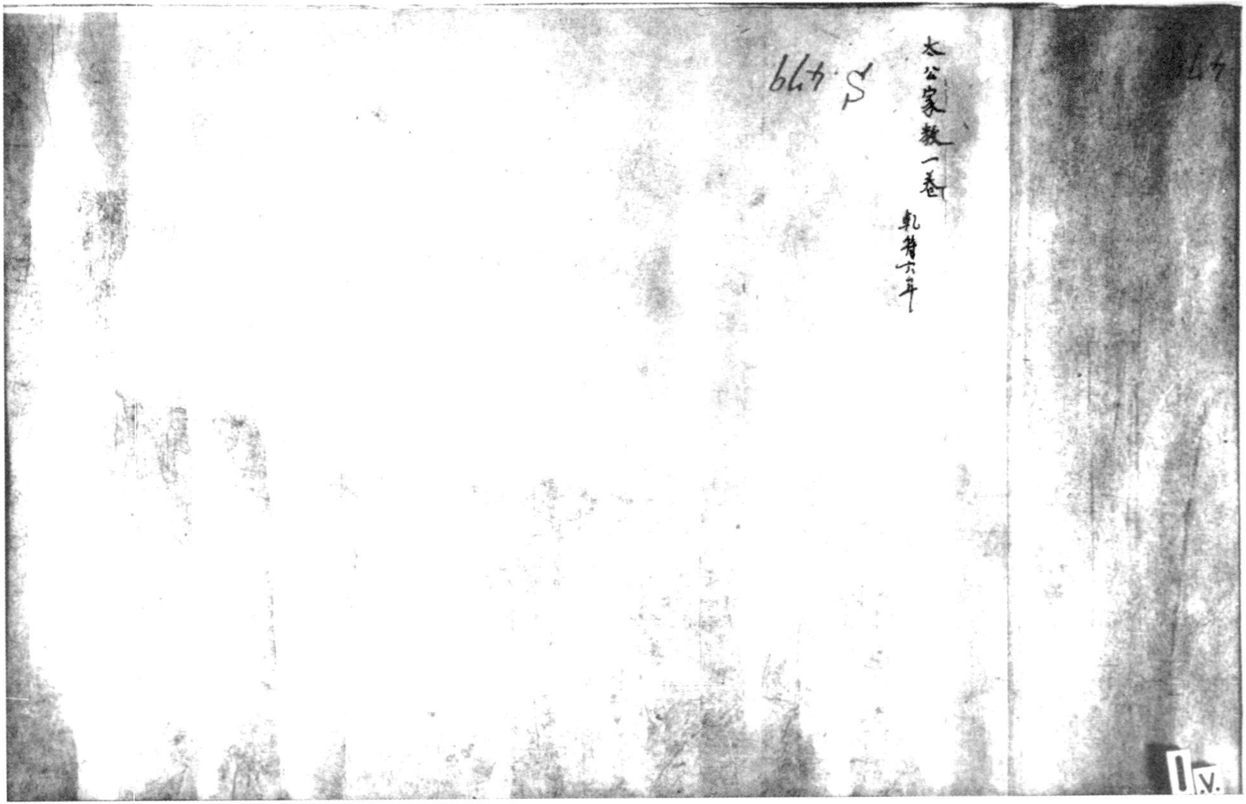

5a S一一六三a〔348～613〕

者而陵之渫不擇纖擇 擇食
寒不擇衣少人爲財和 衍之欲
求其短先取其長欲 先取其方欲
求其強先取其弱欲 求其剛先取其柔
欲防外敵先須自防 欲揚人惡先須自傷
人之語還是自傷亦 不可貌相海水不可
闘量第剝之家或出 國王蕃吏之下或出
藺香助祭得食助 渊得傷仁德者壽
冒暴者巳清之水又 爲士所薄傷人之齊爲
漏所陝澗人善事乍 可稱傷知人有累審
掩深藏是故因謀被 矩棄恃也長舊鷄
雖逆不能伏於 月雖明不照覆盆
之下虞雖重不 能化其明主嚴子雖
賢不能諫其 比干雖惠不能自免
其身蛟龍雖重不 蒸岸上之人刀劍雖利
不斬無罪之人雖鋼 聖不能執無是之
人非実權福不入慎 家之河人無遠憂必
有近憂針逕敢於 田讓言敢於善人
君子必全弘為大海 必傳翻為

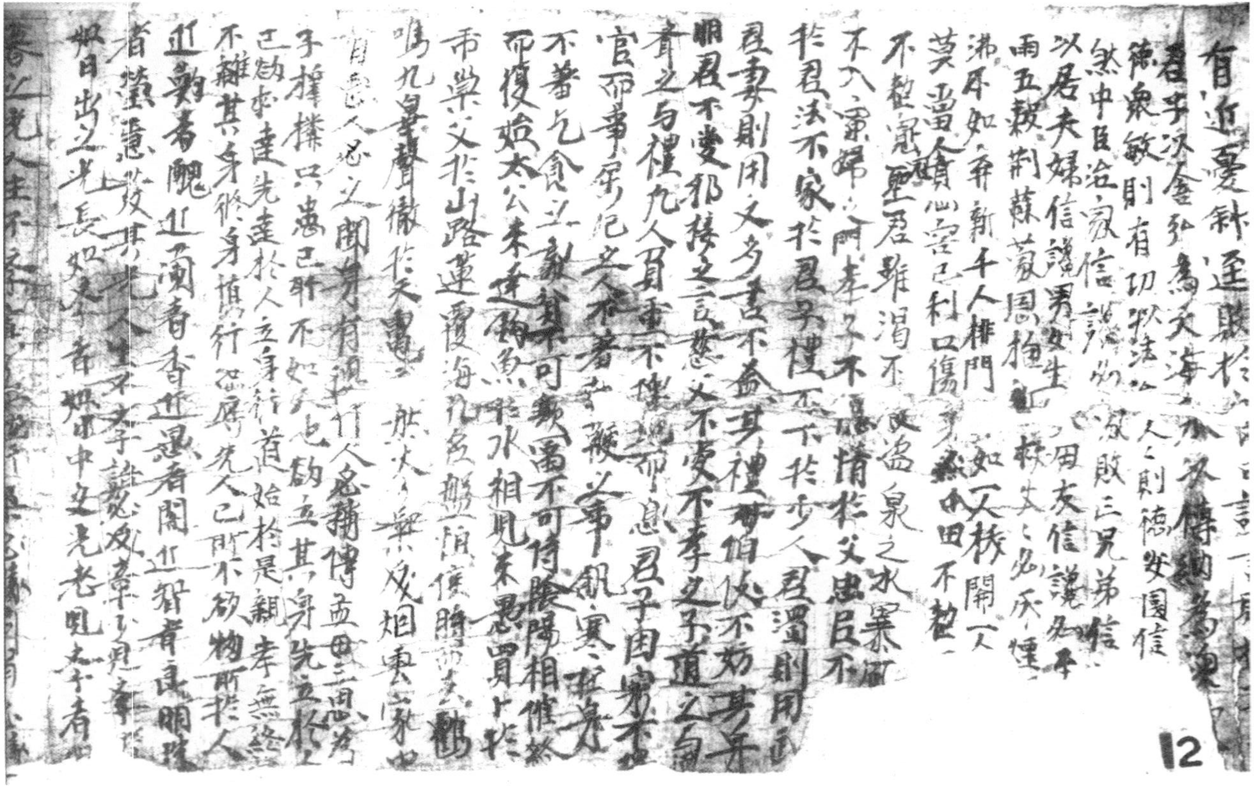

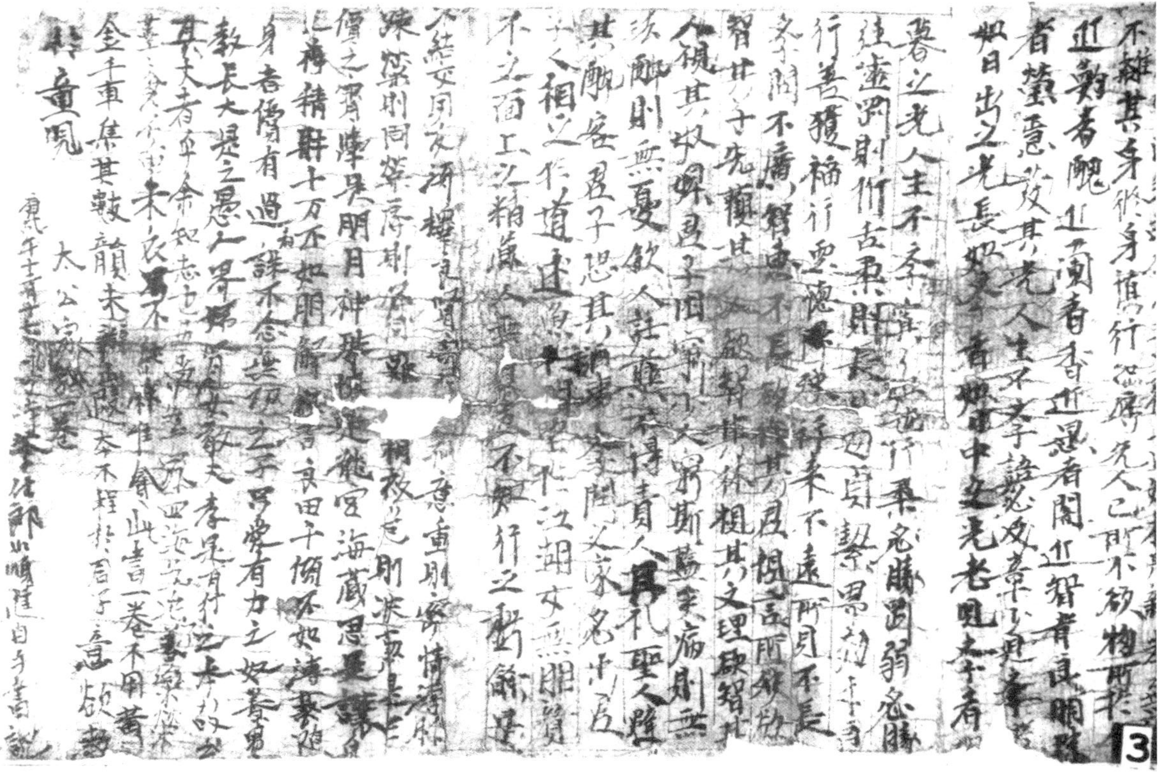

5a

S一一六三a〔348～613〕

5h S一一六三 v h〔560〕

5h S一一六三 v h〔560〕

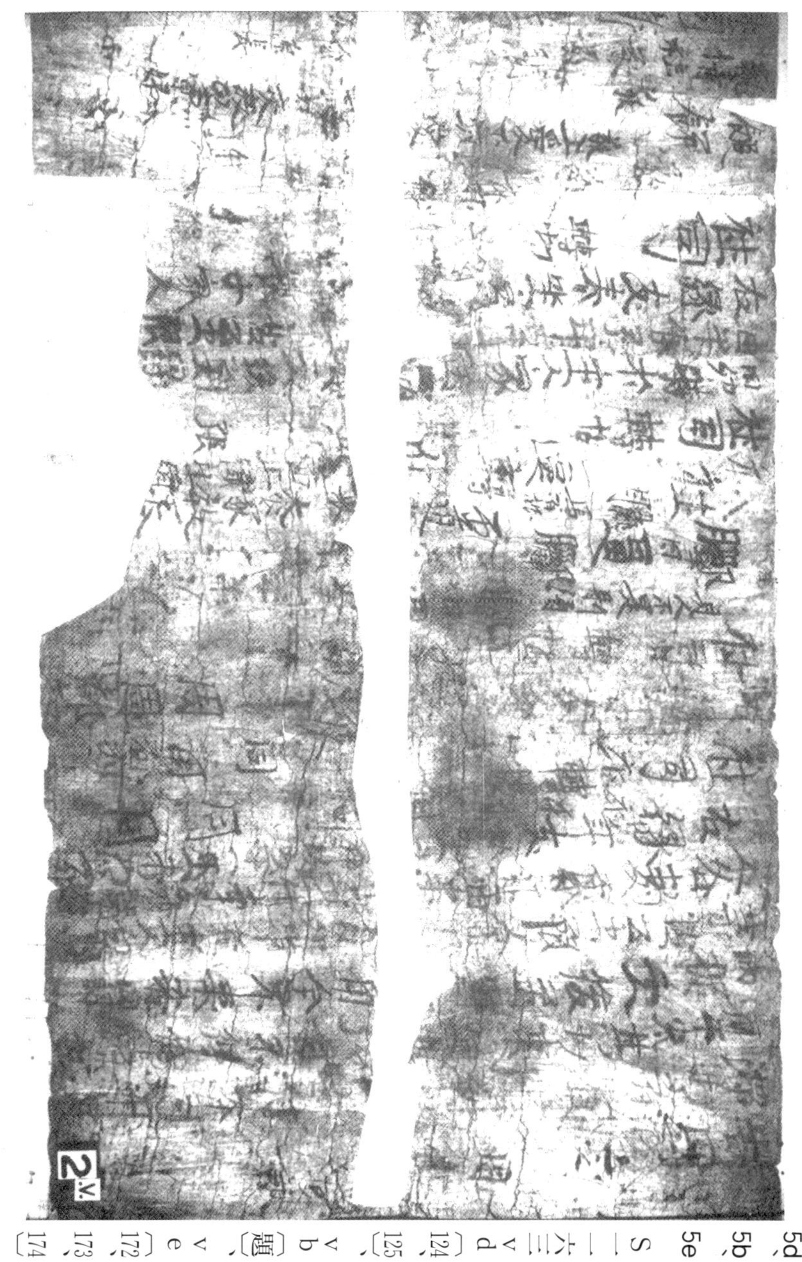

5d、5b、5e S一一六三vd〔124、125〕、vb〔題〕、ve〔172、173、174〕

5d、5b、5e S一一六三vd〔124、125〕、vb〔題〕、ve〔172、173、174〕

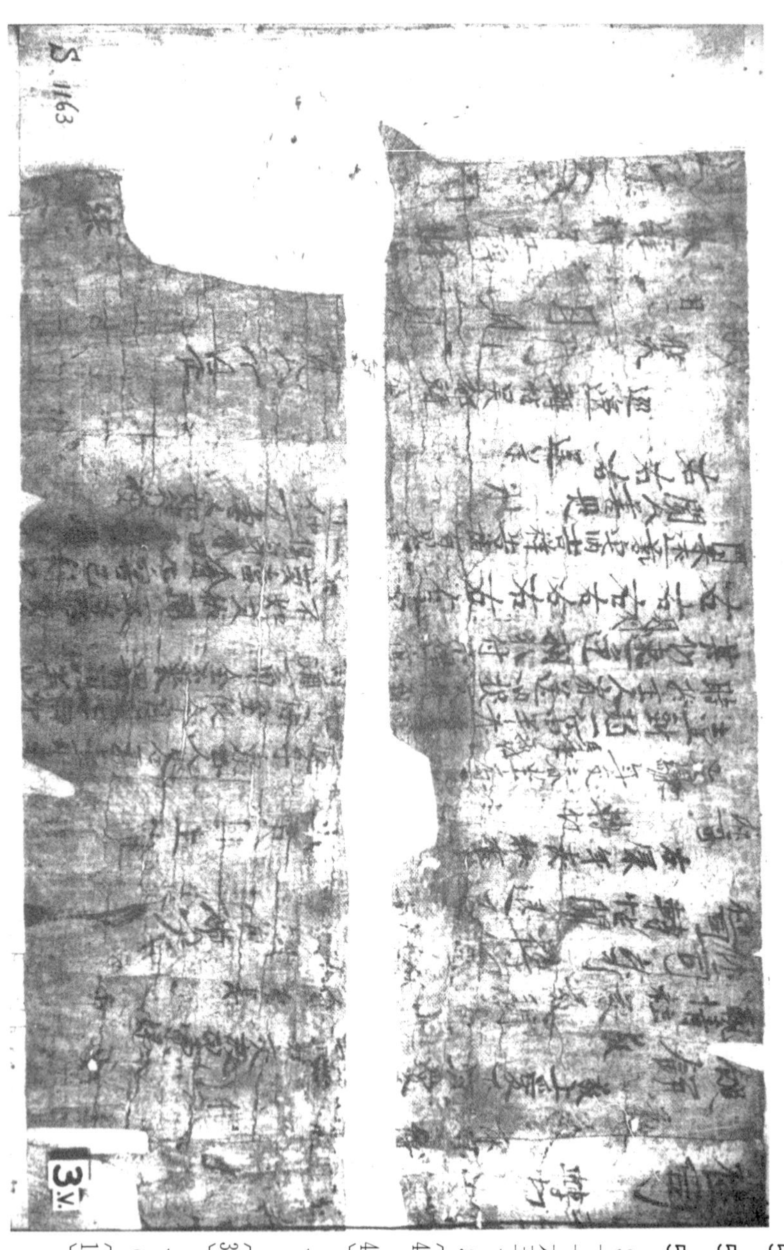

5g、5f、5c　S一一六三vg〔439～445〕、vf〔388〕、vc〔124〕

5g、5f、5c　S一一六三vg〔439～445〕、vf〔388〕、vc〔124〕

6a S一二九一a〔5~146〕

[illegible]不能忍凍受[illegible]只欲揚名後代復無晏嬰

稱手輕德薄不堪人[illegible]消人[illegible]費人衣隨緣信業

業逐時[illegible]以討[illegible]依經[illegible]約禮

時儀 爲書一卷 助誘童兒流傳萬代幸願思之

論豐詩論上下[illegible]對[illegible]詩[illegible]上往來[illegible]

高下之人[illegible]遠人一時往而不來非禮也來而不[往]

亦非禮也知恩報恩風流儒雅有恩不報豈成人[也]

事君盡忠事父盡孝禮聞來學不聞往教[illegible]事師[illegible]

望[illegible]先慎[illegible]却[illegible]善事須貪惡事莫[illegible]

直實在心勿[illegible]孝子事親晨省暮參知飢知[illegible]

渇知暖知寒憂則同戚樂則同歡父母有疾甘美[illegible]

不餐食無求飽居無求安聞樂不樂聞喜不看

不修身體不整衣冠父母疾愈整亦不難弟子事[師]

[illegible]敬同於父習其道術學其言語有疑則問有教

[illegible]逢賢士[illegible]惜[illegible]言[illegible]金白銀[illegible]可[illegible]

[illegible]

[illegible]

[illegible]

[illegible]他[illegible]莫[illegible]

他戶莫窺他[illegible]莫知他[illegible]莫[illegible]他病[illegible]

[illegible]他財莫[illegible]莫[illegible]他[illegible]莫[illegible]

6a

S一二九一a〔5～146〕

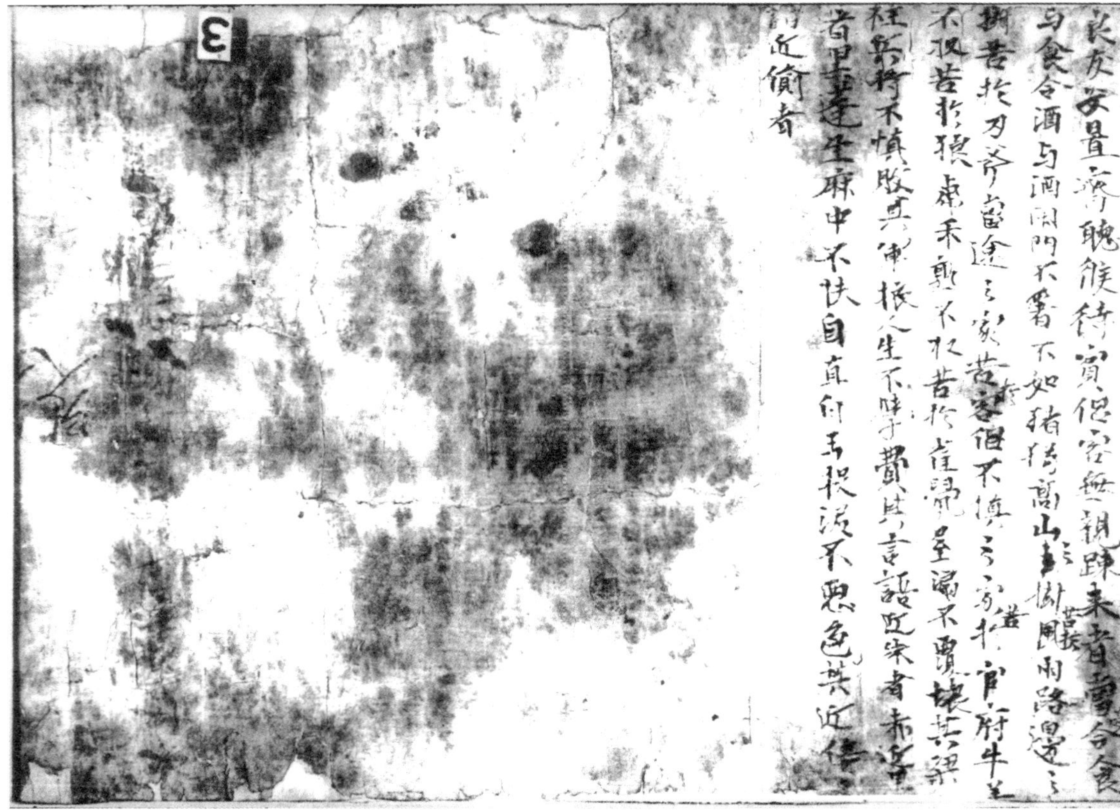

長友安置齊聽儀待賓但容無親踈來音聲合食
与食令酒与酒閑門不署不如猪猪高山戢樹閑雨路邊之
鍬苦於刀斧當途之家苦客但不慎之之苦於官府牛之
不伏苦於猿虎禾熟不收苦於雀鼠星漏不覺壞其梁
柱戰將不慎敗其陣根人生不時費其言語近朱者赤近
者黑蓬生麻中不扶自直白玉投泥不汚其色其近傳
近儐者

6c S一二九一c〔231～299〕

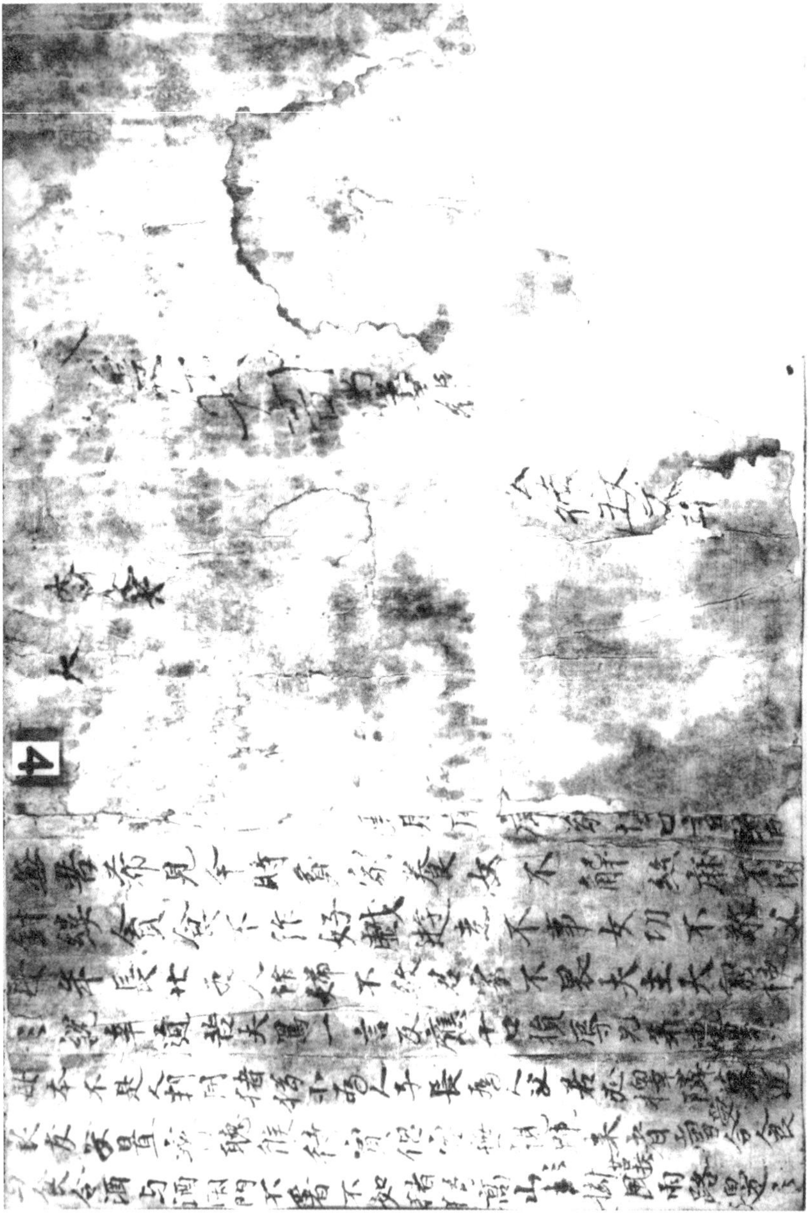

6c

S一二九一c〔231〜299〕

6b

二二九一 v b〔146～213〕

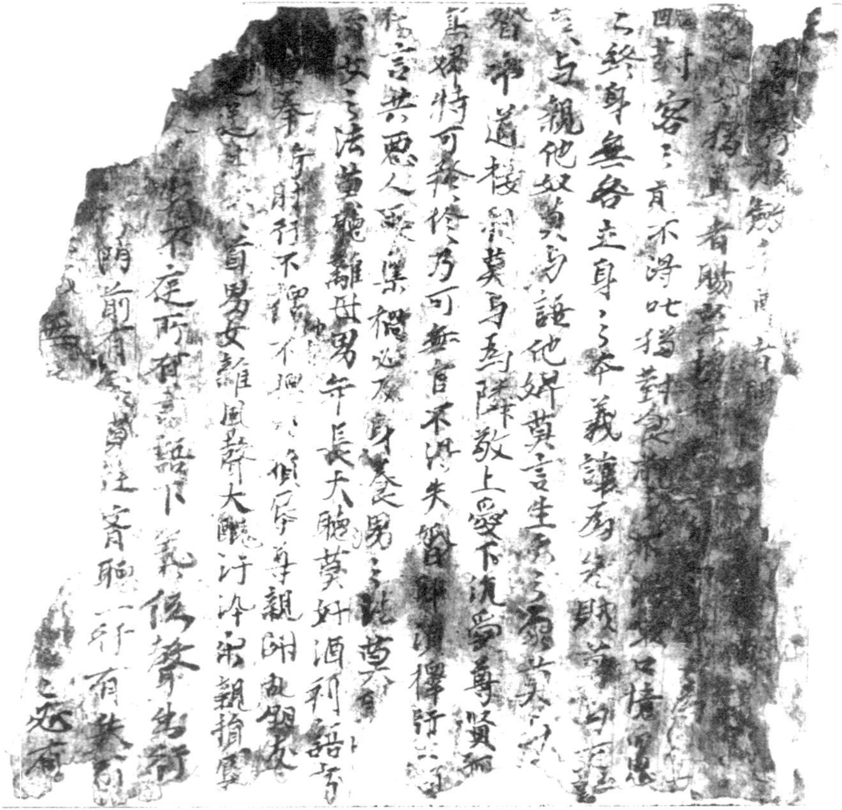

6b 二二九一 v b〔146～213〕

6b

一二九一vb（146～213）

7 S一四〇一〔442～613〕

7 S一四〇一〔442～613〕

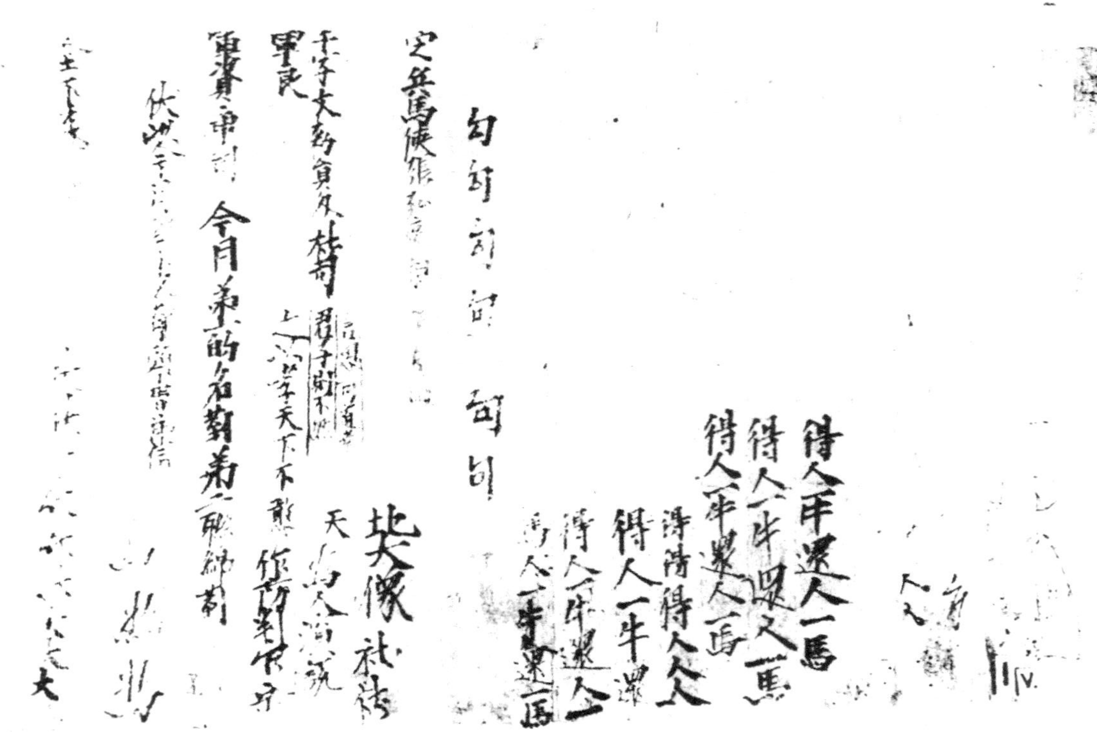

8 S三〇一一v〔29、30〕

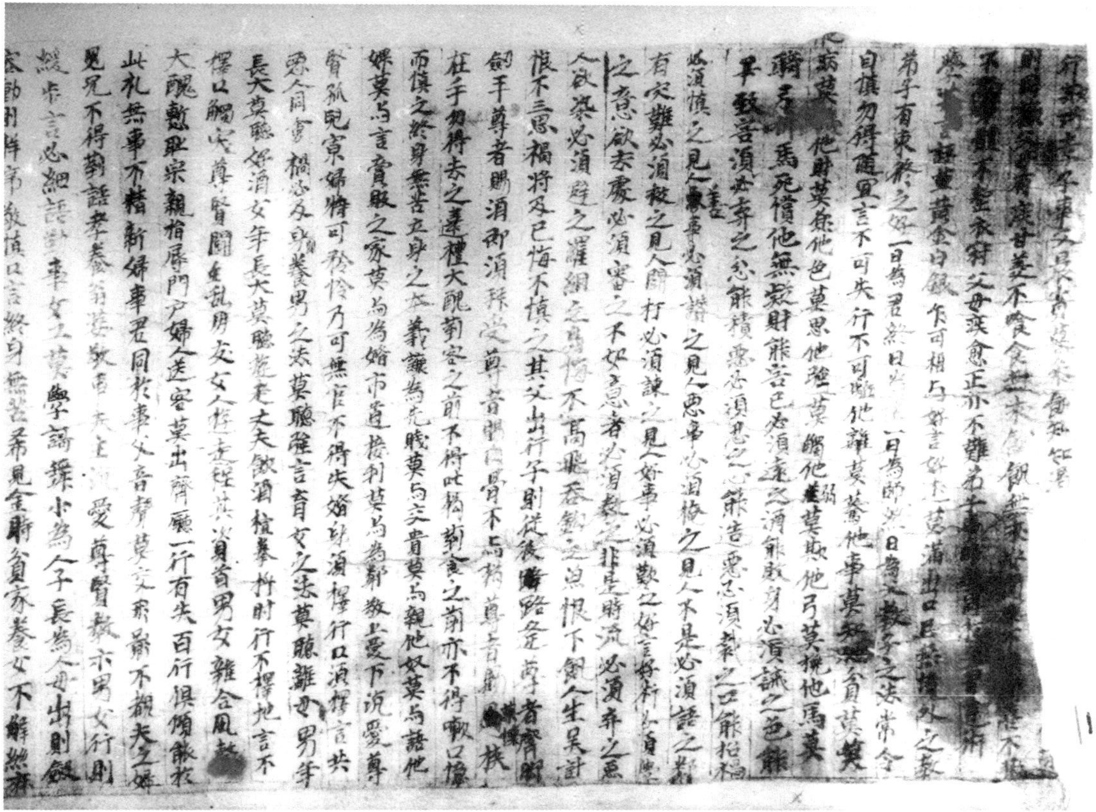
[illegible]
[illegible]
[illegible]
學[illegible]黃金白銀 作可相與 [illegible]
弟子有束脩之好 一日為君 終日為主 一日為師 終日為父 教子之法 常令
自慎 勿得隨宜 言不可失 行不可遺 他籬莫越 他事莫知 貧賤莫欺
[illegible]病莫[illegible]他財莫取 他色莫思 他強莫觸 他弱莫欺 他弓莫挽 他馬莫
騎 弓[illegible]馬死 償他無錢 財能害己 必須遠之 酒能敗身 必須誡之 色能
[illegible]音須去棄之 忿能積惡 必須忍之 心能造惡 必須裁之 口能招禍
必須慎之 見人善事 必須讚之 見人惡事 必須掩之 見人不是 必須語之 [illegible]
有災難 必須救之 見人鬪打 必須諫之 見人好事 必須敷之 好言好行 必須[illegible]
之意 欲去處 必須審之 不如意者 必須教之 非是時流 必須棄之 惡
人欲來 必須避之 羅網之鳥 悔不高飛 吞鉤之魚 恨不忍飢 人生居世
恨不三思 禍將及己 悔不慎之 其父出行 子則從後 路逢尊者 齊腳
斂手 尊者賜酒 必須拜受 尊者賜肉 骨不與狗 尊者賜果 懷核
在手 勿得棄之 違禮大醜 對客之前 不得叱狗 對食之前 亦不得嗽口 憶
而慎之 終身無苦 立身之本 義讓為先 賤莫與交 貴莫與親 他奴莫與語 他
婢莫與言 商販之家 莫為為婚 市道接利 莫為為鄰 敬上愛下 泛愛尊
賢 孤兒寡婦 特可矜憐 乃可無官 不得失婚 身須擇行 口須擇言 共
惡人同會 禍必及身 養男之法 莫聽誑言 育女之法 莫聽離母 男年
長大 莫聽好酒 女年長大 莫聽遊走 丈夫飲酒 揎拳捋肘 行不擇地 言不
擇口 觸突尊賢 鬪亂朋友 女人遊走 逞其姿首 男女雜合 風聲
大醜 慚恥宗親 損辱門戶 婦人送客 莫出齊廳 一行有失 百行俱傾 能依
此禮 無事不精 新婦事君 同於事父 音聲莫聽 形影不覩 夫之婦
兄 不得對語 孝養翁婆 敬事夫主 親愛尊賢 教示男女 行則
緩步 言必細語 勤事女功 莫學歌舞 少為人子 長為人母 出則斂
容 動則庠序 敬慎口言 終身無苦 希見今時 貧家養女 不解[illegible]

9 S三八三五〔50～613〕

[illegible]新婦事君同於事父音聲莫聽形影不覩夫之父兄
見兄不得對語孝養翁婆敬事夫主親愛尊賢教示男女行則
緩步言必細語勤事女工莫學謌舞少為人子長為人母出則斂
容動則庠序敬慎口言終身無苦希見今時貧家養女不解絲麻
不閑針縷貪食不作好戲遊走女年長大嫁為人婦不敬君家不事
夫主大人使命說辛道苦夫罵一言反應十口損辱兄弟連累父母本
不是人狀同猪狗十語九中不語者勝小為人子長為人父居必擇鄰慕
近良友側立聽傍瞻時審容侵無親疎來者當要合食與食合酒與
酒閑門不看不如猪狗貪性國事須方寸看客不負古今實語
惡發吐嗆先有嘗處閑門不看不亦高山之樹皆於風雨路傍
之樹皆於刀斧當道作舍皆於客施不慎之家皆於官杖牛羊
不圈皆於狼虎禾熟不收皆於雀鼠屋漏不覆壞於梁柱
兵將不慎敗於軍旅人生不學費其言語近朱者赤近墨者黑蓬
生麻中不扶自直白玉投泥不汙其色近佞者諂近偷者賊近愚者
癡近聖者明近賢者德貧富人樂力勤耕之人必豐穀食
勤學之人必居官職良田不耕損人功力養子不教費人衣食與
人共食慎莫先嘗為人同飲莫先把觴行不當路坐不背堂路逢
尊者側立道傍有語即對必須審詳子從外來先須謁堂未見尊
者莫入私房若得飲食慎莫先嘗鬚其宗祖始對前嫌次當兄
弟後及晚郎食必先讓酬必自當知過必改得能莫忘與人相識先整
容儀稱名道姓然後相知年但年已長則父事之十年已長則兄事之
五年已長則肩隨之三人同行必有我師焉擇其善者而從之其不善
者如改滯不擇職貧不擇妻飢不擇食寒不擇衣小人為財相煞
子得義相知欲求其強先取其長欲求其圓先取其方欲求其強先
取其弱欲求其剛先取其柔欲方外敵先須內防欲揚人惡還是自
揚傷人之語還是自傷近人不可自相溺水不可斟量芳茨之家或
出公王蒿艾之下或出蘭香物祭得食助斟得復傷人燕青壽覓
慕者立清清之水為土所傷濟濟之人為酒所殃聞人善事乍可
稱揚知人有過密掩深藏是故忘談彼短靡恃己長鷹鶴雖迅
不能逐於風雨日月雖明不照覆盆之下唐虞雖聖不能化其

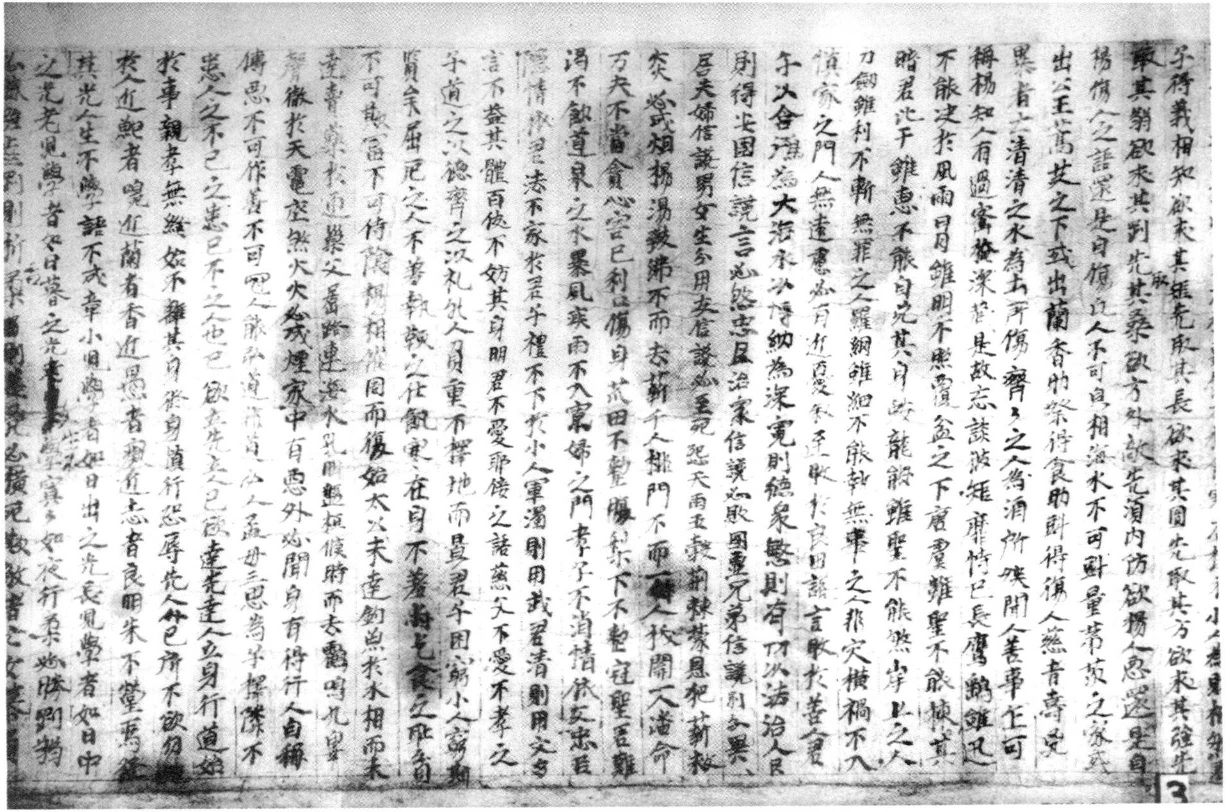

子得義相知欲求其強先取其長欲求其圓先取其方欲求其強先
取其弱欲求其剛先取其柔欲方外敬先須内防欲揚人惡還是自
揚傷人之語還是自傷凡人不可貌相海水不可斗量蓬茨之家或
出公王蒿艾之下或出蘭香物榮得食財斟得傷人慈青壽兒
累者亡清清之水為土所傷濟濟之人為酒所咲聞人善事乍可
稱揚知人有過密掩深藏是故忘談彼短靡恃己長鷹鷂雖迅
不能逮於風雨日月雖明不照覆盆之下唐虞雖聖不能掠其
暗君比干雖惠不能自免其身鼓龍雖聖不能然岸以之人
刀劍雖利不斬無罪之人羅網雖細不能執無事之人非灾橫禍不入
慎家之門人無遠慮必有近憂欲不足敗於良田諂言敗於善會
午以合濟為大海水以博納為深寬則總衆慾則有功以治治人民
則得安國信讒言必煞忠臣治家信讒必敗國□兄弟信讒剝分異
居夫婦信讒男女生分用友信讒必至死怨天雨五穀荊棘蒙恩耙芸薪救
炎必或烟揚湯救沸不而去薪千人排門不如一人拔關一人當命
萬夫不當貪心害已利口傷身荒田不整賜黍下不整冠聖百難
渴不飲盜泉之水暴風疾雨不入寡婦之門孝子不消情孫安忠臣
隱情於君法不加於君子禮不下於小人軍濁則用武君清則用文多
言不益其體百伎不妨其身明君不愛邪佞之諸慈父不愛不孝之
子道之以德齊之以禮然人負重不擇地而息君子困窮小人窮斯
濫貧食居邑之人不善執顧之仕亂宦在身不蓋斛色食之取貪
不可取當不可侍陵猶相供同而復始太公未達釣魚於水相而未
達賣漿於道樂父屠路連海水乳婢□□候時而去鶴鳴九皐
聲徹於天電炎煞火火必成煙家中有惡外必聞身有得行人自稱
傳惡不可作善不可罷人能弘道非道弘人孟母三思為子擇隣不
患人之不己之患已不知人也己欲立先立人己欲達先達人立身行道始
於事親孝無終始不離其身修身慎行恐辱先人於己所不欲勿施
於人近鮑者臭近蘭者香近愚者癡近志者良明朱不變焉蒼
其光人生不學語不成章小兒學者如日出之光長而學者如日中
之光老而學者如日暮之光學寡多如夜行乘燭勝則瞽

9 S三八三五〔50～613〕

[illegible]
患人之不已之患已不之人也已欲立先立人已欲達先達人立身行道始
於事親孝無終始不離其身修身慎行恐辱先人竹已所不欲勿施
於人近鮑者臭近蘭者香近愚者暗近智者良明朱不瑩焉發
其光人生不學語不成章小兒學者如日出之光長而學者如日中
之光老而學者如日暮之光[illegible]
[illegible]
[illegible]
問廣智惠不長欲[illegible] 視其所東欲觀其父先觀其子欲
知其父視其友理欲知其人視其奴婢君子固窮不擇官而仕
病醫則有藥敵則無[illegible]其人[illegible]君子避其敵
客聖人避其酒惠智者不見人之過少人好見人之事將分家
必出勇夫問寧之家必出[illegible]相知於道術魚相望於江湖
女無明鏡不知面上之精粗人無良友不知行之[illegible]是以結交朋
友當死就孤意重則密情薄則疏[illegible]則同榮辱則同辱難
則相救危則扶快[illegible]是無價之寶[illegible]明月神珠積財千万不
如明解 書良田万頃不如薄藝[illegible]
身之將香餌之下必有懸魚[illegible]重賞之下必有勇夫有功者
賞有過者誅不念無功之子只愛有力之奴[illegible]男不教
不如養奴養女不教不如養豬癡兒畏婦賢女敬夫孝是百行
之本教[illegible]其大者學[illegible]之志[illegible]四海為定五常為家不思
恩愛不[illegible]榮華[illegible]不重財色不[illegible]麻為會此書一卷不
用黃金千車[illegible]之數論未辯雖瑕[illegible]不望於君[illegible]堯欲教於
童用了也 太公家教壹卷
千字文 敕員外散騎侍郎周興嗣次韻 天地玄黃宇宙洪荒
日月盈昃辰宿列張寒來暑往秋收冬藏閏餘成歲律呂調陽
雲騰致雨露結為霜金生麗水玉出崑崗劍號巨闕珠稱夜光果
珍李柰菜重芥薑海鹹河淡鱗潛羽翔龍師火帝鳥官人皇
始制文字乃服衣裳推位讓國有虞陶唐弔民伐罪周發殷湯
坐朝問道垂拱平章愛育黎首臣伏戎羌遐邇壹體率賓
[illegible]鳳在樹白駒食場[illegible]

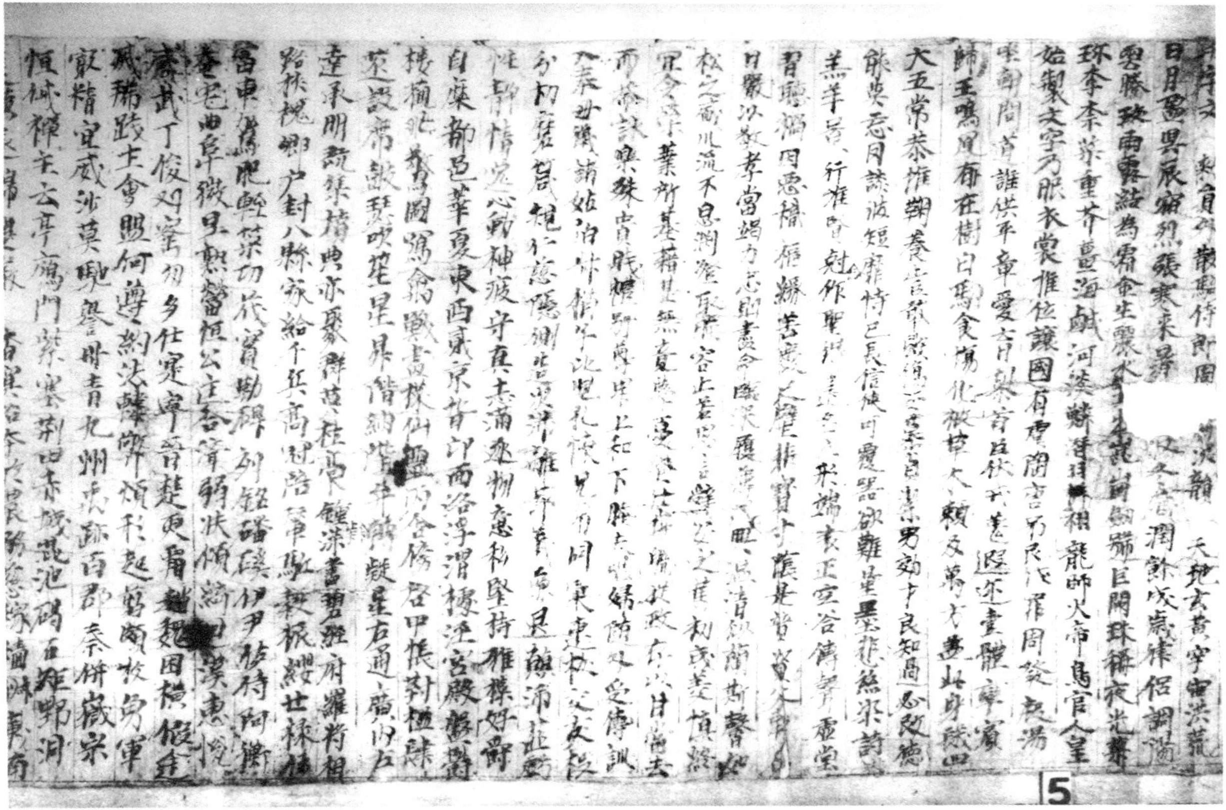
千字文　敕員外散騎侍郎周興嗣次韻
天地玄黃宇宙洪荒
日月盈昃辰宿列張寒來暑往秋收冬藏閏餘成歲律呂調陽
雲騰致雨露結為霜金生麗水玉出崑崗劍號巨闕珠稱夜光
果珍李柰菜重芥薑海鹹河淡鱗潛羽翔龍師火帝鳥官人皇
始制文字乃服衣裳推位讓國有虞陶唐弔民伐罪周發殷湯
坐朝問道垂拱平章愛育黎首臣伏戎羌遐邇壹體率賓
歸王鳴鳳在樹白駒食場化被草木賴及萬方蓋此身髮四
大五常恭惟鞠養豈敢毀傷女慕貞絜男效才良知過必改得
能莫忘罔談彼短靡恃己長信使可覆器欲難量墨悲絲染詩
讚羔羊景行維賢剋念作聖德建名立形端表正空谷傳聲虛堂
習聽禍因惡積福緣善慶尺璧非寶寸陰是競資父事君
曰嚴與敬孝當竭力忠則盡命臨深履薄夙興溫凊似蘭斯馨如
松之盛川流不息淵澄取映容止若思言辭安定篤初誠美慎終
宜令榮業所基籍甚無竟學優登仕攝職從政存以甘棠去
而益詠樂殊貴賤禮別尊卑上和下睦夫唱婦隨外受傅訓
入奉母儀諸姑伯叔猶子比兒孔懷兄弟同氣連枝交友投
分切磨箴規仁慈隱惻造次弗離節義廉退顛沛匪虧
性靜情逸心動神疲守真志滿逐物意移堅持雅操好爵
自縻都邑華夏東西二京背邙面洛浮渭據涇宮殿盤鬱
樓觀飛驚圖寫禽獸畫綵仙靈丙舍傍啓甲帳對楹肆筵
設席鼓瑟吹笙升階納陛弁轉疑星右通廣內左
達承明既集墳典亦聚群英杜稾鍾隸漆書壁經府羅將相
路俠槐卿戶封八縣家給千兵高冠陪輦驅轂振纓世祿侈
富車駕肥輕策功茂實勒碑刻銘磻溪伊尹佐時阿衡
奄宅曲阜微旦孰營桓公匡合濟弱扶傾綺迴漢惠說
感武丁俊乂密勿多士寔寧晉楚更霸趙魏困橫假途
滅虢踐土會盟何遵約法韓弊煩刑起翦頗牧用軍
最精宣威沙漠馳譽丹青九州禹跡百郡秦并嶽宗
恒岱禪主云亭雁門紫塞雞田赤城昆池碣石鉅野洞
庭曠遠綿邈巖岫杳冥治本於農務資稼穡俶載南

9　S三八三五〔50～613〕

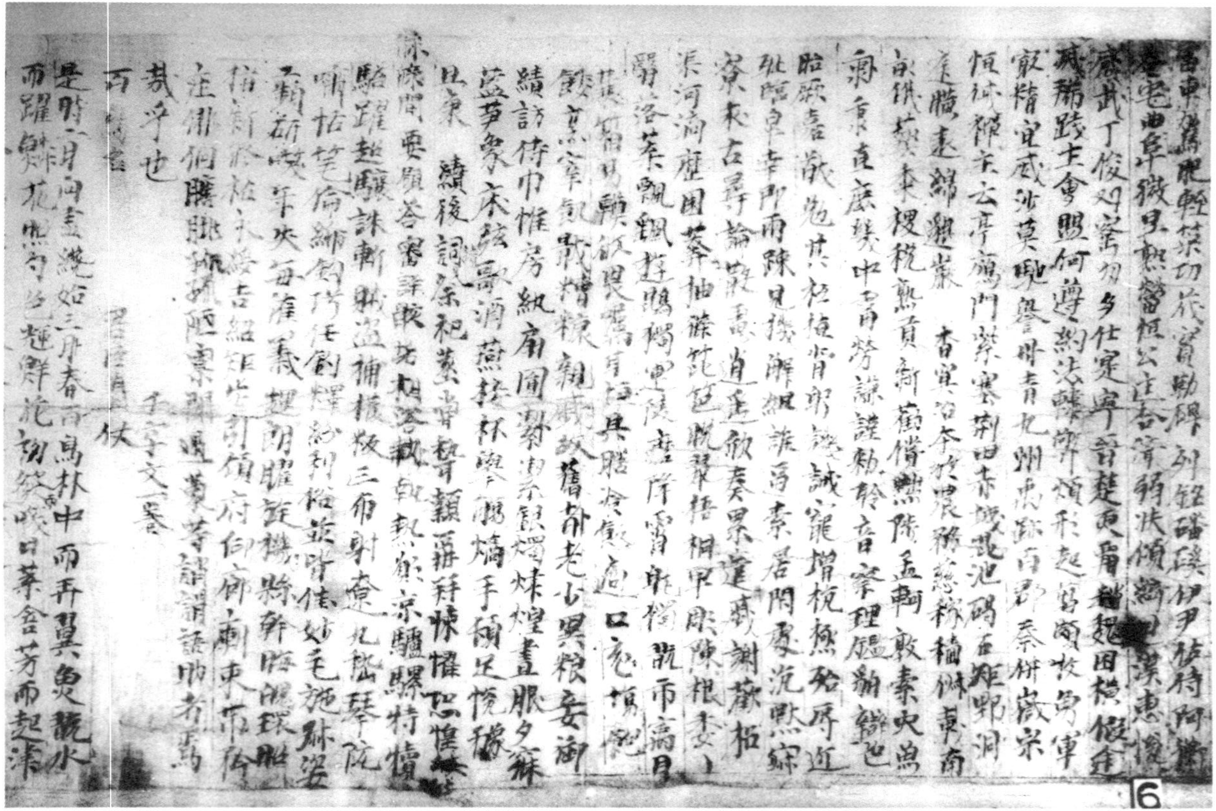
富車駕肥輕策功茂實勒碑刻銘磻溪伊尹佐時阿衡
奄宅曲阜微旦孰營桓公匡合濟弱扶傾綺迴漢惠說
感武丁俊乂密勿多士寔寧晉楚更霸趙魏困橫假途
滅虢踐土會盟何遵約法韓弊煩刑起翦頗牧用軍
最精宣威沙漠馳譽丹青九州禹跡百郡秦并嶽宗
恒岱禪主云亭雁門紫塞雞田赤城昆池碣石鉅野洞
庭曠遠綿邈巖岫杳冥治本於農務茲稼穡俶載南
畝我藝黍稷稅熟貢新勸賞黜陟孟軻敦素史魚
秉直庶幾中庸勞謙謹敕聆音察理鑑貌辨色
貽厥嘉猷勉其祗植省躬譏誡寵增抗極殆辱近
恥林皋幸即兩疏見機解組誰逼索居閑處沉默寂
寥求古尋論散慮逍遙欣奏累遣戚謝歡招
渠荷的歷園莽抽條枇杷晚翠梧桐早凋陳根委翳
落葉飄颻游鵾獨運凌摩絳霄耽讀翫市寓目
囊箱易輶攸畏屬耳垣牆具膳餐飯適口充腸
飽飫烹宰飢厭糟糠親戚故舊老少異糧妾御
績紡侍巾帷房紈扇圓潔銀燭煒煌晝眠夕寐
藍筍象床弦歌酒讌接杯舉觴矯手頓足悅豫
且康嫡後嗣續祭祀烝嘗稽顙再拜悚懼恐惶
牋牒簡要顧答審詳骸垢想浴執熱願涼驢騾犢特
駭躍超驤誅斬賊盜捕獲叛亡布射遼丸嵇琴阮
嘯恬筆倫紙鈞巧任釣釋紛利俗竝皆佳妙毛施淑姿
工顰妍笑年矢每催曦暉朗曜璇璣懸斡晦魄環照
指薪修祜永綏吉劭矩步引領俯仰廊廟束帶矜
莊徘徊瞻眺孤陋寡聞愚蒙等誚謂語助者焉
哉乎也
千字文一卷
丙[illegible]　[illegible]伏
是時二月向盡漸始三月春而鳥林中而弄翼魚龍水
而躍[illegible]花照[illegible]鮮花初發[illegible]吐華含芳而起[illegible]

稍新將祐永綏吉紹矩步引領府仰廊廟束帶矜
莊徘徊瞻眺孤陋寡聞愚蒙等誚謂語助者焉
哉乎也　　千字文一卷

百鳥名　君臣儀仗

是時二月向盡，才始三月春初，百鳥林中而弄翼，魚龍水
而躍鱗，花照灼而艷，花初發吹，日華含芳而起浪
山有大虫為長，鳥有鳳凰為尊。是時之鳥，即至雨集雲
奔，排備儀仗，一依人君。白鸖身為宰相，山鵲鵶在諫忠
臣，翠碧鳥為紈堙侍御，鶻子為遊弈將軍，鵰鷹作
六軍神策，孔雀王專知禁門，護澤鳥偏知別當，細遂
子通事舍人，鴻鶴專知禮部，鸂鶒太史將文，日月鳥
夜龕星，烏赤嘴鵰畫望煙雲，突厥鳥權知番館
老鷄專望煙雲訶尾，鳥為無事，役專心過禁鄉村白
練帶色如銀，久在山間，別作群開道，鳳凰林裏現，將男俠
女悲來臻，薰胡鳥鵲鵲師鴻娘子，鴿鶉見赤嘴鴨碧鶯
鷄鷚鶖鳥作伴，對對雙飛，奉府遊嘆，不敢逐遲挺此星
鳥即至亦不相違，濤河鳥腳趣跡，尋常傍水貪魚喫野
鴨，遙見角鷄來，剋頭承底，魚不得。白鸚鵡赤鷄，赤身上毛
衣有五色，兩兩三三傍水波，向日遙觀真錦翼，巧女子憫
怜喜樹梢頭，養男女，銜花拾枝累巢乘金針，誰
解取。隴有道出鸚鵡，教得分明解人語，人乘微根懶
不如籠裏將來獻，明昧鸚鵡忽曾作，老鼠身上無毛
生肉羽，恰至黃昏即出來，白日何曾慕風雨，念佛鳥楗
甜盧尋常道酒不曾酤，擇雉從身百種有，鵰鵡向後
一物無獨，春鳥蒼巢果出，性為便高樹，拔雀以身寸義子
大都謙老鷄沒毛衣，吉祥鳥最靈，書出在臺山巖長裏製
然觀𠫤出悪中，從是人人皆傾乱花，沒鴿色能姜，一生愛
踏伽藍地，野鵲人家最有靈，好事於先來送喜，黑鸛鳴
黃花樓，飛來飛去傍山頭，山鵲嘴紅，將人愛群，神身獨

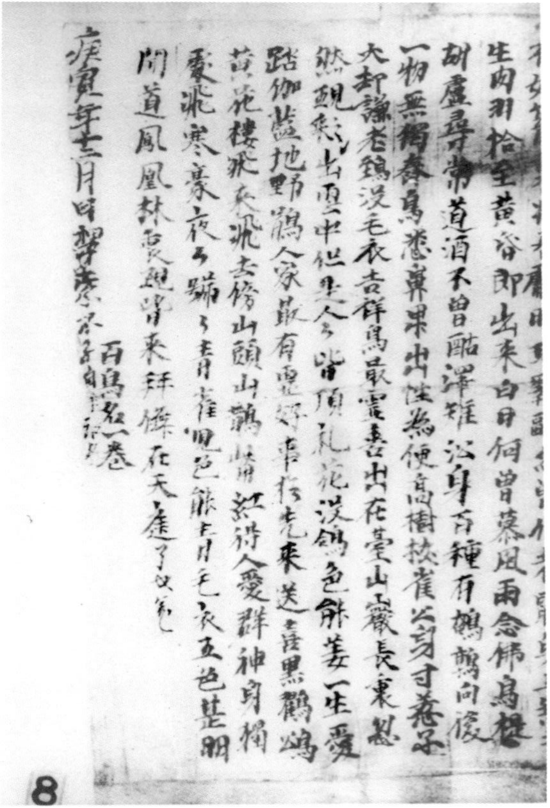

[illegible]
生肉羽拾全黃谷即出來白日何曾慕風雨念佛鳥棲
胡盧尋常道酒不曾酤澤雉〻身有種有鷓鴣向後
一物無獨春鳥蔫菓果出性為便高樹棲雀〻身寸養子
大都謙老鴿沒毛衣吉祥鳥最靈喜出在臺山巖長棲
然覩彩〻出雲中但是人〻皆頂禮花沒鴿色能善一生愛
踏伽藍地野鵲人家最有靈好事於先來送喜黑鸛鴝
黃花樓飛來飛去傍山頭山鵲嘴紅得人愛群神身獨
處飛寒豪夜〻啼〻青雀兒色能青毛衣五色甚明
聞道鳳凰林裏現呼來拜謁在天庭了此
百鳥名一卷
庚寅年十二月日押衙索不子自手記

9　S三八三五〔50～613〕

佛說東方不

弟子

9 S三八三五〔50～613〕

9 S三八三五〔50~613〕

9 S三八三五〔50～613〕

9　S三八三五〔50~613〕

10 S四九〇一v〔1〕

10 S四九〇一v〔1〕

於良田讒言敗於
然深免則得其怨則
言貌中應危家信讒
蝕讒毀女分男友信
新秋火盛夏陽
枝閑不守隘万夫莫當貧心吉己理口僞身於田不敢顧
梨下不敢冠竟衆須渇不飲盗道之水果風疾雨不入寡
婦之門孝子不隱情於父忠臣不隱情於君法不加於君子
禮不下於小人清則用文濁則用武多言不益其體
百伎不方其身明君不愛邪佞之臣慈父不愛不孝
之子道之以德齊之以禮小人負重不擇地而息君子
困窮不擇官而事小人窮斯濫矣貧厄之人不羞
執鞭之仕飢寒在身不羞田乏之食貧不可欺富
不可恃陰陽相催周而復始太公未遇釣魚於水相如
未遇賣卜於市宋文居山魯連海畔孔明盤桓候時
而起鶴鳴九皐聲聞於天蘭麝之香煙氣不久
雲家中有惡人必之聞身有德行人必稱傳惡不可
作善不可讒人能孝道非道不行人之惡思為子擇
患已所不欲患已不知己欲立先立於人己發達
先先立於人立身行道始於事親孝無終始不離其身
身慎行卻身先己而不終勿施於人近鮑者臭近蘭者
香近愚者闇近智者良明珠不瑩焉發其光人生不孝言不成
章小兒學者如日出之光長而學者如日中之光老而學
者如日暮之光人生不孝冥冥如夜行

11 S四九二〇〔414～613〕

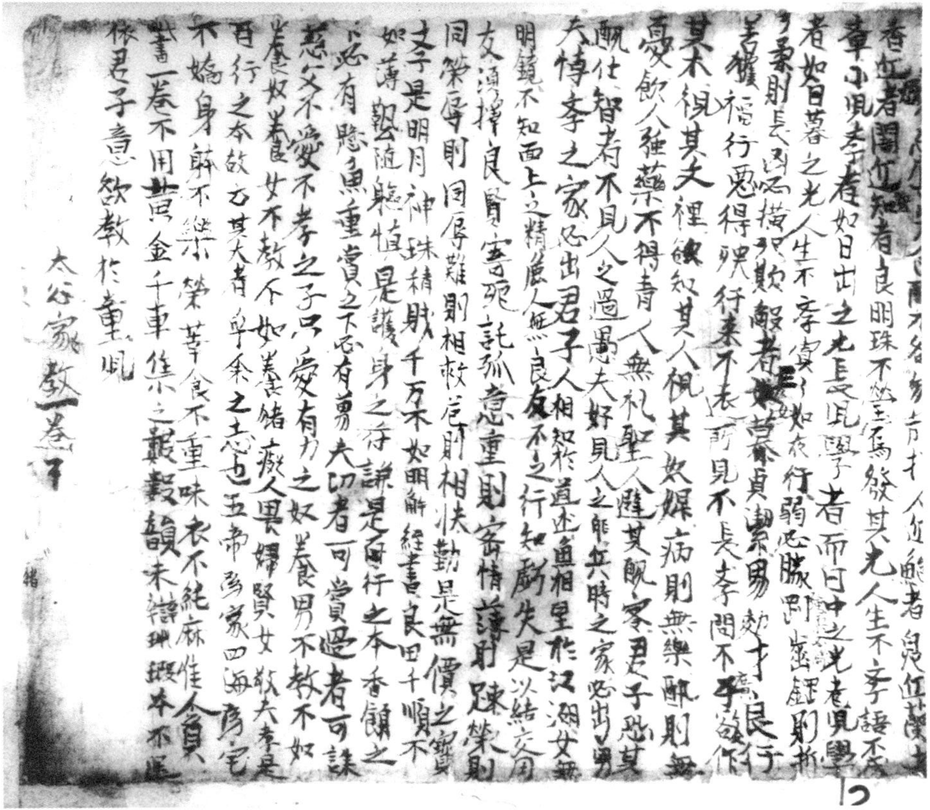

者[illegible]者闇近[illegible]者良明珠不瑩焉發其光人生不學語不成
章小兒學者如日出之光長而學者如日中之光老見學
者如日暮之光人生不學冥冥如夜行弱[illegible]勝[illegible]則折
[illegible]柔則長凶惡[illegible]欺殺者[illegible]貞潔易[illegible]守良行
善獲福行惡得殃行來不遠所見不長孝問不學[illegible]作
其木視其文裡欲知其人視其奴婢病則無樂醉則無[illegible]
憂飲人雖藥不得青人無禮聖人避其飯客君子恐其
飢仕智者不見人之過愚夫好見人之能與時之家必出男
夫博孝之家必出君子人相知於道近魚相望於江湖女無
明鏡不知面上之精[illegible]人無良友不之行知斷失是以結交[illegible]
友須擇良賢寄死託孤意重則寄情薄則疎榮則
同榮辱則同辱難則相救危則相扶勤是無價之寶
孝是明月神珠精賊千萬不如明解經書良田千頃不
如薄藝隨軀慎是護身之符謙是百行之本香餌之
下必有懸魚重賞之下必有勇夫切者可賞過者可誅
慈父不愛不孝之子[illegible]愛有力之奴養男不教不如
養奴養女不教不如養豬癡人畏婦賢女敬夫孝是
百行之本[illegible]其大[illegible]尊余之志也五帝為家四海為宅
不嬌身辭不樂榮華食不重味衣不純麻惟貪
書一卷不用黃金千車集之[illegible]韻未[illegible]本不[illegible]
依君子意欲教於童兒
太公家教一卷了

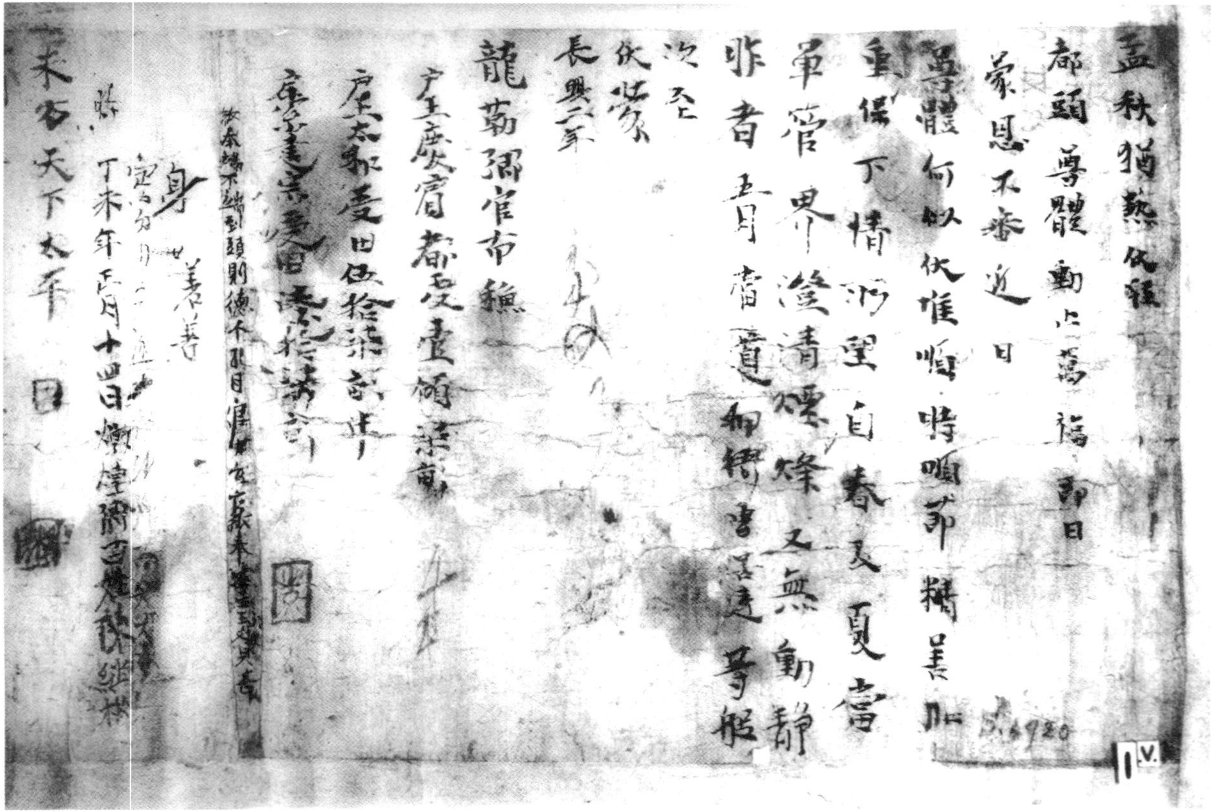
孟秋猶熱伏惟
都頭尊體動止萬福　即日
蒙恩　不審近　日
尊體何似　伏惟順時節　[illegible]善加
重保　下情所望　自春及夏　當
軍管界澄清　煙烽又無動靜
[illegible]

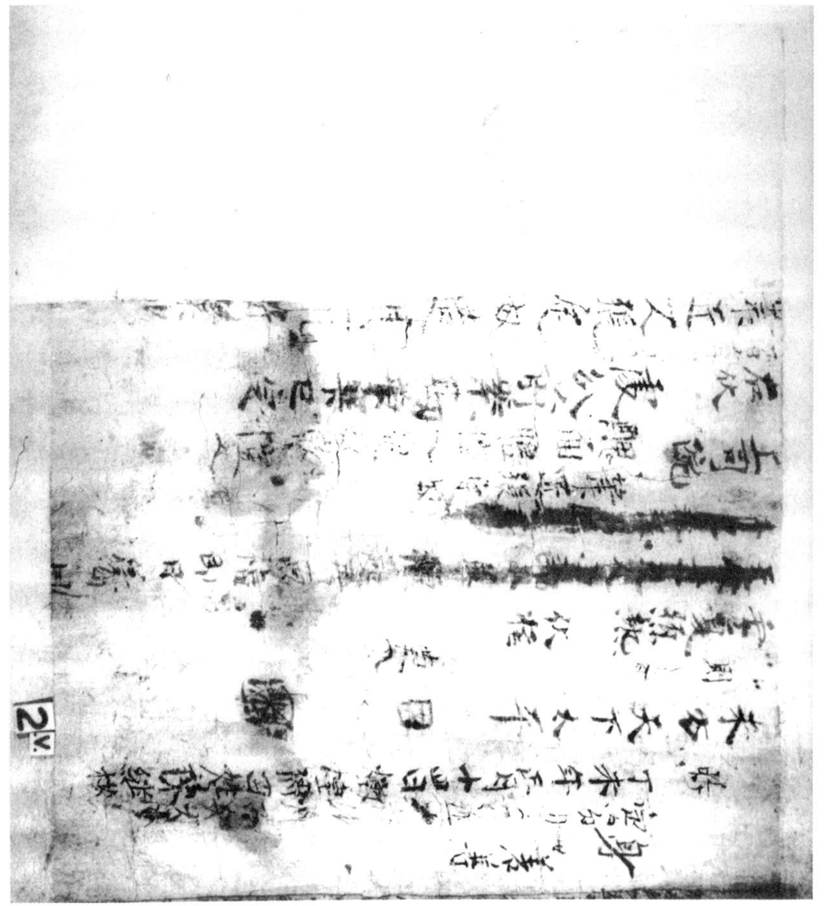

不照覆盆之下唐虞雖聖
不能諫其闇君比干雖惠不
免禍及其身蛟龍雖聖不
不能煞岸上之人刀劒須利不
斬無罪之人羅網須細不能
煞清潔之士非災橫禍不入
慎家之門無人遠慮必有近
憂斜徑敗於良田讒言敗於
善人君子以含容為大海水惟納
善人君子以含容為大海水
博納為深寬則得眾煞則
有切切法治人〻則得安國信
讒必煞忠臣治家信讒不敬
二親兄弟信讒分別異居夫
婦信讒男女生分朋友信讒
必至死竟天雨五穀荊棘蒙
恩抱薪救火〻必燒揚
湯止沸不如去薪千人排
門不如一人拒關一人守隘萬
夫莫當貪心害己理口傷身
瓜田不整履李下不整冠

荒田不政穢梨下不政廻完
衆須渇不歛溢衆之水暴
風疾雨不入寡婦之門孝子不
隱情於父忠臣不隱情於君法不
加於君子禮不下於小人惜爾
文濯則用武夕夕三不亦其
軀而俊不妨其身朋君不愛
邪佞之臣慈父不孝之子道
以德齊之以礼小人負重不攀
地而息君子困窮不攀官而業不
人窮斯濫矣危厄之人不善數
數之仕欲寒在身不善古也
食之祉貧不可欺富不可恃陰陽
相催周而復始太公未遇釣魚
於水相如未遇賣卜於不
梁父居山魯連赴海孔明盤
桓候時而起鸜鵒九皐聲聞
於天電電兼燃火煙氣成雲家
中有惡人必知聞身有德行
人必稱傳惡不可作善不可觀
人能弘道非道弘人孟母三思
為子擇隣只欲已所不勿惠

為子擇隣只欲己所不欲急
已知人也已欲立身先立於人
己欲達先達於人立身行
道始於事親孝無終始不
離其身修身慎行恐辱
先人己所不欲勿施於人近
鮑者臭近蘭者香近愚
者闇近知者良明珠不瑩
焉發其光人生不學語疚
章小兒學者如日出之光長
兒而學者如日中之光老
兒學者如日暮之光人生不
學冥冥如夜行弱必勝強
柔必勝剛遷鏗則〻折柔
則長凶必積死歎敵者巨女
慕貞潔男效才良行
善獲福行惡得殃行來不
遠所見不長文字問不羞
智慧不長欲知其君視使
其所欲知其父先視其子
欲依其木視其文理欲知其

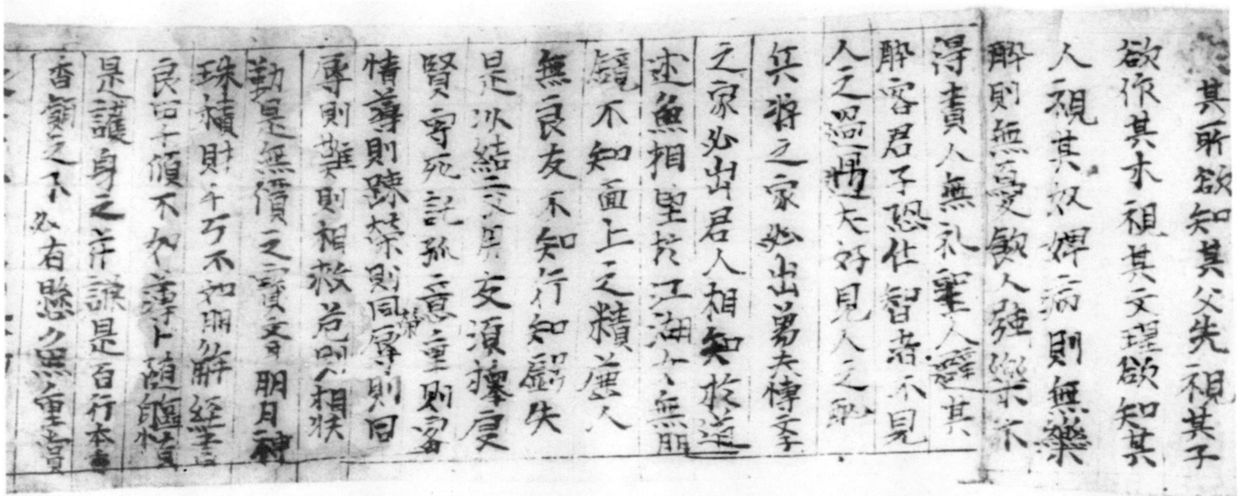

其所欲知其父先視其子
欲依其木視其文理欲知其
人視其奴婢〻病則無樂
醉則無憂飲人强樂不
得責人無礼罪人辭其
醉容君子恐仕智者不見
人之惡過太好見人之恥
兵將之家必出勇夫博學
之家必出君人相知於道
述魚相望於江海〻無龍
鏡不知面上之精塵人
無良友不知行知虧失
是冰結之交須擇良
賢守死託孤意重則客
情薄則疎榮則同辱則同
辱則難則相救危則相扶
勤是無價之寶學者明月神
珠積財千万不如明解經書
良田千頃不如薄藝隨身慎
是護身之符謙是百行之本
香餌之下必有懸魚重賞

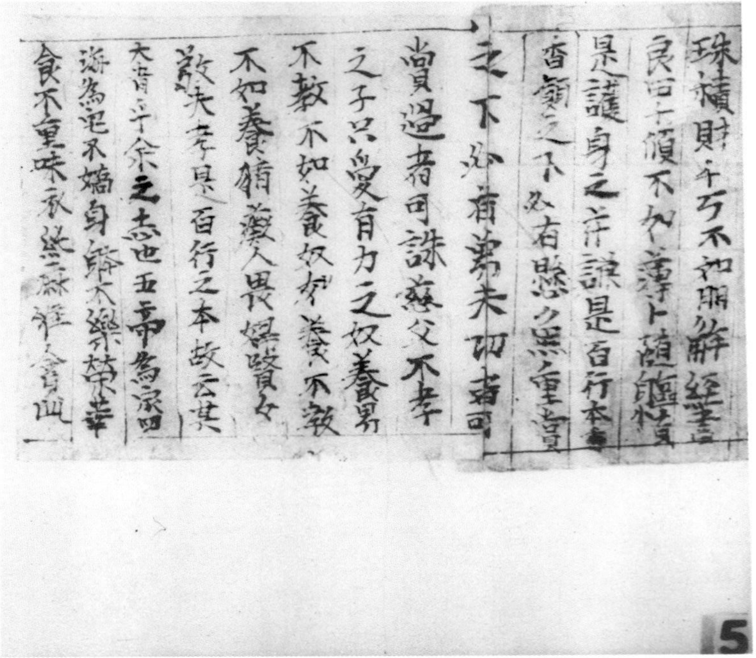
珠積財千箱不如明解經書
良田千頃不如薄藝隨軀
是護身之符謙是百行本
香餌之下必有懸魚重賞
之下必有勇夫切者可
賞過者可誅慈父不孝
之子只愛育力之奴養男
不教不如養奴養女不教
不如養猪藝人畏婦賢女
敬夫孝是百行之本故云其
大哉孝乎余之志也五帝為家四
海為宅不嬌身躰不樂榮華
食不重味衣無絲綵含丘山

12

S五六五五〔397～613〕

尒時界微塵等菩薩摩訶薩從
地者皆於佛前一心合掌瞻仰尊顏
而白佛世尊我等於佛滅後世尊分身
所在國土滅度之處當廣說此經所
以者世尊我等於於佛滅後世尊
分身所在國土滅度之尒時世尊於
處當廣說此經所以者何我等亦自
欲得是真淨大法受持讀誦解說書
寫而供養之尒時世尊於文殊師利等
无量百千万億舊住娑婆世界菩薩
摩訶薩及諸比丘比丘尼優婆塞
夷天龍夜叉乾闥婆阿脩羅迦樓
緊那摩睺羅伽人非人等一切眾前現大
神力出廣長舌上至梵世

13 S五七二九〔8〜86〕

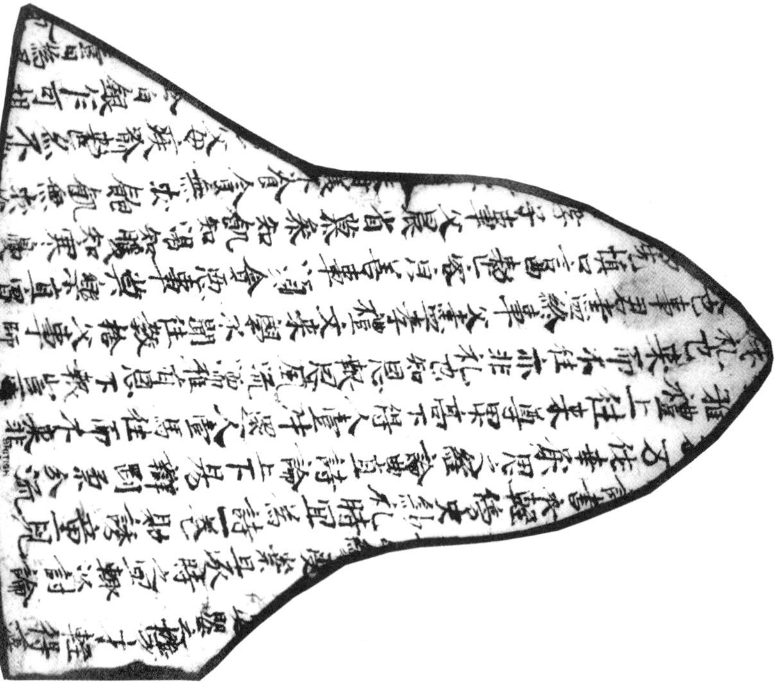
業且承時之宜輒以討論
書衣輕傳史紀礼時宜為詩一卷已貽誘童兒
經論曲直詩論上下易辯罰衆分流
雅禮上往來尊卑高下得人一壹斗還人一壹馬往而不來非
礼也來而不往亦非礼也知恩報恩風流儒雅有恩下報
事君盡終事父盡孝禮文來學不聞往教捨父事師
慎口言善事須貪惡事莫與
孝子事父晨省暮參知飢知渴知暖知寒憂
食無求飽飢無求
父母疾病
白銀作可相

14 S五七七三〔132～281〕

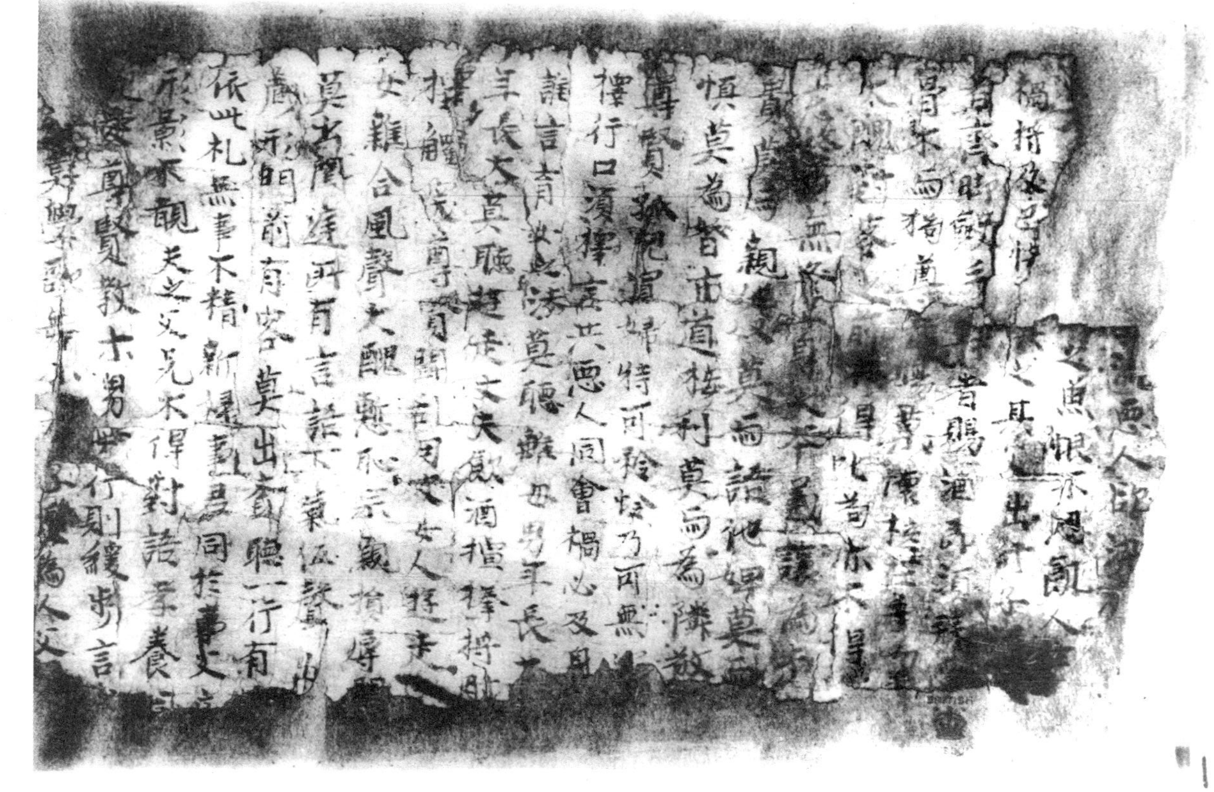

14 S五七七三〔132～281〕

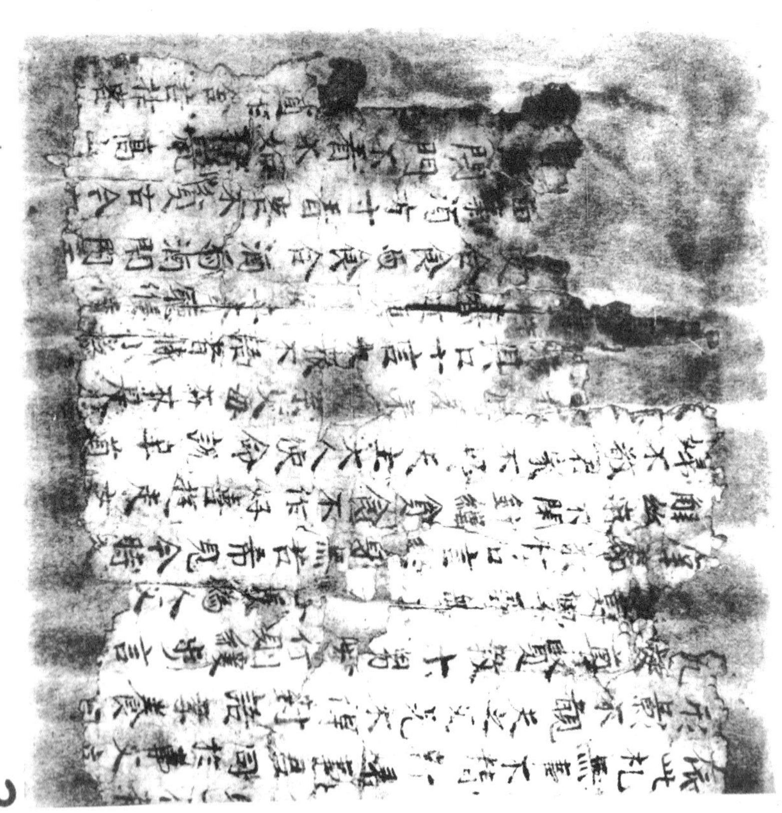

2

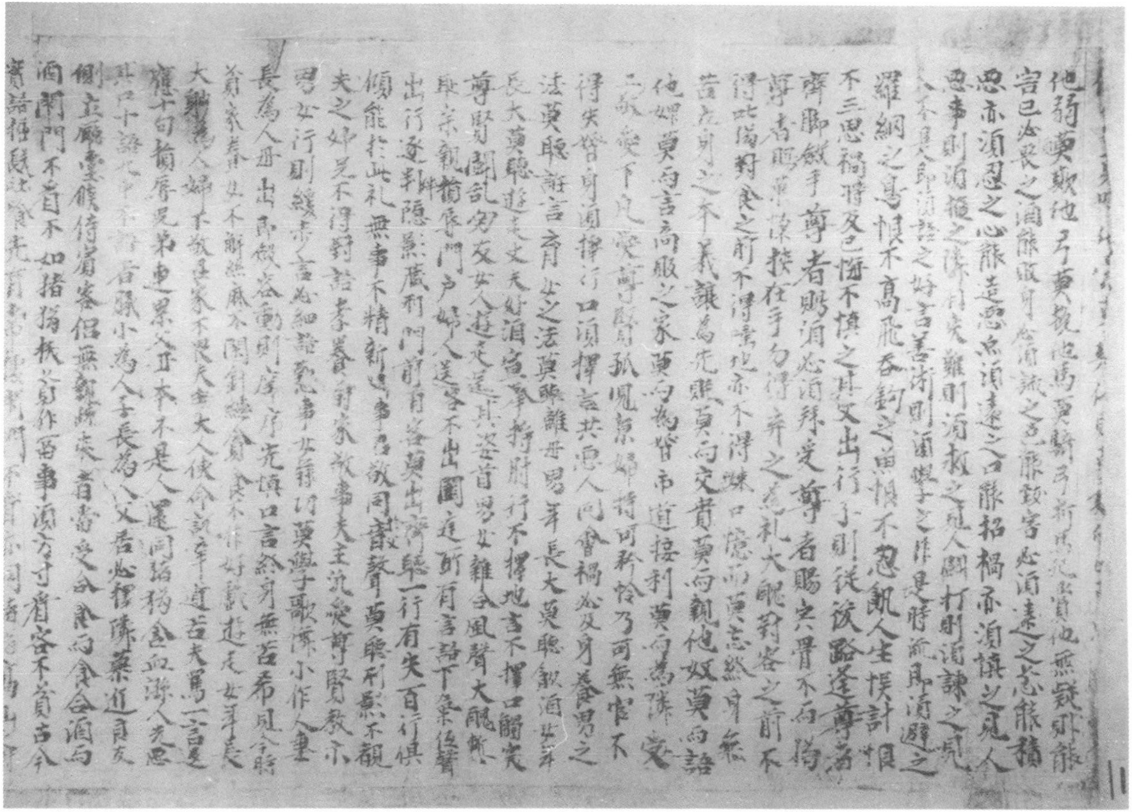

15

S六一七三〔99～361〕

15 S六一七三〔99～361〕

15

S六一七三〔99～361〕

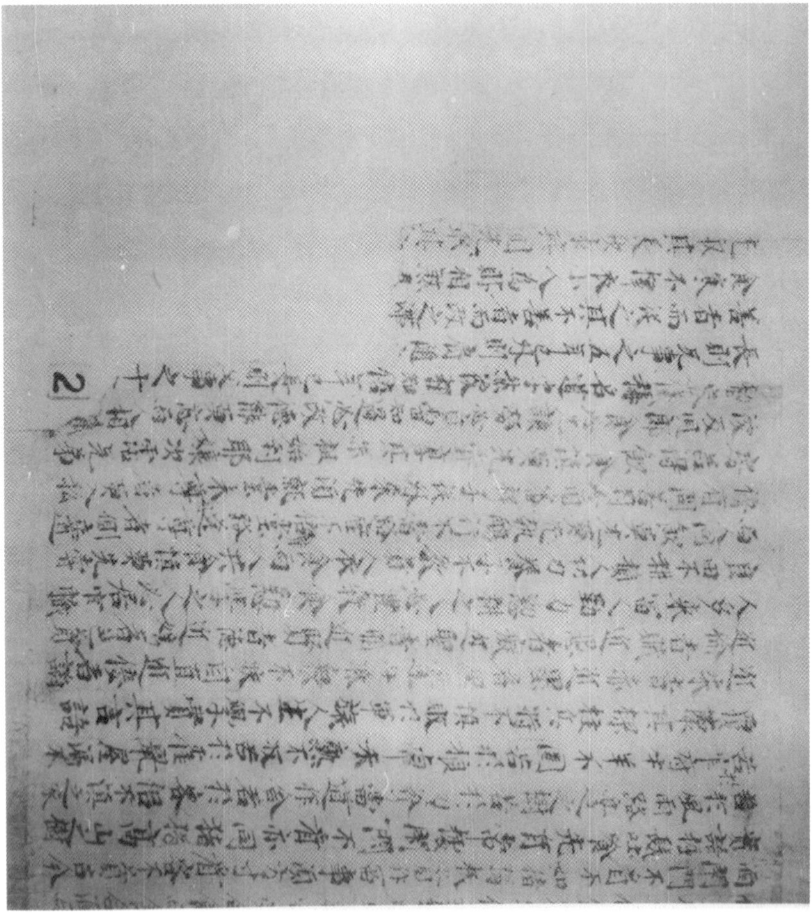

15 S六一七三〔99～361〕

15

S六一七三〔99～361〕

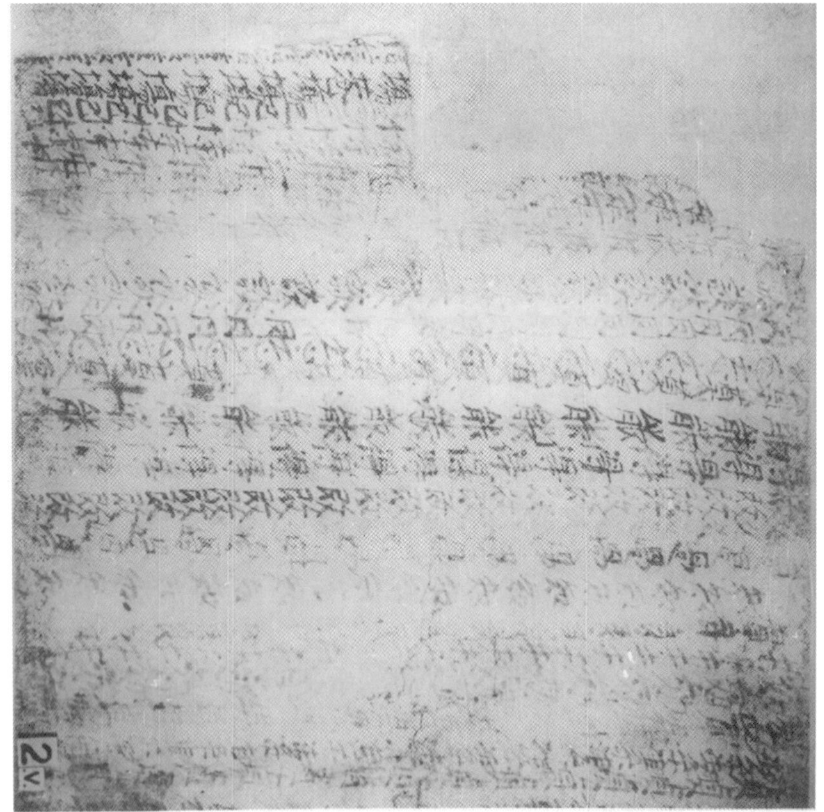

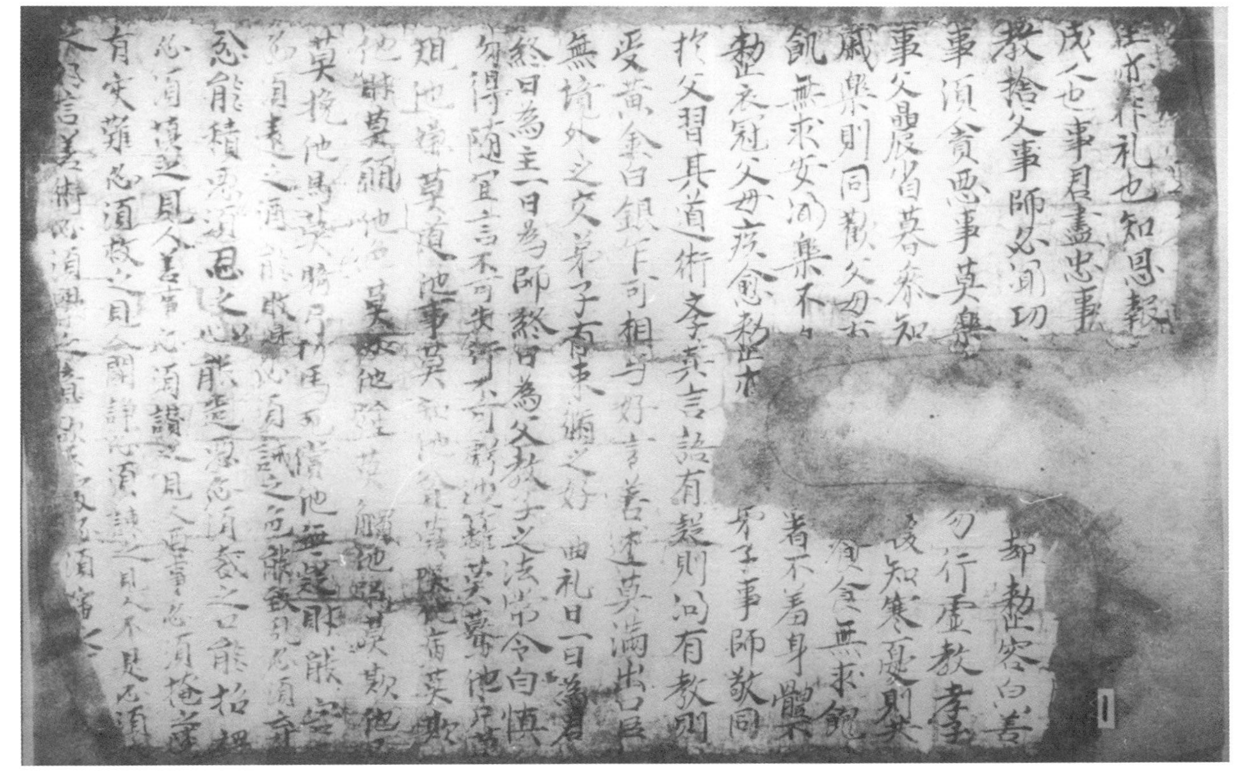

16 S六一八三〔33～129〕

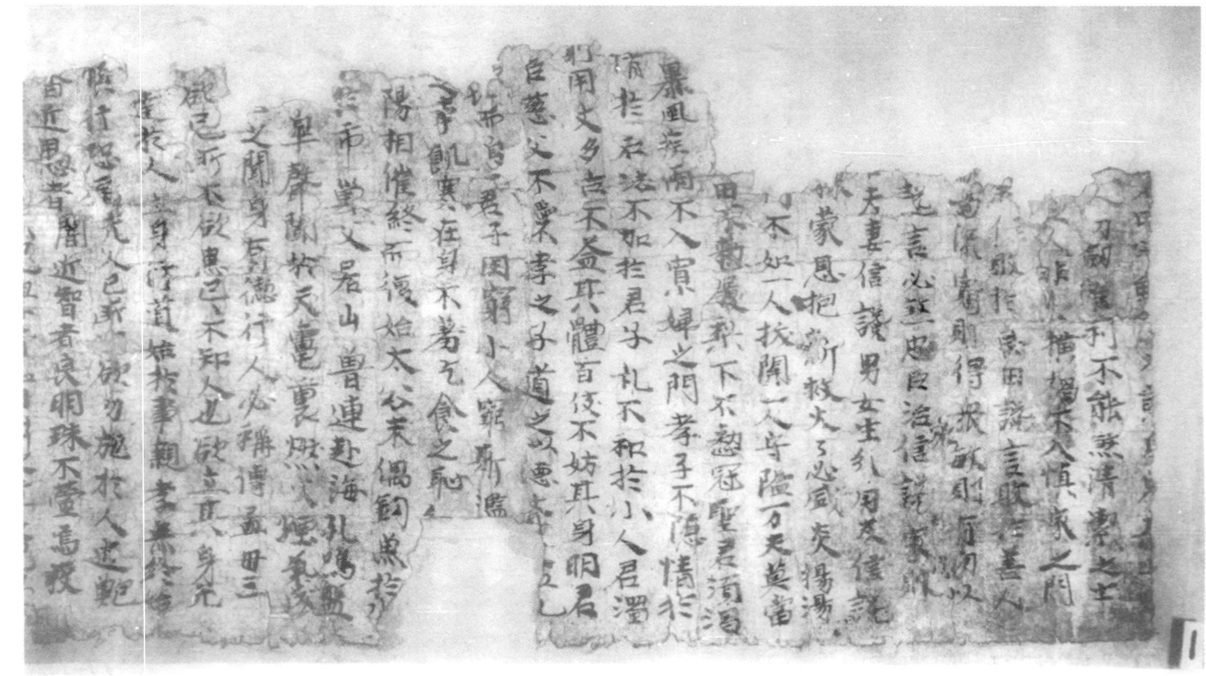

17 S六二四三〔402～529〕

17 S六二四三〔402～529〕

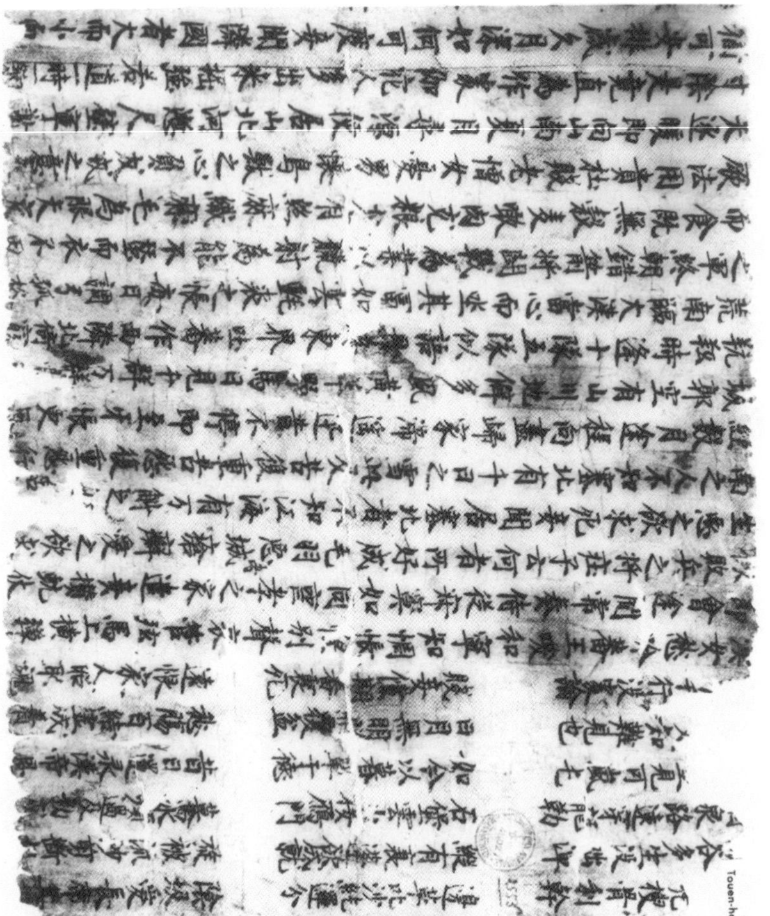

Pelliot chinois 2553
Touen-houang

18 P二五五三1〔1~43〕

[illegible]能不蠶而衣不田
而食既無穀麥啖肉充粮少有絲麻織毛為服夫突
厥法用貴壯賤老憎女愛男懷鳥獸之心負犬戎之意
天逐暖即向山南夏月尋涼便居山北河邊只人壑寧[illegible]
寸陰是竟直為作業伽陀人多出來搖強看道一時[illegible]
術可安排歲久月深如何可度妾聞隣國者大而小而
強自強弱自弱何用逞雷電之意氣爭烽火之[illegible]
獨樂一身苦他万姓單于見明妃不樂唯傳一箭號令
軍且有赤狄白狄黃頭紫頭知策明妃皆來慶賀酒
命緤駱駝搭駝莫莫作舞倉牛亂歌百姓知單于意單于[illegible]
百姓心良日可惜吉日難逢遂拜昭軍為煙脂皇后故
國隨國入鄉隨鄉到蕃稟還立蕃家之名禁拜號作[illegible]
脂貴氏家有為陳

傳聞突厥本同威　每喚昭軍作貴妃　呼名更號煙脂氏
猶恐他嫌禮度微　牙官少有三公子　首領多饒五品緋
毛下既稱張毳幕　臨時以請[illegible]旃旗　搥鍾擊鼓千軍[illegible]
叩角吹螺九姓圍　澣海上由嘍[illegible]　陰山的是擬危危
搏前校尉歌楊柳　坐上將軍無舞輝　乍到未聞胡地法
初來且著漢家衣　冬天野馬從他瘦　夏月犛牛任意肥
邊雲忽然聞此曲　令妾愁腸每意歸　蒲桃未必勝春酒
氈帳如何及綵幃　莫怪適來頻下淚　都為殘雲度嶺西

上卷立鋪畢　此入下卷

明妃既策立元來不稱本情可汗將為情和每有善言相向
異方歌樂不解奴愁別域之歡不令人愛單于見他不樂
又傳一箭告報諸蕃非時出獵圍遶煙脂山用昭軍作[illegible]
万里攢軍千兵逐獸昭軍既登高嶺愁思便生遂指天
嘆帝鄉而日家若為陳說

單于傳告報諸蕃　各自排兵向北山　左邊盡著黃金甲

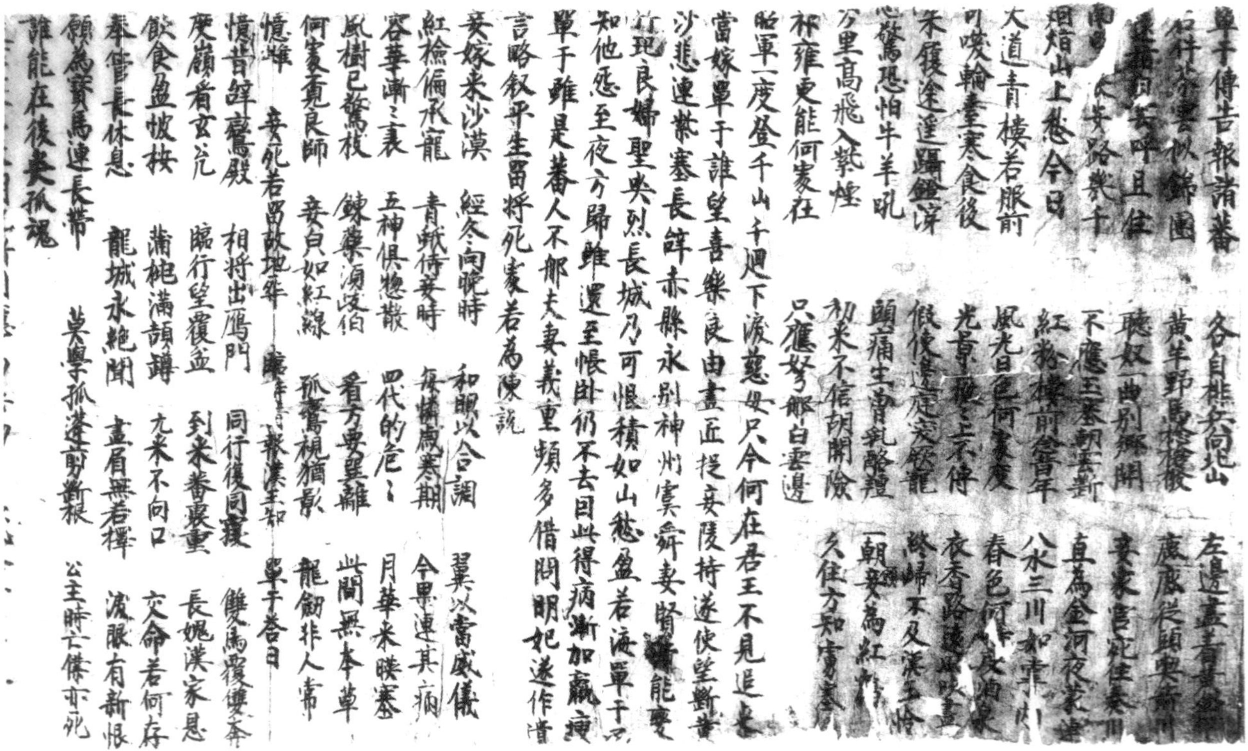

18　P二五五三1〔1～43〕

從昨夜已來明妃漸困應為異物多不成人單于重祭山川
再求日月百計尋於千般求術縱令春盡命也何存可惜
明妃奄從風燭故知生有地死有處恰至三更大命方盡單
于脫卻天子之服還著庶人之裳披髮臨喪魁渠並至驍夜
不離喧側部落豈敢東西日夜哀吟無由暫輟慟悲切調乃
哭明妃處若為陳說
昭軍昨夜子時亡　突厥今朝發使忙　三邊走馬傳胡命
万里非書奏漢王　單于是日親臨哭　莫捨須臾守看喪
解劍脫除天子服　披頭還著庶人裳　衙官坐位刀離面
九姓行哀截耳璫　枷上羅衣不重香　可昔未殃宮裏女
嫁來胡地碎紅粧　首領盡如雲雨集　異口皆言鬪戰場
寒風入帳聲猶苦　曉日臨行哭未殃　昔日同眠夜即短
如今獨寢覺天長　何期遂離拋　不憶宴臥朔方
早知死若埋沙裏　悔不教君還帝鄉　表奏龍庭
勅未至單于喚丁寧塞上衛律令知事一依蕃法不
漢儀棺槨窮廬更別方圓千里之内以伐醮薪周匝一川不案
馬且有奔馳勒律何寶蕃人膳主犛牛兼能熱馬驅五
百公羔酒煞十万口羊退犢燖駞飲食盈川人倫若海一百里鋪
氈毯毛毯蹉上而行五百鋪金銀胡瓶下脚無處單于親[illegible]
部落皆來傾國成儀乃葬昭軍處若為陳說
詩書既許禮緣情　今古相傳莫不情　漢家雖道生離重
蕃裏猶死葬輕　單于是日親臨送　部落皆來引仗行
睹走熊羆千里馬　爭來競逞五軍兵　牛羊隊隊生埋壙
仕女芬芬讒入坑　地上築墳猶未了　泉下惟聞叫哭聲
蕃家法用將為重　漢國如何輒肯行　若道可汗傾國葬
焉知死者絕妨生　黃金白玉蓮車載　寶物明珠盡庫傾
昔日有秦王合國葬　校料昭軍亦未平　墳高數尺號青塚
[illegible]

18　P二五五三1〔1～43〕

[illegible]
昔日有秦王合國葬　挍料[illegible]亦未平　墳高數尺号青塚
還道軍人為立名　只今葬在黃河北　西南望見受降城
故知生有地死有處可惜明妃奄從風燭八百餘年墳今上在
後至孝哀　皇帝然發使和蕃遂差漢使楊少徵杖節和蕃
弔金重錦繒綵入於虜庭慰問蕃王單于聞道漢使到來弔唁
加喜悅光依禮而受漢使弔宣哀　帝聞遂出祭詞[illegible]
明〻漢使達邊隅　稟〻蕃王出帳趍　大漢稱尊成命重　高聲讀[illegible]
昨咸來表知其向　今嘆明妃奄逝殂　故使教臣來弔祭　遠道兼問有所須
此間雖則人行義　彼處多應禮不殊　附馬賜其千疋綵　公主子仍留[illegible]
雖然与朕山河隔　每〻憐鄉歲月孤　秋末既能安葬了　春間遣請赴京[illegible]
單于受弔復含啼　漢使聞言悉以悲　丘山義重恩離捨　江海雖深不可齊
從歸漢別連比　万里長懷霸岸西　閑時淨坐觀羊馬　悶即徐行悅鼓鼙
嗟呼數月連非禍　誰為今冬急解奚　乍可陣頭失却馬　那堪向老更亡妻
靈儀好日須安曆　葬事臨時不敢稽　莫怪帳前無掃土　直為啼多旋作泥
漢使弔訖當即使迴行至蕃漢頭遂見明妃之塚青塚寂遼多
經歲月使人下馬設樂沙場善非單布酒心重傾望其青塚宣哀
帝之命乃述祭詞　維年月日謹以清酌之奠祭漢公主王昭軍之靈
惟靈天降之精地降之靈姝越世之無比婥妁傾國和陟娉丹青寫
刑遠稼使兇奴拜首方代代信義号罷征賢感敢五百里年間出
德邁應黃河号一清祚永長傳万古圖書且載著往聲鳴呼嗟哉
在漢室者昭軍亡歿紂者妲妃孀姿兩不圖矜誇興皆言為美稱
荷和國之殊功金骨埋於万里嗟呼別翠之寶帳長居突厥之
号盧特也黑山杜氣擾攘兇奴猛將降臣計竭窮謀漂遷有
懼於撿杭衛霍怯於強胡不祿昭軍紫塞難為運策定單于
飲別攀戀拜路跪嗟呼身殁於蕃裏魂兮豈忘京都空留
塚齊天地岸兀青山兮載孤

余乃生逢亂代々
只欲隱山李ゝ
無晏嬰之機ゝ
人衣隨緣愛業
詩書於經傍所約禮時宜過為一卷助誘童兒
傳万代幸紙思之經論ゝ直書論上下易辯
風流儒雅禮常往來尊卑高下得人一牛罵退
一馬往而不來非識禮ゝ也來而不往亦非禮
也知恩報恩風流儒雅有恩不報豈成人也ゝ
一若事父之書今也得來者不開往教榜

2553

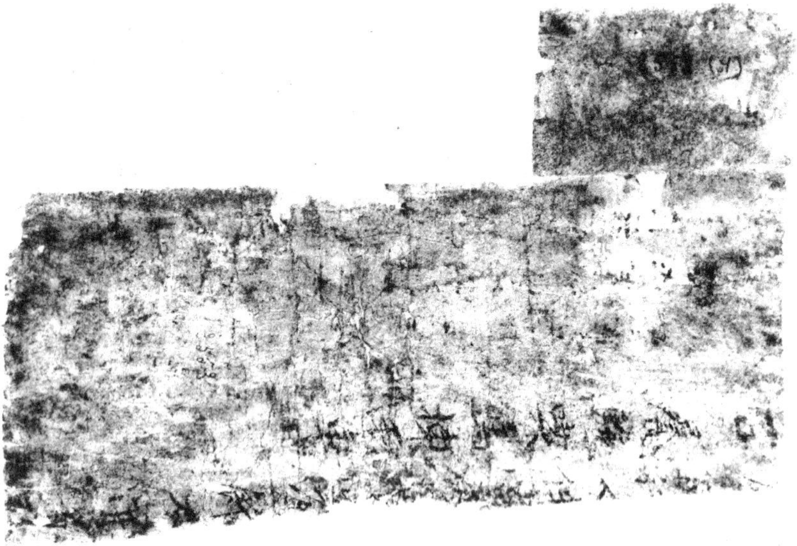

18 P二五五三1（1～43）

P二五五三1〔1～43〕

Pelliot chinois
Touen-houang 2553
2

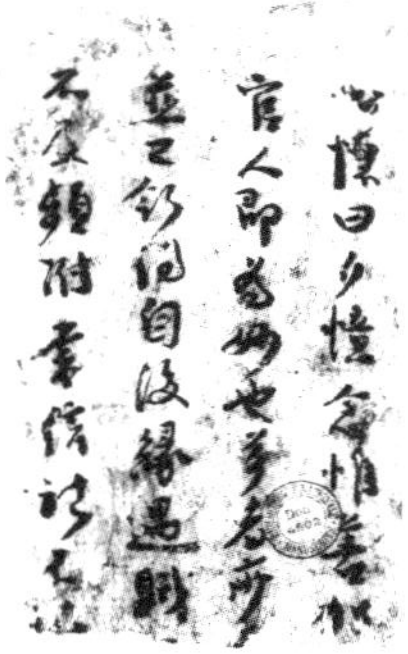

Pelliot chinois
Touen-houang 2553
3

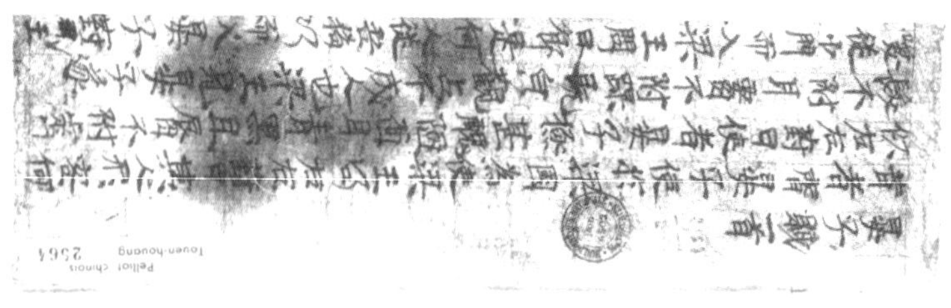

19 P二五六四〔1～613〕

19 P二五六四〔1～613〕

似左右對曰使者晏子極甚醜陋面目青黑唇不附齒
髮不附耳腰不附踝[illegible]白觀[illegible]不成人也梁王[illegible]晏子遂
從小門而入梁王問曰卿是何人從吾狗門而入晏子對王
曰王若是造作人家之門即從人門而入君是狗家即從狗門
而入有何恥乎梁王曰齊國無人遣卿來晏子對曰齊國大
臣七十二相並是聰明智惠故使向智梁國去臣最無智遣
使無智國來梁王曰不道卿無智何以短小晏子對王曰
梧桐樹須大裏空虛井水須深裏無魚五尺大蛇怯蜘蛛
三寸車轄制車輪得長何益得短何嫌梁王曰不道卿
短小何以黑色晏子對王曰黑者天地性也黑羊之肉豈可不
食黑牛駕車豈可無力黑狗趁兔豈可不得黑雞長鳴豈
可無則鴻鶴雖白長在野田喪車雖白恒載死人柰雖
黑鄉其前黑墨雖黑在王邊[illegible]黑者先曾之山言
見大何益晏子對王曰劍雖尺餘能定四方麒麟雖小聖君瑞應
應箭雖小能殺猛虎小鏈能鳴大鼓方之此言見大何意
梁王問曰不道卿黑色卿先祖是誰晏子對王曰體有於
靈生於事種粮稻米出於糞土健兒論切儂則說些今
臣共其王言何勞問其先祖王乃問晏子曰汝知天地之
綱紀陰陽之本姓何者為公何者為母何者為左何者為
右何者為夫何者為婦何者為表何者為裏風從何處出雨
從何處來霜從何處下露從何處生天地相去幾千万里
何者是小人何者是君子晏子對王曰九九八十一天地之綱紀八九
七十二陰陽之性天為公地為母日為夫月為婦南為表北為
裏東為左西為右風出高山雨出江海霜出青天露出百
草天地相去万万九千九百九十九里富貴是君子貧者是
小人出語不窮是名晏子

晏子賦一首

夫齖䶗新婦者本自天生斛

齖䶗新婦文一本

唇甜舌在喉中欺見蹤胥罵詈高聲翁婆共語殊總
不聽入廚惡發飜粥撲飯打破甑蓋打鐺嗔似水牛料
鬭唫似颯鞭作聲若說軒渠撥尾直是世間無比斛亂翻
情欺除邊里向婆嗔罵者終不合得頭可搞修天竹地真
善尉來伴病不起見胥入來滿脹流瘡夫問來由有何事
意沒可分撩口排是事謂婆罵我作奴作婢之[illegible]

19　P二五六四〔1～613〕

万里随風走
咒曰唱帝唱帝　鵲鵲青首
太公家教壹巻　余乃生逢乱代長值危時
志稱未失妝迸流餘只欲隱山學道不能忍凍受飢只
欲揚名於後代復無晏嬰之機中輕得薄不堪人師徒
消人食浪費人衣隨緣信業且逐隨時之宜輒以討論墳
典簡擇詩書於經傍史約礼時宜為書一卷助誘童兒
留傳万代幸願思之經論曲直言論上下禮人一牛
易別罰汞風流儒雅礼上往來尊卑高下得人一朩還
人一馬往而不來非成礼也來而不往亦非礼也知恩報
恩風流儒雅有恩不報豈成人也事君盡忠事父盡孝
礼聞來學不聞往教檢父事師必須仍動先慎言
知勤容兒善事須貪惡事莫樂貞賢在心勿行虛
教孝子事父晨省暮參知飢知渴知暖知寒憂則共
戚樂則同歡父母有疾甘美不餐食無求飽居無求安
聞樂不樂聞喜不看不為身體不整衣冠父母疾瘉
整亦不難弟子事師敬同於父習其道術學其言語
黃金白銀不可相白好言美述莫滿出口良無境外之云
弟子有來教之好曲礼日一日為君終日為主一日為師終日
為父教子之法常令自慎勿得隨宜言不可失行不可虧
他籬莫窺他戶莫覷他嫌莫道他事莫知他討莫
笑他病莫取他非非他色莫知他陰莫論他
過莫欺他兒莫抗他馬莫騎弓折馬死償他無財
能忍已必須遠之酒能敗身必須誡之色能致乱必須
棄之忿能積惡必須忍之心能造惡必須裁之口能致禍必
須慎之見人惡事必須掩之承有好事必須敬之見人闕論必須
諫之見人不是必須語之好言術必須學之非時是流必須避之
羅網之鳥悔不高飛吞鉤之魚恨不忍飢人生誤計恨不三思禍
將及已悔不慎之其人出行早則莫後路逢尊者齊聯
斂手尊者賜酒則須先受尊者賜肉骨不向狗尊者
賜菓懷核在手勿得棄之違者大礼尊者對客之前不
得叱狗對食之前不得嗽地不得漱口憶而莫忘
身無谷衣身之本某謙為先賤莫高言貴莫高
而語他婦莫而言生凡之家莫而親他奴莫

身無咎矣身之本義讓為先賤莫与交貴莫与親他奴莫
与語他婢莫与言商販之家莫与為婚市道接利莫与為鄰
謙敬上愛下汎愛尊賢孤兒寡婦特可矜憐乃可無過
不得侵害身須擇行口須擇言共惡人同會禍必及
身養子之法莫聽誑語育女之法莫聽離母男年長大
莫聽好酒女年長大莫聽遊走丈夫好酒相義[illegible]用行不
擇地言不擇口卑宍尊賢關乱用女女人遊走是其必首
男女合雜風聲大醜污染宗親損辱門戶婦人送客不
出閨庭所有言語下氣低聲出行逐伴隱影藏形門
前有客莫出聞聽一行有失百行俱傾欲[illegible]禮義
事不精新婦事夫敬同於父音聲不出形影不見夫之
父兄不得對語孝順翁家敬事夫主親愛[illegible]教示
男女行則緩步言必細語勤事女功孝謹無小作
人事長為人母出則斂容動則庠序敬[illegible]言終身
無苦希見今時[illegible]家養女不解絲麻不閑針線食則
不作好戲遊走女年長大嫁為人婦不敬翁家不順夫主
大人使命說辛道苦夫罵一言反應十口損辱兄弟連
累父母本不是人状同豬狗会於人亦污其身又天人不言
必有忠十諫九聚不諸者賭小作人子長為人父居必
擇隣慕近良友側立聽坐依待官從容無[illegible]疎來者當
實合食与食合酒与醋[illegible]不看選同措扶貧作苗
須方寸眷容不分去今[illegible]語握髮吐飡先有當[illegible]用
用不看不如豬鼠高山之樹若於風雨路邊之樹若於
斧當道作会若於客侶不慎之依若於官明[illegible]中[illegible]
不因苦於根虎不熟不收苦於雀鼠屋漏不覺
梁柱兵將不慎敗於軍旅人生不學費於言語近珠者
赤近墨者黑蓬生麻中不扶自直白玉投泥不污其色
近佞者諂近偷者賊近愚者愚近賢者德近智者
良近媒者色貪人由媒畏人懃力曲耕之人必豐穀食近
學之人必宦職良田不耕損人功力養子不教費人衣食
与人共食慎莫先嘗与人同飲莫先執觴行不當路坐
不背堂路逢尊者側立道旁有問善對語必審詳
從外來先須就堂未見尊者[illegible]

與人共食莫先嘗與人同飯莫先飽□□□夫人不食
不背堂路逢尊者側立道傍有問善對語必審詳行不當路坐堂
從外來先須就堂未見尊者莫入私房若得飯食慎
莫先嘗饗其宗祖始到耶孃須看兄弟後入自房
食必先讓節必自當知過必改得能莫忘與人相識
正容儼然名道事然後相知陪年已長則父事之十年已
長則兄事之五年已長則肩隨之群居五人長者必異席
行必有我師焉擇其善者而從之其不善者而改之
□不擇□貧不擇妻亂不擇食寒不擇衣小人當
時相然君子以德義相知觀求其短先取其長觀求其
圖先取其方觀求其強先取其長觀求其
柔勸防外敵先須自防欲量他人先須自量傷人之
惡還是自傷傷人之語還是自傷九人不可自相揚
小不可斗量莫□之水□□□□之下或
者所以得食□聞得傷仁慈者壽凶暴者亡
水為人所傷濟之人為酒所敗□人貪財可□□□
過貪□深滅是故忘□□□□長□鷹鳴雖□□
螢□於風雨日月雖明不照□之處雲雖聖不□□
闇君怕于雞□惠下免禍及其身□□雞不能飲山岸上之
人刀劍雖利不斬無罪之人羅網雖細不能執無事之人非
災橫禍不入慎家之門人無遠慮必有近憂□□
讒言敗於善人君子以含弘為大海水以博納為深□則得
衆惡則有功以法治人人則得安家信讒言必致忠良□□
讒男失生亂用友信讒必致死怨天雨五穀荊棘蒙恩把□
灾火火必滅□□□上我不如弃薪□人排門不如一人拒□
一人守隘万夫莫當貪心害己利口傷身荒田不勢□□□□下
不勢□聖君須□□□不飲盜泉之水暴風疾雨不入寡婦
之門蓄孝子不隨情於父忠臣不隨情於君法不加於君子
禮不下於小人軍中□□則用武□□則用文多言不益其體
百伎不防其身明君不受邪佞之臣慈父不愛不孝之子
道之以德齊之以禮小人負重不擇地而息君子固窮不擇
官而事危厄之人不養貧賤之事飢寒之時不擇食之
恥貧不可欺富不可恃陰陽相推周而復始□□未達

VERSO

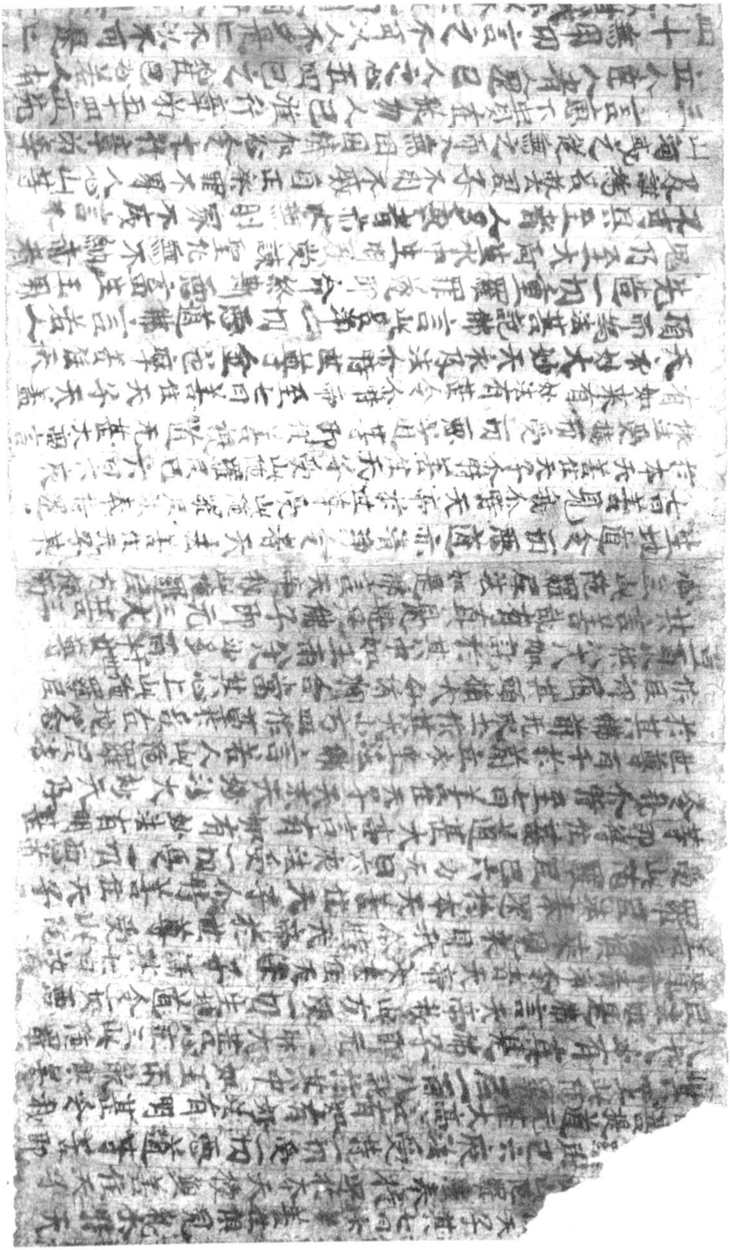

19 P二五六四〔1～613〕

19 P二五六四〔1～613〕

19　P二五六四〔1～613〕

19　P二五六四〔1～613〕

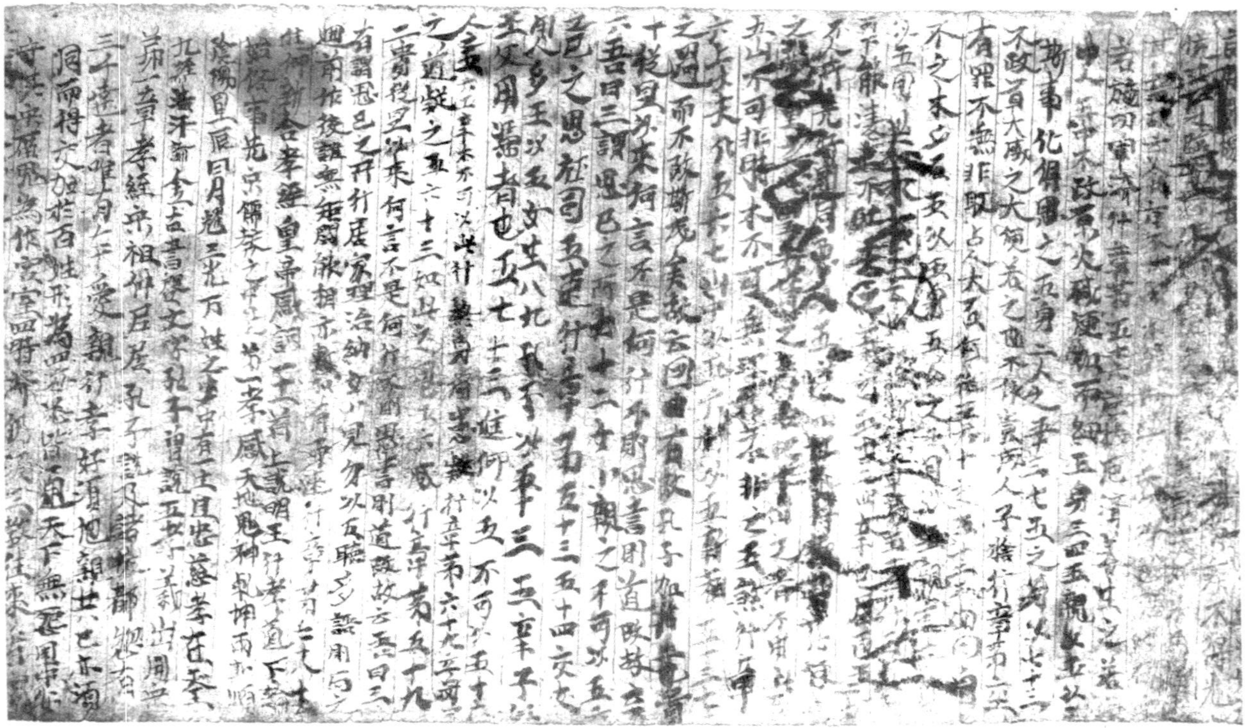

19 P二五六四〔1～613〕

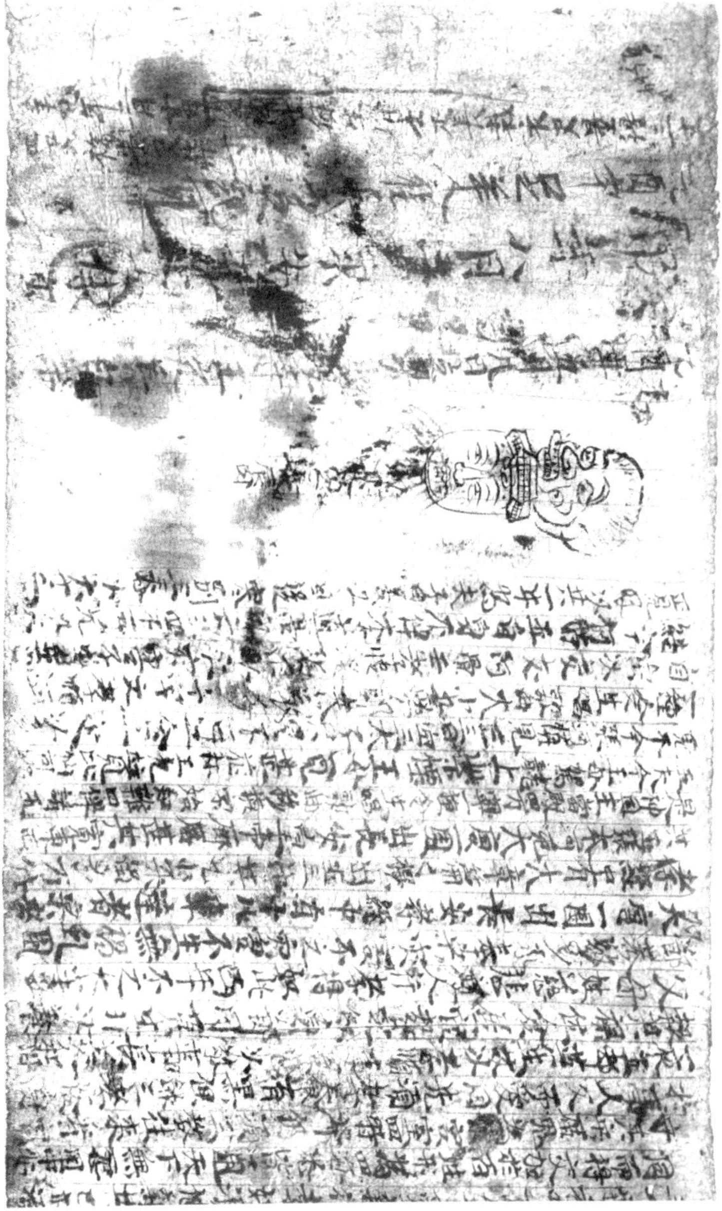

20　P二六〇〇〔601～612〕

[illegible]余之志也五帝為家四海之
食不重味衣不純麻唯會
〻數讟未辯兵職本不
武王問太公曰人生天地之
太公答曰天下万物貴賤
武王曰何為十悪　太公
為二悪　早卧晚起
無用〻物五悪　不惜衣食
竈不治八悪　儭取倍累　悪不以有三耗
曰家无十悪不富者何　太公答曰家　持踐苦酢舊量　不
衩若杍風雨為一耗　蓄積在　托武王曰為无
二耗　盆瓮蓋覆不勤　問酒二兼
二耗不富者何　太公曰家有　専為　益
子遜他婦婦遜　二兼　何　太公曰由　有一
三兼　武王曰人命長短不　七怠　狂
錯二誤三疑四失五逆六不
王曰何為一錯　太公曰有子不教一錯何為二　太公曰會
遂色一誤不樟師友厚已身二誤何為三疑誹謗
謟獻一疑未語先笑二疑言語不善三疑何為四
失太公曰好挽他弓　與人吳他酒勸他人
二失嘲戲勸他人妻　物轉借与人四失何為
五逆太公曰不孝父母　愛師友二逆士官不
勤三逆遠上教命四逆　薦不[illegible]五逆何為
[illegible]不詳

Pelliot chinois
Touen houang 2600

勤三逵遠上敎命四逵　眞不履危五逵何爲
六不祥太公曰与惡人交往一不祥弟子常嗔二不祥
輕慢師長三不祥夜起路行四不祥非理求財五不祥有過
不改六不祥何爲七奴太公曰晚起早眠一奴食不嚼
着鞋上床二奴起立着衣三奴坐起有人四奴路行
從六奴口面不淨七奴何爲六賤太公曰行步慾々一賤
脚走床二賤坐不端政三賤仰面人前嘷涕四賤
賤離衣裳五賤不自修飾六賤　擇地八賤
日何爲九愚太公曰貪酒一愚　不足二愚
譏德三愚自誇己善四愚說他人短五愚慳貪
惜六愚嫉妬勝己七愚行惡不慮八愚被辱不恥九
愚武王曰何爲一狂太公曰爲下忓上一狂說他家事二
狂立身元智三狂不修道業四狂見善不習五狂輕
慢勝己六狂嗔他善行七狂同類相欺八狂尊貴
大九狂讒說他人十狂礼云君子不失色於人不忘
言於口莊子云吾比養汝怜汝實汝世今養子汝
知吾心汝今不孝子亦々如相報相報是其常道武
王曰欲成益々如何教養人不種々六畜代人行步
畜々家生治勤々酒能敗身衣々色能亡身畏々口能
招禍慎々錐錢財儉々粮食有矩節々尊長敬々
依々勤奴婢怜々若有懲過罰々自能敬肅
惡人欲遠避々恭勤孝養習々口欲出言審々
財与者慎々不自是者諮々言語不善教正無
王曰欲教子孫如々何太公曰爲人恭孝
太公家教一卷

21 P二七三八〔50～600〕

奢物行事言
貧共戚樂則同觀父母
居無求安聞樂不樂聞喜不看
病得至痊齋止亦不離弟子事師敬同於父習其
道也學其言語黃金白銀乍可相與好言善
述莫漏出口已無說外之文弟子有束脩
之好一日為師終日為父一日為君終日為主教子
之法常令自慎言不可失行不可虧他驢莫起他事
莫知他貧莫咲他病莫欺他財莫取他色莫好
他強莫觸他弱莫欺他弓莫挽他馬莫騎弓折於
馬死當他無疑財能害己必須畏之酒能敗身
必須畏之色能害己必須遠之忿能積惡
必須忍之心能造惡必須誡之口能招禍亦須慎之見
其善必須習之見人闘打必須諫之見人惡事必須掩之
隣有災難必須救之見人闘打[illegible]諫之惡欲去處
須審之見人不是即須避之羅網之鳥悔不高飛吞
鉤之魚恨不忍飢人生誤計恨不三思禍將及己悔不慎之其
生行子則從後路逢尊者斂腳歛手尊人之前不得
地尊人賜酒必須拜受尊者賜肉骨不與狗尊者賜果
[illegible]尊人之前不得唾地

Pelliot chinois
Touen-houang 2738

出行于則從後路逢尊者齊脚斂手尊人之前不得
唾地尊人賜酒必須拜受尊者賜肉骨不与狗尊者賜
果懷核在手若也棄之爲礼大醜對客之前不得叱狗
漱口憶而莫忘終身之誡讒爲諂賊莫向親諂
莫向語他婦莫向言之高敗之家慎莫与婚市道接利
莫与爲隣敬上愛下汎愛尊賢孤而寡婦特可矜憐
可無官不得失容身須伴言惡人同會禍必及身
養兒之法莫聽誰言育女之法不聽離母男
年長大莫聽好酒女年長大莫聽遊走丈夫好
酒揎拳捋肘衔不擇言不擇口觸穢尊
卑斛乱朋友女人遊走逞其姿首
女雜合風聲大醜慚耻尊親損辱門戶婦人送客不出閨
庭所有言語下氣低聲出行逐伴隱影藏形門前送客
莫出齊耻一行有失百行俱傾能依此礼無事不
精新婦事婦音聲莫聽形影不覩夫之婦兄不得對
語孝養翁家敬事夫主親之尊卑教示男女行則緩
步言必小語勤事女功莫學歌舞小爲人子長爲
母出則斂容動則庠序敬慎口言終無苦希見今
人父出則斂容動則庠序敬慎口言
時貧家養女不解絲麻不閑針縷好喜遊走女年
躬爲人婦不敬君家不畏夫主大人使命說辛道苦夫
一言受應千姪損辱兄弟連累父母本不是人狀同
狗豬禽獸人先惡其心言九中不諦意賊小爲人子長爲
人父居必擇隣慕近良友立善聽後侍賓容無
[illegible]向酒閑門不看還問

21 P二七三八〔50～600〕

[illegible]中不語者勝亦爲人子長爲
人父居必擇隣莫近良友立身聽使待賓客無
親疏來者當受合食與食合酒與酒閉門不看還同
狗[illegible]作富事酒方寸會客不費古人[illegible]
吐飡食先有[illegible]門不看不如狗鼠高山之樹苦於
風雨路邊之樹苦於刀斧當道作舍苦於客邑不慎
豕苦於官府牛羊不圈苦於狼虎禾熟不收苦於雀
鼠屋漏不覆苦於梁柱兵將不慎敗於軍旅人生不
學其言語近朱者赤近墨者黑蓬生麻中不扶
自直近佞者諂近偷者賊近聖者明近賢者得近淫者
色貪人多力勤耕之人必豐穀食勤學之人必居官
職良田不耕損人功夕養子不教費人衣食與人共
食慎莫先嘗與人同飲莫先把觴行不當路坐不背
堂路逢尊者側立其傍有問善對必須審詳子
從外來先須省堂未見尊者莫入私房若得飲食
慎莫先嘗凡餐食其宗祖姓對耶娘次須兄弟後而
即食必先讓傍必自養知過必改得能莫忘與相
識先政容儀稱名道字然後相知倍年已長則父事
之十年已上則兄事之五年已外則肩隨之三人同行
必有我師焉擇其善者而從之其不善者而改之
[illegible]擇不賊貪不擇妻飢不擇食寒不擇衣人爲貽
禍然君子以得義相之欲求其長先取其短欲求
其[illegible]先反直方欲求其強先取其弱欲求其剛[illegible]

相欽君子以得義相之彼求其長必取其短欲求
其貪先取其方欲求其強先取其弱欲求其剛必
先柔欲防外敵先須自防欲揚人惡先自揚傷人之語
還是自傷丸人不可由相海水不可斗量莫茅莫黃之
必出公王蒿艾之下必有蘭香助祭得食助斗得
傷人慈者受胥黑者亡清清之水為酒所傷聞人善
事乍可稱揚知人有過密掩深藏是故曰讒彼短靡
恃己長鷹鷂雖迅不能快於風雨日月雖明不照覆
盆之下唐虞雖聖不能化其明主微子雖賢不能簡
其暗君比干雖惠不能自免其身蛟龍雖聖不能殺岸
之人刃劍雖利不煞清潔之士羅網雖細不能執無
無事之人非災橫禍不入慎家之門人無遠慮必有
近憂耕田懷行良田讓畔善於善人君子含容
海水博納如凡寬則得衆敏則有功汲法治人即得
信讒舌必殺忠良必家敗亡兄弟信讒
別異居夫婦信讒男女生分朋友信讒必致死惡
天雨五穀荊棘蒙恩抱薪救火火盛災揚湯至沸
不如去薪千人排門不如一人拔關一人守隘万人莫當舍
心宮已利口傷身瓜田不躡履李下不整冠聖君
雖渴不飲盜泉之水暴風疾雨不入寡婦之門
千不隱情於父忠臣不隱情於君法不化君子
之於小人君濁則用武君清則用文多言不益其
[illegible]妄之辰慈父不愛[illegible]
[illegible]

21　P二七三八〔50~600〕

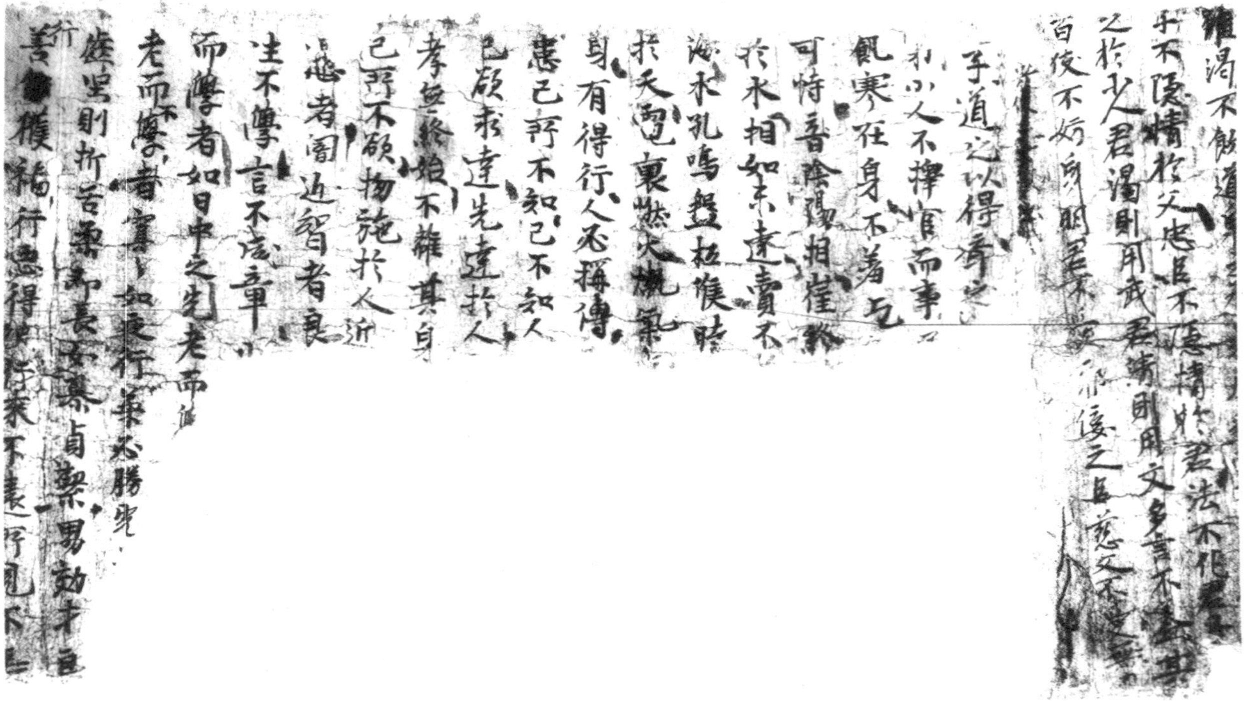

庭里則折苦棗即長女慕鹵槊男効老自
善■獲福行惡得殃行来不遠所見不長
學問不廣智恵不長欲之其君視其所使
欲之其父先視其子欲作其木視其文理
之其人先知奴婢君子固窮小人窮斯濫
矣病則無法醉則無々欲人誹棄不得庄
人々乱聖人避其辭客君子之酒十
者不見人々過愚夫之子多患小人過女無明鏡
不知面上之精麁軍將之門必出勇夫博魚
家必有君子是以人相知於道術魚相望於江
人無良友不知行之得失是以結交朋友須擇
良賢寄死託孤意重則審榮則同榮辱
憂難則相救危則相扶勤是元依之寶
是明月神珠積財千万不如明解經詩良田
佰頃不如薄藝隨軀慎是護身之呪符
謙是百行之本香耳之下必有懸鉤之魚重
賞之家必有勇夫有功者償有過者誅
父不憂無力之子只憂有力之奴養男不
為人養奴養女不教不如養猪癡人畏婦
賢女敬夫孝是百行之本故云其大者乎

21　P二七三八〔50～600〕

21 P二七三八〔50～600〕

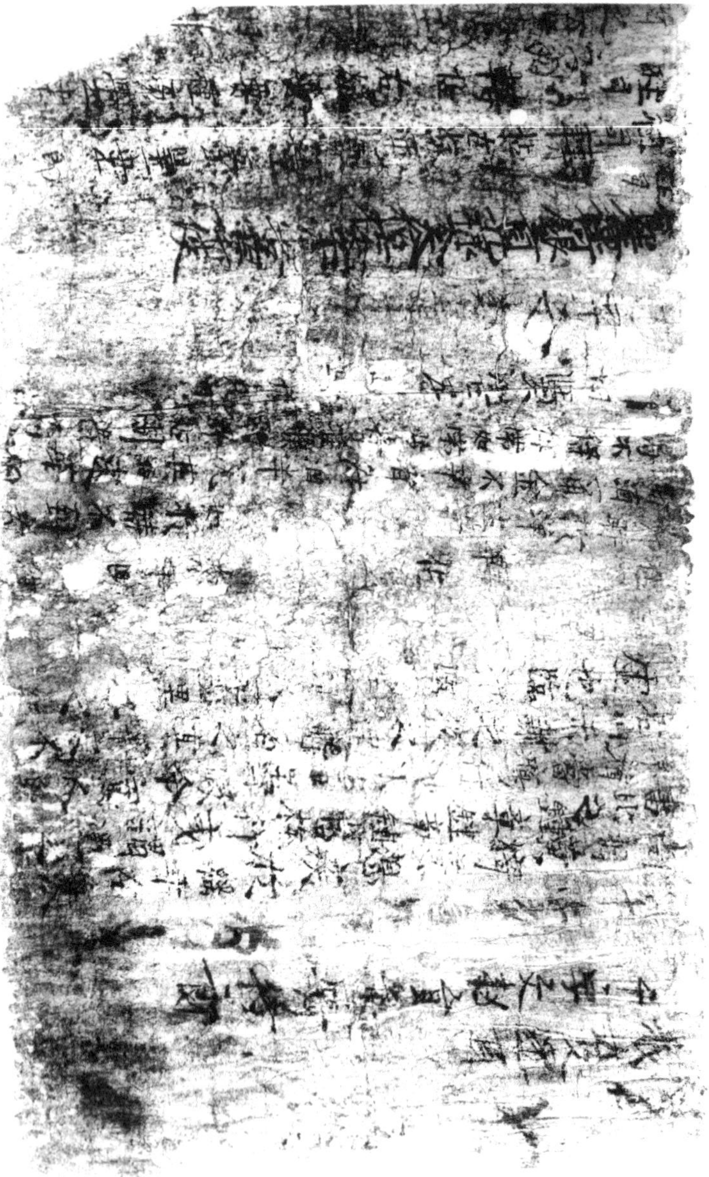

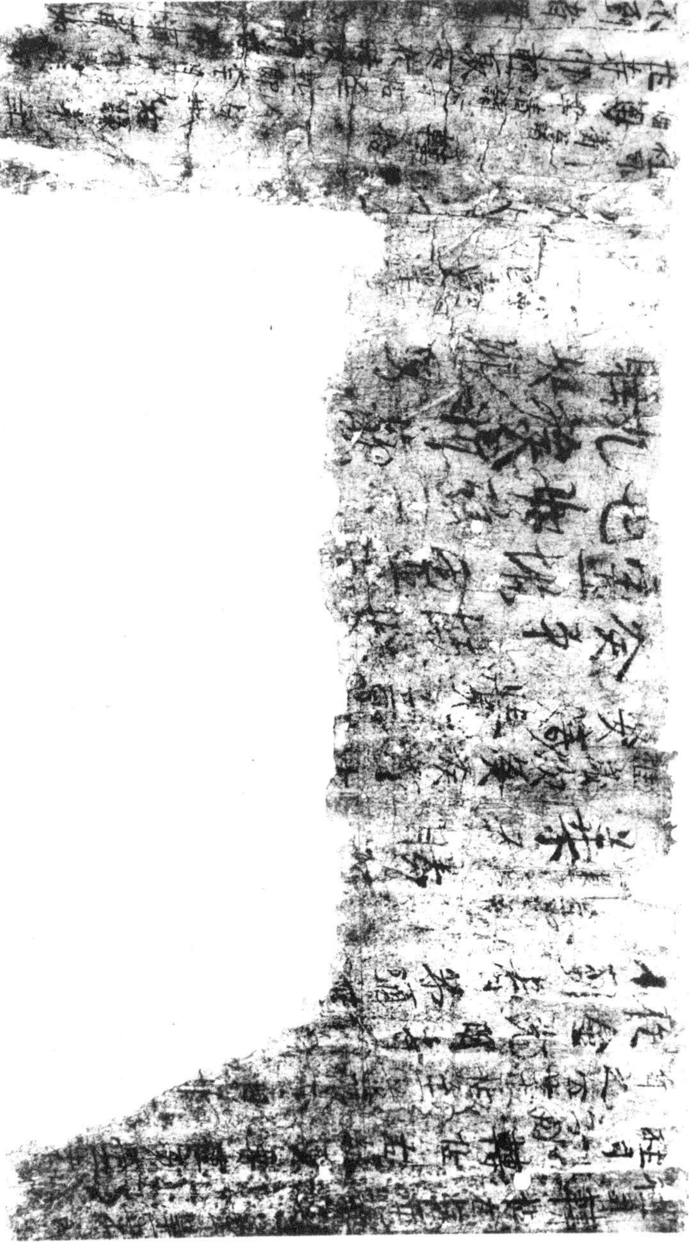

21 P二七三八〔50～600〕

21　P二七三八〔50～600〕

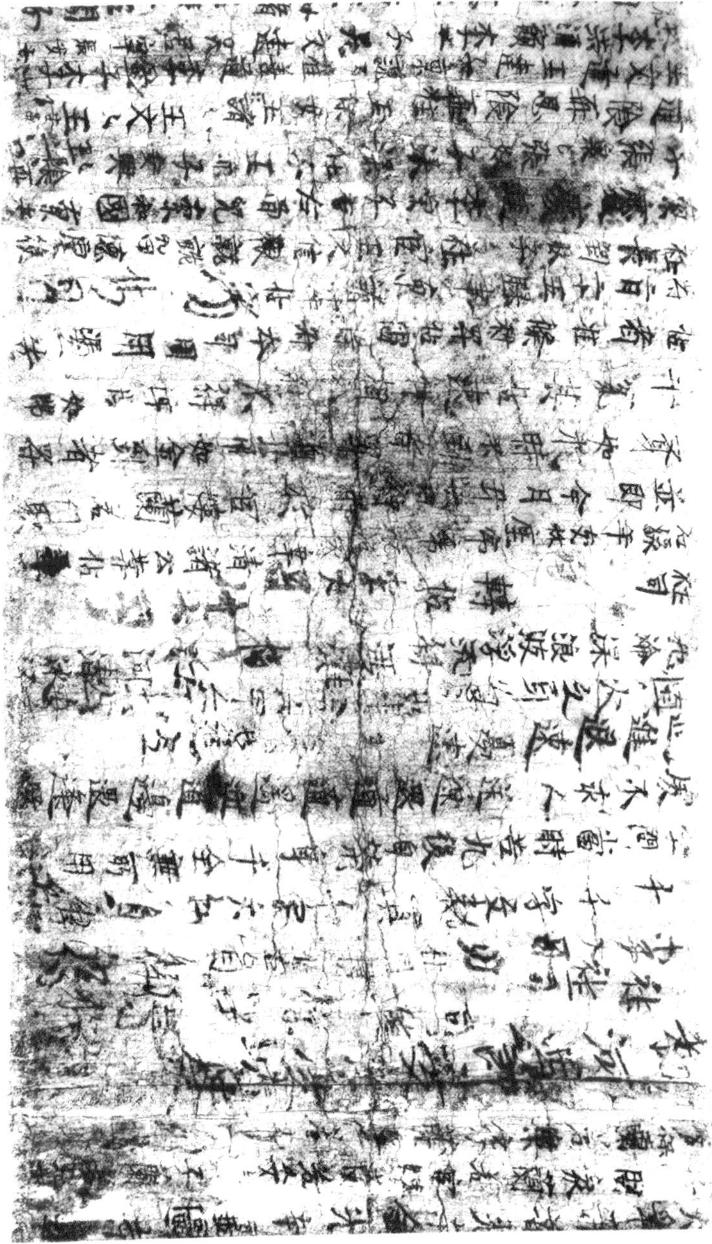

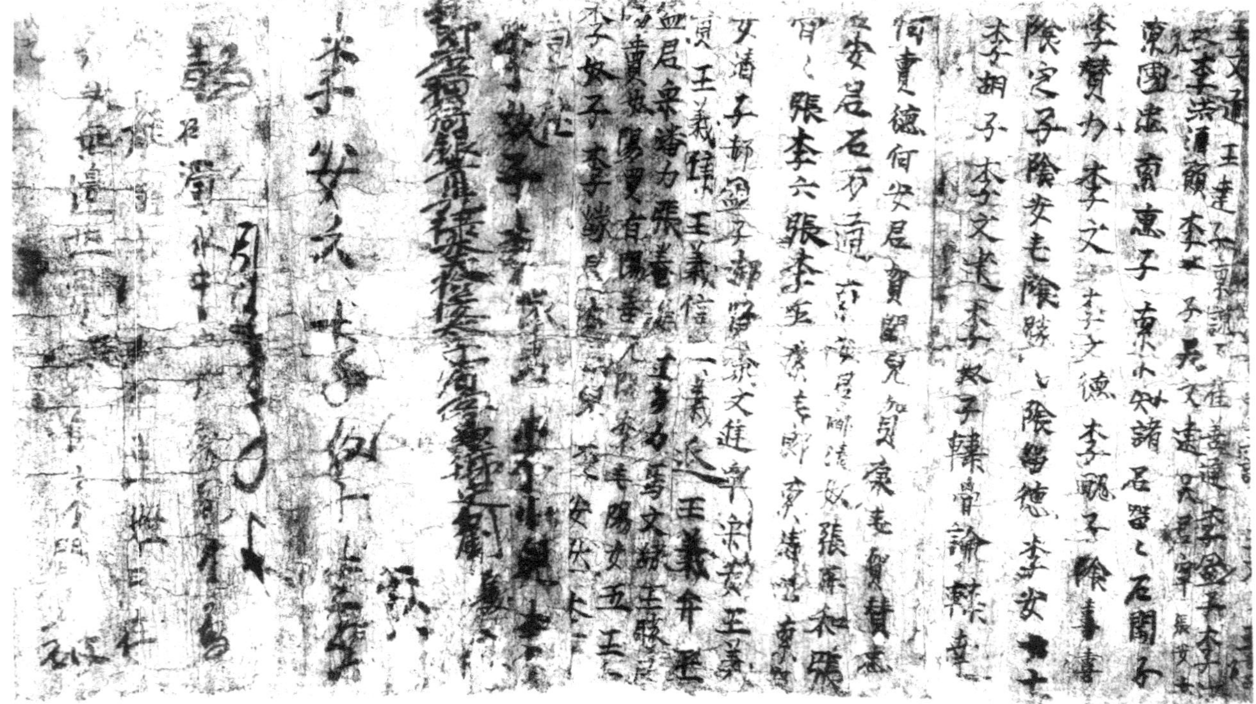

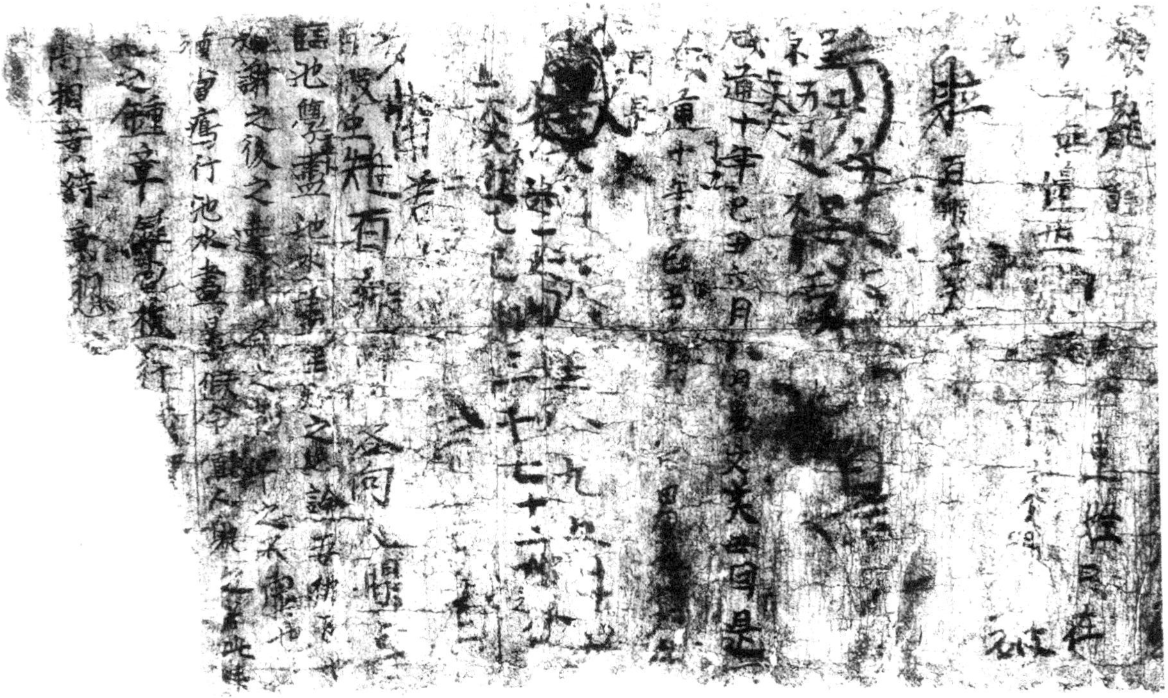

21 P二七三八〔50～600〕

21　P二七三八〔50～600〕

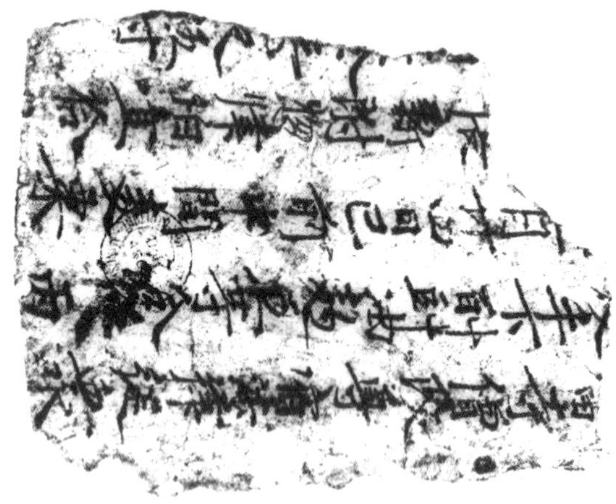

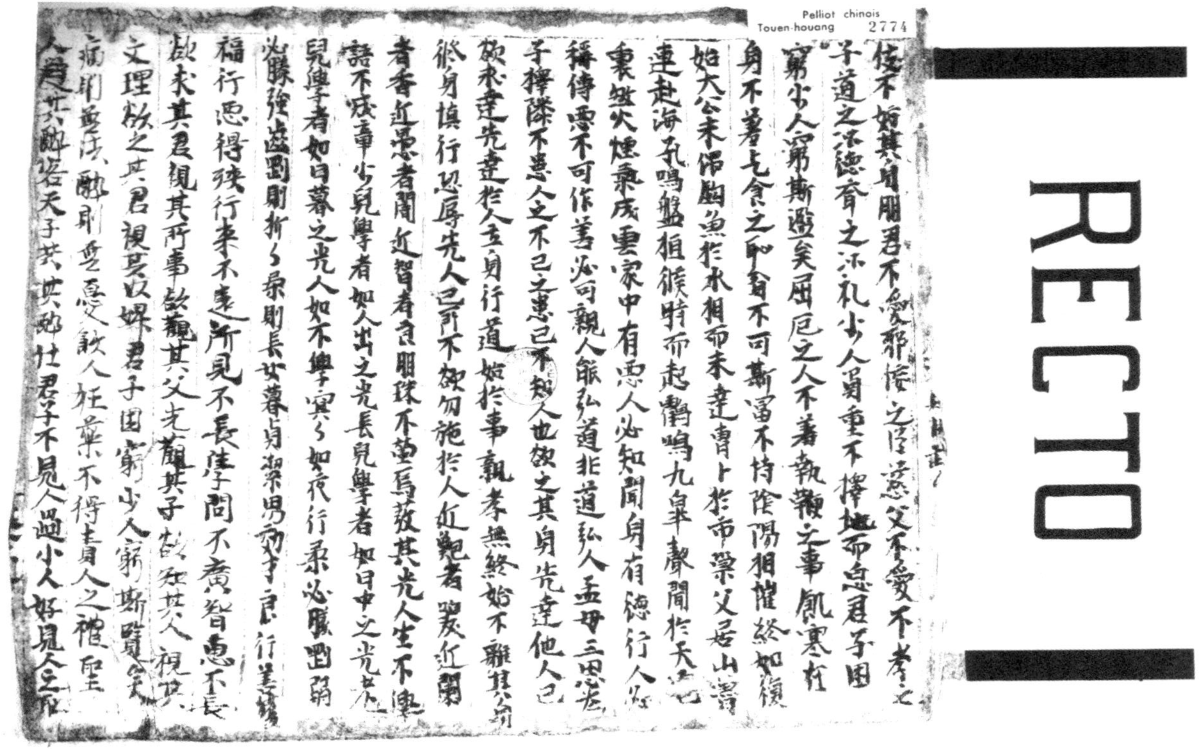
Pelliot chinois
Touen-houang 2774
RECTO

佞不如其直明君不愛邪佞之臣慈父不愛不孝之
子道之㳟德奇之㳟礼小人負重不擇地而息君子困
窮小人窮斯濫矣屈厄之人不羞執鞭之事飢寒在
身不著乞食之恥貧不可欺富不持陰陽相催終如復
始大公未遇釣魚於水相而未達賣卜於市巢父居山魯
連赴海孔鳴盤桓候時而起鶴鳴九皋聲聞於天
衷螢火燼乘成雲家中有惡人必知聞身有德行人必
稱傳惡不可作善必可親人能弘道非道弘人孟母三思宅
子擇隣不患人之不己知患己不知人也欲之其身先達他人己
欲求達先達於人立身行道始於事親孝無終始不離其身
修身慎行恐辱先人己所不欲勿施於人近鮑者臭近蘭
者香近愚者闇近智者良明珠不瑩焉發其光人生不學
語不成章少兒學者如日出之光長兒學者如日中之光老而
學者如日暮之光人如不學冥冥如夜行柔必勝剛弱
必勝強齒剛則折舌柔則長女慕貞潔男效才良行善獲
福行惡得殃行來不遠所見不長學問不廣智惠不長
欲求其君視其所事欲觀其父先觀其子欲知其人視其
文理欲之其君視其所使君子困窮小人窮斯濫矣
病則無法醉則無憂飲人狂藥不得責人之禮聖
人避其醉若天子其其恥仕君子不見人過小人好見人之非

22 P二七七四〔454～557〕

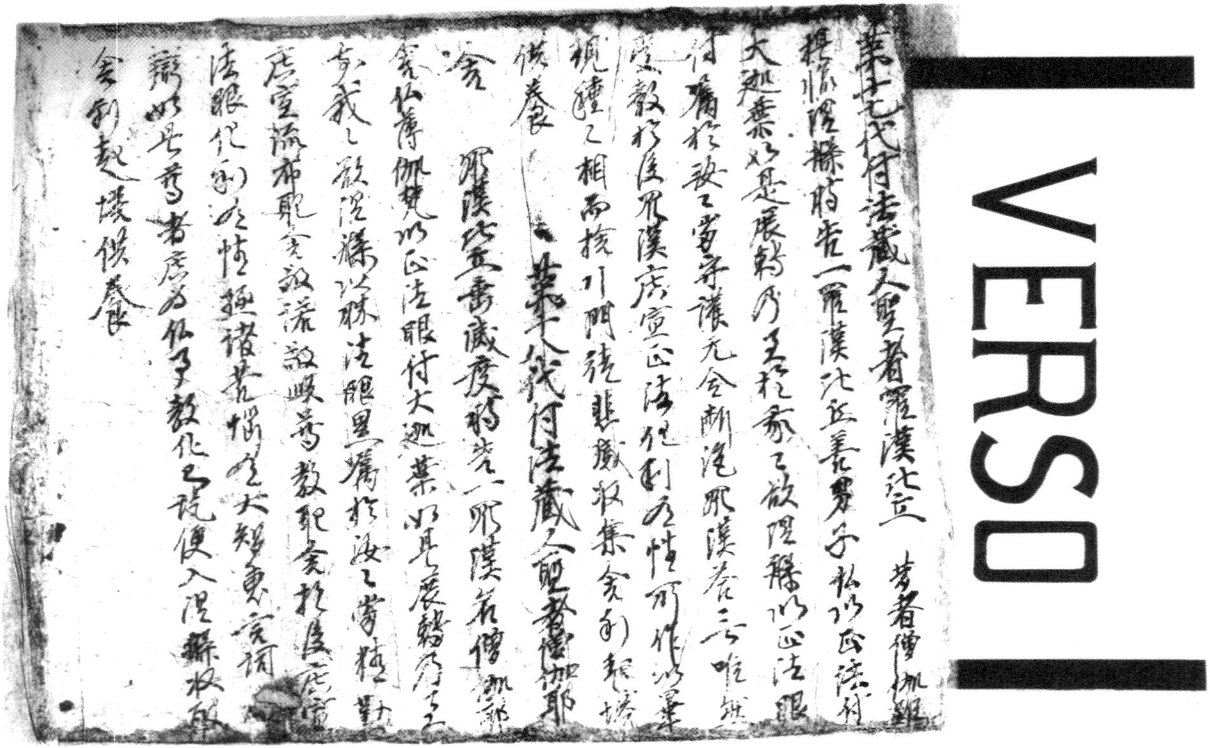
第十七代付法藏人聖者羅漢比丘　[illegible]僧伽難提
[illegible]羅睺羅臨終時告一羅漢比丘善男子我今以正法付
大迦葉以是展轉乃至於我我今欲涅槃以正法眼
付囑於汝汝當守護无令斷絶羅漢答言唯然
受教於後羅漢廣宣正法化利[illegible]性所作以畢
現種種之相而[illegible]引[illegible]徒悲歎收集舍利起塔
供養
第十八代付法藏人聖者僧伽耶舍
羅漢比丘[illegible][illegible]度將告一羅漢名僧伽耶舍
舍佛傳[illegible]以正法眼付大迦葉以是展轉乃至於
我我之欲涅槃以[illegible]法眼[illegible]囑於汝汝當精勤
廣宣流布聖言[illegible][illegible]為教聖言於後廣宣
法眼化利[illegible]情[illegible][illegible][illegible][illegible]大[illegible]言詞
[illegible]妙是為者廣爲佛子教化已說便入涅槃收取
舍利起塔供養

……之事又出行孑須從
齊脚斂手尊人之前不得唾地尊者
受尊者賜宍骨不与狗尊者賜
世棄之為札大醜對客之前不得
嗔如莫惡修身無咎立身之本義
貴莫与親他奴莫与語他婢莫
莫為婚市道接利莫与為隣
尊賢孤兒寡婦特可矜恤
身須擇行口須擇言共惡人同
法莫聽誑言育女之法莫聽
酒女年長大莫聽遊走大
擇地言不擇口禍必尊男
逢其姿首男女合雜風聲
門戶婦人送客不出閨庭行其言語坐氣低聲
出行逐伴隱影藏形門前送客莫出齊聽
一行有失百行俱傾能依此禮無事不精新婦事
事賢莫聽刑影不覩夫之父兄不得對語孝
承敬事夫主訊侮尊賢教示男女行則緩步
言必小語動事女功莫學歌舞少為人子長為人
居必擇隣慕近良友側立齊廳後侍賓客
侶必親踈來者當須合食
不善還同豬狗貧作富
勤古今實語秘張……光

Pelliot chinois
Touen-houang 2825

23 P二八二五〔143～613〕

酒女年長大莫聽遊走丈夫
擇地言不擇口觸突尊卑
違其姿首男女合雜風聲
門戶婦人送客不出閨庭行其言語坐氣低聲
出行逐伴隱影藏形門前送客莫出齊聽
一行有失百行俱傾能依此禮無事不精新婦事
舅翁聲莫聽刑罰不覩夫之兄不徳對語孝敬
承欽事夫主沈[illegible]尊賢教示男女行則緩步
言必小語勤事女功莫學歌舞少為人子長為人
居必擇隣慕近良友側立齊聽後侍賓客
侶無親疎來者當受合食
不寄還同猪狗作曾
貧古今實語樞機吐盆光
不知猪鼠高山之樹苦於屬
刀斧當道作舍苦於客留不
不囚囹苦於狼虎禾[illegible]
漏不覆壞於樑柱兵將不填敗於君[illegible]人生不學
其言語近朱者赤近墨者黑蓬生麻中不扶自直
近佞者諂近偷者賊近愚者暗近聖者明近賢者
近婬者色[illegible]貧人多力[illegible]人必豈穀食勤學
少居官職良田不耕貴人多力養子不教貴人依
与人共食慎莫先嘗与人同飲莫先把觴行不
當路坐不背堂道[illegible]者側莫[illegible]有問善對
須容辭子從[illegible]須省[illegible]見尊者莫

23　P二八二五〔143～613〕

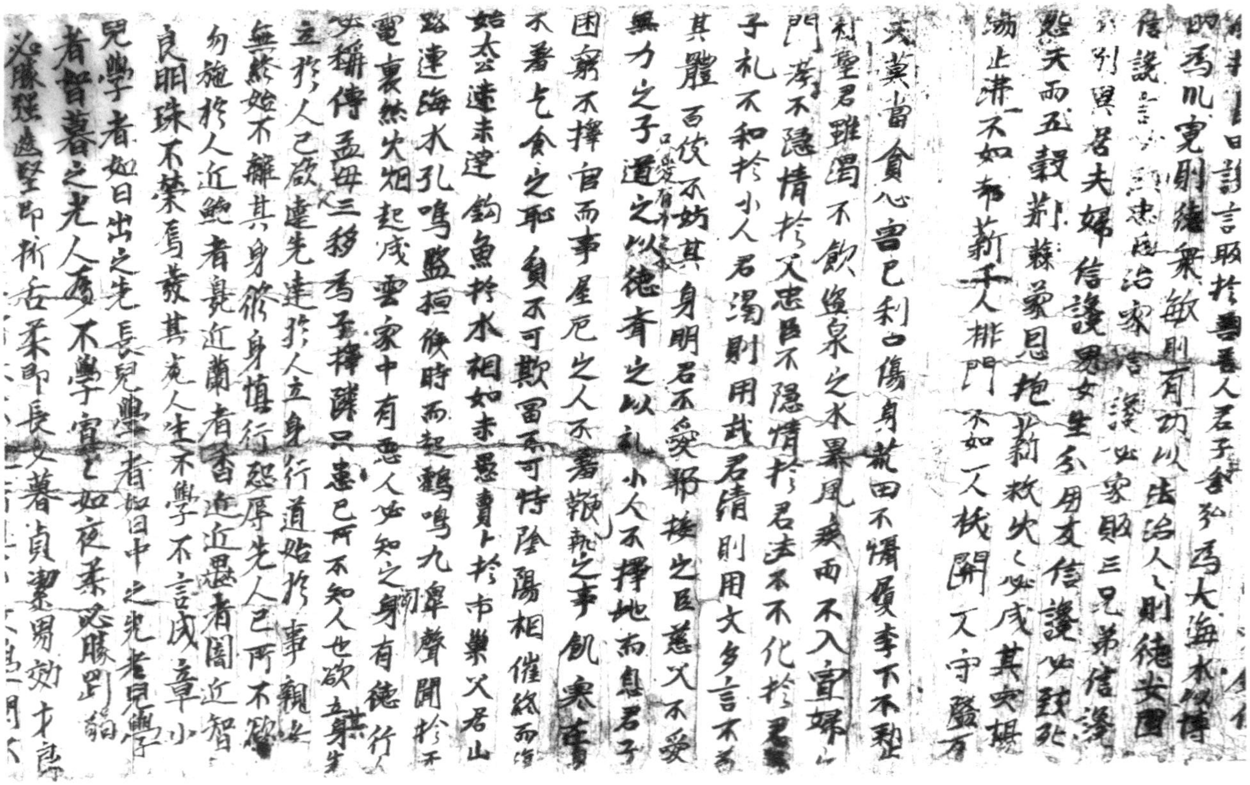

日訓言聽於善人君子含弘為大海水以博
四為凡寬則得衆敏則有功以法治人〻則德安國
信讒〻〻〻則患治家〻〻讒必家敗三兄弟信讒
別異居夫婦信讒男女生分朋友信讒必致死
怨天而五穀荊蘇蒙恩抱薪救火〻必成其災堪
揚止沸不如去薪千人排門不如一人拔關又守登方
莫莫當貪心害已利口傷身瓜田不攝履李下不整
冠聖君雖渴不飲盜泉之水暴風疾雨不入寡婦之
門孝子不隱情於父忠臣不隱情於君法不加於君
子礼不和於小人君濁則用武君清則用文多言不益
其體百伎不妨其身明君不愛邪佞之臣慈父不愛
無力之子只愛有力之子遺之以德奪之以礼小人不擇地而息君子
困窮不擇官而事屋厄之人不羞鞭執之事飢寒之
不羞乞食之恥貧不可欺富不可恃陰陽相催終而復
始太公未達釣魚於水相如未遇賣卜於市巢父居山
路達海水孔鳴監垣候時而起鶴鳴九皋聲聞於天
電裏然火炬起成雲家中有惡人必知之身有德行人
必稱傳孟母三移為子擇隣只患已所不知人也欲立其身先
立於人已欲達先達於人立身行道始於事親
無終始不離其身修身慎行怨厚先人已所不欲
勿施於人近鮑者臭近蘭者香近愚者闇近智
良明珠不瑩焉發其光人生不學不言成章小
兒學者如日出之光長兒學者如日中之光老兒學
者智暮之光人而不學冥冥如夜行柔必勝剛弱
必勝強齒堅即折舌柔即長女慕貞潔男效才良

必廉謹遠堅即折在柔即長女慕貞潔男効才良
行善獲福行惡得殃行來不遠所見不長學問不
貪智惠不長欲作其木相其文理欲知其人先
知奴婢君子固窮小人窮斯濫矣病則無法醫
則無憂飢人誑藥不得責人具禮聖人避其醉客君
子恕其醉士智者不見人之過好覓人之過女無
明鏡不知面上精麁君將之家必出勇夫博學之家
必出君子是以人相知於道途魚相望於江湖人無良
友不知行之得失是以結交朋友須擇良賢寄死託
孤意重則密情薄則疏厚則同憂難則相
救危則相扶勢是無價之寶學是明月神珠
積財千万不如明解經書良田千頃不如薄藝隨
身慎是護身之符謙是百行之本香餌之下必
有懸鈎之魚重賞之下必有勇夫功者可賞
過者可誅慈父不愛無力之子只愛有力之奴
養男不教為人養奴養女不教不如養猪
人畏婦賢妻敬夫孝是百行之本故去其大者
乎余之志也五常為家四海為宅不驕身意
不樂榮華食不重味衣不純絲唯貪此書一卷
不用黃金千車集之數韻未辯疵瑕本不呈
於君子意欲教於童兒 太公家教一卷
武王問太公曰人生天地之間以何為貴願聞其要
太公曰 天下万物不等者何由東有十惡 武王曰何
名為十惡 太公曰 一耕種不時為一惡 用物無道為二惡

23 P二八二五〔143～613〕

太公書曰 天下万物不等者何由家有十悪 武王曰何
名為十悪 太公曰耕種不時為一悪 用物無道為二悪
早卧晩起為三悪 懶作嗜酒為四悪 畜養無用
之物為五悪 不皆衣食為六悪 蓋藏不勤為七悪
井竈不利為八悪 借取倍還為九悪 不作然火
為十悪 武王曰 家無十悪 不富者何 太公曰 家有三耗
武王曰 何名為三耗 太公曰 禾熟不収 苦於風雨為一
耗 蓄積在場不早持治 苦於雀鼠為二耗 盆
瓮碓磑覆蓋不勤 樏略不浄為三耗 武王曰 家無
三耗不富者何 太公曰 家有三衰 武王曰 何名為三衰
太公曰 特酒從闘為一衰 子逐他婦ゝ逐他夫為二衰
手不執作専為盗賊為三衰 武王曰 人命不等者何
太公曰 世人由家有一錯 二妖 三癡 四失 五逆 六不祥 七奴
八賤 九愚 十狂 武王曰 何名為一錯 太公曰 養子不教為一
錯 何名為二妖 太公曰 貪酒逐色為一妖 不擇師父
損屎已身為二妖 何名為三癡 太公曰 誹謗調戯
為一癡 未語先咲為二癡 言語不善為三癡
何名為四失 太公曰 好挽他弓 好騎他馬為一失
飽喫他酒 勸他人為二失 喫他飯毀他人為三失
借他物轉者人為四失 何名為五逆 太公曰 不孝
父母為一逆 不愛師父為二逆 事官不勤為三逆違
上命教為四逆 郷黨不相飲遊為五逆 何名為六不祥
太公曰 与悪人交往為一不祥 無事生嗔為二不祥 軽
慢師長為三不祥 夜卧盗利為四不祥 非理求財

太公曰與惡人交往為一不祥　無事生嗔為二祥　輕
慢師長為三不祥三　夜卧露刑為四祥　非理求財
為五不祥　有過不改為六不祥　何名為七奴　太公曰
跣脚下床為一奴　食不嗽口為二奴　著鞋上床為三奴
起立著褌為四奴　坐起背人為五奴　露刑洗浴為六
奴　出不淨為七奴　何名為八賤　太公曰　行歩蕩〻為一賤
跣脚立床為二賤　坐不端整為三賤　你我他人為四
賤　嗑涕汙地為五賤　著雜色衣常為六賤　不自脩
飾為七賤　坐不擇地為八賤　何名為九愚　太公曰
耽酒逐色為一愚　求財不足為二愚　好衣博與人為三
愚　自誤己善為四愚　好説他人為五愚　慳貪悋惜
為六愚　嫉妬疾賊已為七愚　行步不慮為八愚　破慚
不恥為九愚　何名為十狂　太公曰　達下于上為一狂　説
説他家事為二狂　立身無志為三狂　不脩道業為
四狂　見善不習為五狂　輕傷勝已為六狂　嗔他行
善為七狂　同類相欺為八狂　事習奪大為九狂
讒説他人為十狂　禮記云　君子不失色於人　不言於口
姪子云吾比養汝　汝極深汝今養子應知善心汝
今不孝子亦如之相續相報是其常理之
太公家教一卷
大中四年庚午正月十五日學生宋文顯讀　安文德寫

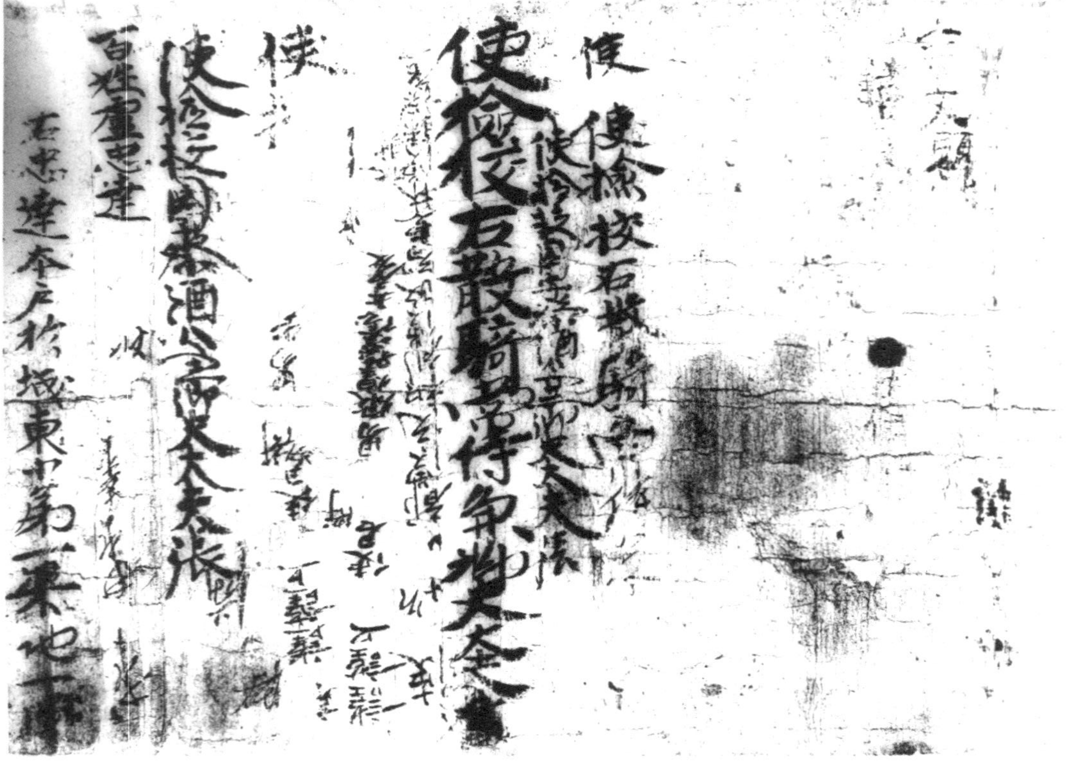

23 P二八二五〔143～613〕

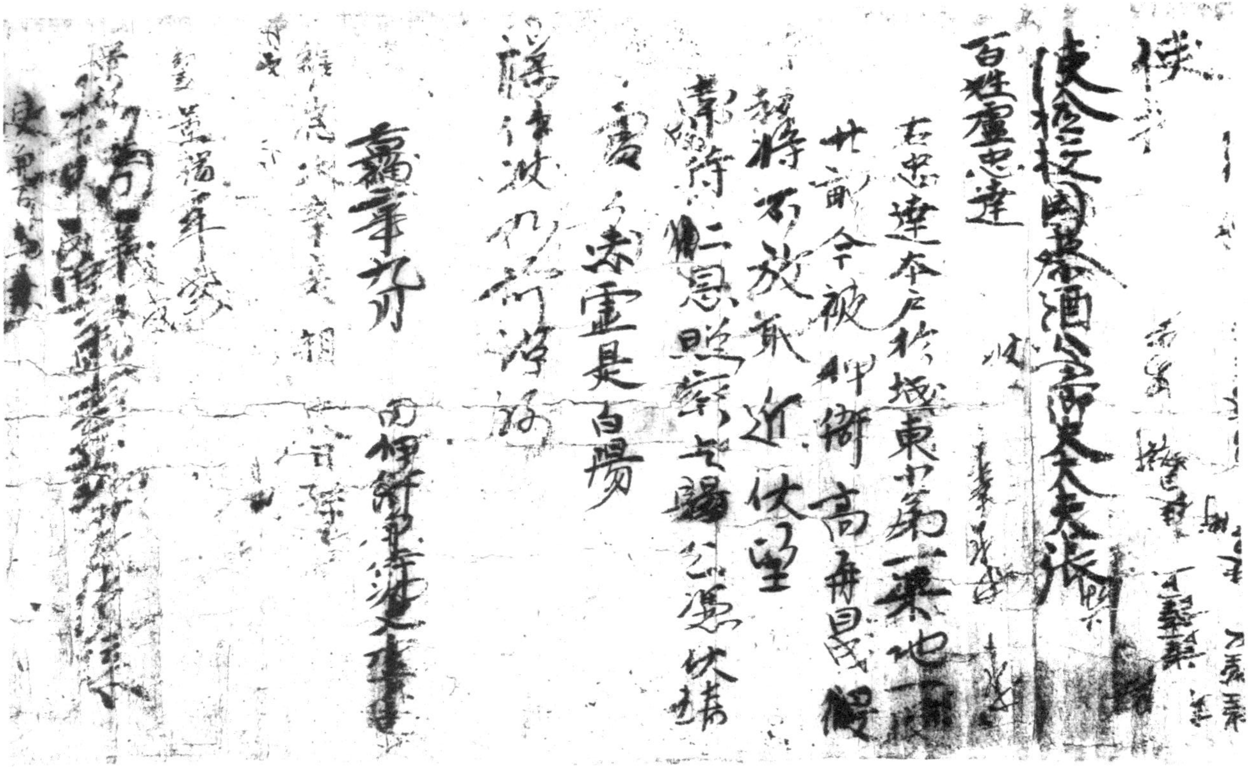
牒
使檢校國子祭酒兼御史大夫張
百姓靈忠達
右忠達本戶於城東第一渠地一段
廿畝今被押衙高[illegible]
將不放祇近伏望
尚書仁恩照察乞賜公憑伏請
處分
牒件狀如前謹牒
[illegible]年九月　日押衙[illegible]

23　P二八二五〔143～613〕

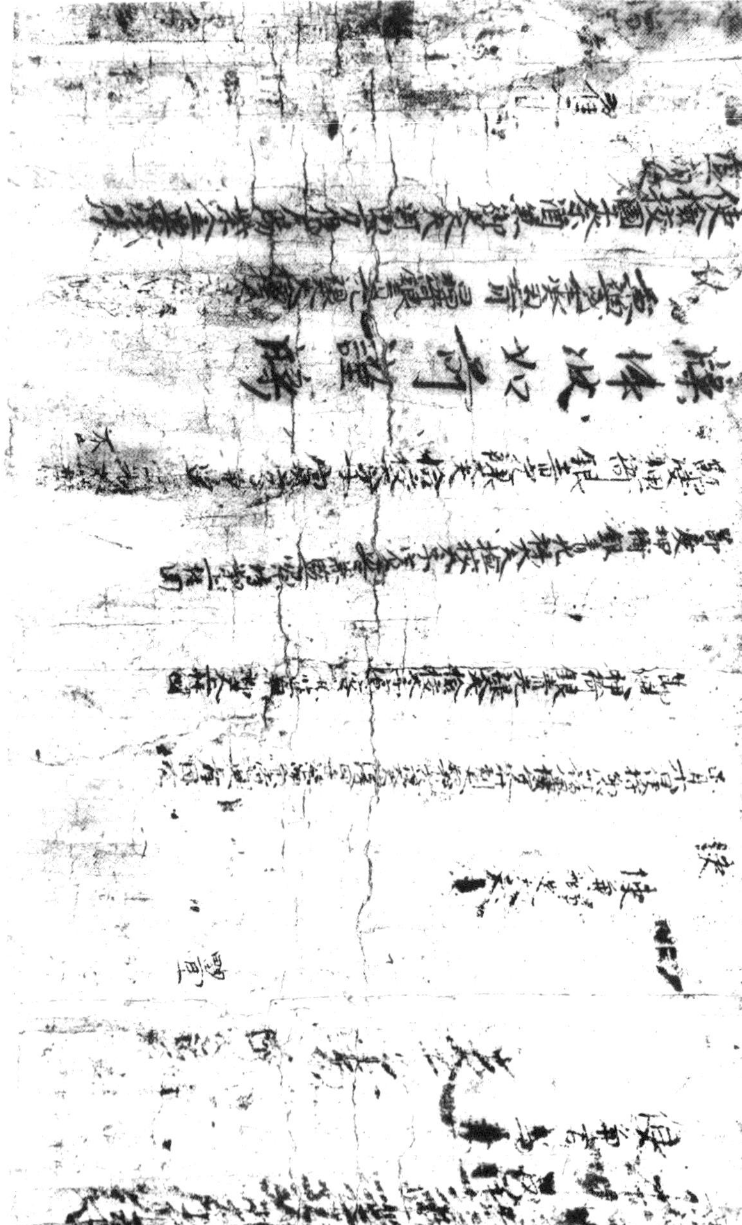

23 P二八二五〔143~613〕

23　P二八二五〔143～613〕

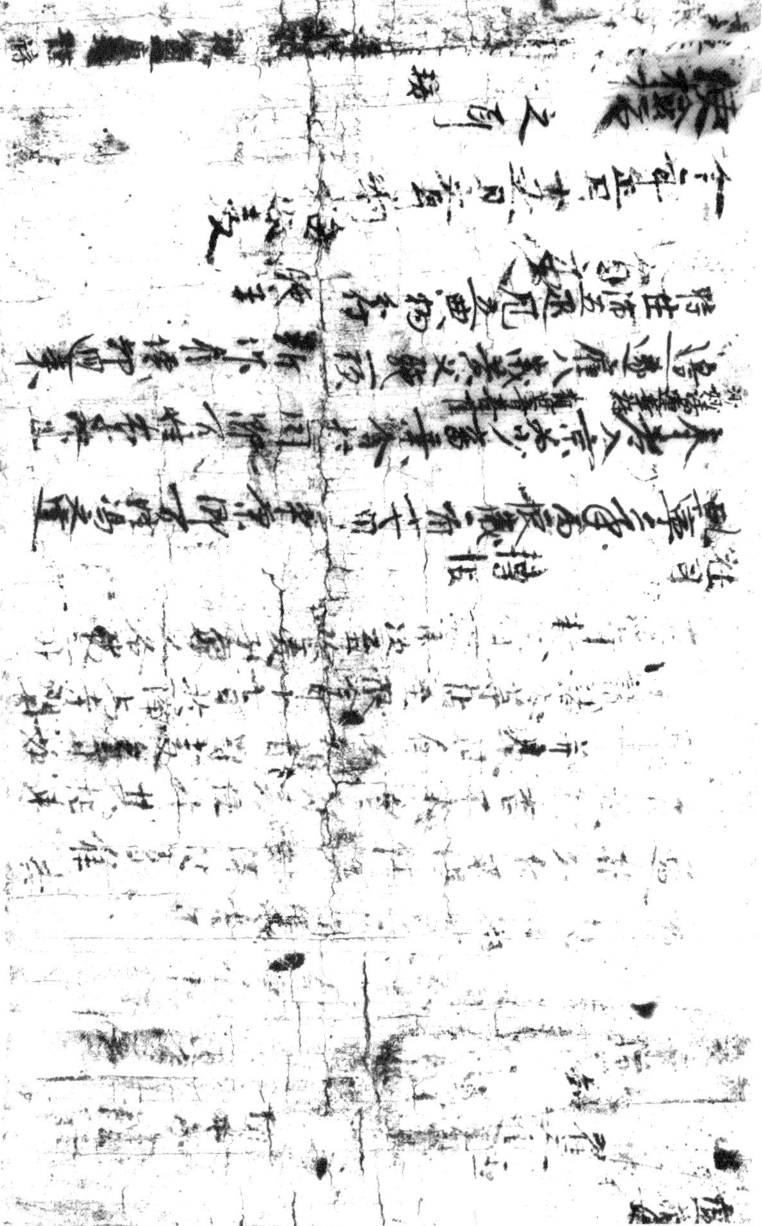

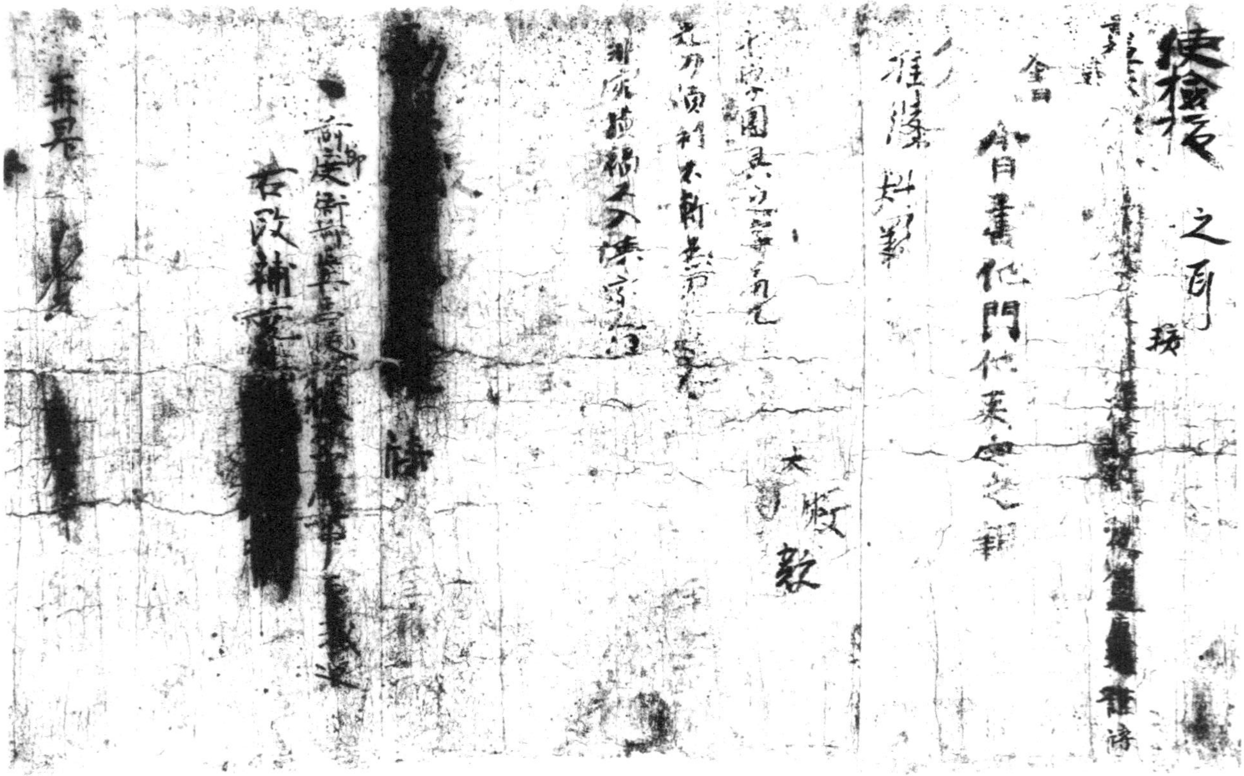

23 P二八二五〔143～613〕

23

P二八二五〔143〜613〕

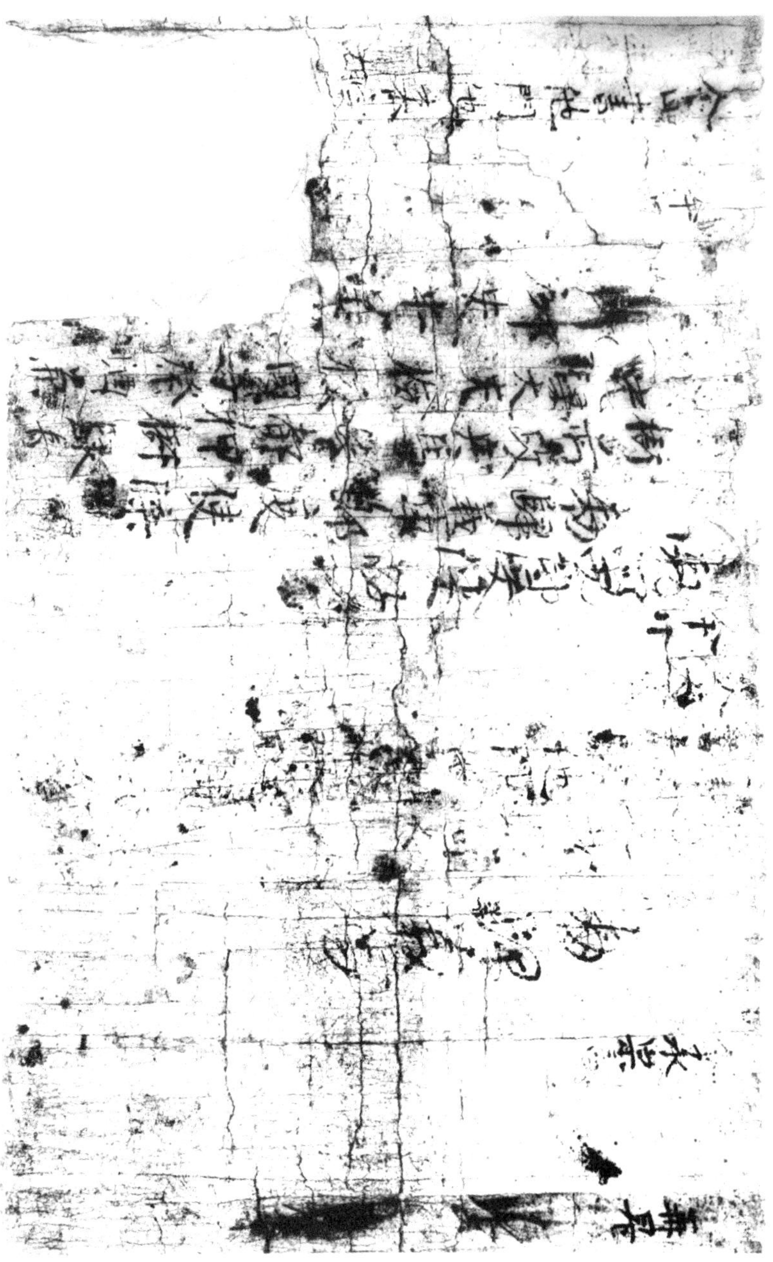

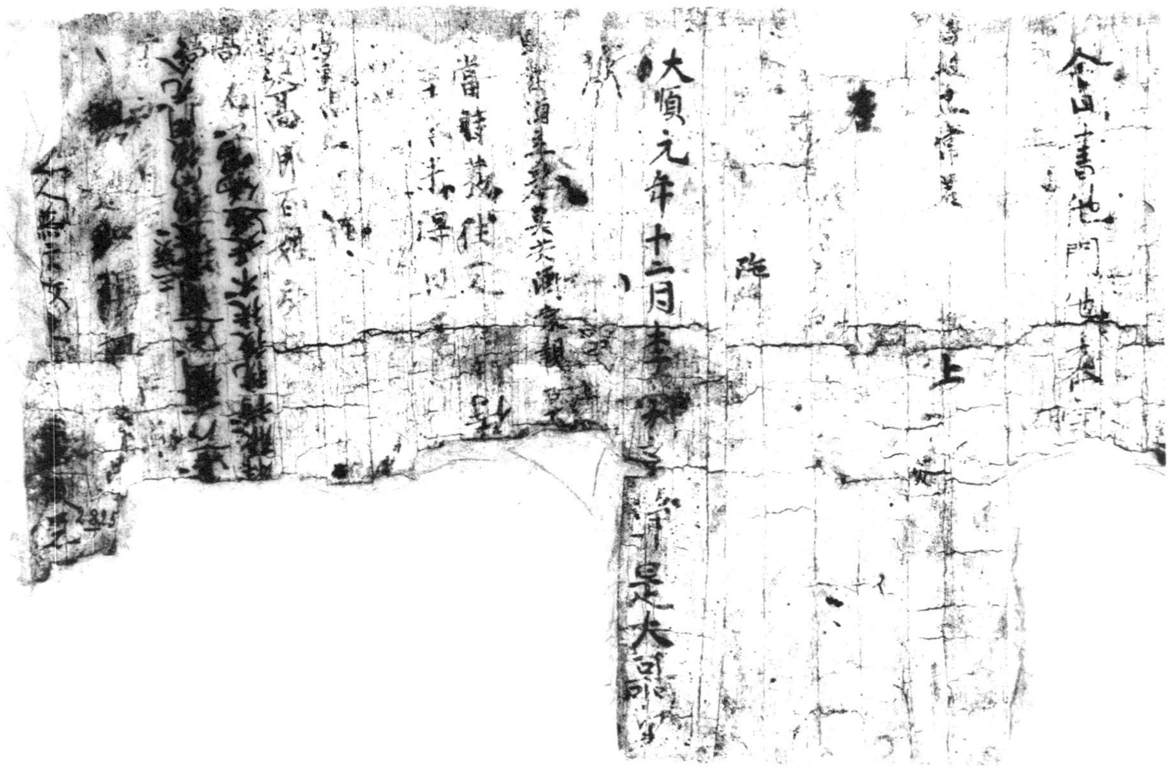

23

P二八二五〔143〜613〕

Pelliot chinois
Touen-houang 2825 Pièce 2

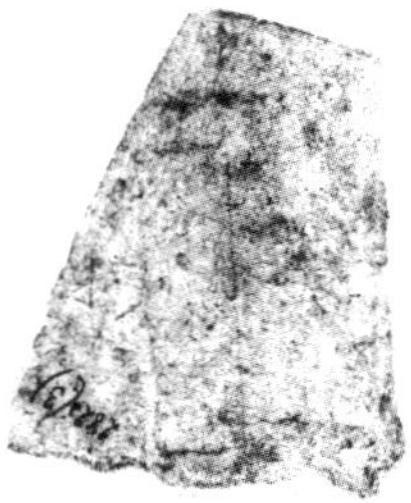

23 P二八二五〔143~613〕

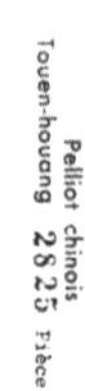

Pelliot chinois
Touen-houang 2825 Pièce 6

樂真ヽ實大
又晨省暮参知其ヽ
供戚樂則同寒父ヽ
無求飽飢無求安
着身體不整於冠毋疾愈整亦不難
子仕師敬同衣父習其ヽ道述李其ヽ言語
金白銀朱可相棄發言善述莫滿出口
臣無境外之交弟子有束君之好一日為
君中日為主一日為師鍾日為父教子之法勿
得隨宜言不可失行不可帰他籬莫驀他
事莫知他莫嗤他ヽ莫欺他財莫願
他色莫思他強莫烛ヽ若莫挽他弓莫
騎他馬莫其ヽ弓折馬死上他無疑財能
害己必須遠知恕能積惡亦須思之心能生
惡必須截之口能招禍亦須慎之見人有
事郎須掩之隣人突難則須救之見人鬪
打則須諫之見人不是郎須勸之好言善
術郎須學之酒能敗身郎須戒之非是
待流郎須避之羅網之鳥恨不高飛吞餌
之魚恨不忍飢人生謀計恨不三思禍將及
己誨不慎之其父出行子則從後途見尊者
齊腳斂手尊者賜菓懷核在手勿則弃之
違禮大醜對客之前不得叱口對食之前不得唾地

24 P二九三七〔48～354〕

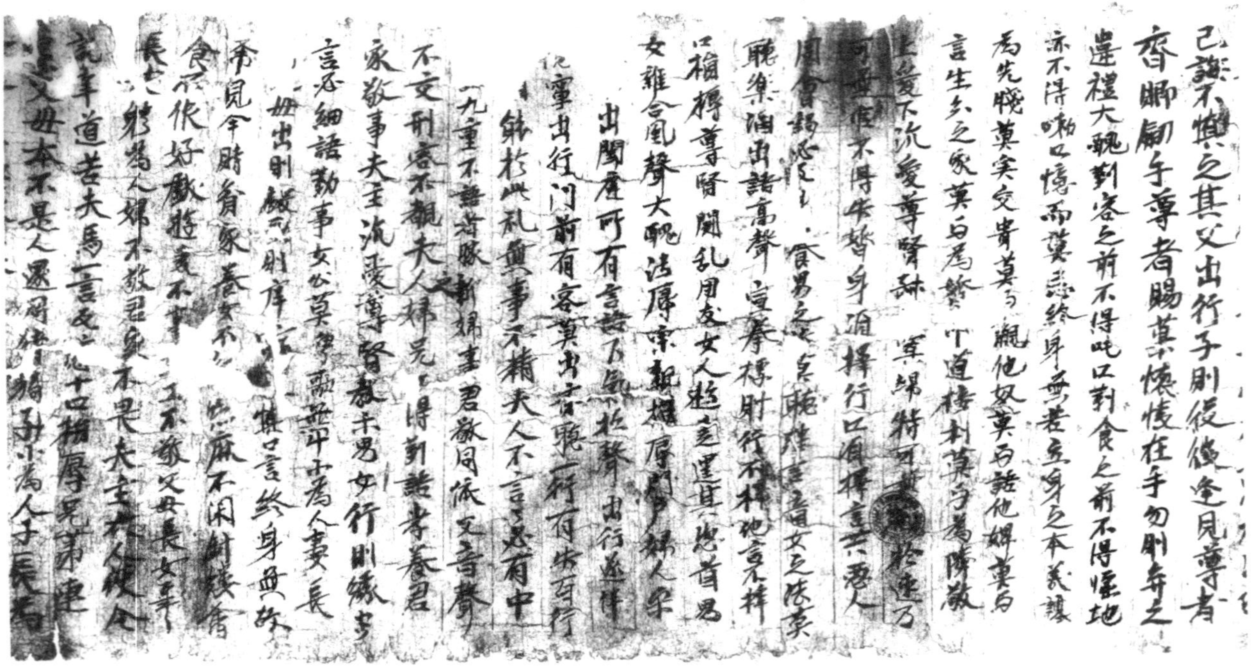
己謝不慎之其父出行子則從後逢見尊者
齊脚斂手尊者賜菓懷核在手勿則弃之
違禮大醜對客之前不得叱口對食之前不得懆地
亦不得嗽口憶而莫忘終身無[illegible]立身之本義讓
為先賤莫交貴莫与 [illegible]他奴莫与語他婢莫与
言生分之家莫与為鄰 下道樓剎莫与為隣敬
上慶下流愛尊賢跡 寡婦特可[illegible]於逢乃
可嫌作不得失誓身須擇行口須擇言共惡人
同會禍必及之 食男之[illegible]良聽雄言道女之咳莫
聽樂酒出語高聲 宣拳樗財行不擇地言无擇
口犯樗尊賢鬭乱朋友女人愆竟匿其聰首男
女雜合風聲大醜法厚[illegible]鄙嫌厚門婦人宗
出閨庭可有言語下氣於聲出行逐伴
兒童出行門前有客莫出[illegible]聽一行有失百行
餘於此礼無事不精夫人不言言必有中
九重不語若脉新婦事君敬同於父音聲
不交刑容不覩夫人婦兄[illegible]得新語孝養君
家敬事夫主流愛尊賢教示男女行則緣步
言必細語勤事女必莫[illegible]而無乎下為人妻長
毋出則[illegible]則序言 慎口言終身無咎
希見今賭貧家養女不[illegible] 然麻不閑針線舍
食不依好歡遊衰不事 不敬父母長女年
長[illegible]為人婦不敬君身不畏夫主大人從之
說年道善夫焉一言反之 凡十口稱厚兒弟連
[illegible]父毋本不是人遂爾[illegible]嫡孫為人子長者

訖半道若夫馬一言叉出□十口稱厚兄弟連
□是父母本不是人還得使猶子小為人子長為
一〻人又居必擇隣暮近良友側立廳堂俱大
有賓客無親疏來者當要合食与食合酒
以酒閉門不看不而猜猶高山之水若於風
而路逢之〻行若於乃存當道之家若於寮住
不積知家若於貴好中半不取若於狼虎
和執不取若於雀鶉屋漏不傷懷於狼住
兵將不慎敗其軍陳人字不慎以其言
語近朱者赤近墨者黑蓬生麻中不扶自直
直令玉投泥不忍其色近佞者諂近偷者賊
賊近癡者遇近賢者德貧人由嬾富人多
力勤耕之人必豐穀食勤學之人必居官席
職与人共食慎莫先嘗与人同飲莫先擧
觴行不中路坐不當堂逢尊者側立道
傍有問即對對必審詳常子從外來必須□
堂未見尊者莫入私房若得飲食慎
莫先嘗向其尊祖始到兒孫善惡兒
萬後及兒孫食必先讓勞必自當有過則
□情能莫惡与人相□言
道亭然後相知倍年
己長則兄事之三人同
其善者見從之其
□極貧不擇妻居不

24　P二九三七〔48～354〕

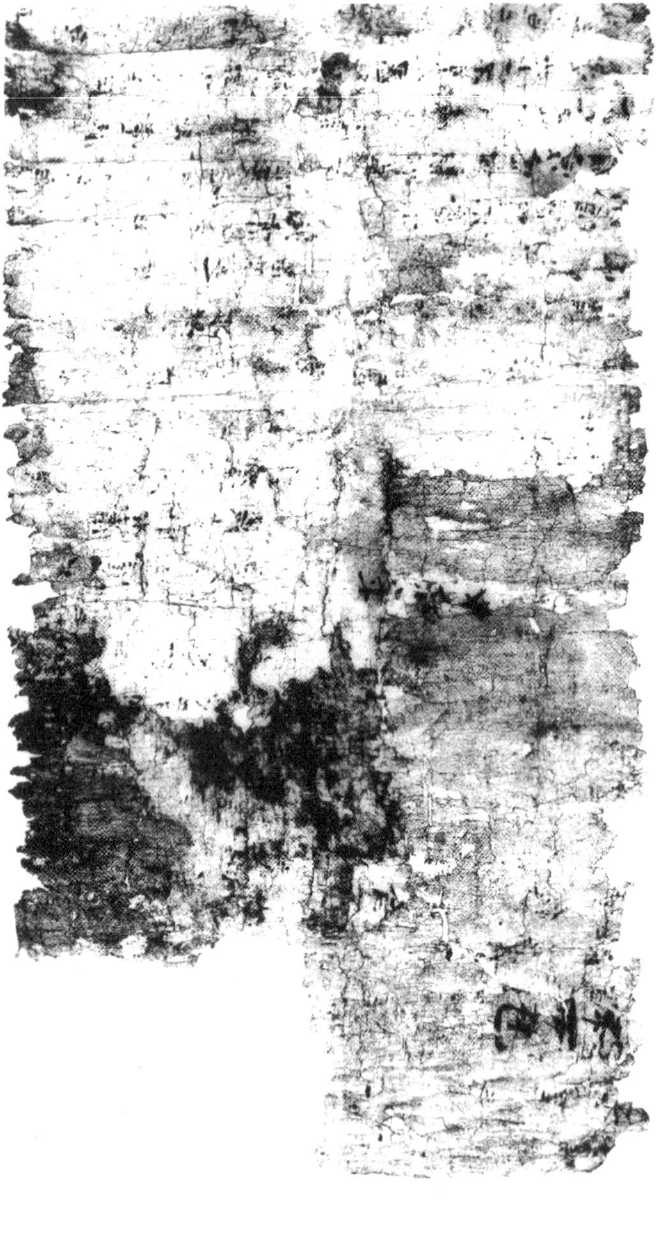

24 P二九三七〔48～354〕

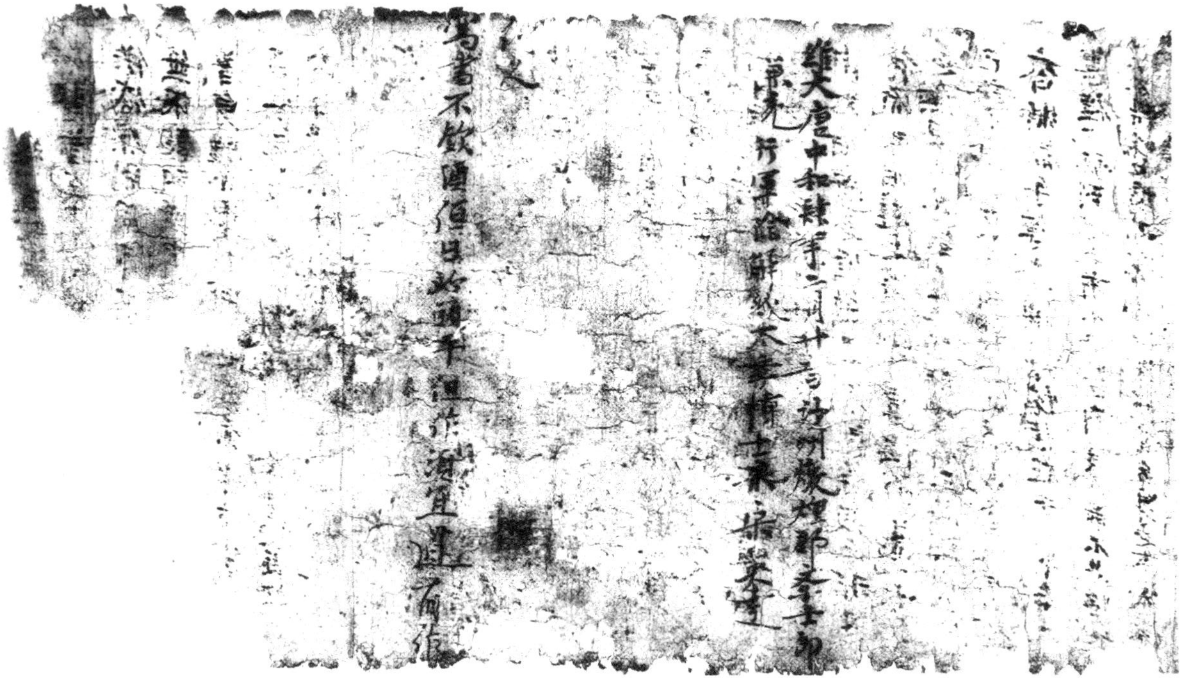

24　P二九三七〔48〜354〕

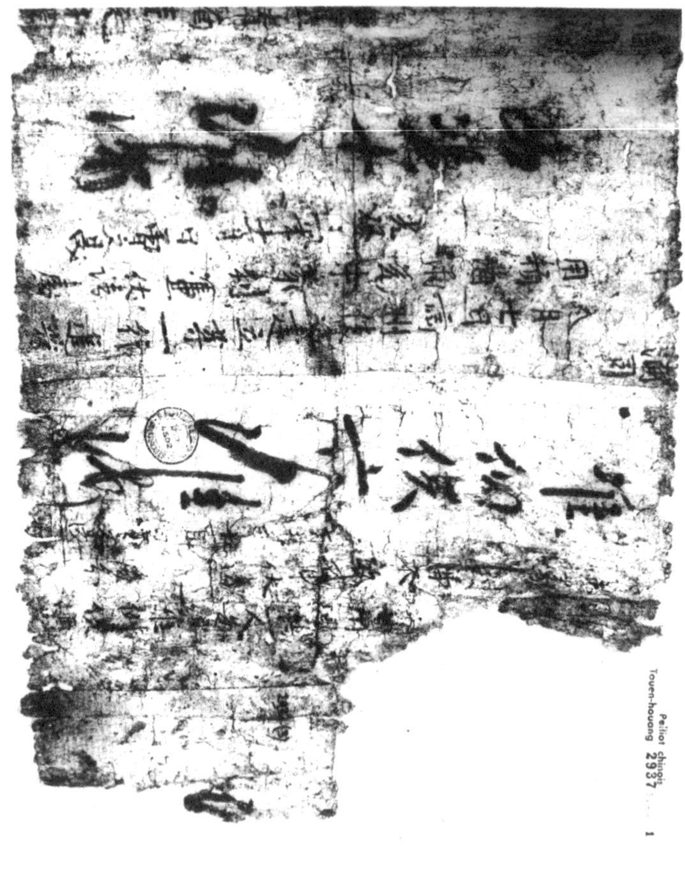

24 P二九三七〔48～354〕

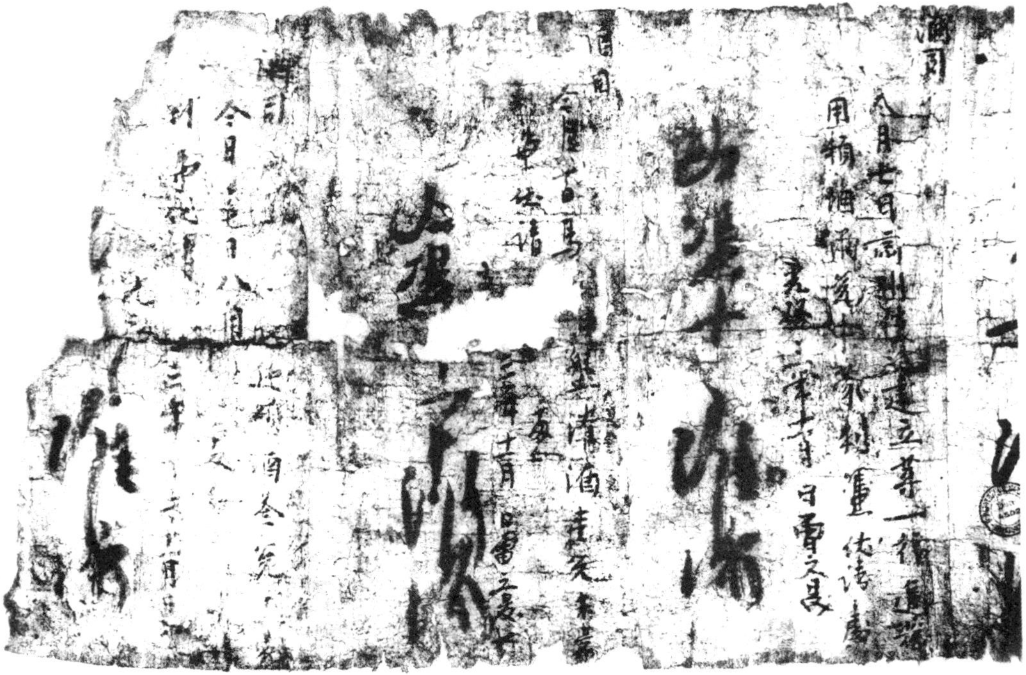

24

P二九三七（48～354）

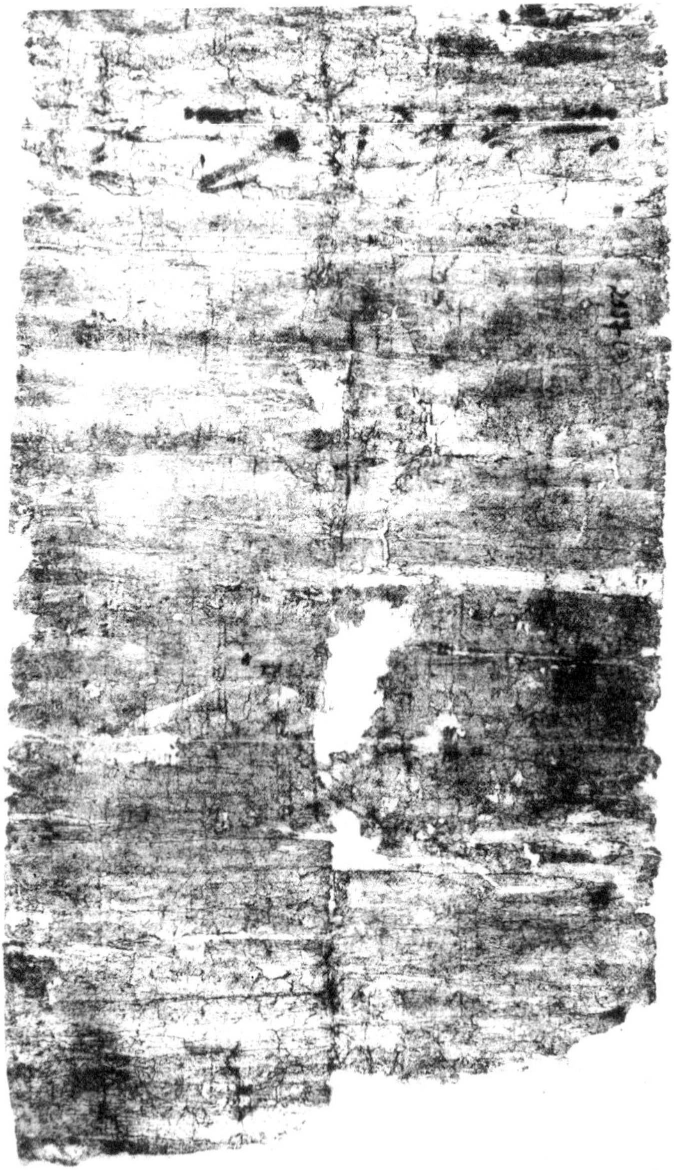

24 P二九三七（48～354）

24 P二九三七〔48～354〕

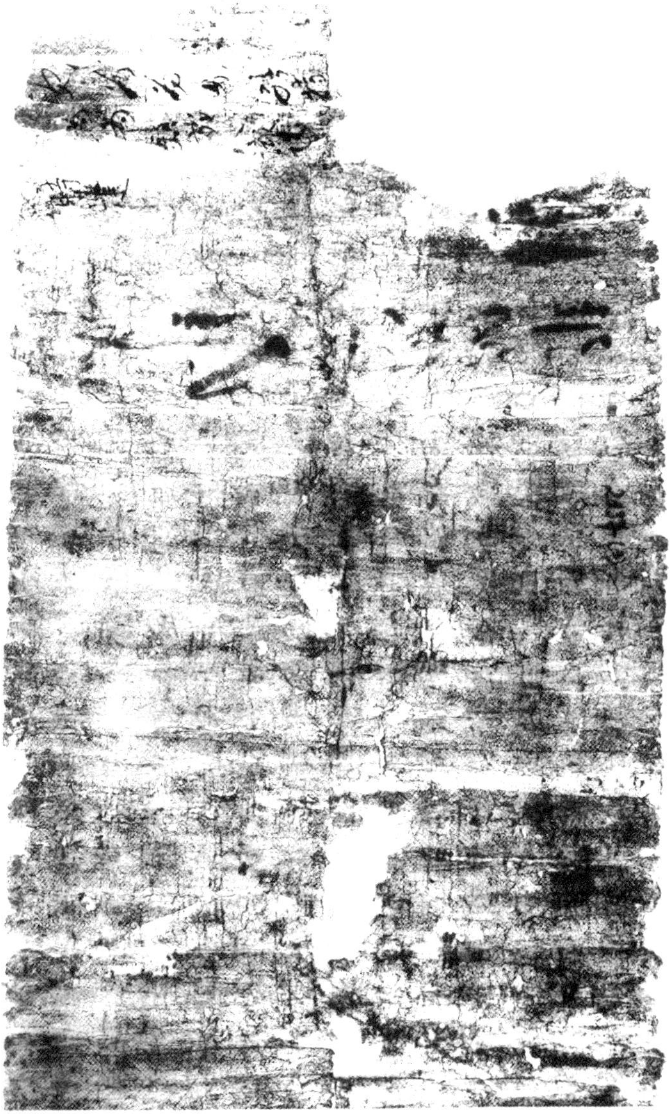

24 P二九三七〔48〜354〕

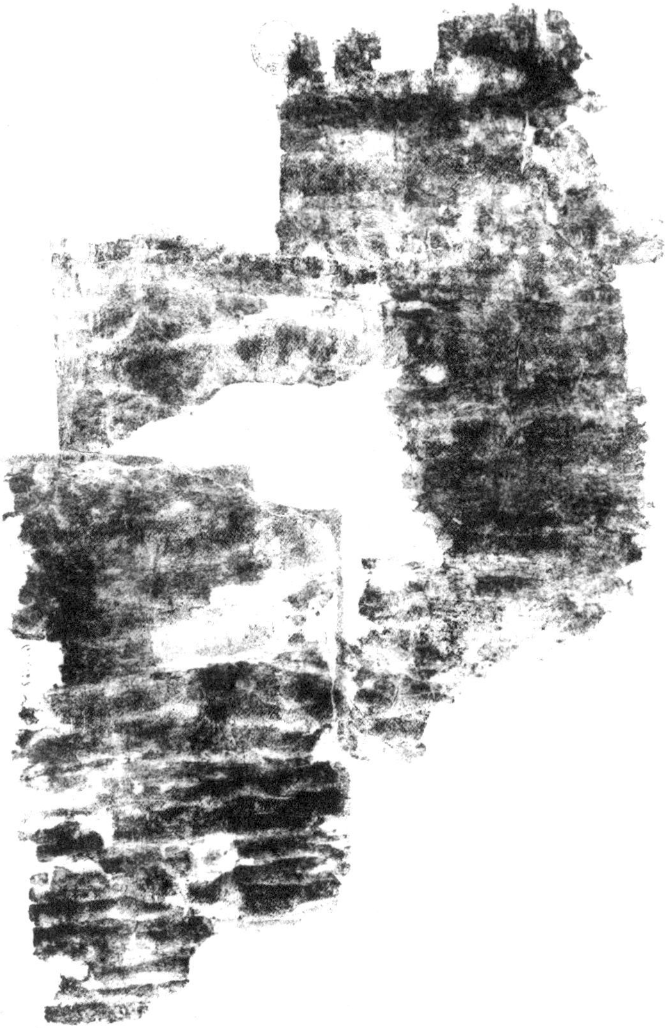

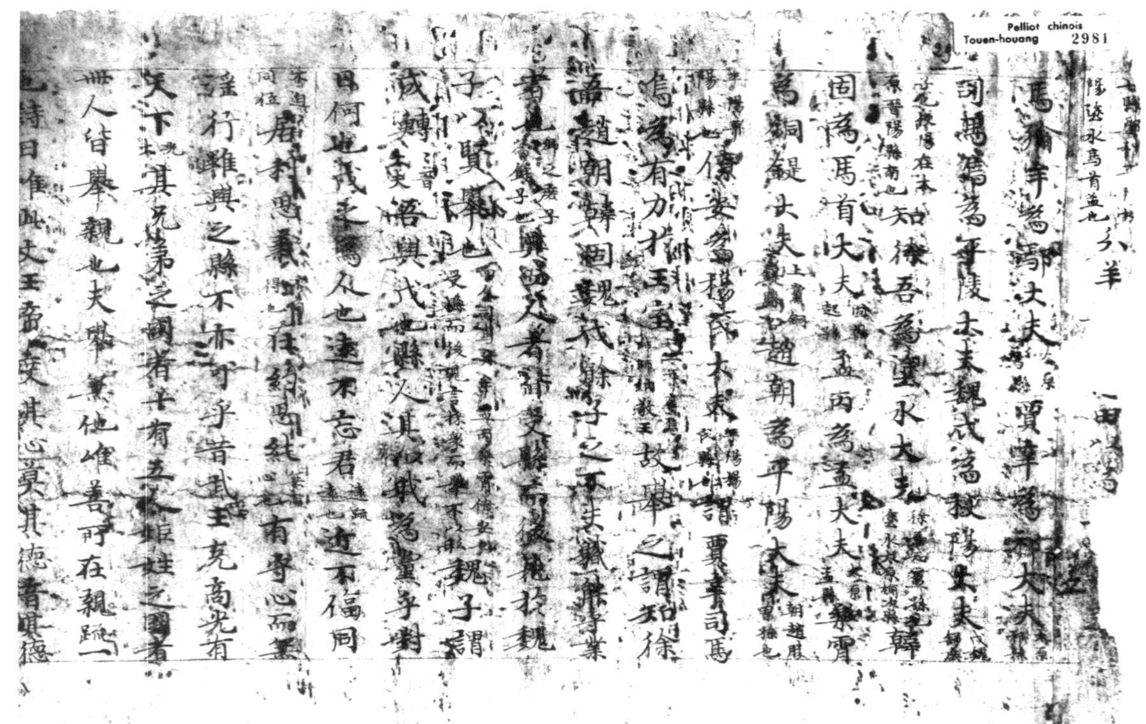

馬彌牟爲鄔大夫賈辛爲祁大夫
司馬烏爲平陵大夫魏戊爲梗陽大夫
知徐吾爲塗水大夫韓
固爲馬首大夫孟丙爲盂大夫樂霄
爲銅鞮大夫趙朝爲平陽大夫
僚安爲楊氏大夫謂賈辛司馬
烏爲有力於王室故舉之謂知徐
吾趙朝韓固魏戊餘子之不失職能守業
者也其四人者皆受縣而後見於魏
子以賢舉也魏子謂
成鱄吾與戊也縣人其以我爲黨乎對
曰何也戊之爲人也遠不忘君近不偪同
居利思義在約思純有守心而無
淫行雖與之縣不亦可乎昔武王克商光有
天下其兄弟之國者十有五人姬姓之國者
卌人皆舉親也夫舉無他唯善所在親疏一
也詩曰惟此文王帝度其心莫其德音其德

25 P二九八一v〔220～600〕

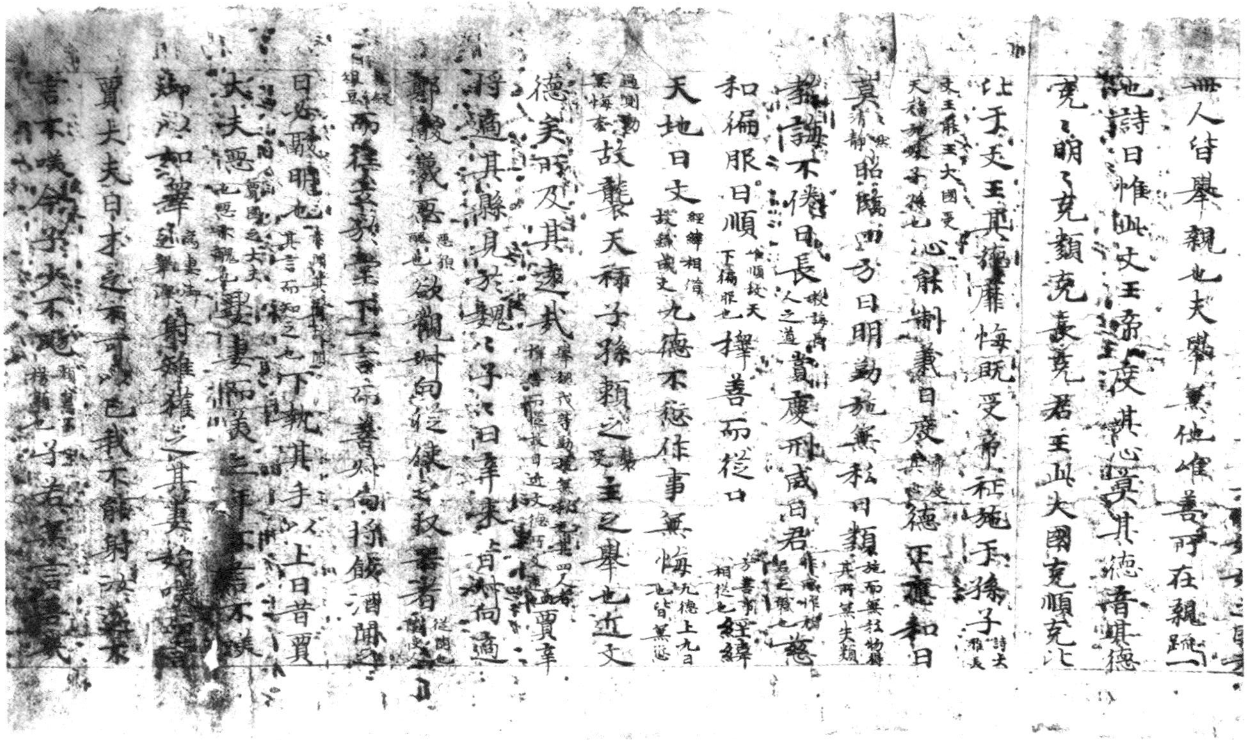

卌人皆舉親也夫舉無他唯善所在親疏一
也詩曰惟此文王帝度其心莫其德音其德
克明克明克類克長克君王此大國克順克比
比于文王其德靡悔既受帝祉施于孫子
心能制義曰度德正應和曰
莫照臨四方曰明勤施無私曰類
教誨不倦曰長賞慶刑威曰君慈
和偏服曰順擇善而從之曰比經緯
天地曰文九德不愆作事無悔
故襲天祿子孫賴之主之舉也近文
德矣所及其遠哉賈辛
將適其縣見於魏子魏子曰辛來昔叔向適
鄭鬷蔑惡欲觀叔向從使之收器者
而往立於堂下一言而善叔向將飲酒聞之
曰必鬷明也下執其手以上曰昔賈
大夫惡娶妻而美三年不言不笑
御以如皋射雉獲之其妻始笑而言
賈大夫曰才之不可以已我不能射汝遂不
言不笑夫

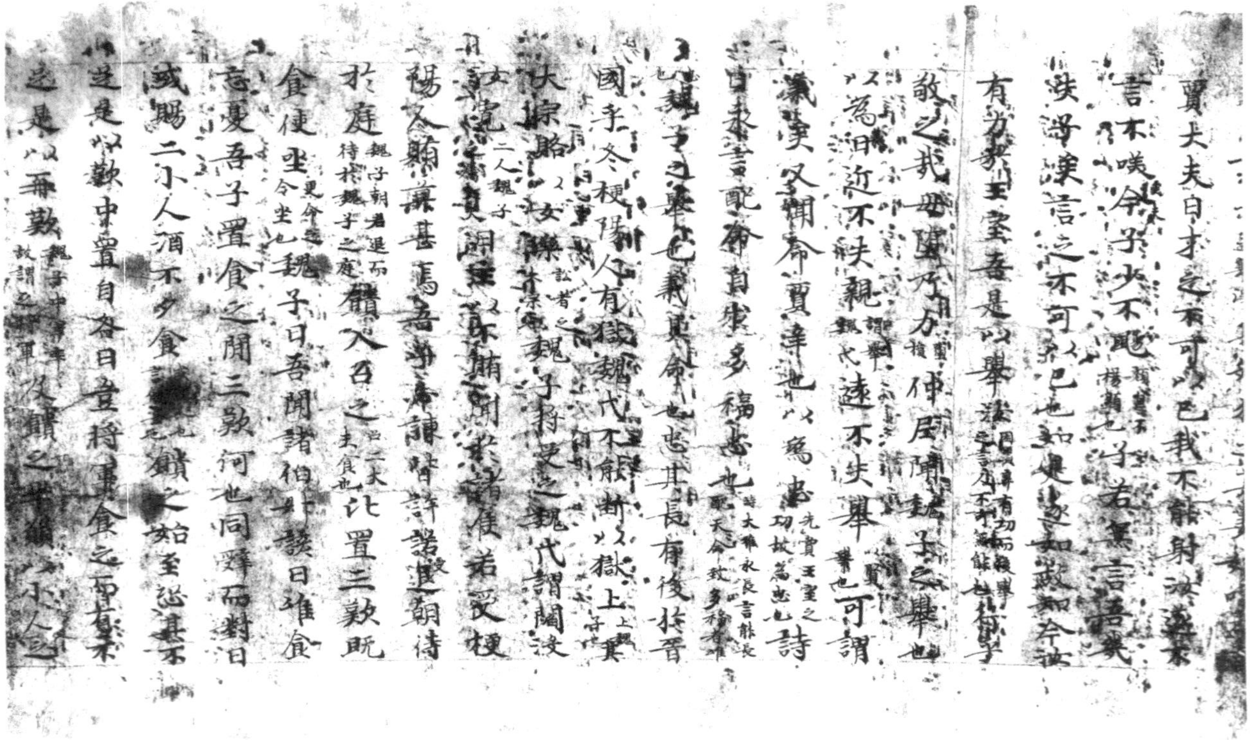

賈大夫曰才之不可以已我不能射汝遂不
言不咲今子少不颺子若無言吾幾
失子矣言之不可以已也如是遂如故知今汝
有力於王室吾是以舉汝
敬之哉毋墮乃力仲尼聞魏子之舉也
以為義曰近不失親遠不失舉可謂
義矣又聞其命賈辛也以為忠先貫王室之功故為忠也詩
曰永言配命自求多福忠也詩大雅永長言能長配天命致多福者
魏子之舉也義其命也忠其長有後於晉
國乎冬梗陽人有獄魏戊不能斷以獄上其
大宗賂以女樂訟者之大宗魏子將受之魏戊謂閻沒
女寬曰二人魏子主以不賄聞於諸侯若受梗
陽人賄莫甚焉吾子必諫皆許諾退朝待
於庭魏子朝君退而待於魏子之庭饋入召之比置三歎既
食使坐更命之坐令坐也魏子曰吾聞諸伯叔諺曰唯食
忘憂吾子置食之間三歎何也同辭而對曰
或賜二小人酒不夕食饋之始至恐其不
足是以歎中置自咎曰豈將軍食之而有不
足是以再歎魏子中軍帥故謂之將軍及饋之畢願以小人之

25 P二九八一v〔220～600〕

君家
女行則緩步言[illegible]
[illegible]作人妻長爲人母出則
[illegible]終身無[illegible]著[illegible]見今時貧
不閑針縷貪食[illegible]
毋年長[illegible]爲人作婦
之謙新[illegible]善夫[illegible]及應
奉[illegible]遷人剃同[illegible]精少[illegible]
隣慕道良友安置齊聽
者當受合食与食酒与
高山之樹苦於風雨路邊之
家苦於客住不慎之家苦於
猿[illegible]秋熟不收[illegible]雀[illegible]
桂[illegible]得不慎敗於[illegible]人
珠者赤近墨者黑[illegible]麻
逕不惡其[illegible]近佞者諂近偷者
賢者德貧人由懶富人勤力勤耕[illegible]
勤學之人必居官職与人共食慎莫先嘗与人共飲
莫先執觴行勿當道坐勿中堂行[illegible]者側立道
傍有問即對語必審詳子從外來必須就堂
見尊者莫入私房若得飲食未可先嘗[illegible]其[illegible]
[illegible]剝[illegible]善[illegible]先[illegible]後[illegible]即食必須[illegible]

勤學之人必居官職与人共食慎莫先嘗与人共飲
莫先執觴行勿中道坐勿中堂行逢尊者側立道
傍有問即對語必審詳子從外來必須就堂未
見尊者莫入私房若得飲食未可先嘗其翁
祖始到恥攘著露兄弟後及兒郎食必須讓傍
必自當有過必改得能莫妄与人相識先正容儀
稱名道姓然後相知倍年已長則父事之十年已
上則兄事之五年已上則肩隨之群居五人長者必
號之人同行必有我師擇其善者而從之其不善
者而改之渴不擇漿貧不擇妻飢不擇食寒不擇
衣必為群相勢君子以懷義相知欲求其短先取
其長欲求其圓先取其方欲求其弱先取其強
欲求其柔先取其剛欲防外敵先須內防欲量
他人先須自量揚人之惡還必自揚傷人之語還是自
傷凡人不可仰相河水不可升量茅茨之室或出公
王蒿〻之下或出蘭香助作得食助鬪得傷仁者愛
福兇暴者之清〻之水為土所傷濟〻之仕為酒
所殃鬪人之事乍可稱揚知人有過密掩深藏
是故罔談彼短靡恃己長鷹鶻雖迅不能快於風雲
日月雖明不照覆盆之下唐虞雖聖不能諫其闇君
比干雖惠不免禍及其身蛟龍雖聖不能煞得岸上之
人刀劍雖利不煞無事之人羅網雖細不煞清慎之人
非災橫禍不入慎家之門斜風敗於良田讒言敗於
[illegible]

非災橫禍不入慎家之門斜徑敗於良田讒言敗於
善人君子以含弘為大海水以博納為泉寬則得衆
盡法無人理國信讒必殺忠臣理家信讒不殺二親
兄弟信讒別分異居夫婦信讒男女生分朋友信讒
積惡累惡天雨五穀荊棘蒙恩抱薪救火大必成焦
揚湯止沸不如去薪千人排門不如一人拔關一人守隘
萬人莫當貪心害己利口傷身瓜田不躡履李下不正
冠堯舜雖渴不飲盜泉之水暴風疾雨不過寡婦
之門孝子不隱情於父忠臣不隱情於君樂不過於
君子亂不下於小人亂則用武清則用文多言不益其
體百伎不妨其身明君不愛邪佞之臣慈父不愛不
孝之人道之以德齊之以禮凡人貴重不擇地而止君
子固窮不擇官而仕屈厄之人不羞執鞭之事飢寒在
身不羞乞食之事貧不可欺富不可恃陰陽相推
周而復始太公不遇釣魚於水相如未遇賣藥於市
巢父居山魯連赴海孔明盤桓候時起鶴鳴九皋
聲備於天電底然火煙起成雲中有惡外
必知聞身有德行人自稱傳惡不可作善必可親
人能弘道非道弘人孟母三徙為子擇鄰不患人
之不己知但患己之不知人也己欲求立先立於人己
欲求達先達於人立身行道始於事親孝
無終始不離其身脩身慎行恐辱先人己所
不欲勿施於人近鮮者臭近蘭者香近愚者闇
近智者良明珠不瑩焉發其光人生不學語
不成章小兒學者如日出之光長而學者如日

近智者良　明珠不瑩焉發其光人生不學語
不成章小兒學者如日出之光長兒學者如日
中之光老兒學者如日暮之光人生不學冥冥
如夜行弱必勝強柔必勝剛剛則折舌柔久
長見必橫死欺敵者亡女慕貞潔男效才良
行善獲福行惡得殃行履不遠所見不長學問
不廣智惠不長欲知其君視其所使欲知其父先觀
其子欲知其木視其文理欲知其人視其奴婢君子
固窮小人窮斯濫矣病則無請醉則無憂飲人狂藥不
得責其孔聖人避其醉客天子恐其酒士君子不
見人之過小人好見人之恥來將之家必出勇士學問之
家必有君子人相知於道術魚相望於江湖女無明鏡
不知面上精麁人無良友不知行之虧餘是以結交朋友
寄死託孤老重則安情薄則疏榮則共樂辱則同憂
難則相救病則相扶勤是無價之寶思是護身之符
勤是龍宮海藏學是明月神珠積財千万不如明解經
書良田百頃不如薄技隨身香餌之下必有懸魚重賞
之下必有勇夫有功者賞有過者誅不念無功之子不愛
無力之奴養男不教為他養奴養女不教不如養猪
養女不教不如養猪痴人畏婦賢女敬夫孝是百行
之本教知其大者乎武王問太公曰凡夫皆稟天地覆
載何為貴賤不等貧富不同願為說之　太公曰夫万
物未青未何為宿家生千惡　武王問太公有何[illegible]

25　P二九八一v〔220～600〕

丈多言不益其[illegible]不妨其身　明君不愛邪佞之
臣　慈父不愛無力之子　道之以德　齊之以礼　小人不擇地
而息　君子固窮　不擇官而事　屋危之人　不著執轅之士
飢寒在身　不著先食之恥　貧不可欺　富不可恃　陰陽
相催　終而復始　太公未遇　釣魚於水　相如未遇　賣卜於
市　巢父居山　魯連海水　孔鳴盤桓　候時而起　鶴鳴九皐
聲聞於天　竈裏燃火　烟氣成雲　家中有惡　人必知之　身
有德行　人必稱傳　孟母三移　為子擇隣　只患己所不知
人也　欲立身先立於人　己欲達先達於人　立身行道　始於
事親　孝無終始　不離其身　脩身慎行　恐辱先人　己所不
欲　勿施於人　近鮑者臭　近蘭者香　近愚者闇　近習者良
明珠不瑩　焉發其光　人生不學　言不成章　小兒學者
如日出之光　長而學者　如日中之光　老而學者　如日暮之
光　人而不學　冥冥如夜　柔必勝剛　弱必勝強　齒堅則折　舌
柔則長　女慕貞潔　男效才良　行善獲福　行惡得殃
行來不遠　所見不長　學問不廣　智慧不長　欲知其君
視其所使　欲知其父　先視其子　欲作其木　視其文理　欲
知其人　先知奴婢　君子固窮　小人窮斯濫矣　病則有[illegible]
[illegible]

26　P三〇六九〔455〜576〕

而息君子固窮不擇官而事屋危之人不著[illegible][illegible]之士
飢寒在身不著乞食之恥貧不可欺富不可恃陰陽
相催終而復始太公未遇釣魚於水相如未遇賣卜於
市嵩父居山魯連海水孔鳴盤桓候時而起鶴鳴九皐
聲聞於天蛇衰蝕火煙氣成雲家中有惡人必知之身
有德行人必稱傳孟母三移為子擇隣只患己所不知
人也欲立身先立於人己欲達先達於人立身行道始於
事親孝無終始不離其身修身慎行恐辱先人己所不
欲勿施於人近鮑者臭近蘭者香近愚者闇近智者良
明珠不瑩焉發其光人生不學言不成章小兒學者
如日出之光長如學者如日中之光老兒學者日暮之
光人而不學冥冥如夜柔必勝剛弱必勝強齒堅則折舌
柔則長女慕貞潔男効才良行善獲福行惡得殃
行來不遠所見不長學問不廣智惠不長欲知其君
視其所使欲知其父先視其子欲伐其木視其文理欲
知其人先知奴婢君子固窮小人窮斯濫矣病則有御
醉則無憂飲人狂藥不得責人之札聖人避其酒客
君子愢其酒士智者不見人之過愚夫之不多患小人過
女無明鏡不知面上之精庶將軍之家必出勇夫博
學之家必有君子是以人相知於道述魚相望於江湖之
無良友不知行之得失是以結交朋友須擇賢良寄所
託孤意密則察榮則同榮辱則同憂難則相久危

27 P三一〇四〔254～361〕

必有患十語九衆不語者勝小作為
人子長作人父居不擇隣慕近良友
側立聽傍候侍賓客侶無親疎來
者當受合食与食合酒与酒閑門
不看不如豬狗枚質作用事須方寸
看客不貧古今實語要驗吐有失食
背愛河門不看不如豬狗高山之樹
苦於風雨路邊之樹苦於刀斧當道
作舍苦於客櫟不慎之言苦於官
府羊羊不閑苦於損敗手動不
收苦於雀鼠屋漏不覆壞於梁
柱兵將不慎則於軍[illegible]人生不學
費其言語近朱者赤近墨
者黑蓬生麻中不扶自直[illegible]泥汙其
光近侫者諂近偷者賊近癡
者愚近賢者德近聖者明近
人痛嬾邑人須心力養子不教費
人勤耕之人必豐穀食勤
之人必居官職貪田不耕損
人功力養子不教責人衣食与其
食慎莫先嘗与其飲莫先把
[illegible]

Pelliot chinois Touen-houang 3104

者愚近賢者德近智者明
人痴嬾畏人頭力養子不教費
人勤耕之人必豐穀食勤學
之人必居官職良田不耕損
人功力養子不教費人衣食與人共
食慎莫先嘗與人共飲莫先把觴
行不當路坐不背堂路逢尊者
側立道傍有語即對不必審詳
子從外來先須就堂未見尊者
莫入私房若得飲食慎莫先嘗
鄉音其宗祖姑姨
伯叔兄郎食必先讓必有齒
遇必改得能莫忘為人相識先觀容
長...道路...後相知...長
十年已長則兄事之
五年已長則肩隨之三人同行
必有我師焉擇其善者而從之
其不善者而改之濡不擇職貧不擇
妻飢不擇食寒不擇衣...人
相...以德...
莫辨其...其...求其...夫
與子...其

28　P三二四八v〔68~239〕

六日辛巳金除　天恩母倉修造□□□吉
七日壬午木滿　虹藏不見　天恩母倉修造葬埋吉
八日癸未木平　罡
九日甲申水定　上弦　行帳解除葬埋吉
十日乙酉水執　修造葬埋吉
十一日丙戌土破　九焦九坎治病吉
十二日丁亥土危　穀雨三月中　萍始生　陰陽不將嫁娶安葬吉
十三日戊子火成　歸忌地囊嫁娶入宅吉
十四日己丑火收　魁
十五日庚寅木開　血忌拜官結婚修造吉
十六日辛卯木閉　望　結婚塞穴葬埋吉
十七日壬辰水建　往亡　鳴鳩拂其羽　治井竈吉
十八日癸巳水除　母倉修造治病吉
十九日甲午金滿　滅　母倉移徙修造斬草吉
廿日乙未金平　罡
廿一日丙申火定　了□　了淺葬埋吉
廿二日丁酉火執　沒　解除葬埋吉
廿三日戊戌木破　戴勝降桑　九焦九坎治病吉
廿四日己亥木危　下弦　陰陽不將嫁娶安葬吉
廿五日庚子土成　歸忌祭祀修造斬草吉
廿六日辛丑土收　魁
廿七日壬寅金開　血忌拜官嫁娶治病葬吉
廿八日癸卯金閉　立夏四月節　螻蟈鳴　母倉祭祀修造葬埋吉
廿九日甲辰火閉　塞穴吉
卅日乙巳火建　拜官□奉吉
五月大建丙午天道北行
一日乙亥火執　陰陽不將嫁娶拜官移徙吉
二日丙子水破　治病斬草吉
三日丁丑水危　安床帳吉
四日戊寅土成　鵙始鳴　母倉歸忌拜官入宅吉
五日己卯土收　魁
六日庚辰金開　天恩治病入宅修造吉
七日辛巳金閉　天恩修造塞穴吉
八日壬午木建　地囊九醜天恩造車吉
九日癸未木除　反舌無聲　天恩嫁娶修造吉
十日甲申水滿　八魁解除修造吉

六日辛亥金破　天恩治病壞屋吉
七日壬子木危　天恩嫁娶安葬修造吉
八日癸丑木成　半夏生　天恩歸忌修造吉
九日甲寅水收　魁
十日乙卯水開　天恩祭祀嫁娶修造葬吉
十一日丙辰土閉　塞穴安門吉
十二日丁巳土建　拜官上梁吉
十三日戊午火除　小滿四月中　苦菜秀　治病服藥吉
十四日己未火滿　九焦九坎內財吉
十五日庚申木平　望　罡
十六日辛酉木定　天恩地囊九醜葬埋吉
十七日壬戌水執　沐浴修井竈吉
十八日癸亥水破　靡草死　服藥壞屋吉
十九日甲子金危　天恩陰陽不將嫁娶修造吉
廿日乙丑金成　天恩歸忌修造吉
廿一日丙寅火收　魁
廿二日丁卯火開　天恩母倉加官入宅修造葬
廿三日戊辰木閉　小暑至　安門塞穴吉
廿四日己巳木建　造車立柱上梁吉
廿五日庚午土除　治病葬埋吉
廿六日辛未土滿　九焦九坎內財吉
廿七日壬申金平　罡
廿八日癸酉金平　芒種五月節　螳螂生　罡
廿九日甲戌火定　祭祀嫁娶吉
六月小建丁未天道東行
一日乙巳火閉　母倉天恩修造治病吉
二日丙午水閉　母倉九焦九坎葬埋修造吉
三日丁未水建　沒　沐浴□□吉
四日戊申土除　陰陽不將嫁娶治病吉
五日己酉土滿　蟋蟀居壁　天恩血忌剃頭起土葬吉
六日庚戌金平　罡
七日辛亥金定　天恩加官修造吉
八日壬子木執　上弦　天恩九醜歸忌嫁娶修造吉
九日癸丑木破　天恩修造服藥吉
十日甲寅水危　鷹乃學習　安床內財葬埋吉

Pelliot chinois
Touen-houang　3248

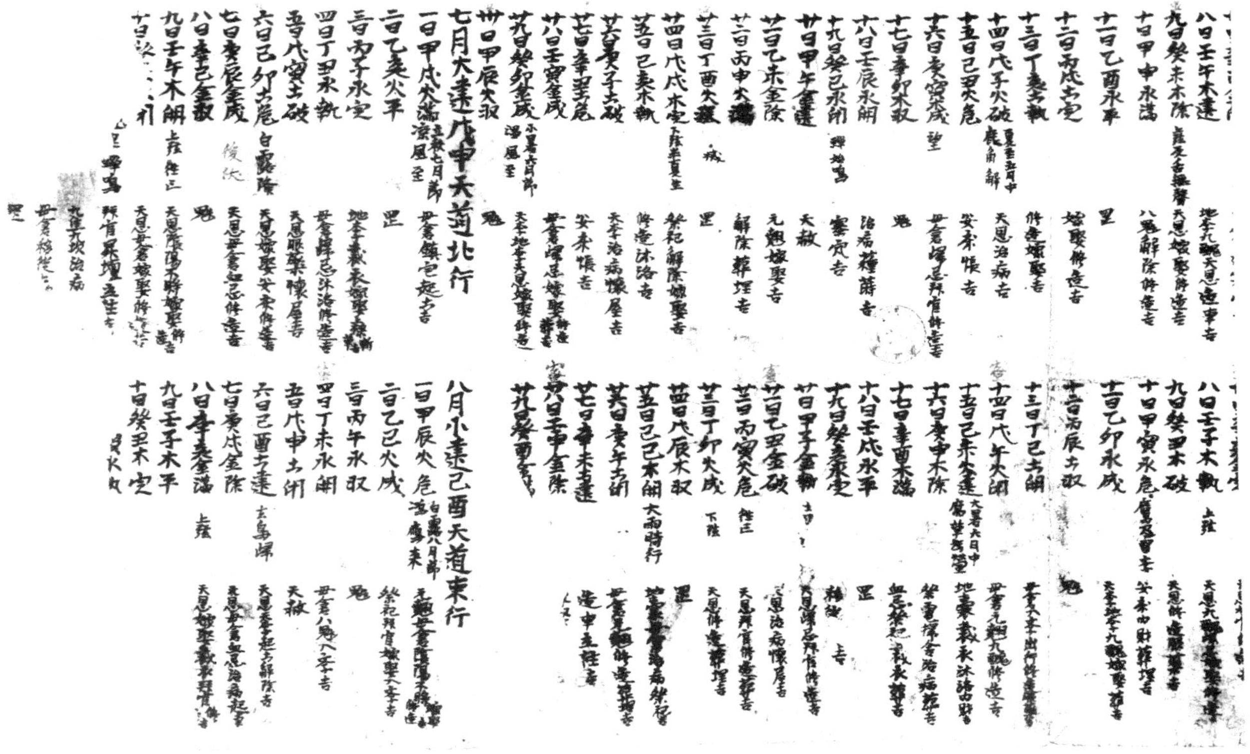

[illegible]
八日壬午木建　地李九醜天恩造車吉
九日癸未木除　[illegible]　天恩嫁娶修造吉
十日甲申水滿　八魁解除修造吉
十一日乙酉水平　罡
十二日丙戌土定　嫁娶修造吉
十三日丁亥土執　修造嫁娶吉
十四日戊子火破　夏至五月中　鹿角解　天恩治病吉
十五日己丑火危　安床帳吉
十六日庚寅木成　望　母倉嫁娶拜官修造吉
十七日辛卯木收　魁
十八日壬辰水開　治病種蒔吉
十九日癸巳水閉　蟬始鳴　塞穴吉
廿日甲午金建　天赦
廿一日乙未金除　九魁嫁娶吉
廿二日丙申火滿　解除葬埋吉
廿三日丁酉火平　滅　罡
廿四日戊戌木定　下弦　半夏生　祭祀解除嫁娶吉
廿五日己亥木執　修造沐浴吉
廿六日庚子土破　天李治病壞屋吉
廿七日辛丑土危　安床帳吉
廿八日壬寅金成　母倉歸忌嫁娶修造吉
廿九日癸卯金成　小暑六月節　溫風至　天李地李天恩嫁娶修造吉
卅日甲辰火收　魁
七月大建戊申天道北行
一日甲戌火滿　立秋七月節　涼風至　母倉鎮宅起土吉
二日乙亥火平　罡
三日丙子水定　地李天赦表嫁娶吉
四日丁丑水執　母倉歸忌沐浴修造吉
五日戊寅土破　天恩服藥壞屋吉
六日己卯土危　白露降　天恩嫁娶安床修造吉
七日庚辰金成　後伏　天恩母倉加冠修造吉
八日辛巳金收　魁
九日壬午木開　上弦　往亡　天恩陰陽不將嫁娶修造吉
十日癸未木閉　天恩母倉嫁娶修造吉
十一日[illegible]　寒蟬鳴　拜官祭壇造車吉
九焦九坎治病
母倉移徙
罡之

[illegible]
八日壬子木執　上弦　天恩[illegible]吉
九日癸丑木破　天恩修造[illegible]吉
十日甲寅水危　[illegible]　安床內財葬埋吉
十一日乙卯水成　天李地李九醜嫁娶葬吉
十二日丙辰土收　魁
十三日丁巳土開　母倉天李出行修造吉
十四日戊午火閉　母倉九醜修造吉
十五日己未火建　大暑六月中　腐草為螢　地李天赦表沐浴出財吉
十六日庚申木除　祭祀掃舍治病葬吉
十七日辛酉木滿　血忌祭祀裁衣葬吉
十八日壬戌水平　罡
十九日癸亥水定　歸忌　吉
廿日甲子金執　天恩歸忌拜官修造吉
廿一日乙丑金破　天恩治病壞屋吉
廿二日丙寅火危　往亡　天恩拜官修造葬吉
廿三日丁卯火成　下弦　天恩修造葬埋吉
廿四日戊辰木收　罡
廿五日己巳木開　大雨時行　[illegible]治病[illegible]
廿六日庚午土閉　母倉九醜修造葬埋吉
廿七日辛未土建　造車主經吉
廿八日壬申金除
廿九日癸酉金滿
八月小建己酉天道東行
一日甲辰火危　白露八月節　鴻鴈來　天恩母倉陰陽不將修造
二日乙巳火成　祭祀拜官嫁娶入宅吉
三日丙午水收　魁
四日丁未水開　母倉八魁入宅吉
五日戊申土閉　天赦
六日己酉土建　玄鳥歸　天恩天李起土解除吉
七日庚戌金除　天恩母倉血忌治病起土吉
八日辛亥金滿　上弦　天恩嫁娶裁衣拜官修造吉
九日壬子木平
十日癸丑木定
[illegible]

28　P三二四八v〔68～239〕

28 P三二四八v〔68～239〕

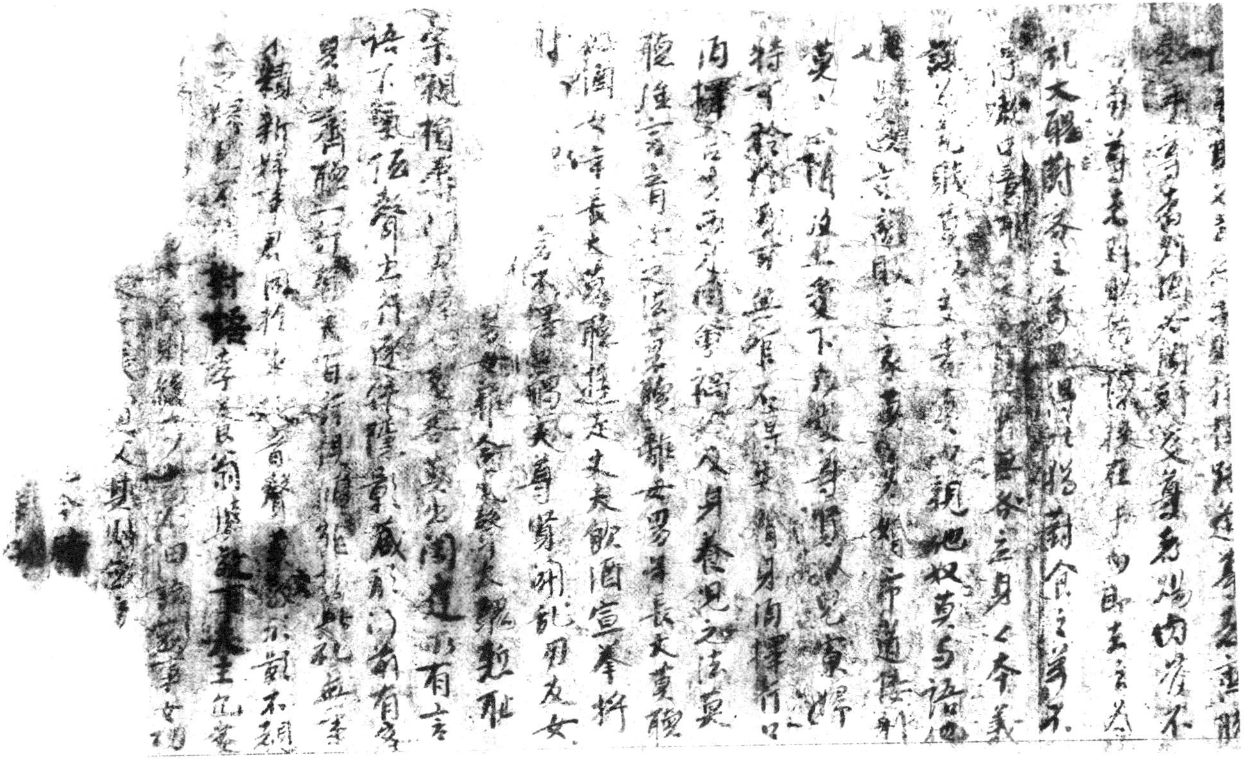

28 P三二四八v〔68～239〕

29 P三四三〇〔162～460〕

29 P三四三〇〔162～460〕

壤其揖往無將不慎能于筆拔人生不學言
言語近朱者赤近墨者黑蓬生麻中不扶自直
近佞者諂近偷者賊近愚者癡近聖者明近賢
者德近淫者色貪人之家難客人多力勤耕之人必
無饑食勤學之人必居官職良田不耕損人功力
養子不教費人衣食与人共食慎莫先嘗与人同
飲莫先勸觴行不當路坐不背堂道逢尊者
立其傍有問善對必須審詳子從外來先須
拜事見尊者莫入私房若得飲食慎莫
離從其曾祖始到耶孃次需兄弟後及兒郎
必先謙勞必自當知過必改得能莫忘与人相識
莫客儀稱名道字然後相知語年已上則父事
十年以上則兄事之五年以上則肩隨之三人同行
必有我師擇其善者而從之其不善者而改之
帶不擇體貧不擇妻飢不擇食寒不擇衣
人為財相煞君子以道義相知欲求其短先耳其
欲求其圓先耳其方欲求其弱先耳其
其柔先耳其剛欲防外狀先須自防欲傷人之語
便是自揚傷人之語還是自傷良人不可自相
不可斗量事淡之室必出公王蒿艾之中必有
蘭香動桒得食勤學得傷仁慈者壽兇暴者夭

29 P三四三〇〔162〜460〕

蘭香動栄得食動鬪得傷仁慈孝壽免累者

清〻之士為酒所傷聞人善事作可稱揚知人有過

蜜掩深〻藏是鼓(非)彼短莫恃己長鷹鷂雖

能快於風雨日月雖明不能覆盆之下虞舜雖聖

不能化其父母微子雖賢不能諫其闇君

雖惠不能自免其身龍雖聖不能離岸

劔雖利不能斷清潔之士羅網雖細不繋無辜

攘禍不入慎家之門人主慮必有

樹近樓於良田讓言敗於善人君子

動為深寛則得衆

德治国信讓必無患臣理家信讓家必敢亡兄弟信

讓則別異居夫婦信讓男女生分朋友信讓必

兵悪天雨無穀荊棘蒙恩抱薪救火〻必盛燃揚

湯止沸不如去薪千人排門不如一人拒閉一人守隘

万夫不當貪害己利口傷身荒田嫁正履李下

不正冠渴人雖渇不飲盗泉之水累風疾雨不入

之門孝子不隠情於父忠臣不隠情於君法不

君子礼不責於小人君獨用武君清則

言不蓋其體百使不婦其身明君不愛邪佞

臣慈父不愛不孝之子

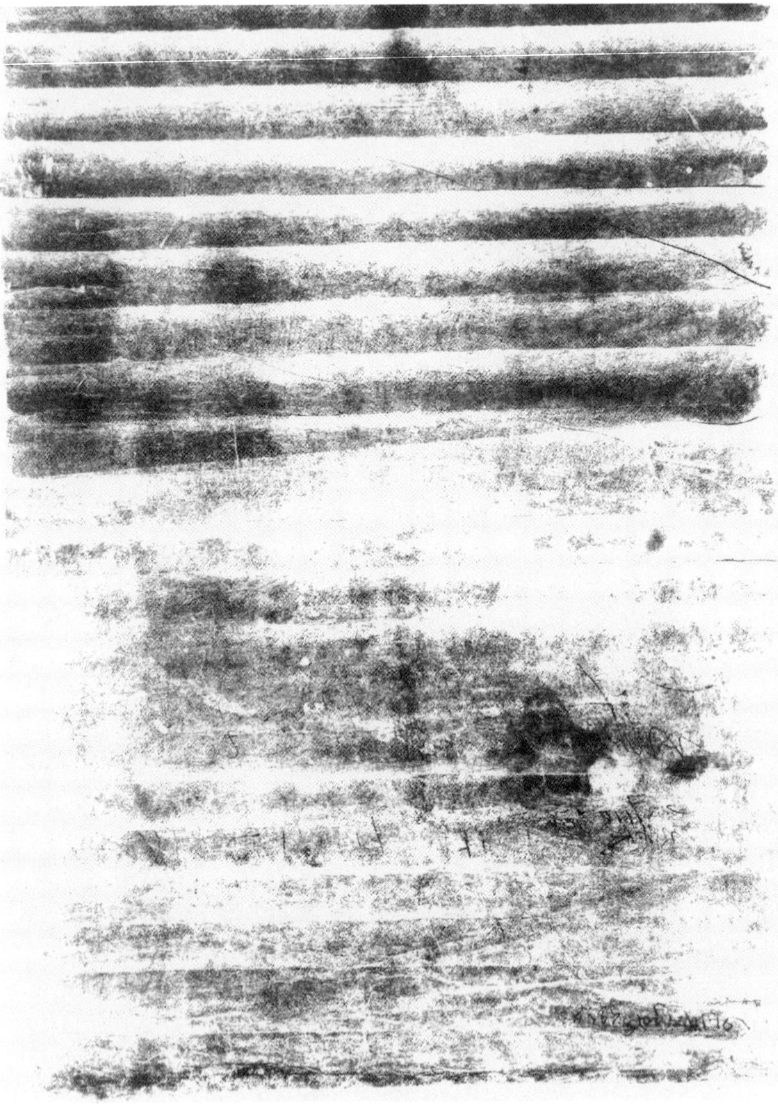

29 P三四三〇〔162～460〕

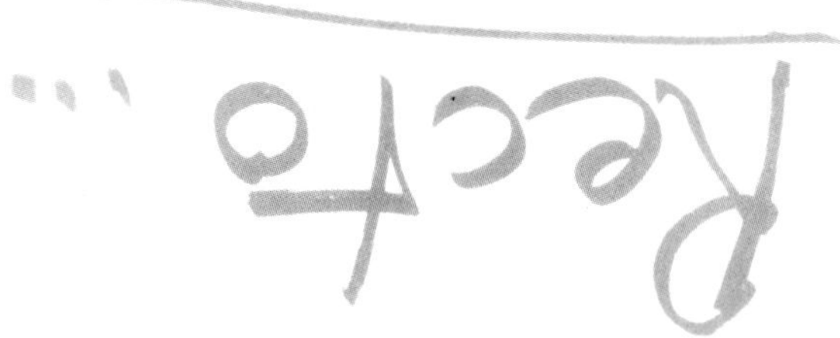

30 P三五六九〔348～600〕

□雖近不能決於風雨　明不照覆盆之下不能
唐虞雖聖不能諫其[illegible]化於[illegible]之[illegible]
[illegible]光其身蛟龍雖聖不能[illegible]
何雖利不能[illegible]清潔之士羅網雖細不能
無事之人非災橫火不入慎家之門人無遠慮
必有近憂鈿經壞於良田讒言敗於善人君
子以含弘為大海來以博納深寬則得衆歡則
功以濟君人人則得安國信讒言必煞忠臣
家信讒必敗國臺兄弟信讒分別以居夫婦
讒男女生分朋友信讒必致死惡天雨五穀
荊棘家見抱薪救火火必盛宋揚湯至費不
如去薪千人排門不如一人拔關丈守義夫不敢
貪心害己利口復身焚田不惡履利下不熱心
冠聖君雖渴不飲盜泉之水暴風疾雨不入寡
婦之門孝子不隱諱於父忠臣不隨情於君沙
不家於君子禮不下於小人渴則用武治則
用文多言不益其體百伎不身其身明君
不受邪佞之語慈父不愛不孝之子孝道之以德
[illegible]之以禮凡人貪重不擇地而安君子固窮
[illegible]如在危之人不[illegible]亂[illegible]之事[illegible]
[illegible]善守貪者處[illegible]財賤富不可持[illegible]
揚揖推圓而[illegible]之[illegible]道[illegible]魚於木
而來遇曹藥於市果又醫斗善[illegible]無永亂

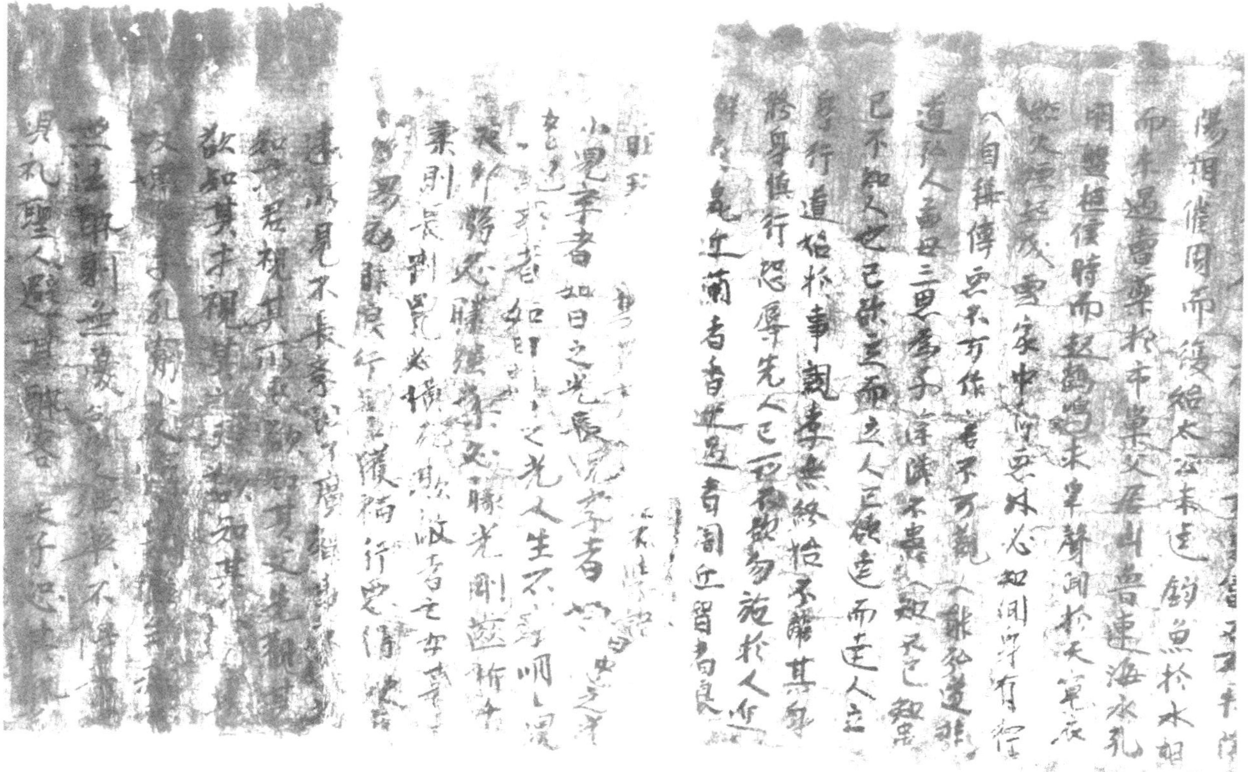

30 P三五六九〔348～600〕

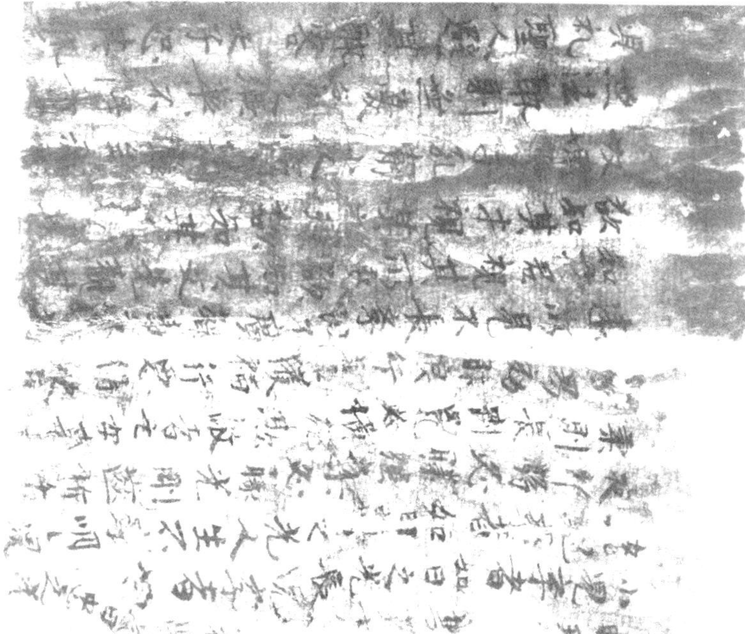

無法取則無[illegible]細華不得
見私[illegible]人避其醉客女子迎其[illegible]
君子不見人之[illegible]小人好見人之惡
將之家為[illegible]學問之家必有君
子人相之於[illegible]魚相望於江湖女
無明鏡[illegible]精麁人無良[illegible]
不知行之[illegible]路是以結交朋友寄不
託孤童重則寒精薄則賤[illegible]則
共樂辱則共憂難則相救病則相
扶勤是無價之寶忍則是護身之符
勤是龍宮海藏學是明月神珠積
書千卷不如明解經書經書中不備不如薄
技隨身香餌之下必有懸鉤之宜重
賞之下必有勇夫有功者賞有過者言誅不
念無力之子只愛有力之奴養男不教
為他養奴養女不教不如養驢癡人畏
婦賢女敬夫孝是百行之本故諸
其文者乎　太公家教壹卷
維[illegible]年[illegible]月十二日[illegible]寺學士宋盛建記

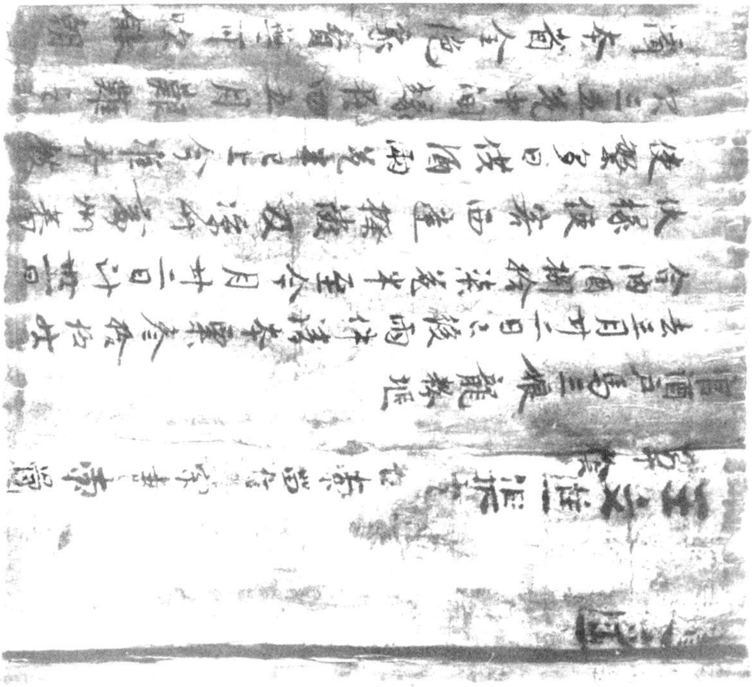
官酒戶馬三娘　龍粉堆
去三月廿二日已後兩件請本粟叁拾伍馱
合納酒捌拾柒甕半至今月廿二日計卅日
伏緣使客西庭㣲及涼州肅州蕃
使繁多日供酒兩甕半已上今準本數
欠三五甕中間緣得四五月艱難之
濟本首全絶家貧無可吹飲朝

30　P三五六九〔348～600〕

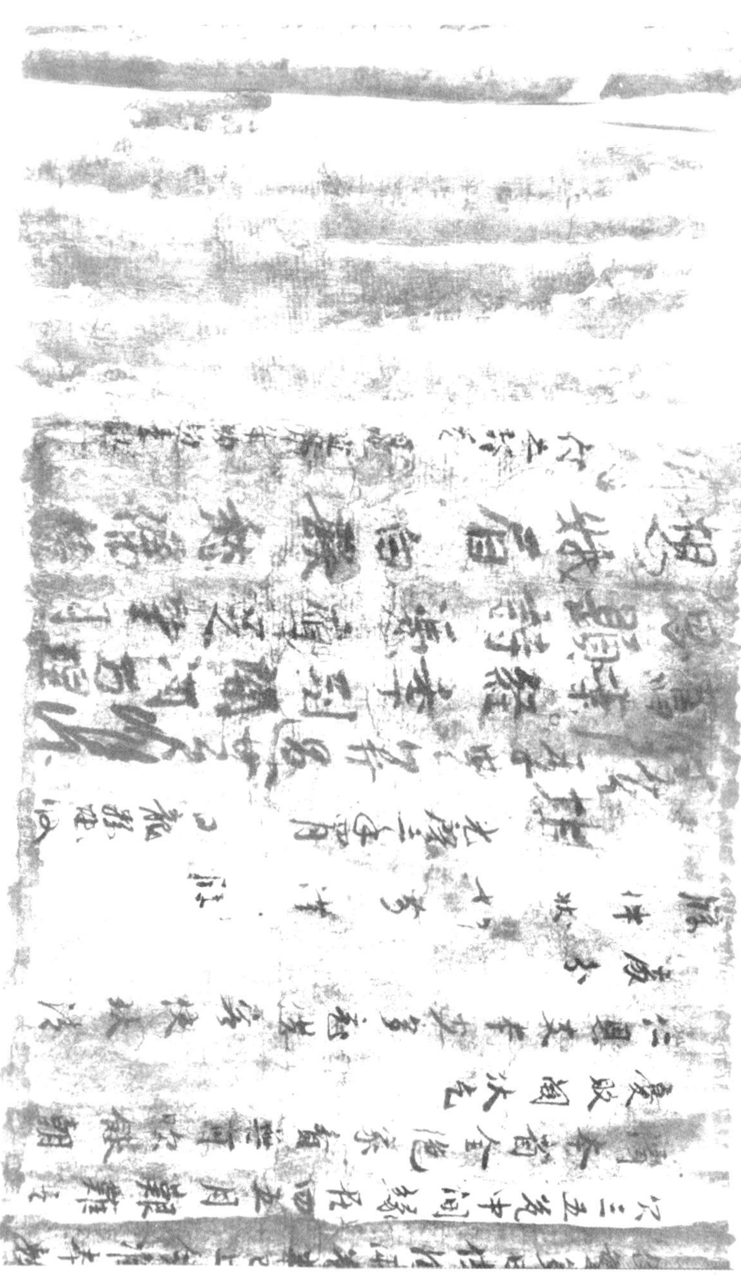

30 P三五六九〔348～600〕

押衙陰季豐
右奉 判令算會 官酒戶馬三娘、龍粉堆
從三月廿二日於官倉請酒本粟貳拾䭾
至四月九日請酒本粟壹拾伍䭾 兩件共
請粟叁拾伍䭾 准粟數合納酒捌拾柒
甕半 諸處供給使客及設會、賽神 一一
逐件算會如後
西州迴鶻使上下叁拾伍人 每一日供酒捌斗陸勝
從三月廿二日至四月廿三日中間 計叁拾貳日
計供酒肆拾伍甕伍斗貳勝 璨微使上
下陸人 每一日供酒壹斗陸勝 從三月廿二日至四月
廿三日中間 計叁拾貳日 供酒捌甕叁斗貳勝
[illegible]州使曹[illegible]等三人 每一日供酒玖勝 從三月
廿二日至四月廿三日中間 計叁拾貳日 供酒肆甕
半壹斗捌勝 又肅州溫末及肅州使從四月
州下[illegible]

30 P三五六九〔348~600〕

P三五六九〔348～600〕

太公家教一卷

余乃生逢亂代長值危時望鄉失土波迸流移只恐隱
山學道不能忍凍受飢只欲揚名於後復無晏嬰之
機才輕德薄不堪人師徒消人食浪費人衣隨緣信業且
逐時之宜輒以討論墳典簡擇詩書依經傍史約禮時
宜為書一卷助誘童兒流傳萬代幸願思之緘論出身詳諱
上下易辯貴賤兼風流儒雅禮尚往來尊卑高下得人一牛還
人一馬往而不來非成禮也來而不往亦非禮也知恩報恩風
流儒雅有恩不報非成人也事君盡忠事父盡孝禮聞
來學不聞往教捨父事師必望功既先慎口言都擬密
負善事須貪惡事莫樂直實在心勿行欺詐孝子事
父晨省暮參知飢知渴知暖知寒憂則共感樂則同
歡父母有疾甘美不餐食無求飽居無求安聞樂不樂
聞喜不看不善身體不敢毀傷父母疾病起亦不離弟
子事師敬同於父習其道也學其言語黃金白銀乍可
相與好言善述莫離斯日乃無境外之交弟子有束脩
之好因禮曰一日為君終日為主一日為師終日為父孝
子之法常令自慎勿得隨宜言不可失行不可虧他
籬莫越他戶莫窺他嫉莫道他事莫知他貧莫笑
[illegible]他財莫取他色莫思他強莫觸他弱莫欺
他馬莫騎弓折馬死償他無疑財能害己
之溪能[illegible]身必須[illegible]色能敗[illegible]害必須遠
[illegible]是[illegible]須[illegible]之[illegible]必須[illegible]之口能招禍
慎之見人惡事則須掩之[illegible]有大難則須救
利則須謀忍見人不見即須語之好言善聽
[illegible]是時須即須避之羅網之鳥悔不高
之魚恨不忍飢人生誤計恨不三思禍將及
慎之其父出行子則從後路逢尊者齊腳

[illegible]
上下易辯，罰乘風流儒雅，[illegible]往來，尊卑高下，得人一斥，還
人一馬，往而不來，非成也；來而不往，亦非禮也。知恩報恩，風
流儒雅；有恩不報，豈成人也。事君盡忠，事父盡孝。礼聞
來學，不聞往教。捨父事師，必望功德。慎口言語，卻避容
惡。善事須貪，惡事莫樂。直實在心，勿行欺詐。孝子事
父，晨省暮省，知飢知渴，知暖知寒，憂則共戚，樂則同
歡。父母有疾，甘美不飡，食無求飽，居無求安，聞樂不樂，
聞喜不喜，不修身體，不整衣冠，父母疾愈，整亦不難。弟
子事師，敬同於父，習其道也，學其言語。黃金白銀乍可
相與，好言善述莫漏於人。無境外之交，弟子有束脩之
好。因礼曰：一日爲君，終日爲主；一日爲師，終日爲父。孝
子之法，常念自慎，勿得隨宜，言不可失，行不可虧。他
籬莫越，他戶莫窺，他嫌莫道，他事莫知，他貧莫笑，
勿他財莫爭，他色莫思，他強莫觸，他弱莫欺，
尤他馬莫騎，[illegible]死背負他，無歟財能違己，
成之須飲[illegible]色能致害，必須遠之，
非[illegible]須怨[illegible]須教之，口能招禍，
慎之。見人惡事則[illegible]在大難則須救，
利則須諫，若見人不是，即須語之，好言善行，
之[illegible]是時須即須避之，羅網之鳥悔不高，
之魚恨不忍飢，人生懷討，限不三思，禍將及，
慎之。其父出行，子則從後，路逢尊者，齊脚
尊者賜[illegible]必須拜受，尊者賜肉，骨不與狗，尊者賜
核在手，勿得弃之，爲礼大醜。對客之前，不得叱狗，對
食之前，亦不得嗟嘆，不得嚬口，憶見莫不終身無苦。人
身之本，義讓爲先。賤莫与交，貴莫与親，他奴莫語，
他婢莫言，商販之家，莫與爲婚，市道接利，莫與
爲隣。敬上愛下，尊賢貴孤，見寡婦特可矜憐，
乃可無官，不得失婚。見須擇行，必須擇言，共惡人同
會，禍必及身。養男[illegible]莫聽[illegible]言，育女之法，莫聽
[illegible]

可無[illegible]不得失婚自須擇行須律言莫惡令
會禍必及身養男[illegible]莫聽誑言育女之法莫聽
捨走丈夫飲酒[illegible]時行不擇地言不擇口
[illegible]守尊親鬪乱君女[illegible]走逞其姿首男女雜合
風聲大醜慚恥尊親損辱門戶婦人送客莫出閨庭
所有言語下氣低聲出行逐伴隱影藏形門前有客
莫出聞聽一行有失百行俱傾能依此禮無事不精新
婦事君敬同於父音聲莫聽形影不覩夫之婦兄不得
對語孝養翁家敬事夫主親愛尊賢教示男女
行則緩步言必細語勤事女功莫學歌舞少為人子長
為人母出則斂容動則庠序敬慎口言終無苦辱見令
特其家養女不解絲麻不針縷貪食不作好戲遊走
女年長大娉為人婦不敬君家不畏夫主大人使命說辜
之若夫罵一言反應十口損辱兄弟連累父母本不是
人婦同豬狗舍[illegible]之惡其口十語九中不語者勝少為
人子長為人父[illegible]擇隣[illegible]立聽堂候待
賓客侶無親疎來者當受合食與食合酒與酒閑不
者不知[illegible]欲得作言[illegible]事須方寸音客不貧古人
齊語[illegible]生於先[illegible]閑門不齊同豬猶高山之
樹苦於風雨路傍之樹苦於打刀斧當道作舍苦於客
不慎之家苦於官府牛羊不圈苦於狼虎禾熟不收
苦於雀鼠屋漏不覆壞其梁柱兵將不慎敗於
軍殺人生[illegible]貴甘言語近朱者赤近墨者黑蓬
生麻中不扶自直近賢者聰近愚者癡近聖
者明近智者[illegible]貧人多賴富兒勤力耕
之人必豊衣食勤學之人必居官職良田不耕損人功
力養子不教費人衣食與人共食慎莫先嘗與人同飲莫
先執觴行不當路坐不當堂逢路尊者側立道傍有
問善對必須審詳子從外來先須就堂未見尊
者莫入私房若得飲食慎莫先嘗享其宗祖
[illegible]兄弟[illegible]食必先讓勞苦自當

31 P三五九九〔1～446〕

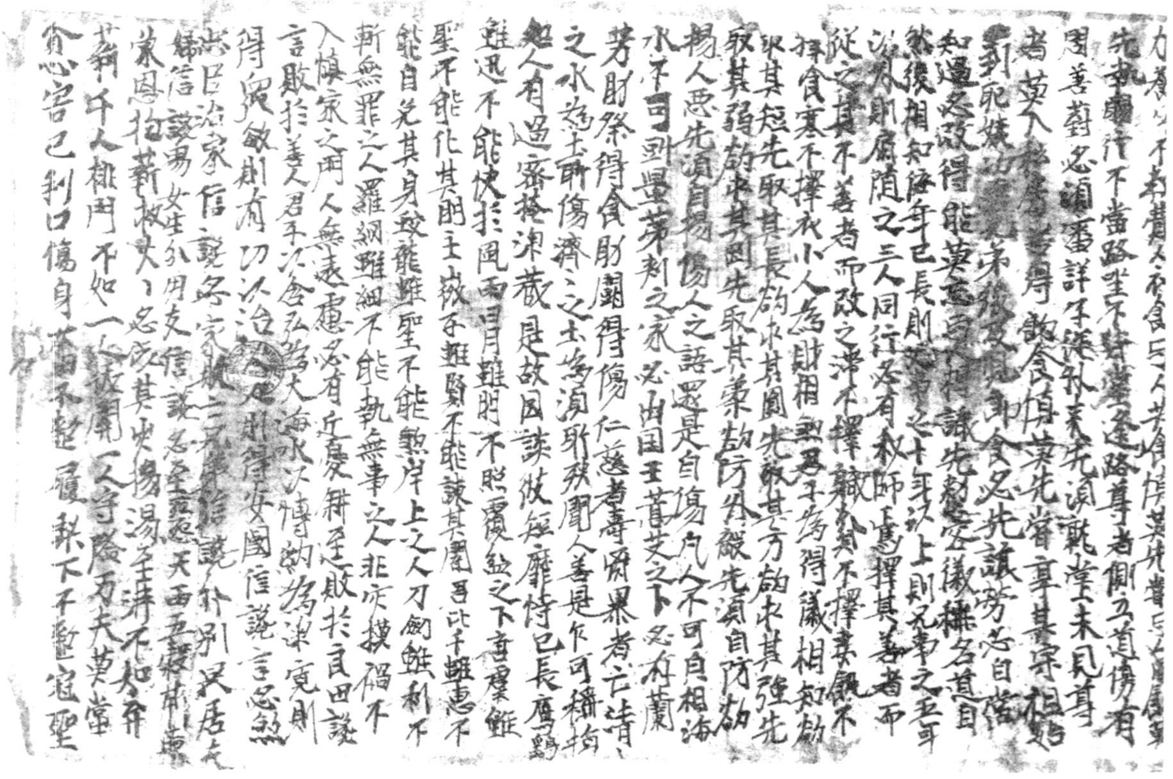

[illegible]不[illegible]貴人[illegible]食与人共食慎莫先嘗[illegible]
先執[illegible]行不當路坐不背堂逢路尊者側立道傍有
問善對必須審詳子孫承家先須就業未見尊
者莫入[illegible]得飲食慎莫先嘗享其宗祖姑
[illegible]兒妹[illegible]弟[illegible]即食必先讓勞必自當
知過必改得能莫忘[illegible]誡先教安儀稱名道自
然後相知年已長則[illegible]之十年以上則兄事之五年
以[illegible]則肩隨之三人同行必有我師焉擇其善者而
從之其不善者而改之擇不擇鄰[illegible]莫不擇妻[illegible]不
擇食寒不擇衣小人為財相煞君子為得議相知勸
取其短先取其長欲求其圓先取其方欲求其強先
取其弱欲求其固先取其柔欲防外敵先須自防劫
揚人惡先須自揚傷人之語還是自傷凡人不可貌相海
水不可斗量茅剌之家必出國王蒿艾之下必有蘭
芳財祭得食財鬪得傷仁慈者壽凶暴者亡清
之水為土所傷濟濟之士為酒所殘聞人善是作可稱揚
知人有過密掩深藏是故罔談彼短靡恃己長鷹鸇
雖迅不能快於風雨日月雖明不照覆盆之下唐虞雖
聖不能化其明主忠孝子雖賢不能諫其闇君比干雖惠不
能自免其身鸞鳳雖聖不能熟岸上之人刀劍雖利不
斬無罪之人羅網雖細不能執無事之人非災橫禍不
入慎家之門人無遠慮必有近憂耕至近敗於良田讒
言敗於善人君子以含弘為大海水以博納為深寬則
得眾敏則有功以治[illegible]則得安國信讒言必煞
忠臣治家信讒[illegible]家[illegible]信讒[illegible]別異居夫
婦信讒男女生分朋友信讒必致怨天雨五穀荊棘蒙
家恩抱薪救火火必成其炎揚湯止沸不如去薪
[illegible]千人排門不如一人拔關一人守隘萬夫莫當
貪心害己利口傷身瓜田不整履李下不正冠聖

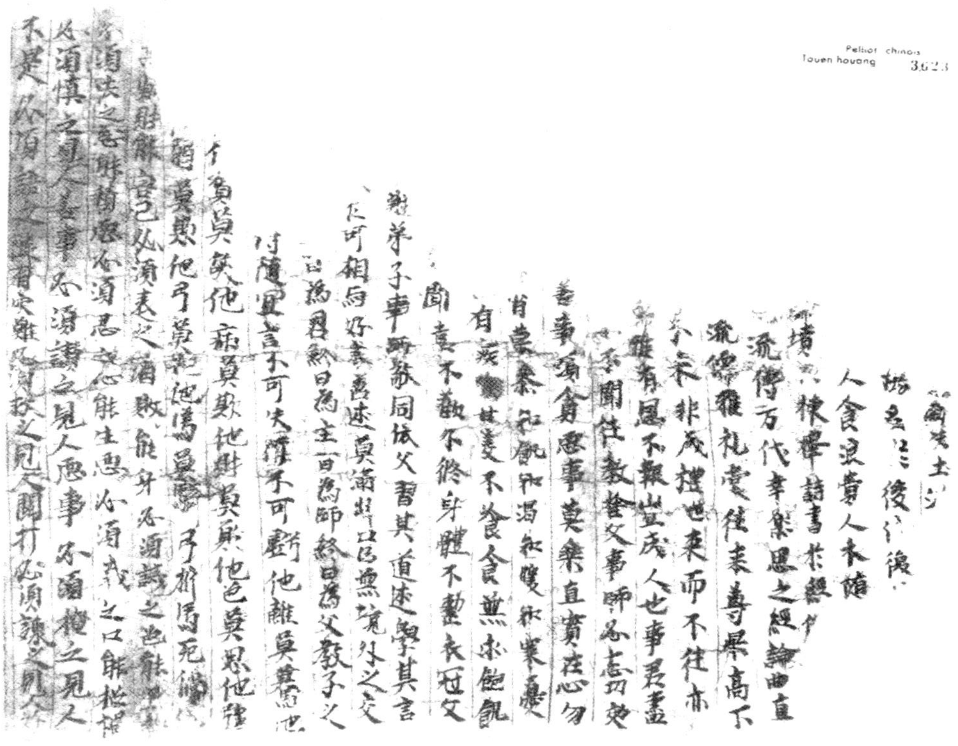

人食狼貴人衣隨
墳ミ棟樑詩書於經
流傳万代幸[illegible]恩之經綸曲直
流傳雅礼愛往来尊卑高下
[illegible]来非成禮也来而不往亦
雖有恩不報豈成人也事君盡
[illegible]閑往教於文事師[illegible]志[illegible]勉
善事須貪惡事莫樂直實在心勿
肖莫[illegible]知亂知渴知饑知寒知憂
有疾[illegible]甘美不飱食無求飽亂
衰不斂不修身體不整衣冠文
孝子事父母同依父習其道述學其言
[illegible]可相向好義善述莫[illegible][illegible]以已無境外之交
以為君終日為主一日為師終日為父教子之
[illegible]隨宜言不可失[illegible]不可戲他離莫[illegible]世
不負莫笑他病莫欺他財莫取他色莫恩他[illegible]
語莫欺他弓莫[illegible]他[illegible]莫[illegible]予[illegible][illegible]死[illegible]
[illegible]解害己必須表之酒敗能身必須誡之也能[illegible]
必須決之惡將稍惡必須忍之心能生惡必須戒之口能[illegible]
必須慎之見人善事必須讚之見人惡事必須掩之見人
不是必須諫之[illegible]有安難必須救之見人鬪打必須諫之見人[illegible]

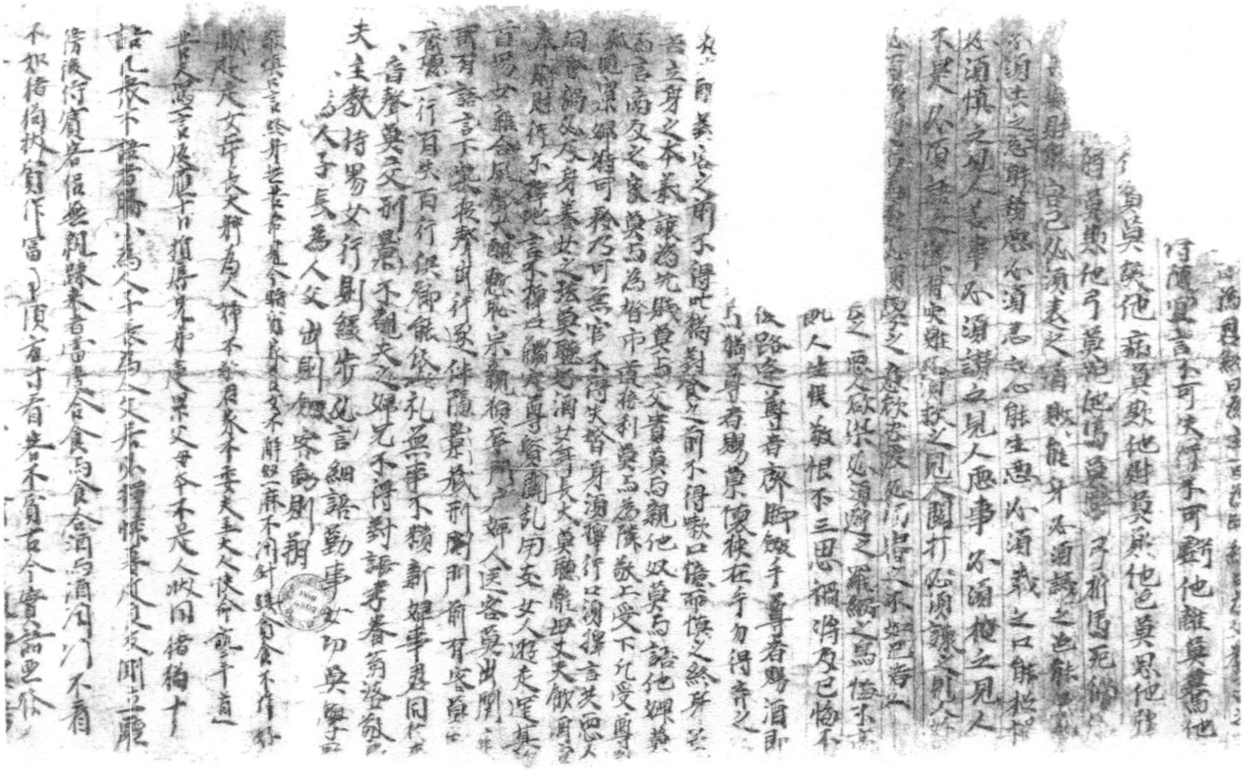

32a

P三六二三a〔3～600〕

讀孔丘書不謗君師小爲人子長爲人父安身寡欲莫言多聞三曹
隨後侍賓客侶無親疎來者當看合食与食合酒与酒兮不看
不如楮尚扶貧作富了須有寸看者不貪古今實語思依
此食先有慶開門不有不知豬狗高之樹喜於風雨霹傍
之詞者在於刀斧當道作舍常於客旅不慎之家
善於官府牛羊不圖苦於猛虎恵不收善於寡鼠
滿不震嶮於梁柱兵將不慎敗於軍依人生不學費
其言語近朱者赤近墨者黑蓬生麻中不扶自直白玉投泥
不汙其身近佞者諂近偷者賊近愚者癡
近聖者明近賢者德貧人由嬾富人懇
力勤耕之人必豐穀食勤學之人必居官
職貪田不耕損人功力養子不教費人衣
食与人共食慎莫先嘗与人同飲莫先
起觴行不當路坐不背堂路逢尊者
側立道傍有語而對必須審詳子從
外來先須就堂未見尊者莫入私房
若得飲食慎莫先嘗向其宗祖始到
耶孃次霑兄弟後及兒郎食必先讓
必自當知過必改得能莫忘与人相識
先整容語稱名道性然後相知稽年
已長則父事之十年已長則兄事之
五年已長則肩隨之三人同行必有我
師焉擇其善者而從之其不善者

五年已長則肩隨之　三人同行必有我
師焉擇其不善者而從之其不善者
而改之漭不擇職貧不擇妻飢不擇食寒不擇
衣小人為財相煞君子以德義相立欲求其短
先取其長欲求其圓取先其方欲求其彊
先取其弱欲求其剛先取其柔欲求外敵
先須內防欲防人惡遂是自防傷人之語
是自傷凡人不可貌相海水不可斗量茅茨
之家或出公王蒿艾之下或出蘭香[illegible]
尔得食[illegible]鬪得傷人慈者壽兇暴者亡清
清之水為土使傷濟〻之人為酒使傷聞人善
事生可稱揚知人有過密掩深藏是故忘談
彼短靡是已長鷹鵠雖迟不能扶於
風両日月雖明不照覆盆之下唐虞雖聖
不能誅其賢君比干雖忠不能自免其身蛟龍雖
聖不能煞岸上之人刀劍雖利不斬無罪
之人羅網雖細不能執無事之人非災橫禍
不入慎家之門人無遠慮必有近憂斛
逐底良田讒言賊於善人君子以食鳴
大海水以博納為深見則得稱悉則閉有

莠敗良田讒言敗於善人君子以貪鴻鳥
大海水以博納為深覓則得孫懸則切百
以法治人民則得安國信讒言必殺忠臣治家信讒必敗其
兄弟信讒分別異居夫妻信讒男女生分朋友信讒必至死怨天
雨五穀荊棘蒙恩抱薪救火必成烟炎湯之水不
斉薪斬人排門不而一人扶開一人濟命力天下當貪心
當已刑己傷身荒田不勸利剝下不宦聖君須
溺不歡道泉之水暴風疾雨不入寡婦之門孝子
不隱情於父忠臣不隱情於君法不加於君子禮不
下於小人軍濁則用武軍清則用文多言不益其體
百伎不妨其身明君不愛邪佞之語慈父不愛不
孝之子道之以德之以礼凡人負重不擇地而息君
子困窮小人窮斯濫以屈之人不為執鞭之仕
飢寒在身不著七食之財貧不可欺富不可侍
陰陽相催周而復始太公未達釣魚於水相鬼未達
賣漿於市巢父居山魯連海水孔明盤桓候時而來鶴鳴
九皋聲聞於天飢然起伏[illegible]
竊聞貧有德門人自禮遇不可作善不可觀人自貌弘道非道
弘人且守三思為子擇勝不甚之事已之事已不知仁也已欲立先立
先立人欲達已先達人立身行道始於事親孝無終始不離
且身於身擇行恐辱先人也而不欲勿施於人近鮑者臭近
蘭者香近愚者昏近賢者明近智者良
不成章小兒學者如日出之光長而學者如日中之光老而學者
如日暮之光[illegible]如行冥[illegible]
[illegible]則則[illegible]

□年小兒學者如日出之光長而學者如日中之光老而學者如
日暮之光老而不學冥冥如夜行柔必勝剛弱必勝強
齒剛則折舌柔則長女必懷貞敢歌吉三女慕貞潔
男效才良知過必改行善獲福行惡得殃行來不遠
所見不長學問不廣智遠之欲知其君視其所事
欲觀其父先觀其子欲之其人觀其友欲之其君視其奴
婢君子固窮小人窮斯濫矣痛則無休醉則無憂飲人
藥不得嘗貴人之禮聖人避其厄解客天子必具洞辭
君子不見人之過小人好見人之恥矣積之家必有易善
學問之家必出君子人相知於道途魚相忘於江湖
無明鏡不知面上精廉人無良友不知行之虧餘是以語云
用天寧可託孤意直則容情薄則疏第則同樂
辱則同憂危則相扶難則相救勤是無價
寶慎是護身伏作是龍宮寶書藏學是
明月神珠積財千万不如明解經詩良田万頃不
如薄藝隨軀香餌之下必有懸魚之釣重賞之下必
勇夫有功者賞有過者誅不念無功之子百憂在力之
女養而不教不如養驢養女不教不如養豬癡見日長
卿賢文教太公書是古人之言要其人奇章
太公家教一卷
[illegible]

32c P三六二三 v c 〔題〕

32c P三六二三 v c 〔題〕

32c P三六二三ｖｃ〔題〕

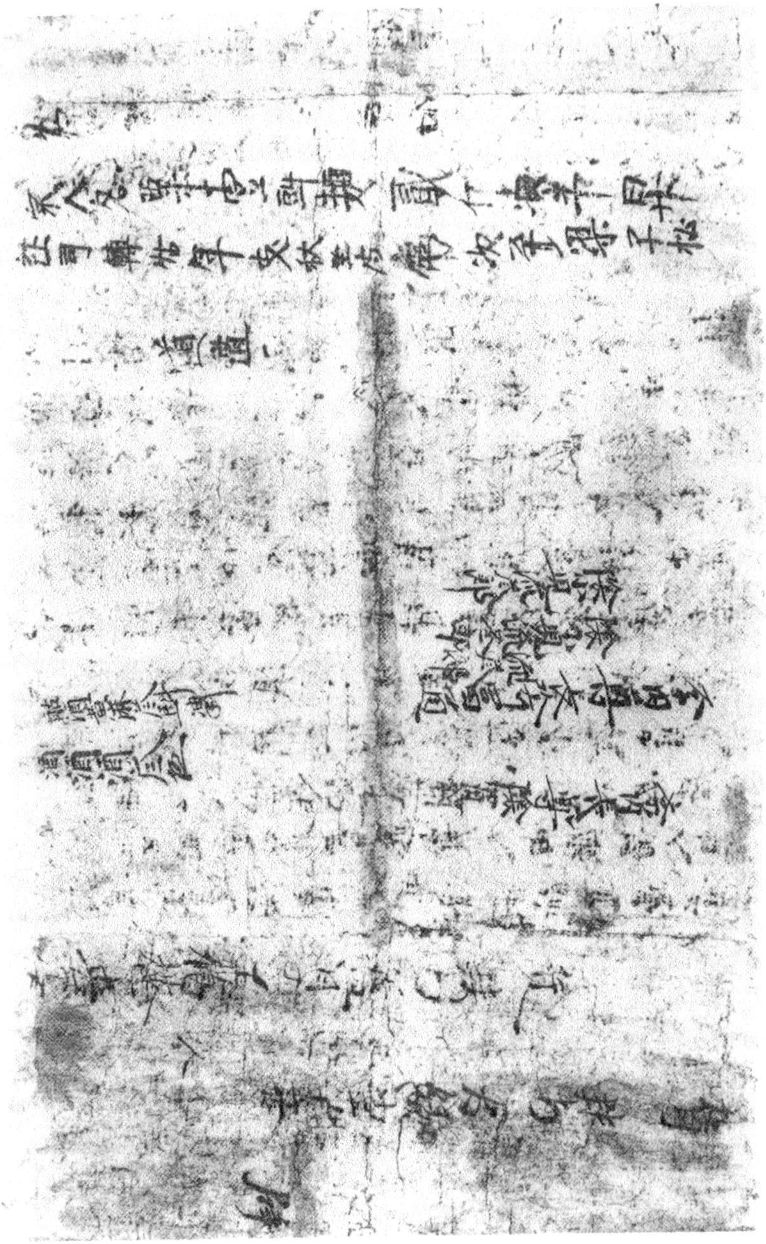

32c

P三六二三vc〔題〕

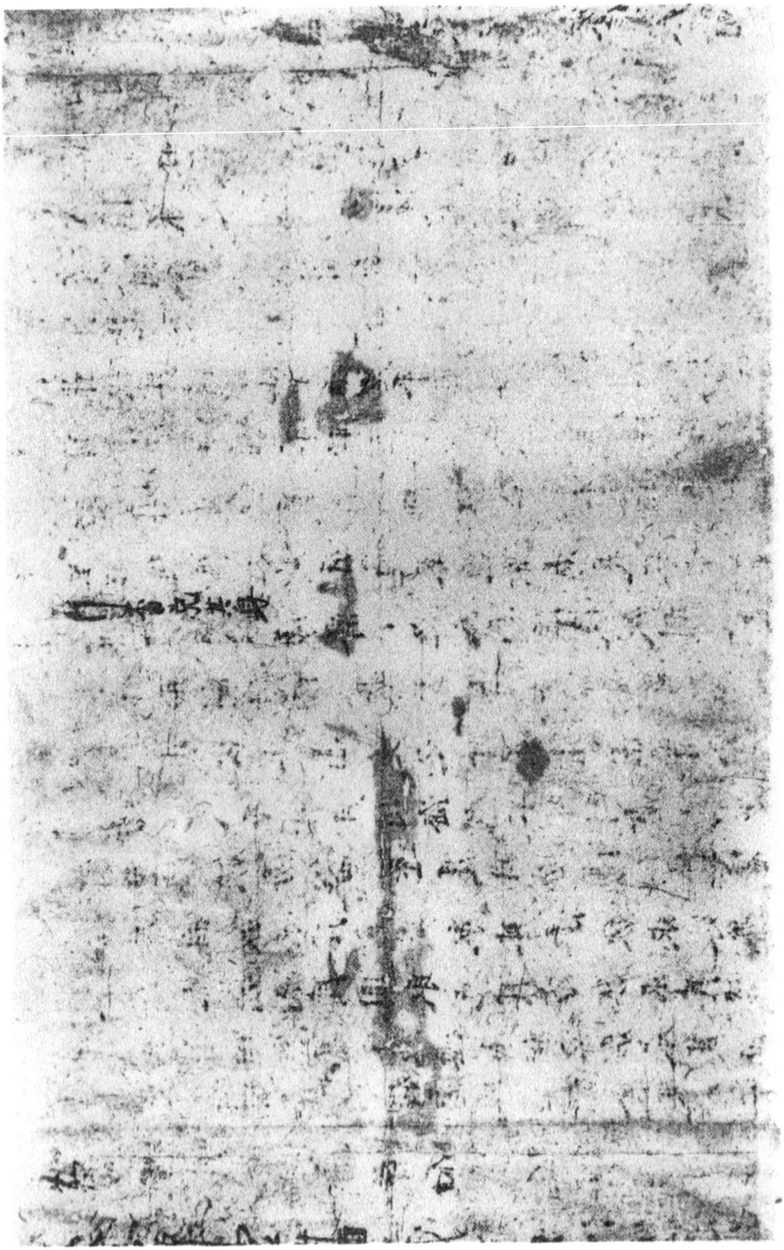

32c

P三六二三vc〔題〕

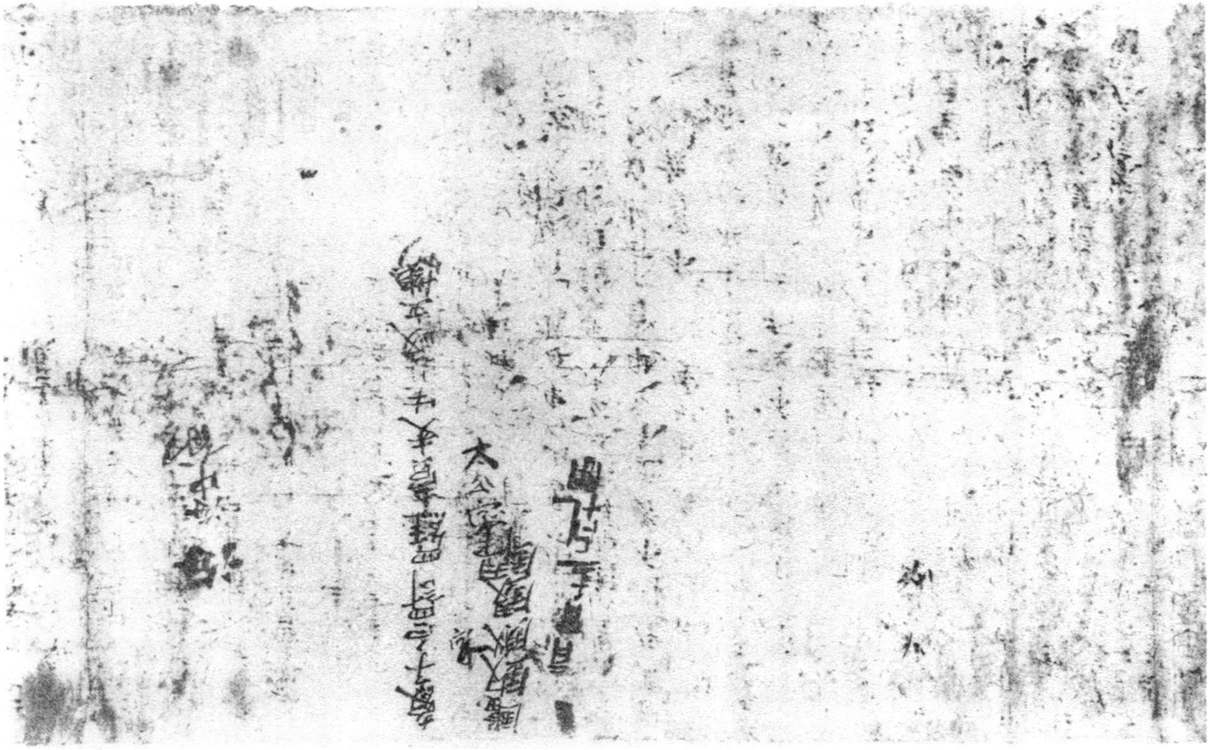

32b P三六二三vb〔題〕

32b P三六二三vb〔題〕

32b

P三六二三ｖｂ〔題〕

太公家教一卷
余乃生逢乱代長值危時望
隱山學道不能忍凍受飢只欲
揚才輕得薄不堪人師徒消人
且逐隨時之宜輒以討論墳典簡擇
礼時略為書一卷助幼童兒流傳万代幸砥
直書論上下易辭則尋引流儒雅禮上往来
得人一牛還人一馬往而不来非成禮也来而不往亦非礼
知恩報恩風流儒雅有恩不報豈成人也事君盡終
事父盡孝礼聞来學不聞往教於父事師必望功効
慎口言卻勲容貌善事須貪惡事莫樂直實不
亂行虛謗孝事父晨省暮食知飢知渴知暖知寒憂
則共戚樂則同歡父母有疾甘美不食食無求飽君無
安閑樂不樂聞樂不着不着身體不整衣冠父母
疾愈動而不難弟子事師敬同於父習其道術
學其言語有疑則問有教則受夙興夜寐
問賢士惜其言語黃金白銀尚可相與好言善
術莫漫出口君無負臣之交弟子有束脩之好
禮日一日為君終日為主一日為師終日為父教子之法常令
自慎勿到失行不可難他離莫越他事莫知他私莫
說他病莫欺他貧莫道他過莫親他財莫願
他色莫思他強莫觸他弱莫欺他弓莫
騎他馬莫騎弓折馬死償他無疑

他邑莫思他強莫觸他弱莫欺他弓莫
挽他馬莫騎弓折馬死償他無疑財
能害己必須遠之酒能敗身必須戒之色
能致害必須去之忿能積惡必須思之心
能造惡必須裁之口能招禍必須慎之見
人善事必須讚之見人惡事必須掩之隣
有災難即須救之見人鬪打必須諫之見人不
是必須語之好言善述必須學之意欲去
處必須審之不如己者必須教之非是時流
惡人欲染必須避之羅網之鳥悔不高飛
吞鉤之魚恨不忍飢人生誤計恨不三思禍將
及己悔不慎之父其出行子須從後路逢尊者
齊腳斂手尊者賜酒即須拜受尊者賜肉
骨不向狗尊者賜果懷核在手勿即棄之爲禮
大醜對客之前不得叱狗亦不得嚬口憶而莫忘
終身無咎立身之本義讓爲先賤莫交貴莫
向親他奴莫向語他婢莫向言商販之家慎莫
爲婚市道接利莫向爲鄰敬上愛下汎愛尊
賢孤兒寡婦特可矜怜乃可無官不得失婚
身須擇交行口須擇言共惡人同會禍必及身養
男之法莫聽誰言育女之法莫聽離母男年長大莫聽
好酒女年長大莫聽遊走丈夫飲酒揎拳捋肘行不擇
地言不擇口觸突尊賢鬪亂朋友女人遊走逞其

婦須 女年長大莫聽遊走丈夫飲酒揎拳捋肘[illegible]
地言不擇口觸突尊賢鬪亂同交女人遊走逞其
姿首男女雜合風聲大醜慙恥典親損辱門戶
婦人送客莫出閨庭所有言語下氣低聲出行逐伴
隱影藏形門前有客莫出齊聽一行有失百行
俱傾能依此礼無事不精新婦事君同於事父音聲
莫聽形影不覩夫之父兄不得對語孝養翁家敬
事夫主訓誨尊賢教示男女行則緩步言必細語
勤事女功莫學歌舞少為人子長為人父出則斂容動
則庠序敬慎口言終身無苦希見今時貧家養
女不解絲麻不閑針縷貪食不作好喜遊走女年長
大娉為人婦不敬君家不畏夫主大人使命說辛道苦
夫罵一言反應十句損辱兄弟連累父母不是人狀
同猪狗貪血嗜人先污其口言十九猥不讒者勝小為人子
長為人父君必擇隣暮必近良友側立審聽候待賓
客侶無親蹤來者當受合食向食合酒向酒問訊
莫著愚迷同猪狗扶貧依寫事須方寸看不察古今
實語振錢吐食先有當擾閉門不看不如猪鼠高
山之樹若於尾雨路傍之樹若於刀斧當道作舍若於
客促不慎之家若於官府牛羊不園若於狼虎禾熟不
收若於雀鼠屋漏不覆壞其梁柱兵將不慎敗於軍
懷人生不學費其言語近珠者赤近墨者黑蓬生麻
中不扶自直近橋者斜近偷者賊近愚者癡近聖
者明近賢者德近婬者色貧人多力頓富人多力勤耕
之人必豐穀食勤學之人必[illegible]見日不肯負

沖深狀有直近佞者諂近偷者賊近愚者癡近聖
者明近賢者德近婬者色貧人多力額富人多力勤耕
之人必豐穀食勤學之人必居官職良田不耕損
人功力養子不教費人衣食與人共食慎莫先嘗與人
同飲莫先把觴行不當路坐不背堂路逢尊者側
立道傍有問善對必須審詳子從外來先須就堂未
見尊者莫入私房若得飲食慎莫先嘗甘果美
味始遊對耶孃次兩兄弟後及男師食必先讓勞
必自當知過必改德能莫忘面之相識見敬
容儀稱名道字然後相之倍年已長則父
事之十年已上則兄事之五年而外則肩隨
之三人同行必有我師焉擇其善者知
從之其不善者知改之滯不擇職貧不
擇妻飢不擇食寒不擇衣小人為財相
君子而得[illegible]相之欲求其矩先取其長欲
求其圓先取其方欲求其強先取其
弱欲求其剛先取其柔欲防外敵先
須自防欲揚人惡先須自揚傷人之語還是
自傷凡人不可貌相海水不可斗量第苑之
家異出名玉蒿艾之下必有蘭香財祭
得食助鬬得傷仁慈者壽凶暴者亡
清清之水為酒所傷賢人善事不可稱陽
知人有過密掩深藏是故因談假矩靡
恃己長鷹鶴雖迅不能快於風雨日月雖明
不照覆盆之下唐虞雖聖不能諫其暗

恃己長鷹鷂雖迅不能快於風雨日月雖明
不照覆盆之下唐虞雖聖不能諫其暗
君比干雖惠不能自免其身蛟龍雖聖
不能煞岸上之人刀劍雖利不能煞清潔
之人羅網雖細不能執無事之人非災橫大
不入慎家之門人無遠慮必有近憂耕
侵敗於良田讒言敗於善人君子與會為
大海水與博納為深寬則得眾慈則有功
以法治人則得安國讒言必煞忠臣治
家信讒家必敗亡兄弟信讒必見以居
夫妻信讒男女生亂朋友信讒必至死惡
天雨五穀荊棘蒙恩抱薪救火大必成
災揚湯至沸不如去薪千人排門不如
一人拔關一人儒命萬夫莫當貪心害己
口說身荒田不勤地利〻下不勤地貧窮
君雖渴不飲盜泉之水暴風疾
雨不入寡婦之門孝子不隱情於父忠臣
不隱情於君法不加於君子禮不下於小人君
清則用文君濁則勇若多言不敢其
辭不行不方其身則君不愛邪佞之
臣慈父不愛不孝之子道之法情之與禮

辭而行不方其身明君不愛邪佞之
臣慈父不愛不孝之子道之使情立白禮
小人負重不擇地而息君子固窮小人
窮斯濫矣屈厄之人不羞執鞭之事飢寒在身不
羞乞食之恥貧不可欺富不可恃陰陽相催終而
復始太公未遇釣魚於水相如未達賣卜於市巢
父居山魯連赴海孔明盤桓候時而去鶴
鳴九皐聲聞於天竈裏燃火煙氣成云家中有惡
人必知凡身有德行人爲稱傳孟母三思爲子擇隣只德
己所不欲患己不知人也欲立其身先達他人己欲求達
先達於人立身行道始於事親孝無終始不離其身
修身慎行恐辱先人己所不欲勿施於人近鮑者
臭近蘭者香近愚者闇近智者良明珠不瑩焉
發其光人生不學語不成章小兒學者如日出之光長
兒學者如日中之光老兒學者如日暮之光人而不學
冥冥如夜行柔必勝剛弱必勝強剛則折柔則
長女慕貞潔男効才良行善獲福行惡得殃行
來不遠所見不長學問不廣智惠不長欲知其君
視其所使欲知其父先視其子欲作其木視其文
理欲知其人視其奴婢君子固窮不擇官而仕痛
則有藥醉則無憂飲人狂藥不得責人無禮堅
不見人之過

理欲知其人視其奴婢君子固窮不擇官而士病
則有藥醉則無憂飲人狂藥不得責人無亂聖
人避其醉客君子容其醉者智者不見人之過愚
者好見人之私恥兵將之家必出勇夫學問之家必出
君子人相知於道術魚相望於江湖女無明鏡不知
面上之精麁人無良友不知行之虧失是以致交切
須擇良賢寄死託孤意重則密情薄則節榮則
同榮辱則同辱難則相救危則相扶勤如[illegible]
是無負之報學燈明月神珠積財千萬不如明解經
書良田千頃不如薄伎隨軀慎是讓身之符謙是
百行之本香餌之下必有懸魚重賞之下必有勇
夫切者可賞過者可誅不畏無力之子只愛有力之[illegible]
養男不教不如養奴養女不教不如養豬癡
人畏婦賢女敬夫孝是百行之本故云其大者乎
斜紅蒔也五常為家四海為擇不驕身慕只樂[illegible]
食不重味衣不純風雖貪此書一卷不用黃金千車
集之數韻未辯瑕璣本不異於君子意欲教於童
見武王問太公曰人生天地之間以何貴賤願聞其要太
公答曰天下萬物貴賤不等者何由家有十惡太公曰耕
種不時為一惡用物無道為二惡早卧晚起三惡懶作嗜
酒四惡喜養無用之物五惡不[illegible]衣食六惡蓋覆不勤七
惡井竈不利八惡威取依為九惡不作燃燈十惡武王曰
家有十惡不宜者何太公曰家有三耗太公曰禾熟不收苦

惡井竈不利八惡酸取債返九惡不作燃燈十惡武王
家無十惡不留者何太公曰家有三耗太公曰禾熟不收苦於
風雨一耗蓄積在傷不早持打苦於雀鼠為二耗盆
瓮碓磑覆蓋不勤掃灑不淨為三耗武王曰家無三耗
不留者何太公曰由家有三衰嗜酒健飼為一衰子逐
他婦婦逐他夫為二衰手不執作專行盜賊為三衰武王問
太公曰家無三衰不留者何太公答曰世人由家有一錯二誤三癡
四失五逆六不祥七奴八賤九愚十狂武王問太公曰何為一錯太
公答曰有子不教為一錯武王曰何為二誤太公答曰貪酒逐色
為一誤不擇友歸指辱己身為二誤武王曰何為三癡太公答曰
誹謗朝戲為一癡未語先嘆為二癡言語不善為三癡
武王曰何為四失太公曰好掩他盲好棄他馬為一失飲他酒
勸他人為二失喫他飯喚他人為三失借他物轉借与
人為四失何為五逆太公曰不孝父母逆不受師友言逆
士官不勤三逆違上交命四逆御賓不揖虜害五逆何
為六不祥太公曰向惡人交往一不祥無事生嗔二不祥
輕湯師長三不祥夜起露形四不祥非理求才五不祥
有過不改六不祥何為七奴太公曰跣脚下床安食不漱口
一奴着靴上床三奴起立着褌四奴坐起皆人五奴露形
洗浴六奴口面不淨七奴何為八賤太公曰行步慈一
賤跣脚立床二賤坐不端正三賤作我他人四賤涕涕污地
五賤韈色衣裳六賤不自修飾七賤坐不擇地八賤

一賤跳踯三屎二賤坐不端正三賤傍我他人四賤誇誇也
五賤雜色衣裳六賤不自修飾七賤坐不擇地八賤
憾言何名九愚太公曰飲酒遠色一愚才不逞二愚好
衣薄得三愚自說己善四愚好說他人五愚慳貪依
倚六愚嫉妬勝己七愚行嬾惰八愚枝蔓不修九
愚武王曰何名十狂太公曰為下于上一狂說他奇
士二狂立身無志三狂不修道業四狂見善不習
五狂輕慢勝己六狂恒慢他行善七狂同類
相欺八狂學習鷹犬九狂說說他人十狂禮云君
子不失色於人不失口於言莊子云吾
以養汝如實心汝今養子言之無益教令不孝
子思教之相續相報是其常理也
太公家教一卷
天復九年己巳歲十一月八日學士郎張□□手時寫記之耳

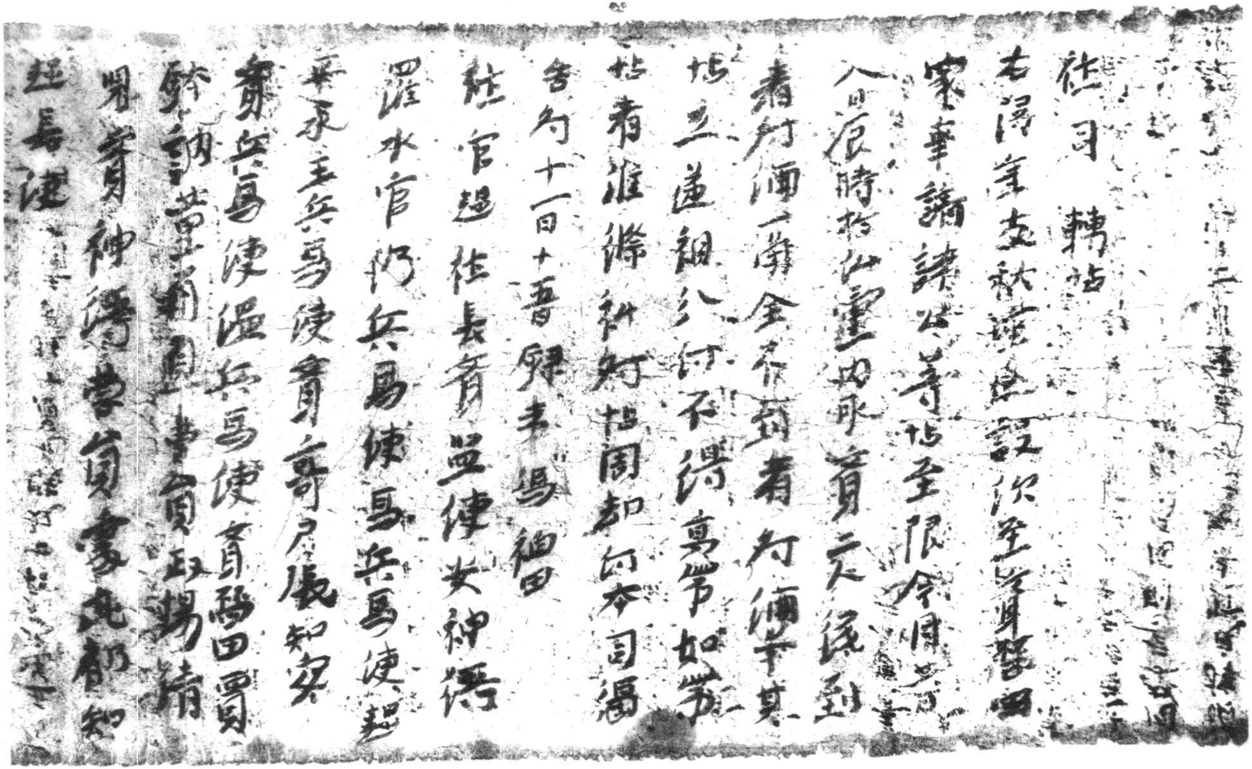
社司　轉帖
右緣年支秋座設次至[illegible]
家幸請諸社等帖至限今月廿日
卯時於仙靈取齊捉二人後到
者罰酒一角全不到者罰酒半甕其
帖立遞相分付不得停滯如滯
帖者准條科罰帖周卻付本司用憑
告罰　十一月十五日錄事帖
社官趙　社長曹　押衙安神德
羅水官　何兵馬使　馬兵馬使　趙
宋承王兵馬使　曹貴奇　張知
曹兵馬使　溫兵馬使　曹骨田　買
鄧納　董榮國　曹員政　楊精
男曹神德　曹員　曹家　都知
趙長達

33 P三七六四〔1~613〕

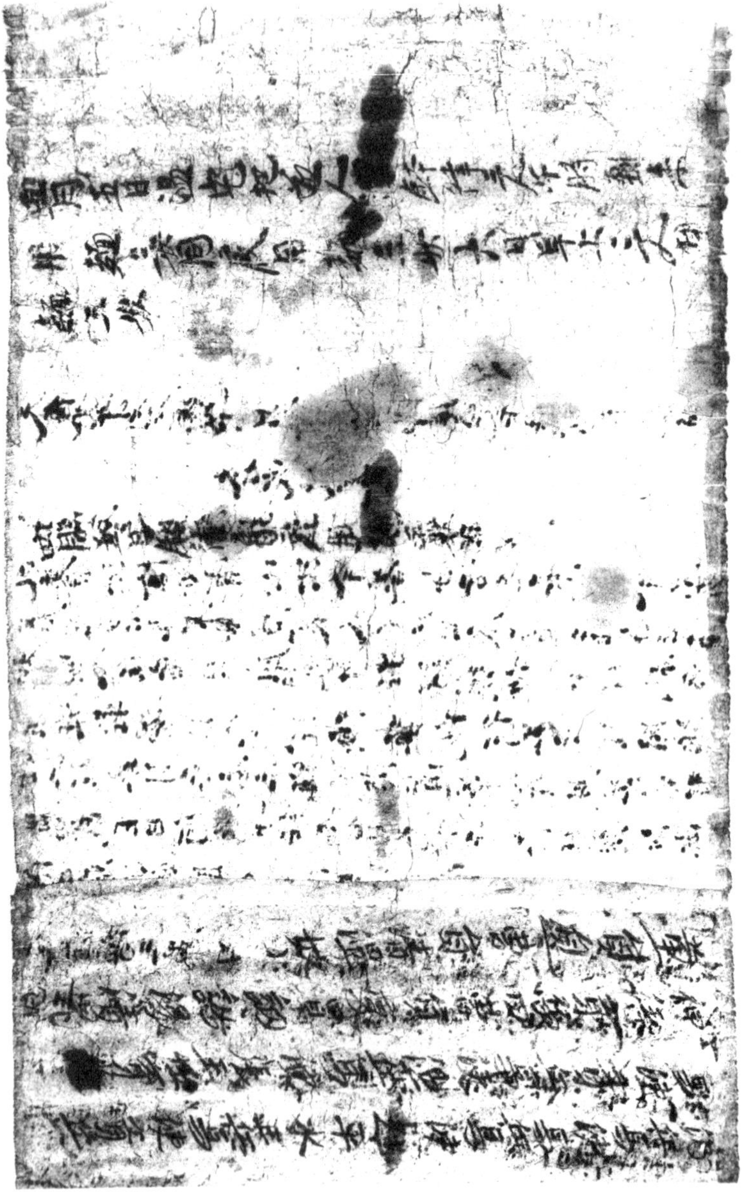

33　P三七六四〔1～613〕

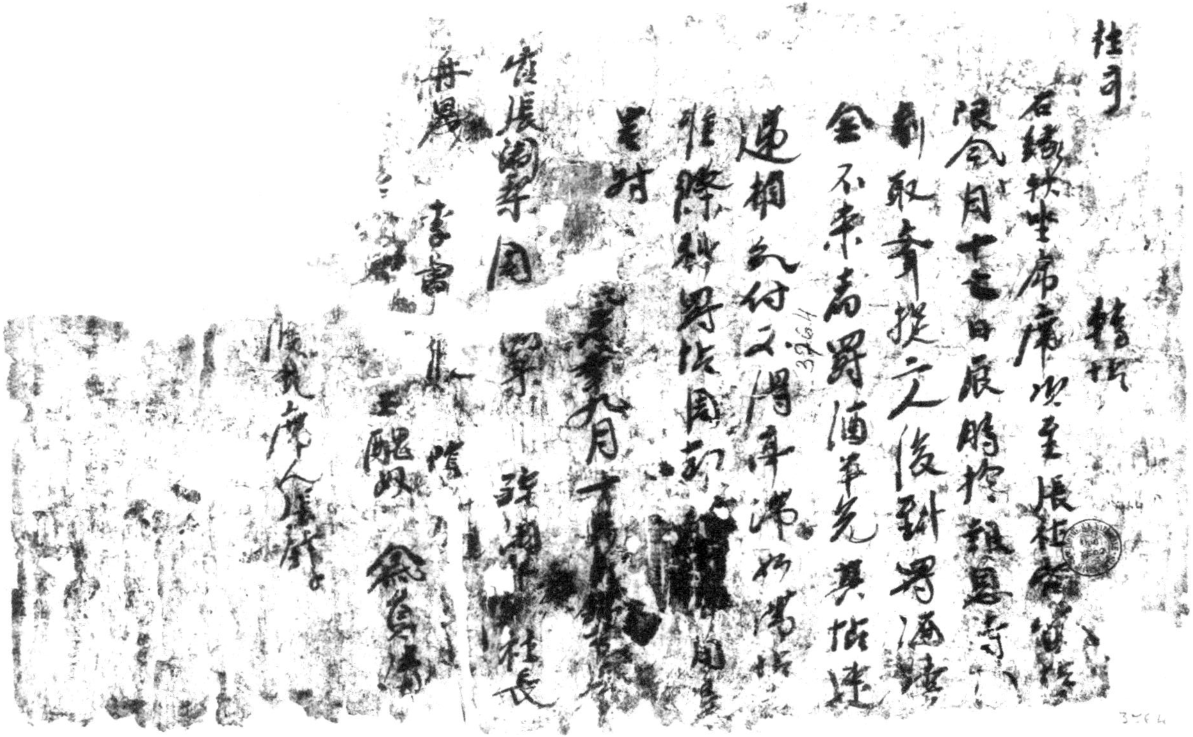
社司　轉帖
右緣秋坐局席，次至張社[illegible]
限今月十七日辰時於報恩寺
前取齊。捉二人後到，罰酒一角；
全不來者，罰酒半瓮。其帖速
遞相分付，不得停滯。如滯帖
者，准條科罰。帖周，卻付
本司。
[illegible]年九月十[illegible]日錄事[illegible]
僧張闍梨　周[illegible]　孫[illegible]　社長
[illegible]　李富[illegible]　[illegible]　陰[illegible]　王醜奴　[illegible]
[illegible]

33　P三七六四〔1～613〕

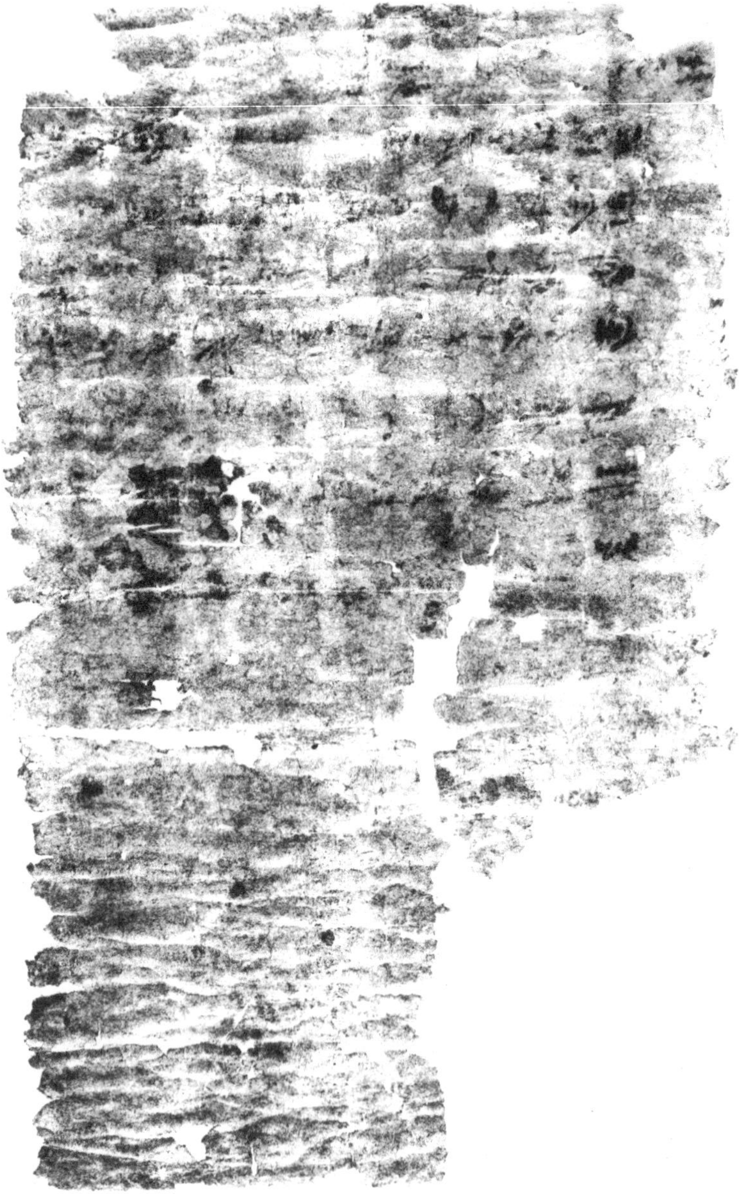

33 P三七六四〔1～613〕

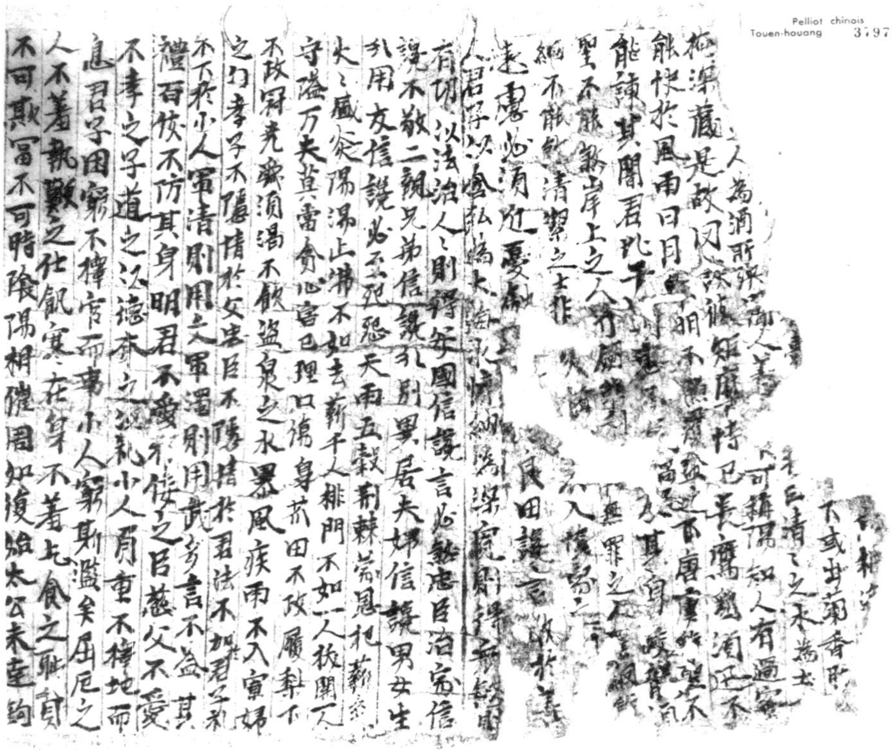

Pelliot chinois
Touen-houang 3797

34a
P三七九七a〔374～613〕

[illegible]上須身荒田不孜履梨下
不孜冠光獄須渴不飲盗泉之水累風疾雨不入寡婦
之门孝子不隱情於女忠臣不隱情於君法不加於君子禮
不下於小人軍清則用文軍濁則用武多言不益其
禮百怏不防其身明君不愛邪佞之臣慈父不愛
不孝之子道之以德齊之以禮小人肩重不擇地而
息君子困窮不擇官而事小人窮斯濫矣屈厄之
人不羞執鞭之仕飢寒在身不羞乞食之恥貧
不可欺富不可恃陰陽相催周而復始太公未達釣
魚於水相如未遇買卜於市巢父居山魯連赴海孔
明盤桓候時而起鶴鳴九皐聲聞於天竈裏燃火
煙氣成雲家中有惡人必知聞身有德行人必稱傳惡不
可作善不可觀人能弘道非道弘人孟母三思為子擇隣只
欲己所不欲患己不知人也己欲立身先立於人己欲達先達
孝於[illegible]立身行道始於事親孝無終始不離其身修身
慎行恐辱先人己所不欲勿施於人近鮑者臭近蘭者香
近愚者闇近賢者良明珠不瑩焉發其光人生不學
語不成章小兒學者如日出之光長而學者如日中之光
老而學者如日暮之光人生不學冥冥如夜行弱必
勝強柔必勝剛鋼則折柔則長久必擴肥欺
滅者亡女慕貞潔男效才良行善獲福行
惡得殃行來不遠所見不長學問不廣智惠不長
欲知其君視其所使欲知其父先視其子欲作其
木觀其文理欲知其人觀其奴婢病則無藥
亂則無憂飲人狂藥不得責人無禮聖人避其
醜容君子恥其醜仕智者不見人知過愚夫好
見人知恥兵馬將之家必出勇夫博學之家必出
君子人相之於道迷魚相望於江湖女無明鏡不知
面上之精麁人無良友不知行處虧失是以結交
用友須擇良賢寄死託孤意重則密情薄則疎
榮則同榮辱則同辱難則相救危則相扶勤事無
價之寶學事明月神珠積財千万不如明解經書
良田千傾不如薄藝隨軀慎是護身之符謙是百
行之本香餌之下必有懸魚重賞之下必有勇夫
功者可賞過者可追慈父不愛不孝之子只愛有力

榮則后榮辱則后辱窮則相救危則相扶勤事無
價之寶孝事明月神珠積財千萬不如明解經書
良田千頃不如薄藝隨軀慎是護身之符謙是百
行之本香餌之下必有懸魚重賞之下必有勇夫
功者可賞過者可退慈父不愛不孝之子只愛有巧
之奴養男不教不如養奴養女不教不如養猪痴吼
畏婦賢女敬夫孝是百行之本故云其大者乎人之志
也五常為寶四海為宅不矯身辭不學萃莫食為
重味衣為紈麻唯貪此書一卷不用黃金千車集之
數韻未辯耻職本不呈於君子意欲於童兒

太公家教一卷

新集嚴父教　家中所生男　常依嚴父教　養子切須教　逢人先作小
禮則大須學　尋思也大好　遣子避縣客　但依嚴父教　路上尊人
抽身以下道　尋思也大好　怒逢開打宴　但依嚴父教　遠取自然休
又手鄙陪笑　恐取嚴慈精　尋思也大好　不共爭人我　但依嚴父教
能得寄特活　不久相看老　罵詈係不聞　尋思也大好　家中奉侍尊
孝順伯新老　處分莫相違　但依嚴父教　加杖見孫身　尋思也大好
平孩孝經紀　但依嚴父教　尉村莫崎嶇　二人相交道　買乡需須平
尋思也大好　欲從出門前　但依嚴父教　先需莫交深　先交人議道
日在鄙歸來　尋思也大好　我勸此問人　但依嚴父教　君子有思量
少人貪竊盜　三七勝一倍　尋思也大好　酒偎瞞保人　不如有親老
過後鄙來歸　好箇熱之宴　記取嚴父言　尋思也大好

34b P三七九七vb〔題〕

34b P三七九七vb〔題〕

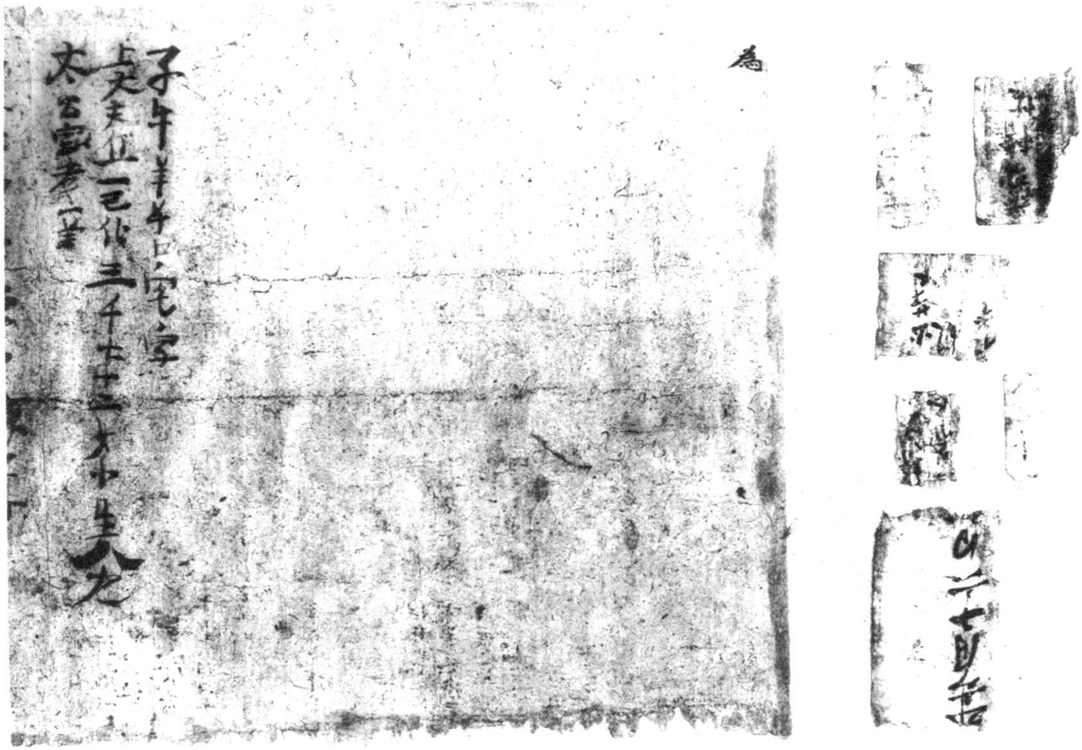

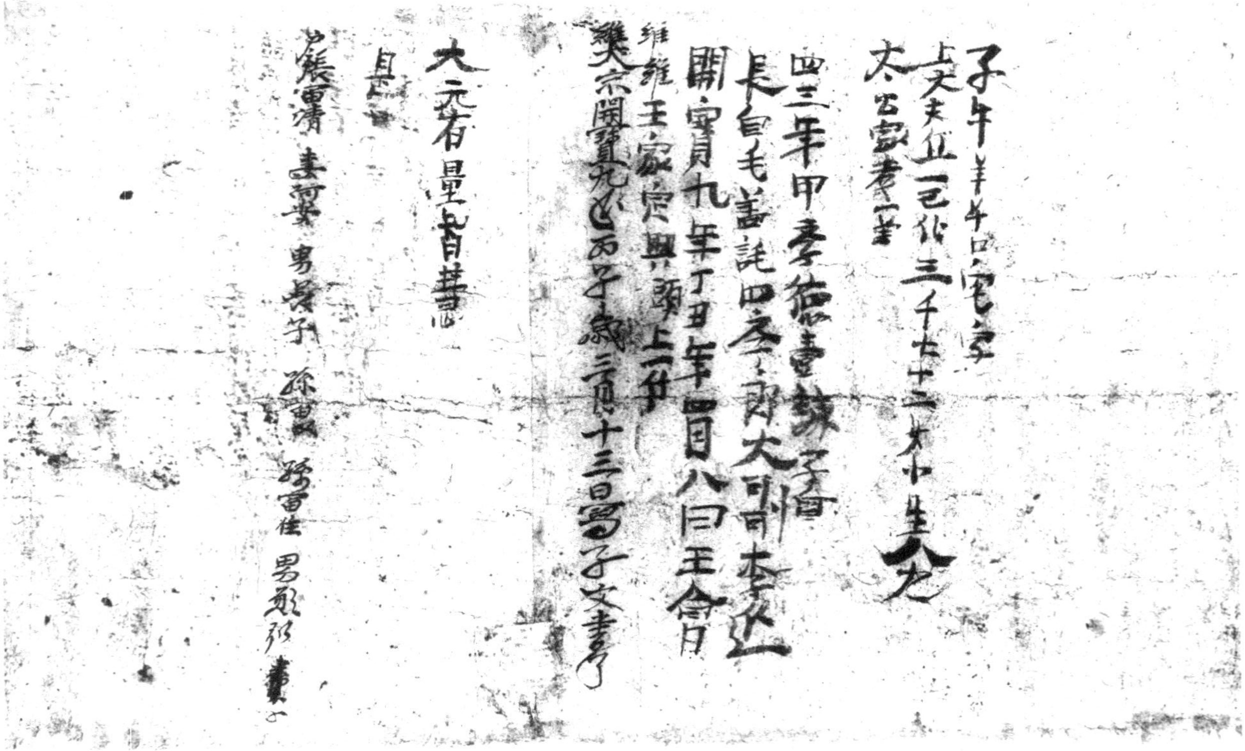

子午羊午口宅字
上大夫丘乙己化三千七十二尒小生八九
太公家教一卷
四三年甲孝德壹拔子僧
長自毛善詫四季郎大哥李达
開寶九年丁丑年四月八日王會日
維
維王家定興頭上一升
大宋開寶九年丙子歲三月十三日寫子文書了
大元有量出昔書
是
張留清 妻阿婆 男長子 孫留 孫留住 男願弘 書之

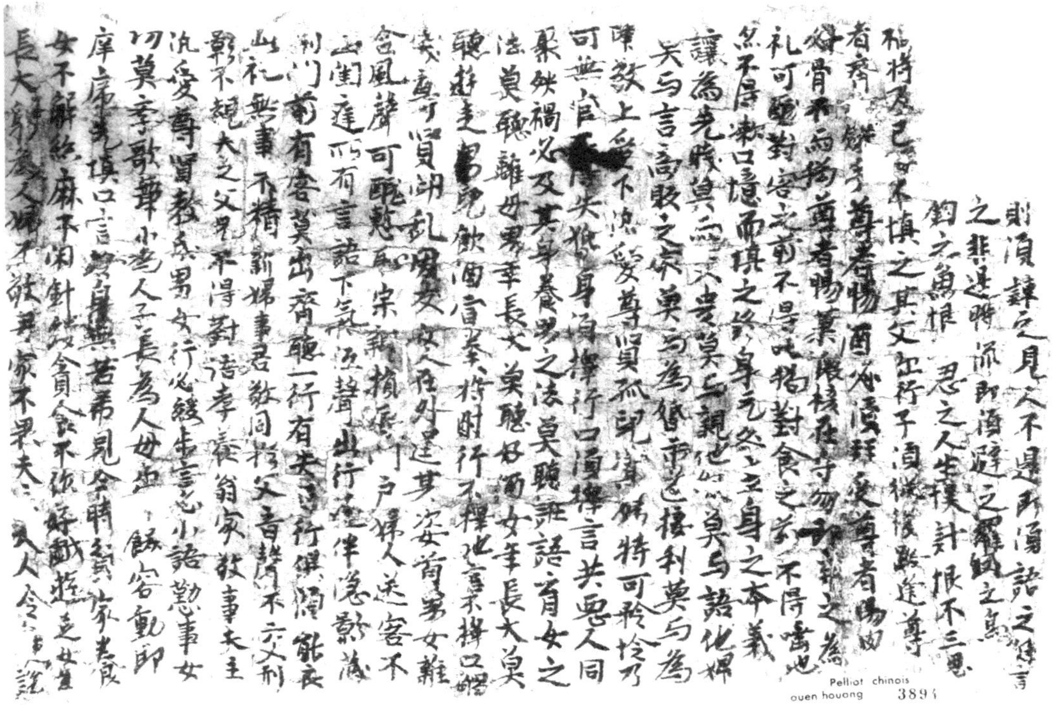

35a P三八九四a〔123～520〕

Pelliot chinois ouen houong 3894

35a P三八九四a〔123～520〕

35a　P三八九四a〔123～520〕

[illegible]途逢而有言說下氣低聲出行逐伴隱影藏
形門前有客莫出齊聽一行有失百行俱傾能依
此礼無事不精新婦事君敬同於父音聲[illegible]形
影不覩夫之父兄不得對語孝養翁家敬事夫主
親愛尊賢教示男女行必緩步言必小語勤事女
功莫學歌舞少為人子長為人母出則斂容動則
庠序敬慎口言終身無苦希見今時貧家養
女不解絲麻不閑針縷貪食不作好喜遊走[illegible]
長大娉為人婦不敬[illegible]家不畏夫主大人令[illegible]說
辛道苦夫罵一言反應十句損辱兄弟連累父
母本不是人狀同猪狗[illegible]其口十語九出
不語者勝出為人子長為人父居[illegible]近[illegible]
丈側立之廳堂侍[illegible]客無[illegible]業者當[illegible]
食与[illegible]酒[illegible]酒閉門不著[illegible]同猪[illegible]杖貧作
留事[illegible]方寸看客不須[illegible]令宴語[illegible]吐食
先有[illegible]閉門不看不而猪豕高山之樹苦於風
雨路邊之樹苦於刀斧當道作舍苦於客[illegible]
慎之家苦於官府牛羊不圈苦於狼狗禾熟
不收苦於雀鼠屋漏不覆壞其樑其樑柱兵
將不慎敗其軍旅人生不學費其言語近朱者
赤近墨者黑蓬生麻中不扶自直近佞者諂近
偷者賊近愚者癡近聖者明近賢者德近[illegible]者[illegible]
貧人多力勤耕之人必豐穀食勤學之人必居
官職良田不耕損人功力養子不教費人衣食
与人共食慎莫先嘗与人同飲莫先執觴行不當
路坐不當堂逢路尊者側立道傍有問[illegible]
對必須審諦子從外來先須就堂未見尊者莫
入私房若得飲食慎莫先嘗[illegible]其宗祖始到
耶孃次霑兄弟後及兒郎食必先讓勞必先當
知過必改得能莫忘与人相識先整容儀稱名道
[illegible]

入私房若得飲食慎莫先嘗[illegible]其宗祖始到
耶孃次習兄弟後及兒郎食必先讓家必先嘗
知過必改得能莫忘與人相識先整容儀稱名道
字然後相知倍年以長則父事之十年以長則
兄事之五年以長則肩隨之三人同行必有我師
焉擇其善者而從之其不善者而改之帶不
擇[illegible]貧不擇妻飢不擇食寒不擇衣小人
[illegible]財相鬭君子以讓義相之敬求其短先取
其長欲求其圓先取其方欲求其隨先取
其弱[illegible]求其影先取其身欲方外敵先須自
防揚人惡是[illegible]揚傷人之語惡是自
[illegible]人不可與相[illegible]衣[illegible]可汁墨之白茨之教
公王蒿艾之下必有蘭芳助祭得食
[illegible]得傷仁恩意者壽貴果者之清下之
為士可傷齊之士為酒而傷[illegible]善義
可稱揚又有過容捨深藏是故同淡
般矩雖持已長鴟鵲雖逞不能抉於風
而日月雖明不照覆盆之下唐虞雖聖
不能化其父母微子雖賢不能諫其闇君
比干雖忠不能自免其身鮫龍雖聖
不能遊岸上之人刀劍雖利不斬無罪
之人羅網雖細不執無事之人非寃橫
不入慎家之門無[illegible]憂[illegible]有近憂斜縷
[illegible]良因說言貶於善人君子以舍弘為七
[illegible]求以博納[illegible]則得眾般則有功以[illegible]
良[illegible]
以博納為深竟[illegible]則[illegible]功以[illegible]
治人人則得安國[illegible]讒言必欽忠臣治
家信讒必敗國虛見別信讒必別以居夫婦信
讒男女生分用友信讒必至死惡[illegible]閑五[illegible]
家恩把薪救火[illegible]

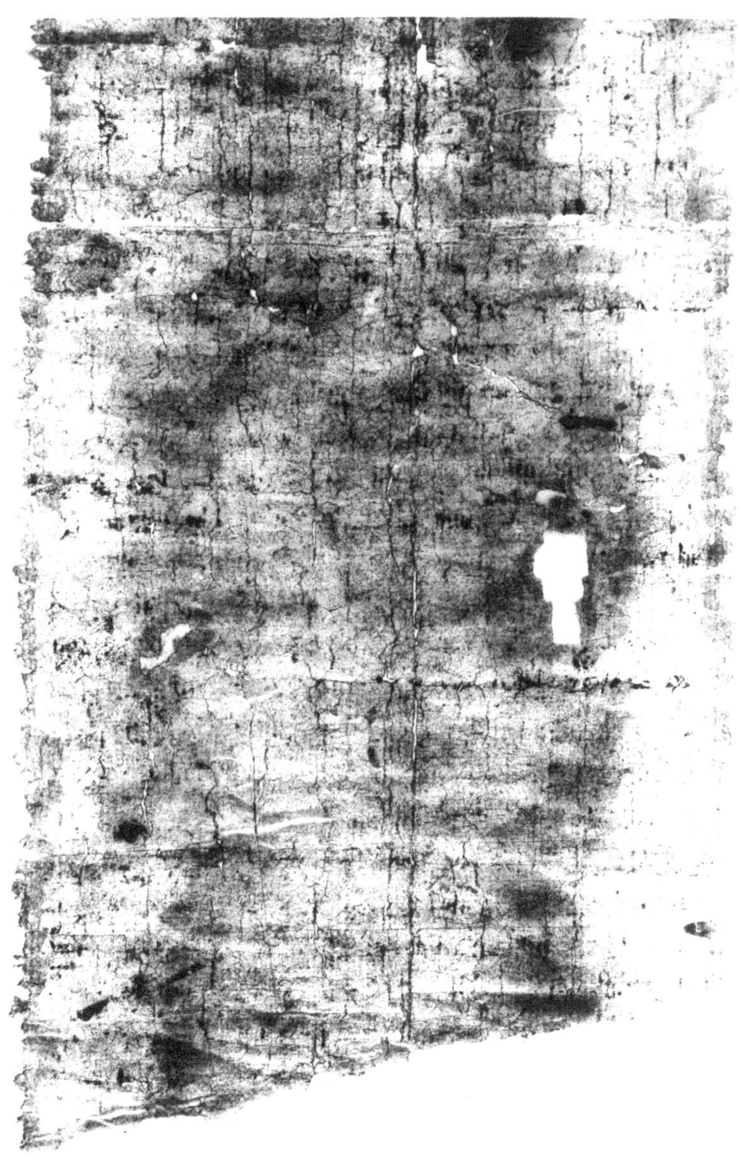

35b P三八九四vb〔題〕

35b P三八九四vb〔題〕

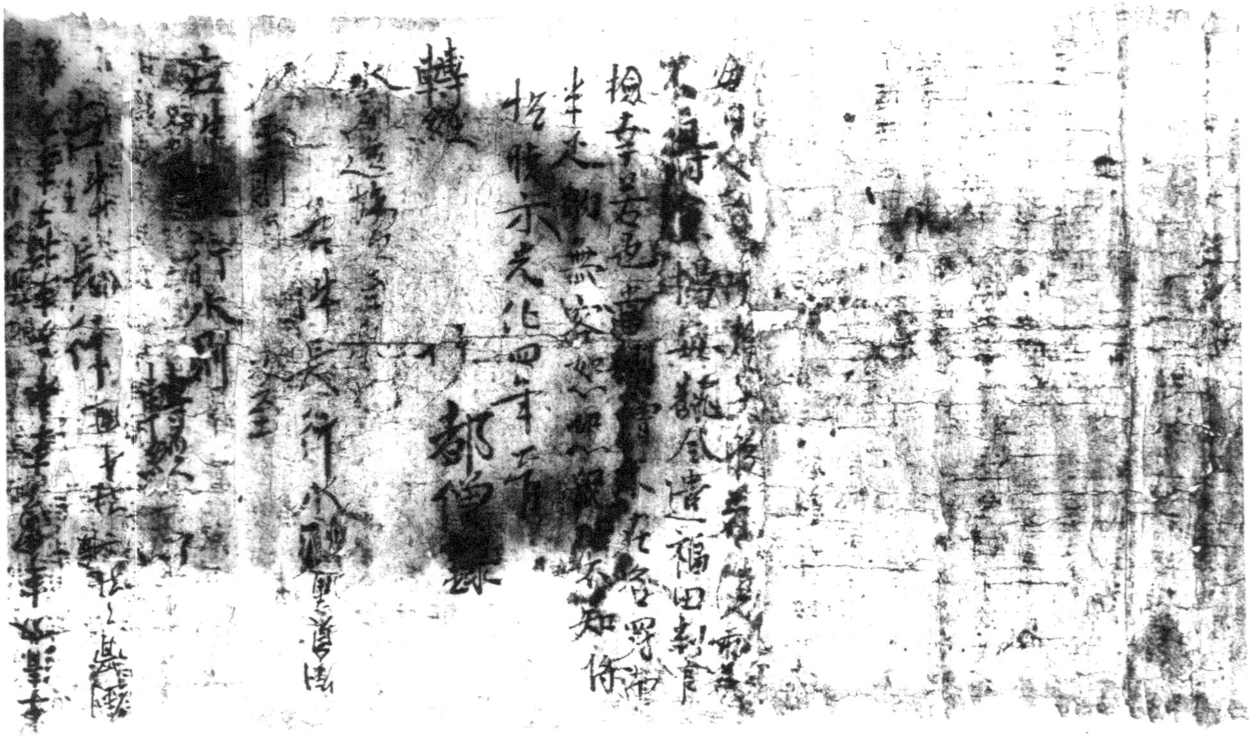

35b

P三八九四ｖｂ〔題〕

35b

P三八九四ｖｂ〔題〕

35b P三八九四ｖｂ〔題〕

35b

P三八九四vb〔題〕

P三八九四vb〔題〕

35b

P三八九四vb〔題〕

35b P三八九四vb〔題〕

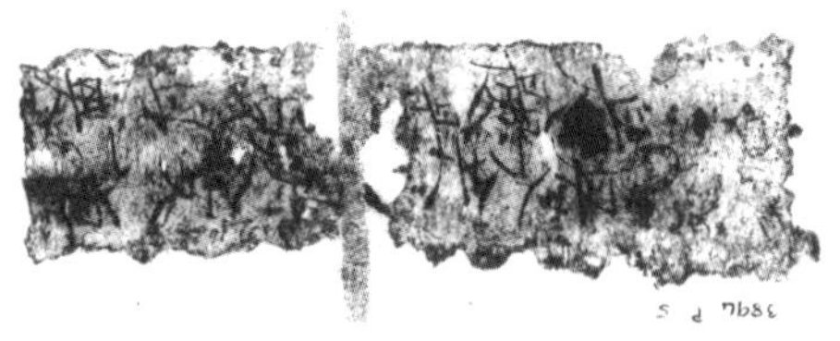

不備身體，不整衣裳，父母疾病，
弟子事師，敬同於父，習其道術，學
語，有疑則問，有教則受，鳳凰愛其
士，昔其言語，黃金白銀，乍可相与，好言善
術，不湯出口，愿境外之交，弟子有事稍
之酒，一日為君，終日為主，一日為師，終日為
孝子自慎，勿得隨宜，言不可失，行不可虧，他
離莫窺，他事莫知，他貧莫嗤，他弱莫欺，他
貧莫嫌，他病莫議，他財莫願，他色莫思，他弓
挽，他馬莫騎，弓折馬死，償他無疑，財錢害己，好
酒慢之，酒能敗身，亦酒誡之，色能致亂，必須畏
之，怠能積惡，百惡之心，能造惡，必須裁之，口
能招禍，亦須慎之，見人惡事，必須掩之，情有
欲難，即須救之，見人不是，即須諫之，好言善術
即須學之，意欲去處，即須審之，不可之處
即須思之，不如己者，必須教之，非是時流，即
須遠之，惡人欲諫，即須避之，羅網之鳥，悔不
高飛，懸鉤之魚，悔不忍飢，人生悟計，悔不
三思，禍若及身，悔不慎之，其父出行，子須擡
迎，見尊人，齋脚叉手，尊者賜酒，即拜而

36 P四〇八五〔63～232〕

36 P四〇八五〔63～232〕

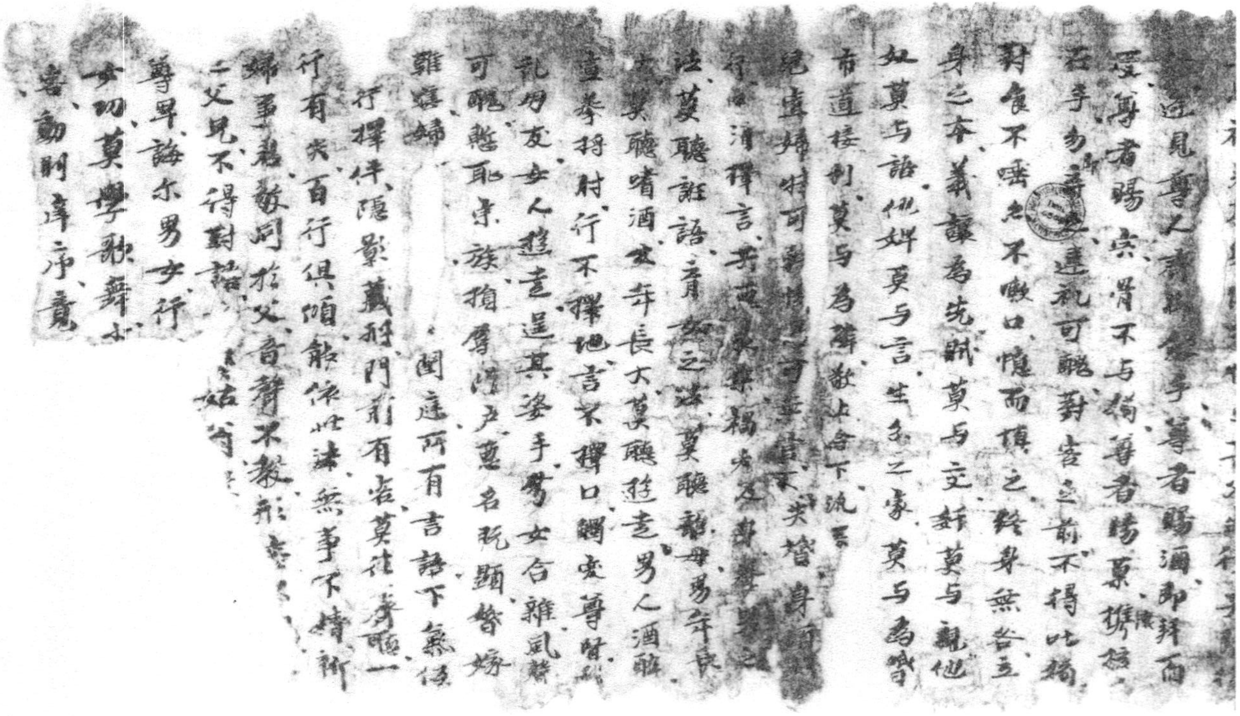

逢見尊人，齊[illegible]手，尊者賜酒，即拜而
受，尊者賜宍，骨不与狗，尊者賜菓，攜核
在手，勿即棄之，違礼可醜。對客之前，不得叱狗，
對食不唾，忽不嗽口。憶而慎之，終身無咎。立
身之本，義讓為先。賊莫与交，姧莫与[illegible]他。
奴莫与語，婢莫与言。生炙之處，莫与為[illegible]。
市道接利，莫与為隣。敬上念下，流[illegible]
兒壞婦特可[illegible][illegible][illegible]實增身[illegible]
行[illegible]清擇言，莫[illegible][illegible]稱[illegible][illegible][illegible]之
法，莫聽誑語，育女之法，莫聽離毋，易弃良
[illegible]莫聽嗜酒，女年長大，莫聽遊走。男人酒醉，
壹拳捋肘，行不擇地，言不擇口，觸突尊賢，
亂母友，女人遊走，逞其姿首，男女合雜，風聲
可醜，慙恥宗族，損辱門戶，惡名[illegible]顯，[illegible]婦
難嫁。閨庭所有，言語下氣，依
行擇伴，隱影藏形，門前有客，莫出[illegible]看，應一
行有失，百行俱傾。能依此法，無事不精。
婦事舅姑，敬同於父，音聲莫聽，形[illegible]
二父見不得對語。[illegible]姑[illegible]
尊卑，誨尓男女，行
女功，莫學歌舞，[illegible]
善勳則辛序竟

[illegible]

身有德行人自稱傳忠孝可保善一
無道非道孝人孟母三思爲子擇隣不出
不已知患己不知人也己欲立先立人己欲達
達人立身行道始於事親孝無終始不離其
身從身慎行忍辱先人己所不欲勿施於人
近鮑者臰近蘭者香近愚者闇近智者良
明珠不瑩焉發其光人生不學言語不成章
小兒學者如日出之光長兒學者如日中之
光老兒學者如日暮之光人生不學冥冥如
夜行弱而勝強柔而勝剛則折舌柔
則長亢而憍死敗敵者亡女慕貞絜男効
才良行善獲福行惡得殃行履不遠所見不
長學問不廣智惠不長欲知其君視其使
所欲知其父先觀其子欲知其木視其文理
欲知其人視其奴婢君子固窮小人窮斯濫
矣病則無醫醉則無憂飲人狂藥不得責
其與亂人避其醉客天子忌其酒酏
仕君子不見人之過小人好見人之恥其將之
[illegible]學問之家必出君子是以人

Pelliot chinois
Touen-houang 4588

37 P四五八八〔481～600〕

……名知其君視其使
所欲知其父先觀其子欲知其木視其文理
欲知其人視其奴婢君子困窮小人窮斯濫
矣病則無遊醉則無憂厭人狂藥不得言其
其見亂聖人避其醉客天子恐其酒酗
仕君子不見人之過小人好見人之恥兵將之
家為有勇夫學問之家必出君子是以人
相知於道術魚相望於江湖女無明鏡不知面上
精麁人無良友不知行之虧缺是以結交朋
友寄死託孤意重則[illegible]情薄則疎榮則共
樂辱則同憂難則相救危則相扶貧是
無價之寶恩是議身之符作是龍宮海
藏學是明月神珠積財千万不如明解經
詩良田万頃不如薄藝隨軀香餌之下必有懸
鉤之魚重賞之下必有勇夫有者賞有過者誅
不念無功長子口愛有力之奴養男不教不如養驢
育女不教不如養豬痴人畏婦賢女敬夫孝是百
行之本故云其大者乎
太公家教一卷　　且安成從愛羅
壬申年十月十四日李[illegible]信紀書之人
學字經全三藏言語壹切不能當次聚中大部

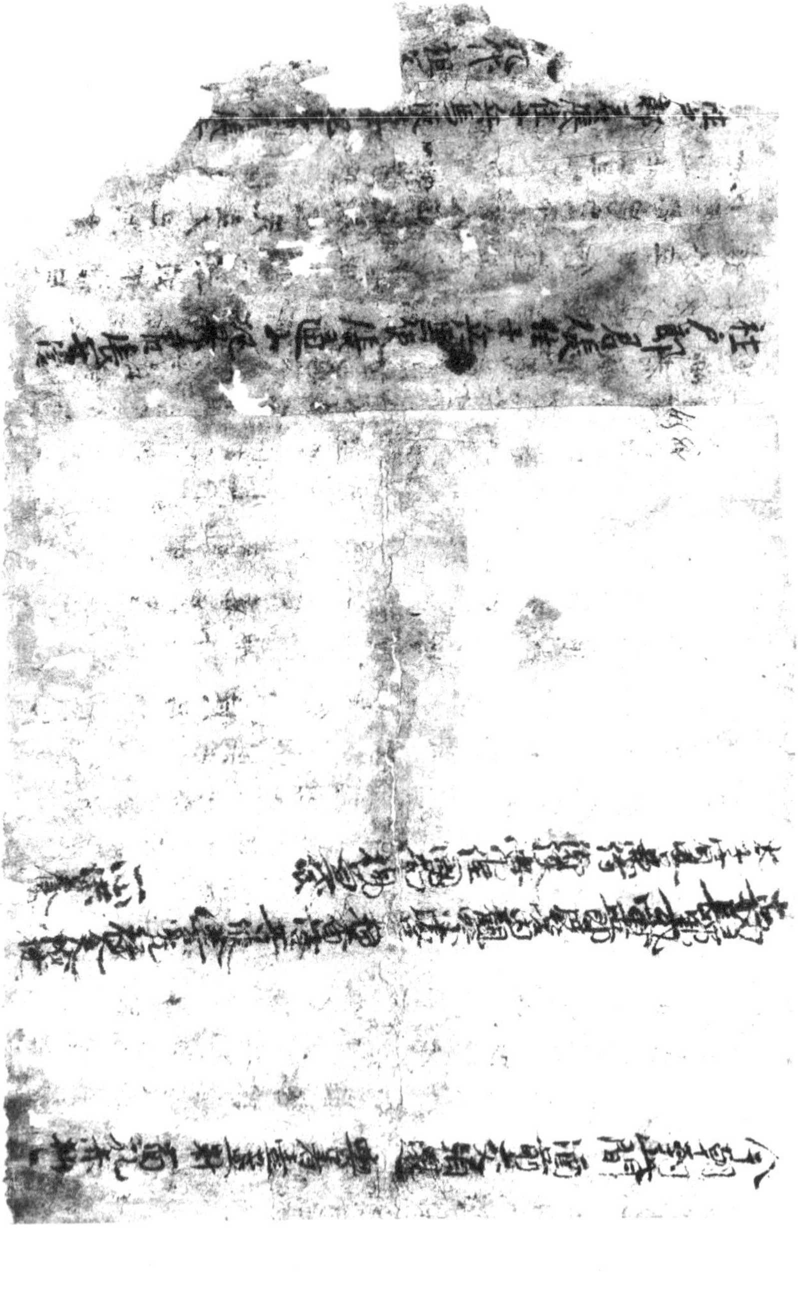

38

P四八八〇〔1～50〕

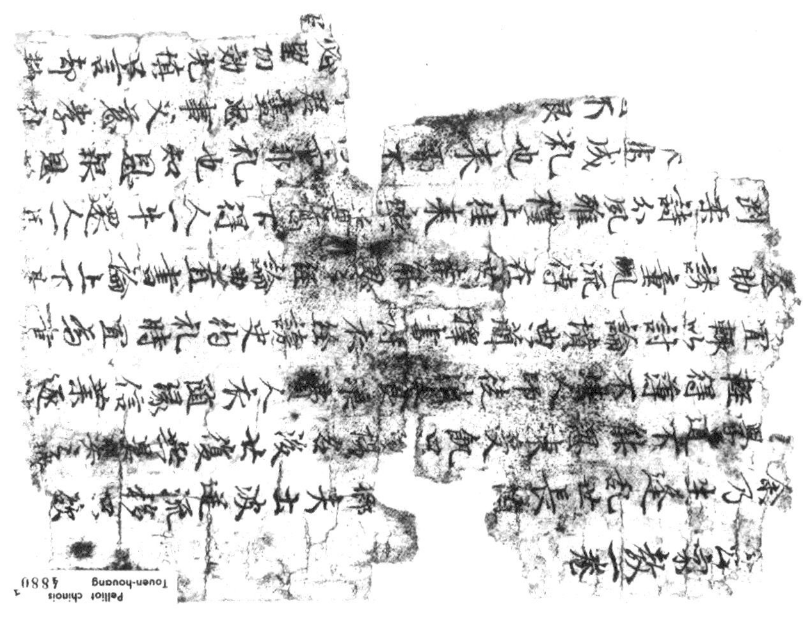

38
P四八八〇〔1～50〕

38　P四八八〇〔1～50〕

38

P四八八〇（1〜50）

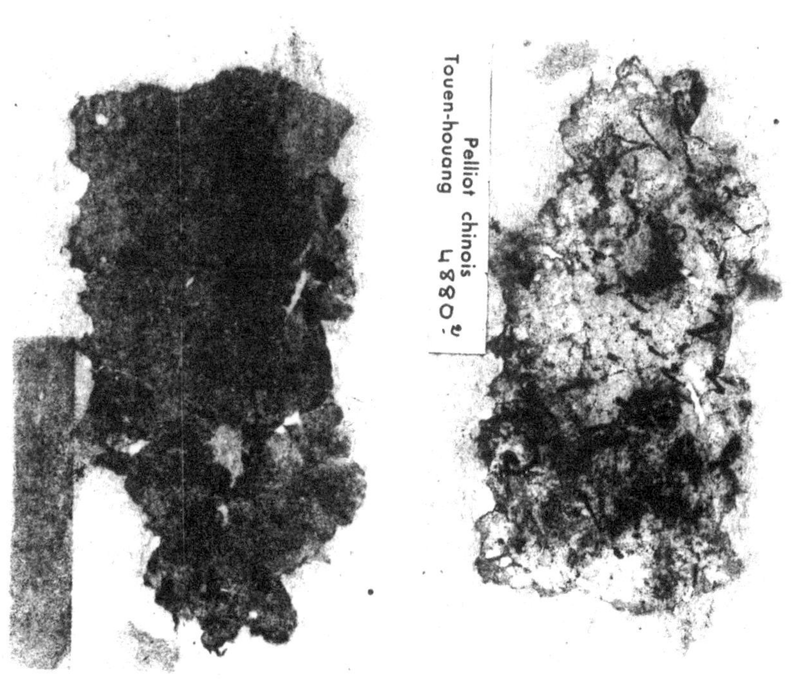

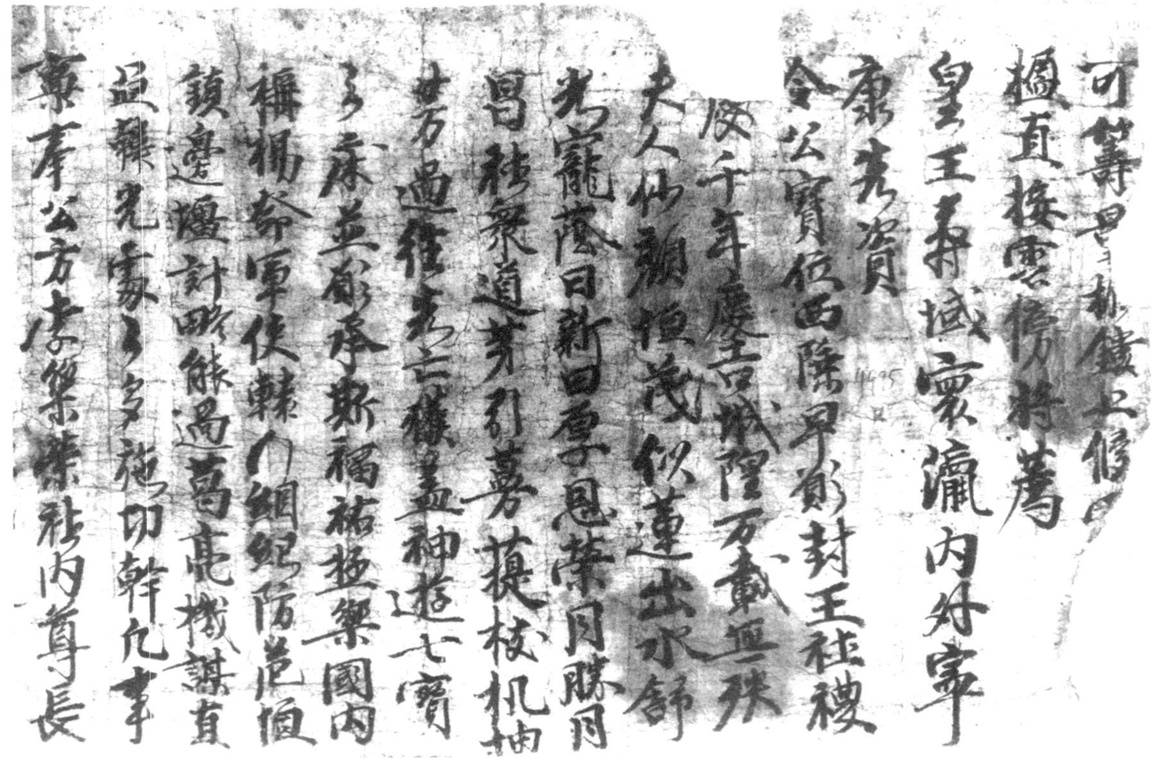

39 P四九九五v〔183～445〕

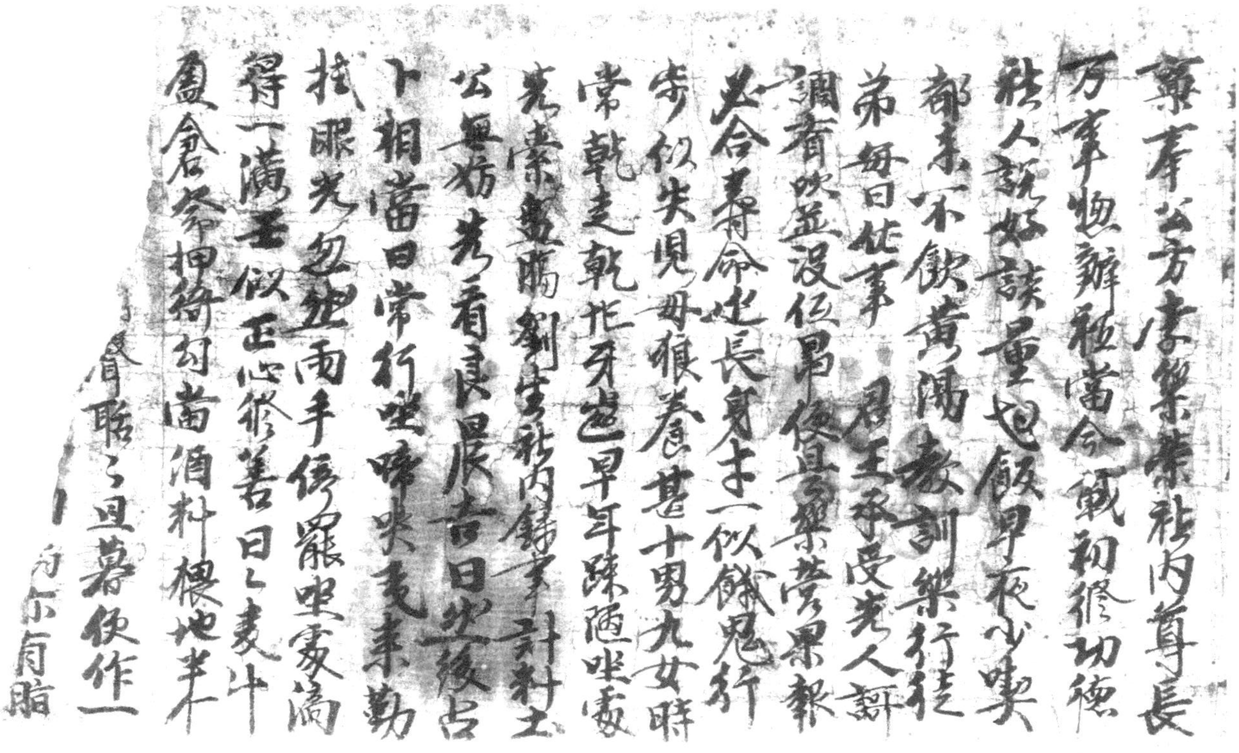

莫辜公方孝業業社內尊長
万事惣辦極當今戢初修功德
社人説好誤量他飯早夜必喫
都來不飲黄湯教訓衆行徒
弟每日佐事　君王承受先人詐
調齋吹盂没伍男便具樂營果報
必合壽命延長身上一似餓鬼行
步似失覓母狠養甚十男九女時
常乾走乾作牙齒早耳踈隨坐處
先崇盂腸劉生社内錢書一斛斗土
公無妨先看良晨吉日必緣占
卜相當日常行坐喫食來勤
拭眼光勿塑兩手便羅坐處滿
得一滿盂似正心修善日日麦斗
盧倉倉押待剋當酒料槐地半斗
修賒昭昭旦暮使作一
甸尔有賭

39　P四九九五v〔183～445〕

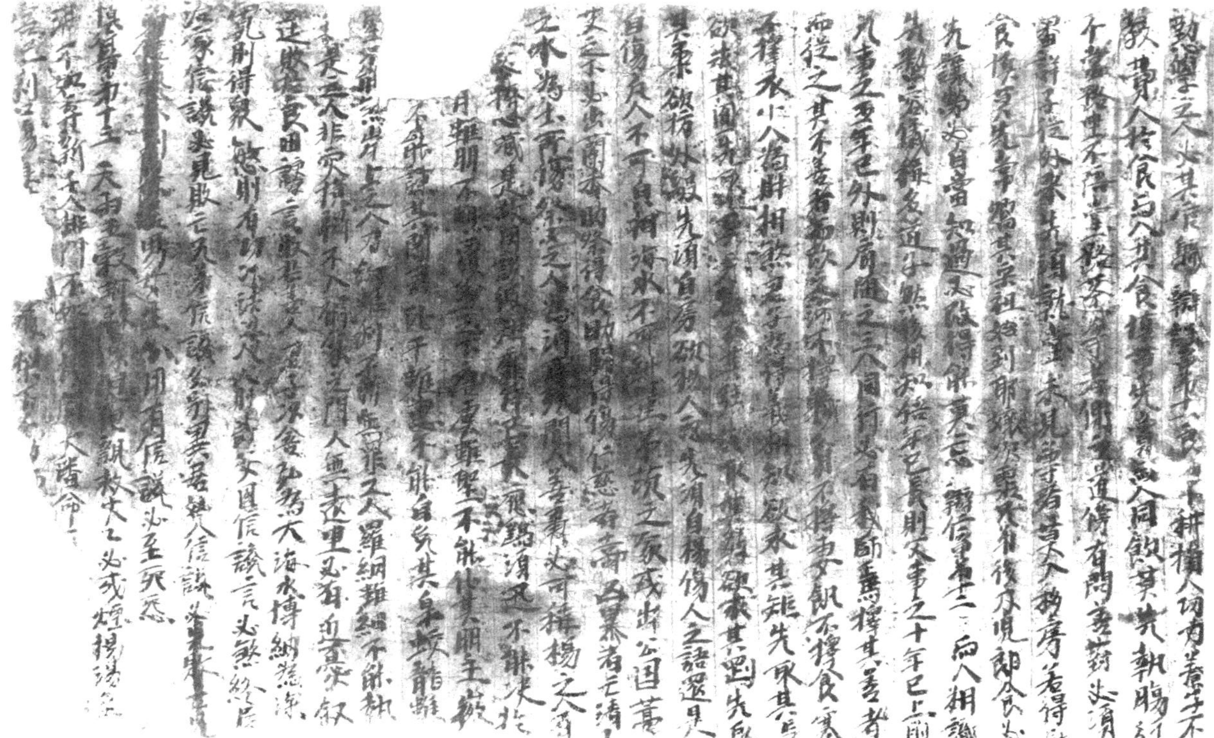

39 P四九九五v〔183~445〕

40 P五〇三一⒀〔46～61〕

41a、41b　B一一va〔1～5〕、vb〔1～41〕

太公家教一巻
余乃生逢乱代長値危時望郷失土波迸流移只欲
隠山学道

太公家教一巻
余乃生逢乱代長値危時望郷失土波迸流移只欲
隠山学道不能忍凍受飢只欲揚名於後代復無晏嬰
之機才軽徳薄不堪人師徒消人食浪費人衣
随縁信業且逐時之輒以討論墳典簡擇詩書
詩依経傍史約礼時宜為書一巻助誘童児流傳
萬代幸願思之[illegible]論由有書論上下易辯則入風流
[illegible]人一牛還人一馬往而不来
非成礼也来而不往亦非礼也知恩報恩風流儒雅
有恩不報非成人也事君盡忠事父盡孝礼聞

萬代幸願思之[illegible]論由有書論上下易辯則入風流
[illegible]人一牛還人一馬往而不来
非成礼也来而不往亦非礼也知恩報恩風流儒雅
有恩不報非成人也事君盡忠事父盡孝礼聞
来学

太公家教一巻

[illegible]

42　寧楽本〔49～111〕

[illegible]真實發心[illegible]
知飢知渴知暖知寒憂則共戚[illegible]
嫌甘美不貪食無求飽居無求安聞樂不樂聞
亂不看不着身體不整衣冠父母疾[illegible]整亦不
[illegible]事師敬同於父習其道也學其言語皆[illegible]
言善述莫漏出口啓無
[illegible]
[illegible]
[illegible]莫貶他財莫取他[illegible]
他弓莫挽他馬莫騎
[illegible]能害[illegible]必須[illegible]之酒能
必須[illegible]必能積惡必
[illegible]
須[illegible]道[illegible]事莫
説[illegible]行不[illegible]事[illegible]
是[illegible]能尊人[illegible]約束[illegible]
[illegible]矩長有事須相
[illegible]用語莫[illegible]婦兒言邪
[illegible]危去无知見故
[illegible]邊曉夜專習待

43—46、48　大谷本三一六七、三一六九、三一七五、三五〇七、四三九四

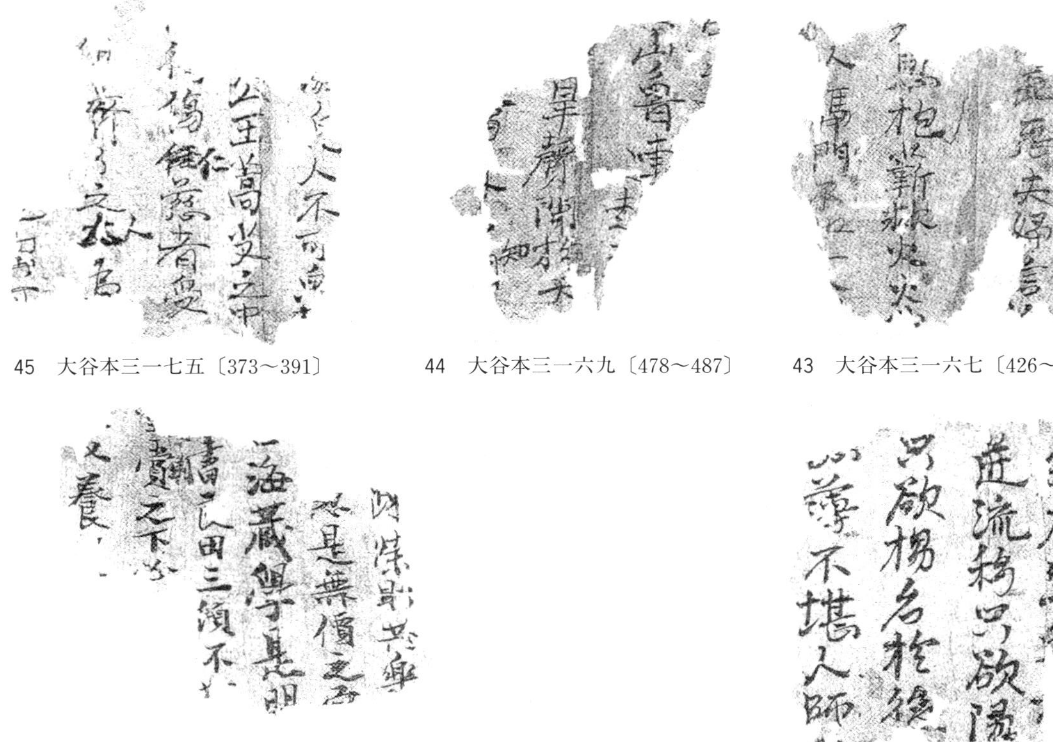

43　大谷本三一六七〔426～439〕

44　大谷本三一六九〔478～487〕

45　大谷本三一七五〔373～391〕

46　大谷本三五〇七〔1～10〕

48　大谷本四三九四〔572～593〕

解題

山崎誠

一

四十二種もの敦煌本写本を擁する『太公家教』の成立は、内部徴証（序文に「余乃生逢乱代、長値危時。望郷失土、波迸流移。只欲隠山学道、不能忍凍受飢」とある）から、仮に「乱代」を安史の乱と考えれば安史の乱（七五五～七六三）後を上限とし、外部徴証である李翺「答朱載言書」（八一一～八四一）中に、「其理往往有是者、而詞章不能工者、有之矣、隆氏人物表、王氏中説、俗伝太公家教、是也」との言及があることを以て下限とする。この書物の成立を六朝時代末にまで遡らせる説もないではないが、後の著作が先行する要文集や格言集を利用して、自らもとの経典を博捜することなく、必要な経典の引用を行うことは時代を問わず行われたとみられるので、『太公家教』そのものが、前代の遺産を知らぬ顔に取り込んでいても不思議はない。(1)

敦煌本の複数の書写識語からは、九世紀の後半から十世紀の約百五十年間に書写されていることが判る（敦煌写本P四五八八の題記にある「壬申年十月十四、学士郎張盈信紀書」を徳宗の貞元八年〈七九二〉のこととすることには、現在諸家は否定的である）。また徐俊編『敦煌詩集残巻輯考』（中華書局、二〇〇〇年）によれば、［孝経背題詩　李再昌］（S七二八）に「学郎大歌張富千、一下趁到孝経辺。太公家教多不残、獀玀児［□］実郷偏」の一節があり、『太公家教』（P三七九七）の背題記にも「開宝九年（九七六）丁丑年四月八日王会長手書記、学郎大歌李延（下残）」と類似の表現のあることから、「与此詩首句相類，蓋学郎習用套語之一〔この詩の首句と類似しているのは、生徒が習い覚えた決まり文句の一つであろう〕」という。このように敦煌では『太公家教』の書写と享受とが活発に行われた。しかし、これは敦煌残存資料に依存した偏った見方で、嘗ては敦煌以外の広範な地域に於いても流布していた証拠が、以下に述べるように、次々に明らかにされている。

『太公家教』は当時文字を習う者なら誰もが知っているものであったらしい。[(2)] その内容は幼学のための教科書であるため極めて鄙俗なものであるが、それ故に却って下位の社会階層によって支持され、中原に広汎に流布し、遠く中国語の域外にまで影響は及んでいるのである。『太公家教』は『千字文』『三字経』等と同じく、山西永楽宮純陽殿壁画に描かれるような郷塾の教授風景の中で数百年間に亙り伝習されたことであろう。[(3)]

二〇〇三年より私たちは『太公家教』を、幼学書の観点から解読するため、本文の校訂を行い、影響関係について研究を重ねてきた。この解題では注解の本文では充分に言及し得なかった東アジアに於ける流伝と、異本の発生の問題を中心に据えて、その興味深い諸事実を紹介したいと思う。

まず、これから述べる極めて広汎な時空を舞台に展開する事象、これらの錯綜する諸事実を行論の便宜として、一枚の年表としてあらかじめ提示しておく必要があろう。[(4)] 同時代の異なる地域に於いて、それぞれに展開していた事象に注意を促したい。中国語の域外での事件である場合は、特に（日）（朝）の如く示すこととした。

『太公家教』関係年表

七五五〜七六三　安史の乱

七九二（八五二）（九一二）　P四五八八の題記「壬申年十月十四、学士郎張盈信紀書」干支。七九二年のこととすれば唐徳宗貞元八年。

八一一〜八四一　李翺「答朱載言書」中に、「太公家教」に言及。

七五五（八〇〇）〜八八三　『新集文詞九経抄』成立。引用あり

八五〇　唐大中四年　P二八二五の題記「大中四年庚午正月十五日学生宋文顕読、安文徳写」
九二七　後唐明宗天成二年　P二四一八『父母恩重経講経文』題記「天成二年八月七日、一堂書」に引用。
九七六　北宋太宗開宝九年　P三七九七題記「維大宋開宝九年丙子歳三月十三日、写子文書了」
一〇〇七　（日）寛弘四年　源為憲『世俗諺文』成立、引用あるか。
一〇七一～一一二八　北宋神宗熙寧四年至南宋高宗建炎二年　『続伝灯録』十二「汝州香山法成　禅寺示衆曰、……恰似三家村裏教書郎、未念得一本太公家教、便道文章賽過李白杜甫」。
（女）『元史』芸文志小学類『女真字太公書』・『文淵閣書目』十八来字号第一廚『女真字太公書』
一一四三　（日）康治二年　藤原頼長『台記』九月卅日条に書名が見える。
一二四一　（日）大道一以『普門院経論章疏語録儒書等目録』編纂、書名が見える。
一二四六　（日）菅原為長歿『管蠡抄』成立。引用あるか。
一三〇四～五　（日）金沢文庫長井貞秀書状に書名が見える。
一三九三　明太宗洪武二十六年　范立本撰『明心宝鑑』成立。引用あり。
一四五四　（朝）『明心宝鑑』（清州本「景泰五年甲戌十一月初吉奉直郎清州儒学教授官庾得和謹　跋」一四五四年）刊行。
一四七〇～九四　（朝）高麗成宗時代『経国大典』女真学『太公尚書』、『通文館志』申継黯の項。
（朝）柳雲撰（一四八五～五二八）『進修楷範』朝鮮中宗十四年刊（一五一九）上巻に引用あり。
一五八二　（越）明神宗万暦十年刊『殊域周咨録』六「（安南国）如儒書則有……『五経』『四書』……『翰墨類聚』『韓柳集』『詩学大成』……『太公家教』『明心宝鑑』『剪灯新余話』等書」。

一五九二　（西）Beng Sim Po Cam o Espejo Rieo del Claro Corazon.（Primer libro chino treducio en lengua castellana por Fr.Juan Cobo, O. P. Manila 1592）刊行。
一六四五　（満）清世祖順治二年『八旗通志』阿什坦伝「阿什坦翻訳大学中庸孝経及通鑑総論太公家教等書刊行之」。
一六六六　（日）『童蒙抄』（内閣文庫本寛文六〈一六六六〉年）引用あり。
一六七六　（西）Tratados historicos, politicos ethicos y religiosos de la monarchia de china, por Domingo Fernandez de Navarrete（Madrid, 1676）刊行。
一七七七　（朝）清乾隆四十二年朝鮮正宗時代李海観撰長編小説『歧路灯』中「教子之法、莫教離父。教女之法、莫教離母」（『明心宝鑑』経由歟?）林東錫『朝鮮訳学考』参照。
一九〇〇　（日）衣笠宗元『世諺叢談』引用あり。
一九一三　羅振玉『鳴沙石室佚書』景印。敦煌本の最初の紹介。
一九一六　（越）啓定元年、越南本『太公家教』書写。
一九四一　王重民『太公家教』載『周叔弢先生六十紀年論文集』。

敦煌本『太公家教』諸本は空間的にも広範囲に流布したテキスト群の、敦煌地域に於ける近親交配（inbreed）テキストであろう。『太公家教』は『千字文』のようなものと違い形式上の制約が緩く、失韻も少なからず見受けられるように、さほど厳密でない押韻を踏む韻文の機構の中で自在に伸縮する本文である。作者の無名性とも相俟って、本書の校異表に見られる如く敦煌写本群間にも既に多数の独自句が発生していることが認められる。通常四言二句で意味を構成し、この二句が強い独立性を持つとともに、幾つかが纏まって章段を構成している。四言の形式は厳密に守られることはなく、最大七、八言まで伸びる。また、まま85・86・87句や566・567・568、601・602・603句の如く、三句以上を連ねる場合もある。外側に附録とされたものには、模倣作『武王家教』がある（これは後に分離し、敦煌本Ｐ二九八一ｖやＰ五五四六などの如くに、単独でも流布している）。

更にこの異本発生の機構について考察する上で見逃せないのが、校讐の場でも屢々行われることであるが、読み手と書き手の分担書写の問題がある。(5) 今日風にいえば書取りであるが、これが異本の発生を一段と複雑にさせた要因であろうと考えられる。文字についての規範が確立していない書写の場では、誤写によっても異文は発生し易いが、口述によって書写が行われる時、近似音に転訛することは一字一音の中国語を母語とする世界では屢々見受けられることである。『太公家教』のような書物に於いては、書写後にも校書は厳密に行われないから、本文の誤りは野放しになる。敦煌本では「民」と「治」の避諱らしきものも認められるが、既にその意識は失われているかのように見える（言うまでもなく民は太宗の、治は高宗の諱である）。

私たちは注釈に当たって、本文を意味の纏まりによって、序跋を含む二十五の章段と全六百十三句に区切ったが、以上述べた本文の不安定性の故に、恐らく定まった本文制定をすることは不可能であろうと認識し、詳しい校異表を添えることとした。

この校異表は諸本を網羅した現在望み得る最も完備した本文の異同表であり（併せて現存する全ての諸本原典の出来得る限り鮮明な全文影印をも付ける）、これらにより正確に諸本の異同の実態と、その本文異同生成の過程を観察し推理することができる。この複雑で怪奇な本文の異同と振幅は、必ずしも原典への回帰の可能性を指し示すものとはならないであろうが、その校異表作成作業過程からは、前人のなしえなかった、諸本の関係を七系統十類に分類するという輝かしい成果を既に挙げているのである。(6)

二

以下に述べる如く、吐魯番本断簡、『新集文詞九経抄』や『明心宝鑑』所引、西夏語版本『経史雑抄』所引の『太公家教』が、敦煌本の本文と異同を持つことが知られるのは、とりもなおさず、広範囲の流布と盛んな享受の歴史を物語るものである（少異ではあるが、その意味する所は決して小さくない）。

敦煌以外の地で発見された出土文献として、先ず注目すべきは吐魯番本である。この断簡については小島憲之氏の慧眼が既に見抜いていたものであったし（「学事閑日―ある童蒙教訓書断片を中心として―」〈『短歌文芸 あけぼの』55、あけぼの社、一九七七年〉）、鄭阿財氏が「学日益斎敦煌学札記」（『周一良先生八十生日紀念論文集』、中国社会科学出版社、一九九三年）でも注目していたが、最近、張娜麗氏がこと細かに考察を行っている。張娜麗氏は『西域出土文書の基礎的研究―中国古代における小学書・童蒙書の諸相』（汲古書院、二〇〇六年）に於いて、龍谷大学善本叢書『大谷文書集成』に見える『太公家教』残簡六点に注目している（挙例の太字部分が残存しており、冒頭の数字は『大谷文書集成』の影印と翻字の整理番号、次の〔第○段〕は、その句が所属する『太公家教』章段数を示している）。

○三一七五　文学関係文書（唐詩）断片一一・三×一〇糎

欲防外敵、先須内防。欲揚人悪、先須自揚。傷人之語、／還是**自傷**。**凡人不可貌相**、海水不可斗量。茅茨／之家、或出**公王**。**蒿艾之中**、或出蘭香。助祭得食、／助闘**得傷**。**仁慈者受（寿）**、兇暴者亡。清清之水、為土所／**傷**、**斉斉之人**、**為**酒所殃。聞人善事、／乍**可**称揚。知人有過、密掩深蔵。是故、罔談彼短、靡恃己長。↓〔第16段〕

○三一六七　文学関係文書断片九・六×九・二糎

得安。治家信讒、家必敗亡。**兄弟信**讒、分別異居。／男女生分。夫婦信讒、朋友信／讒、必致**死怨**。**夫婦信**讒、天雨五穀、／荊棘蒙**恩**。**抱薪救火**、**火必**盛炎。揚湯止沸、不如／去薪。千**人馮門**、**不如一人**抜関。一人守隘、万夫／莫当。↓〔第18段〕

○三一六九　文学関係文書断片九・五×七糎

不羞乞食之恥。／貧不可欺、富不可恃、陰陽相摧、周而復始。／太公未達、釣魚於水。相如未遇、売卜於市。巣／父居**山**、**魯連赴**海、孔明盤桓、候時而起。／鶴鳴九**皐**、**声徹於天**。竈裏燃火、煙気成雲。／家中有悪、**人必知**聞。身有徳行、人必称伝。／悪不可作、↓〔第19・20段〕

○三五〇七　文章抄写練習断片一〇・七×九糎

余乃生逢乱代、長値危時。亡郷失土、波／**迸流移**。**只欲隠**山学道、不能忍凍受飢。／**只欲揚名於後**代、復無晏嬰之機。才軽／**徳薄**、**不勘人師**、徒消人食、浪費人衣。↓〔序段〕

○四三七一　性質不明文書小片四・三×五糎

君子固窮、不択官而事。**厄之**之人、不羞執鞭之仕。飢寒在身、不羞乞食之恥。貧不可欺、富不可恃。陰陽相摧、周而復始。**太公**未達、釣魚於水。相如未遇、売卜於市。巣父居山、魯連赴海。↓〔第19段〕

○四三九四　仏書断片一〇・五×一〇・五糎

意重則密、情薄則**疎**。**栄則共楽**、難／則相救、危則相扶。**忍是無価之宝**、学是明月神珠。積財千万、不如明解経書。慎是竜宮**海蔵**、**学是明**月神珠。積財千万、／不如明解経**書**。**良田三頃**、**不**如薄芸随身。香餌之下、／必有懸魚。重**心則賞之下**、**必**有勇力。功者可賞、過者可誅。慈父／不愛無力之子、只愛有力之**奴**。**養**男不敏、不如養奴。

養女不教、／不如養猪。痴人畏婦、賢女敬夫。→〔第23段〕

これらの零々たる断片からも、次のことを指摘できる。即ち、三一七五・三一六七・三一六九の三点は同筆の列帖本の断簡であることから、少なくとも三種の写本が嘗て狭いアスターナ地区に存在したことになる。敦煌に於けると同じく、この地でも幼学書として当時盛んに書写されていることを物語るものである。次には三五〇七によって、現存「序文」も元から存在し、従ってそこに記される成立事情は、後人の所為などではなく原著者のものと信用できることになる。更に僅かな断片の本文比較からも、敦煌本との間に共通点が多いことである（四三九四は敦煌本のF群との類縁関係があることが指摘できる）。敦煌が吐魯番へ至る地理上の中間にあることが、書物の伝播経路と重なるためであろう。

このように、吐魯番文書本は零細な断片とはいえ、辺境での文字文化の広がりを示す貴重な証拠であり、纔かな断簡ではあるが敦煌本と同系統の本文を含む複数の写本群であったらしいことが判る。このことを軽視すべきでない（敦煌本を相対化する有力な物証であるので、現在も出土し続けている『吐魯番出土文書』全体を今後とも注意深く監視する必要がある(7)）。

次に敦煌本『新集文詞九経抄』は、先行研究によれば、その一本P二五九八の題記の大中四年（八五〇）の年号から、『太公家教』の推定成立年代より、せいぜい百年以内の七五五（八〇〇）～八八三年頃の成立と見做されている(8)。しかし、ここには既に例えば、左の如く敦煌本には存在しない『太公家教』の章句が認められる（番号は王三慶『敦煌類書』〈一九九三年〉の整理番号。〔第〇段〕は『太公家教』の章段）。

245–01–088太公曰、相命以定、鬼神不移。→『文詞教林』244–00–101相命以〔定〕、鬼神不能移。西夏本（後述）参照。

245-01-202太公曰、君子筆耕、小人力耕。→西夏本参照。

245-02-59君子筆耕、小人力耕。懃耕之人、必豊穀食。懃学之人、必居官職。→〔第13段〕及び西夏本参照。

245-01-264太公曰、只解以糞糞其地、而不解以〔学〕糞其身。賜子千金、不如教一伎。→西夏本参照。

245-01-287・1太公曰、十言九中、不語者勝。→『文詞教林』244-00-199十言九中、不語為黙然、〔第11段〕及び西夏本参照。

245-01-313太公曰、若人孝於親、子亦孝於身。身若不孝、子亦如之。→【『明心宝鑑』孝行篇第四「太公曰、孝於親、子亦孝之。身既不孝、子何孝焉」と関係するか。】

245-01-405太公曰、婦人之礼、言必細語、行必緩歩。止則斂容、動則庠序。耳無塗聴、目無邪視。出無冶容、入無廃飾。→〔第10段〕

245-01-406女有三従之儀、在家従父、出嫁従父、夫歿従子。→〔第10段〕

245-02-72太公曰、婦人之礼、言必細語、行必緩歩、止則斂容、動則庠序、耳無塗聴、目無邪視、出則冶容、入無廃飾、無聚会□輩、不窺於戸牖、恭敬君家、勿好戯笑、清潔自守、莫学歌舞。→〔第10段〕

『新集文詞九経抄』には、敦煌本『太公家教』とも多くの一致を見せる引用が存在する一方で、右の挙例の『太公家教』の「太公曰」は、なぜか敦煌本には見えない（或いは文句の変増が認められる）。これらが初めから八世紀の成立当初の原『太公家教』にあったかどうかは、証明の極めて困難な事柄であるが、『新集文詞九経抄』の依拠した「太公曰」が敦煌で書写された一群の本文とは異なる『太公家教』の本文を持っていた可能性は高い。これは明らかに『新集文詞九経抄』が成立した場所そのものが、敦煌本『太公家教』が書写された敦煌地域ではないことをも意味しようが（即ちこのような幼学著作に於いても文化の発信は長安からなされたのであろう）、このことは後に再び触れることとしたい。

三

『太公家教』は二〇世紀の初頭に敦煌本が知られる以前、既に二度に亙って、日本に渡って来ている。初度は一二世紀で、その徴証が幾つか発見されている。(9) もし小島憲之氏の推定の如く八世紀中葉の正倉院蔵『鳥毛帖成文書屛風銘』の「父母不愛不孝之子」「明君不納不益之臣」が『太公家教』を踏まえるとすれば（〈第19段〉注一参照）、四―八世紀の大谷文書ともども、その八世紀半ば以前の成立を示唆するものとなり、この点は文献史料ばかりではなく、器物など考古史料にまで視野を広げる必要を指摘して留保して置きたい。(10)

二度目は明版『明心宝鑑』からの間接的な伝来の形をとり、それ故ほぼその伝来年代も特定出来る（一度目と二度目との間にかなり長い約五百年の断絶の時間が存在するが、この間のことは殆ど未解明であると言ってよい）。

まず最初は院政期・鎌倉期に、『太公家教』の書名が諸記録に見出される。このことは知られるように既に太田晶二郎氏によって指摘されているが、その本文そのものを直接引用していると考えられる文献資料を探索することは困難である。菅原為長撰『管蠡鈔』（近世版本では『博覧古言』とも）の中に、『太公家教』との関係を疑わせるものが見える（本書の注の中でも指摘している）。太田氏も既に指摘するところであるが、第十世俗に「他弓不挽、他馬莫騎。大唐俗語要略」（〈第4段〉）とあるものなどがそれである。その目で見れば更に『管蠡抄』には『太公家教』との関係を疑わせるに足る、引用の幾つかが指摘出来る。(11)

『管蠡抄』と『明心宝鑑』の間の、中世の空白を結ぶ橋梁として幾つかの金句集が注目される。同時に『五灯会元』

などの中国作品の場合がそうであるように禅語録類に潜んでいる可能性を疑ってみることも必要ではある。(12) 一例を挙げれば「太公曰」の明らかな指標を持たず、『管蠡抄』からの間接引用であるかもしれないが、『句双紙葛藤鈔』を見ると、左の句が掲げられている（この『句双紙』の成立に影響を与えたのが、元の高恥伝輯『群書玄鉤』十二巻であるとされる。『群書玄鉤』の段階での接触も考えられないことではない）。(13)

・重賞之下、必有勇夫。〔第23段〕

・含血噴人、其口先汚。〔11段〕

・明君知臣、明父知子。〔19段〕「明君不愛邪佞之臣、慈父不愛不孝之子」の変奏か。

・他弓莫挽、他馬莫騎。〔4段〕

一見してこれらは『太公家教』の引用である可能性が高い。

次に『明心宝鑑』を通して行われた、『太公家教』との二度目の邂逅に目を向けてみたい。林羅山撰『童蒙抄』の中に『太公家教』が引用されるが、これは全て『明心宝鑑』を経由したものであることが判る（日本列島・朝鮮半島に於ける『明心宝鑑』の受容史、即ち一七世紀の著作との関わりについて述べる可きことは多いが、問題を徒らに拡散しないために、ここでは『太公家教』の問題に限定したい）。(14) 具体的には、『童蒙抄』には次のような引用が見える。

〔勧学部〕

○太公曰、良田万頃、不如薄芸随身。↓〔第23段〕

〔徳行部〕

○太公曰、家中有悪、外已知聞。身有徳行、人自称伝。↓〔第20段〕

○太公曰、一行有失、百行倶傾。↓〔第9段〕

［交義部］

○太公曰、女無明鏡、不知面（上）精粗。士無良友、不知行歩虧踰。↓〔第23段〕

この傾向から見て、近世著作に於いて『明心宝鑑』の引用を媒介として、なお『太公家教』の引証が発見される可能性は残る。また、『明心宝鑑』を媒介として立ち現れる『太公家教』を源泉とする幾つかの格言・諺には、中国に於ける『増広賢文』の果たした役割と同様（『増広賢文』との関係については胡同慶「《太公家教》与《増広賢文》之比較」〈『敦煌研究』十一期、甘粛人民出版社、一九八九年〉がある）、それと知られることもなく、二十世紀初頭の出版物にまで潜んでいるものがあることは注目してよいことだろう。(15)

四

『明心宝鑑』の編者に擬せられる范立本（残念ながらその伝記は明らかにされていない）の序文は、明初洪武二十六年（一三九三）に記されたものである。范立本が『太公家教』を手にした可能性は、我が国でも一四世紀に鎌倉の地で『太公家教』が読まれている事実とも吻合するが、その本文は敦煌本『太公家教』と較べてどのようなものであったであろうか。

『明心宝鑑』の明清諸版本に版種は多いが（中国・朝鮮・越南版では増補節略が行われ、『御製重輯明心宝鑑』の如き改変本も出現している）(16)、現存する最も古態を示す本は、李氏朝鮮の清州刊本、「景泰五年甲戌」（一四五四年）刊本である（張伯偉編『朝鮮時代書目叢刊』所収『考事撮要』に「忠清道〈五十四官〉清州……進修楷範・韋蘇州・三灘集・韓詩外伝・梅月堂・明心宝鑑・牛馬治療方」とあるものに当たる）。更に西班牙の多米尼加会宣教師 Juan Cobo

が一五九二年、カステリア語翻訳に際して底本に用いた明鈔本のようなものまでがある。[17]これらにはともに、その立教篇の末尾に『太公家教』の附録『武王家教』の引用がある（以下の引用の最後尾の例参照）。遡れば敦煌本にまで行き着き（末尾に『武王家教』を持つものとしてF系統S四七九と系統不明のP二六〇〇などがある）、この系統の『太公家教』本文との共通点が第一に推定されよう。

しかしながら清州本には、普通に流布する明版『明心宝鑑正文』（日本では明版を底本とした別系統の寛永八年中野道伴刊本が盛んに読まれて版を重ねている）等に見えない『太公家教』の引用が認められる。『太公家教』研究の先学である周鳳五氏は清代「粤東府城第七甫以文堂板」本に、鄭阿財氏は「増注明心宝鑑」（翼化堂善書局印）本に、それぞれ依拠している故に、以下に指摘する事実に気付いていないが、これにも『新集文詞九経抄』と同じ現象が生じている。

清州本によって新たに追加される可き『明心宝鑑』に於ける、敦煌本諸本には存在しない『太公家教』（逸文）の引用は、以下の通りである。これらは類句は見えるものの、孰れも敦煌本『太公家教』中に見えないもので、しかも『太公家教』の逸文の可能性がある。文脈、四（五）言句形式、押韻などの検証手続きによって、これら断章されて引用される「太公曰」が、本来原テキストのどのあたりに属す可きものであるかを推定して章段をあててみた。その結果、増補の位置が推定できる章段を〔第〇段〕の如く示し、位置を定め難いもの（原本に無かったとも言い切れない）を弁別して示している。[18]

〔孝行篇第四〕

〔3太公曰、孝於親、子亦孝之。身既不孝、子何孝焉。〇孝順還生孝順子、忤逆還生忤逆児。不信但看簷頭水、点々滴々不差移。↓【『新集文詞九経抄』245–01–313太公曰、若人孝於親、子亦孝於身。身若不孝、子亦如之。】

［正己篇第五］

6太公曰、勤為無価之宝、慎是護身之符。↓〔第23段〕及び『新集文詞九経抄』子曰、学如牛毛、成如麟角。勤是無価之宝、慎是護身之符。作是竜宮海蔵、学是明月神珠。良田万頃、不如薄伎随軀。

［安分篇第六］

11太公曰、欲量他人、先須自量（量自己）。傷（他）人之語、還是自傷。含血噴人（天）、先汚自（其）口。↓〔第16段〕及び『新集文詞九経抄』太公曰、欲求其長（短）、先取其短（長）。欲求其円、先取其方。欲求其剛（柔）、先取其柔（剛）。欲防外敵、先須自防。欲量他人、先須自量。揚人之悪、先須自揚。傷人之語、還是自傷。因風吹火、用気不多。含血遜（噀）人、先悪（汚）其口。

［訓子篇第十］

17太公曰、男子失教、長大（必）頑愚。女子失教、長大（必）麁疎。○養男之法、莫聴誑語（誑言）、盲（育）女之法、莫教離母。男年長大、莫習楽酒。女年長大、莫教（令）遊走。○厳父出孝子、厳母出巧女。○憐児多与捧、憎児多与食。○憐児無功憎児有力。○桑条従小鬱長大、大（無）鬱不屈。○人皆愛珠玉、我子愛孫賢。↓〔第8段〕

［看心篇第十一］

18太公曰、凡人不可逆相、海水不可斗量。○勧君莫結冤、冤深難解結、一日結成仇（冤）、千日解不徹。若将恩報仇（冤）、如湯去潑雪。若得（将）冤報冤、如狼重見蝎。我見結冤人、尽被冤磨折。↓〔第16段〕

21太公曰、治国不用佞臣、治家不用佞婦、好臣是一国之宝、好娘（婦）是一家之珍。○讒臣乱国、妬娘（婦）乱家。○斜耕敗於良田、讒（言）敗於善人。↓〔第17・18段〕及び『新集文詞九経抄』周朝云、理国不用佞臣、理家不用佞婦。『新集文詞九経抄』太公曰、斜耕敗於良田、讒敗於善人。理国信讒、必害忠臣、理家信讒、必疏其親。夫妻信讒、必見生離、朋友信讒、必至死怨。

22太公曰、人心難満、渓壑易盈。○天若改常、不風即雨。人若改常、不病即死。

23太公曰、日月雖明、不照覆盆之下。刀剣雖快、不斬無罪之人。非災横禍、不入慎家之門。○讃嘆福生、作念禍生。煩悩病生、国清才子貴、家富小児驕。○得福不知禍来便覚。→〔第17段〕

［婦行篇第二十］

30太公曰、婦人之礼、語必細。○行必緩歩、止則斂容、動則戛跙。耳無余聴、目無余視。出無諂容、廃飾裙褶、不規不覩牖戸。早起後（夜）眠、莫憚労苦。戦々兢々、常憂玷辱。○賢婦令夫貴、悪媍（婦）令夫敗（賤）。○家有賢妻、夫不遭横禍。○賢婦和六親、佞婦破六親。→〔第10段〕及び『新集文詞九経抄』

［立教篇第十二］

〔武王家教の引用〕武王問太公曰、人居世上、何得貴賤貧富不登、願聞説之。欲知是矣。太公曰、富貴如聖人之徳、皆由天命。富者用之有節、不富者家有十盗。武王曰、何為十盗。太公曰、時熟不収為一盗、収積不了為二盗、無事燃灯寝睡為三盗、慵懶不耕四盗、不施工力五盗、専行切害六盗、養女太多七盗、昼眠懶起八盗、貪酒嗜慾九盗、強行嫉妬十盗。武王曰、家無十盗、不富者何如。太公曰、人家必有三耗。武王曰、何名三耗。太公曰、倉庫漏濫不蓋鼠雀乱食為一耗、収種失時二耗、抛撒米穀穢賤三耗。武王曰、家無三耗、不富者何也。太公曰、人家必有一錯、二悞、三痴、四失、五逆、六不祥、七奴、八賤、九愚、十強。自招其禍、非天降殃。武王曰、悉願聞之。太公曰、養男不教訓為一錯、嬰孩勿訓二悞、初迎新婦不行厳訓三痴、未語先笑四失、不養父母為五逆、夜起赤身六不祥、好挽他弓為七奴、愛騎他馬為八賤、喫他酒勧他人為九愚、喫他飯命朋友為十強。武王曰、甚美誠哉。是言也。

『明心宝鑑』には、更に次の如く明らかに別書の指標を持つものの、『新集文詞九経抄』等との対照により『太公家教』から採られたことを疑わせる用例もある（注11の『管蠡抄』の例にも）。これを裏返せば、前に列挙した「太公曰」とあるものも、別書の引用を誤ったとみることを排除出来ない。この問題の処理の困難さを物語る。

〔孝行篇第四〕

老子曰、鑑明者、塵埃不能汚。神清者、嗜慾豈能膠矣。→『文詞教林』太公曰、鑑明者、塵埃不能汚。神清者、嗜慾豈能説。賢人君子、心□意□、情欲豈能染也。

〔訓子篇第十〕

漢書云、黄金満籯、不如教子一経。賜子千金、不如教子一芸。→『新集文詞九経抄』太公曰、賜子千金、不如教子一伎。→【『太公家教』〔第23段〕「積財千万、不如明解経書。良田千頃、不如薄芸随軀」と関係するか。】

〔看心篇第十一〕

家語云、慈父不愛不孝之子、明君不納無益之臣。→『新集文詞九経抄』太公曰、慈父不愛不孝之子、明君不納無益之臣。寧愛有力之奴、不用無力之子。

翻って考えるに、『新集文詞九経抄』と『明心宝鑑』の上述の傾向の吻合は、敦煌本とは自ずから別の本文を持つ『太公家教』の存在を強く証言しているように想われる。この可能性を更に補強する資料が、別に漢語文化圏の周辺に存在している。

『俄蔵黒水城文献』11に収められる西夏語版『経史雑抄』（三二葉の零葉に過ぎない）所引『太公家教』佚文については、聶鴻音氏が「西夏本『経史雑抄』初探」（『寧夏社会科学』二〇〇二年三月）及び『復印報刊資料—宋遼金元史』（中国人民大学、二〇〇二年四月）の中で短く言及している。『英蔵黒水城文献』5にも同版本の影印が載る筈であるが未刊のようである。(19)

西夏語の専門家ではないが、全十一条の『太公家教』の一部を漢語に翻してみるならば次の通りである（〈〉は文法要素で漢字に置き換えられない文字）。西夏語版が敦煌本の本文とではなく、上掲の『新集文詞九経抄』や『明心宝鑑』に近似した本文を持つことに注意を払いたい。

32–2–v4太公話、国未誤惑、則作皆安時節。故田種々皆粉成。↓〔敦煌本に対応するものがない〕

32–6–v1太公話、若人命定、鬼擠不換。↓〔敦煌本に対応するものがない〕『新集文詞九経抄』245–01–088太公曰、相命以定、鬼神不移。『文詞教林』244–00–101相命以〔定〕、鬼神不能移。

32–10–2太公話、天下安楽、則天上甘露、如地上聖泉。↓〔敦煌本に対応するものがない〕

32–19–v1太公話、因風吹火、用気不多。含血遜（噀）人、先悪（汚）其口。↓〔第11段〕含血遜人、先汚其口。

32–20–3太公話、子〈〉千両金給、勝於大種受指所。↓〔第23段〕良田千頃、不如薄芸随身。賜子千金、不如教一伎。『新集文詞九経抄』245–01–264太公曰、只解以糞糞其地、而不解以〔学〕糞其身。賜子千金、不如教一伎。

32-20-v7太公話、君子以筆耕、小人以力耕。飲食着生、官職獲得、不愛牧耕、不努畜穀□□→『新集文詞九経抄』245-02-59君子筆耕、小人力耕。懃耕之人、必豊穀食。懃学之人、必居官職。→〔第13段〕

32-22-v2太公話、十言九中者、不勝一黙然。→『新集文詞九経抄』245-01-287・1太公曰、十言九中、不語者勝。『文詞教林』244-00-199十言九中、不語為黙然、〔第11段〕及び西夏本参照。→〔第11段〕

32-24-6太公話、国主信讒、殺傷臣子。朋友信讒、相互結怨。→〔第18段〕国信讒言、必殺忠臣。治家信讒、家必敗亡。兄弟信讒、分別異居。夫婦信讒、男女生紛。朋友信讒、必致死怨。

聶鴻音氏は、ここに指摘した敦煌本『新集文詞九経抄』と『明心宝鑑』との本文の異同については注意を払っていない。更に同氏は「従以上所挙的例子不難估計,『経史雑抄』的漢文初稿并不是編者親手従漢文古書中逐条摘出的,而大多数是憑道聴途説或箇人的一些模糊印象写成的,把書訳成西夏文時,訳者也并未取征引的古書来核对。……今天当我們面対『経史雑抄』的時候,心中的感覚可以説是幸与不幸参半:所幸的是我們終于見到了一部明確反映西夏下層民衆教育水平的可靠著作,従而得以在某種程度上塡補西夏教育史上的資料空白;所不幸的是書中絶大多数条文都与漢文原著相去甚遠,有些甚至錯得不知所云,要逐一確定每一条引文的出処従而徹底解読這本書,那真是太難太難了.〔以上挙げた例により推測に難くないが、『経史雑抄』の漢文初稿は、いずれも編者が自ら漢文古書より逐条取り出したものではなく、大多数は聞きかじり、或いは模糊とした記憶から書いたものであるが、この書を西夏文に訳す時、訳者もまた古書まで突き合わせたりはしなかった。……今日我々が『経史雑抄』を見るとき、心中に喜ばしいことと喜ばしくないことが相半ばしている。喜ばしいのは我々は遂に西夏の下層民衆の教育水準を反映していると信ずるに足る著作を発見したことで、これによってある程度は西夏教育史の空白を埋めることができること。もう一方は書中の殆どの条文は全て漢文の原著とは隔たりが大きく、一部甚だしい場合は云うところを間違っている。逐一一条ごとに引用文の典拠を確定しこの本を徹底的に解読しなければならない。それはまことに困難なことであろう〉」と述べるが、部分訳によったか、完訳があったものかは知るに由無いとしても、『太公家教』については耳から記憶したものなどではなく、西夏語や契丹語に翻訳されていることは確実である。十世紀の敦煌写本識語によれば書写者には漢族ではない昭武九姓〈隋唐時代に匈奴に追われてアムール・シリル両河流域にできた政権で、祁連山北の昭武城にあった康王の末裔で、康、安、曹、石、米、何、火尋、戎地、史の九国に分かれていた〉の安氏の幼童の名とおぼしきものも認められる。これらの一本が西夏に伝えられて翻訳された可能性があろう。漢語版『太公家教』との書承関係は必ずや認められるに相違ないのである。

「草原の道」と「絹の道」の交差する敦煌・吐魯番・黒水城に『太公家教』の濃厚な享受の痕跡が認められるとともに、その一方のテキストが『明心宝鑑』の撰者とされる范立本〈武林〈現在の杭州〉の人〉の所持本と近い関係にあり、その『明心宝鑑』は江南と朝鮮半島との古来からの直接的な交渉によって、朝鮮半島の清州に伝播・出版され、それから百年程の後 Juan Cobo はマニラに在って范立本の原撰本に近い『明心宝鑑』を翻訳の底本としたのであった。

西夏と同時代の北方国家遼の遺跡である山西省応県木塔の木像の胎内から発見された典籍の『雑抄』〈これも書名の通りの諸書の抜き書きである〉に、「太公曰、勤耕之人、必居穀食。勤学之人、必居官職。〈以上が『太公家教』〈第13段〉の引用〉俗礼尚然、豈況仏経。在守衆生、勤々上講。受戒持課念仏、如遠行人身有路糧。不楽聞法、譬如羸人行時無杖。無常経云、勝因生善道。悪業堕泥梨、凡夫之衆、無明山高峻。有漏海深、昇者万劫難登。□者千生莫出。奉勧善友□。自今後休生懈怠之心。勤念諸仏、世々生々因為善友。念世々」の引用がある〈後藤昭雄氏指教。『応県木塔遼代秘蔵』〈文物出版社、一九九一年〉所収〉。この引用も『明心宝鑑』本・西夏本・越南本と同じように、敦煌本とは別の流布経路を示すもので、敦煌本を相対化する重要な証拠である。

我々はともすれば版刻本の世界に眼を奪われがちであるが、その背後には長い伝統を持つ別の鈔本（筆写本）の世界があることに注目すべきであろう。とりわけ下層社会や幼学段階に於ける知識の伝達は、久しく音読暗誦と抄記によって担われたのであるから。

域外漢籍の研究は、ともすれば何百年ぶりかの感動的な里帰り（reconquista）の研究に重心が置かれがちである。しかし、この『太公家教』の場合は、東アジア全体の視野の中で漢籍の流通と変容の問題を考える上での出発点になるのではないかと考える。二国間比較の視野の中では結論に辿り着けないような問題であっても、三カ国以上の相互比較を条件とするならば、解決に導く糸口に辿り着くことが可能となり、欧亜大陸に展開する文字文化の深い歴史的意味と、関係性を引き出すことができると考える（『外台秘要方』と日本の『医心方』、朝鮮の『医方類聚』の関係、『貞観政要』の如きものにも女真語・満州語への翻訳出版の事実があることなど）。満文や女真語、越南語についての資料発掘や情報提供が待ち望まれるところである。

その点で私たちにとって予測されたこととは言え驚くべきことに、『太公家教』にはハノイの近郊にその断片が存在する由、王小盾氏の訪書記録がある。「越南訪書札記」（四川大学中文系『新国学』第三巻、二〇〇一年）に部分的に紹介されたものは左の如くである[20]。

……一日相逢，万劫因縁。四海之内，兄弟皆也。同道者，千里之尋；不同道者，過門不入。有智者如年高，無智者頭（徒）労百歳。人離郷則易，物離郷則貴。国正天心順，官声民自安。王以民為本，民以食為先。王有良将，家有賢妻。兄弟如手足，夫妻如衣服。千家万家一家好，千草万草一草香。日日養客不貧，夜夜偸人不富。入山逢虎易，開口告人難。人貪財而死，鳥貪食而亡。羅網之鳥，悔不高飛；懸鉤之魚，悔不忍飢。人心如鉄，官法如炉。守分愁難入，無貪禍不侵。……

これは一見して敦煌本『太公家教』とは同名異書を疑わせる本文であるが、文中の「羅網之鳥、悔不高飛。懸鉤之魚、悔不忍飢」に注目すれば、敦煌本〔第5段〕の章句に一致し、更に眼を凝らせば、いくつかの類似した『太公家教』の章句が思い浮かぶであろう。

敦煌本『孔子項橐相問書』に蔵文や越南語版があることなどとも共通する方言周圏論的事実、王小盾氏が『越南漢喃文献目録提要』の序に於いて、敦煌と越南が「一段俗文化伝播史的両個端点」であることを指し示していることに、前記「里帰り」漢籍研究とは別の研究分野が開けているように思われる。

『太公家教』のように大衆の支持を得た鄙俗な内容を持つ一部の漢籍は、異本化〔又は地域化〕や翻訳による変容を遂げつつも、域外周辺部へと驚異的に拡大している。テキストは作者の意図言明のみから構成されるものではなく、テキストと交渉する複雑な要因によって常に書き換え可能なものであるとのテキスト観を、これほど見事に体現している作品も少なかろう。

「幼学の会」の当面の関心は、敦煌本を中心に据えた域内漢籍としての『太公家教』の注釈の問題であったが、この書物は漢字文化圏の幼学の重要性について、なお多くの未解明の問題点を抱えていると見られる。

六

ここでは東アジアに於ける流布を念頭に於いて、現存『太公家教』の諸本の性格について総括し、併せて底本の選択理由について簡単に説明しておきたい。諸本の具体的な状態と分類については、別に校異表と影印篇が備わるので、ここでは詳細に及ばない。

『太公家教』という書物は、これまで述べてきたように、従来のテキスト観を覆す魅力を持ち（多数の異本群から系統図(stemma)を構築し、原典本文に遡るという Karl Lachmann 以来の古典的方法を適用することの方法的限界を明らかにしている）、以下の特徴を持つ。

一、作者の無名・匿名性を特色とし、内容を保証する厳密な意味での作者の概念が当て嵌まらない。

二、厳密な定型を持たずテキスト自体の可塑性がある。句の任意の差し替え、追加省略などが比較的容易に起こり得る（現代中国で多数出版されている『増広賢文』の諸本も、同様の現象が認められる）。この生長変化の過程を遡り、校訂作業によって原態に近づくことは可能であるが、その結果は校定者の主観を完全には排除できない性質のものである。

三、『新集文詞九経抄』、『明心宝鑑』など別書に乗り換えることによって、更に一段と強力な生命力を獲得し、生命体の遺伝子のように千二百年前の姿を今日に伝えている。恐らく敦煌本が出現しなかったなら、我々はこの書物についての断片的逸文情報しか知り得なかったであろう。成立後、早い時期に『太公家教』は増広と節略の両方の極へと変容を始めると同時に地域的にも拡散している（有力であったのは敦煌本ではなく、寧ろ消滅したテキストの方であったのではないかとさえ推定される程である）。

四、敦煌本を除く『太公家教』の断片は、未紹介の越南本を例外とすれば全て零細なもので、これらを綜合しても量的には敦煌本には遙かに及ばないものである。しかし同時に敦煌本の絶対性を実証的に相対化する資料ともなり、読者の参画による絶えざる変化という、今日喧しく、一部には早くも通念化し始めたテキスト観にとって、まことに貴重な材料を提供してくれている。

このような特徴を踏まえ、私たちは比較的首尾の完具している本文を持つP三七六四を底本とした。もう一つの代表的本文で入矢義高氏が『太公家教校釈』の底本として採用した羅振玉本は、『鳴沙石室佚書』等で見ることが出来るが、現在所在が明らかでない（羅振玉がどのようにしてこの写本を入手したか興味深い）。入矢氏は「校釈」執筆時にはペリオ本系統を一切見ていなかった。その羅振玉本（1本）は、完本ながら独自句が目立ち、また、省略も多く、底本とするに適当でない。また、松尾良樹氏が底本とされたP二五六四（19本）も同様で、私たちの本文批判の作業は、比較的古形を留めるP三七六四（33本）を底本として校勘を行い、現存する全ての敦煌本及び吐魯番出土本の厳密な校異表を作成し、解読の過程と根拠を示し、独自異文を排除した（勿論、校異表に於いて、どこにどのような独自句が発生しているかをも簡明に見ることが出来る）。これは我々が日頃馴染んでいる厳密な本文を再建する為の最善の方法である文献学の手法である。

かくて私たちは敦煌本の諸本の中から比較的原姿に近いものに辿り着くことが出来たと自負するものであるが、この解題冒頭で述べたような異本の発生の問題を全て解明し尽くしたものではない。断片であることなどを理由に孰れの系統に属するとも不明なものを残し、諸本系統図を完成するための新たな挑戦を始めたところである。

注

（1）宋の王明清『玉照新志』五「世伝太公家教、其言極浅陋鄙俚、然見之唐李習之文集、至以文中子為一律。観其中猶引周漢以来事、当是唐村落間老校書為之」、『続伝灯録』十一（汝州香山法成禅師）「恰似三家村裏教書郎、未念得一本太公家教、便道文章賽過李白杜甫」など、知識人から距離を置かれる存在である。なお、「太公」の意味する所について、張求会「陳寅恪佚文《敦煌本〈太公家教〉書后》考釈」（『歴史研究』二〇〇四年第四期）がある。

的検証を行っている。

（2）『顔氏家訓』勉学の「諺曰、積財千万、不如薄伎在身」が『太公家教』によるものかも知れないとする宇都宮清吉の指摘がある（中国古典文学大系9『顔氏家訓』〈平凡社、一九六九年〉の注）。『開蒙要訓』ほど語学的に優れた史料ではないが、松尾良樹「音韻資料としての「太公家教」―異文と押韻―」（『アジア・アフリカ言語文化研究』一七、一九七九年）が語学的検証を行っている。

（3）純陽帝君神游顕化図（山西永楽宮純陽殿壁画、一三五八年）の図像。宮紀子『モンゴル時代の出版文化』（名古屋大学出版会、二〇〇六年）の口絵に使われて有名になったもの。知識の階層性については後代の社会を扱ったものだが、大澤顯浩「啓蒙と挙業の間―伝統中国に於ける知識の階層性―」（『東洋文化研究』7、二〇〇五年）「善書の文脈―伝承の生成と知識の階層性―」（山根幸夫教授追悼記念論叢『明代中国の歴史的位相』、汲古書院、二〇〇七年）がある。

（4）一九四九年以降のものは一括して参考文献の所に示した。

（5）松尾良樹「音韻資料としての「太公家教」―異文と押韻―」（『アジア・アフリカ言語文化研究』一七、一九七九年）は、口語読書音と現実の口語音との乖離に注目している。黒田彰「音読する幼学―太公家教について」（『文学』七〈二〉、二〇〇六年）は、異文発生の機構と音読を結びつけて興味深い。

（6）黒田彰「太公家教攷」（『日本敦煌学論叢』一、二〇〇六年）と岡田美穂「太公家教の諸本生成と流動」（『中京大学文学部紀要』四一―二、二〇〇六年）が、諸本の詳細と分類の観点と手続きについて委曲を尽くしている。

（7）大谷文書と吐魯番文書との関係については、小田義久「大谷文書と吐魯番文書の関連について」（『東アジア古文書の史的研究』、刀水書房、一九九〇年）があり、同一地区からの出土であると指摘している。吐魯番出土文献については『文物』六〇九期（二〇〇七年二月）に「新獲吐魯番出土文献概説」に概要がある。最近の『新獲吐魯番出土文献』（中華書局、二〇〇八年）は一九九〇年代に発見された文書を収めるが未見。

（8）鄭阿財『敦煌写巻新集文詞九経抄研究』（文史哲出版社、一九八八年）、鄭阿財・朱鳳玉『敦煌蒙書研究』（甘粛教育出版社、二〇〇二年）、王三慶『敦煌類書』（麗文公司、一九九三年）の先行研究がある。『新集文詞九経抄』に続く『応機抄』『新集文詞教林』などにも、敦煌本には見えない「太公曰」が見られる。別書の名を借りて『太公家教』の本文を引用するものも存在しているため、四句形式と押韻と意味、語彙語法からの検討を行い、弁偽校勘を経なければならない。次に採り上げる『明心宝鑑』も『新集文詞九経抄』の如きものを経由した引用であると基本的には考えられる。

（9）藤原頼長の読書記録にさえ登っていることは有名であるが、もしも『世俗諺文』「香餌之下必有懸魚　史記云、香餌之下必有懸魚、優賞之下必有怨夫」【『玉函秘抄』には「香餌之下必有懸魚、重賞之下必有勇夫。黄石公三略」とする】が、『太公家教』の引用であるとすれば、平安後期（一一世紀）には伝来していたことになる。

鎌倉の長井洒掃文庫に一本が存在したことは、金沢文庫古文書「重文長井貞秀書状」（五八四七／二〇四〇）に「一夜鶴庭訓抄　一常要三ケ事　（異筆）「返納候了」。已上両巻令返納候、一家務簡要抄　一帖　一世間雑事抄　一帖　此又可申出候。一太公家教　一巻　同前候。十月八日　貞秀」から判る。

『普門院経論章疏語録儒書等目録』にも「太公家教一冊」とあるが、この目録登載の漢籍類は円爾弁円が回帯したもので、巡錫の地域を特定することができるが、弁円が回帯した本をそのまま載せていると考えるのはやや素朴に過ぎる。例えば許紅霞氏の指摘するところによれば、咸淳元年（一二六五）重刊の『橘洲文集』は円爾の帰国時（一二四一）には未だ刊刻されていない。さすれば入蔵時期は、刊刻の年より大道一以が同目録を編纂した（一三五三）以前の凡そ八十八年間ということになろう。但し『太公家教』の場合、十四世紀の日本に存在したことは確実であるが伝本はおろか、引用の確たる証拠も、今日に至るまで報告されていない。

（10）蕭湘・李建毛編『瓷器上的詩文与絵画』（湖南美術出版社、二〇〇六年）、王興編『磁州窰詩詞』（天津古籍出版社、二〇〇四年）などには、民間に流布した無名氏の詩句・教訓が陶器に記されている興味深い事実を紹介している。「唐代長沙銅官窯址調査」（『考古学報』一九八〇年一期）が報告している「鳥悔」壺には「羅網之鳥、悔不高飛」（第5段）が記され、王奮英『大唐意象』（湖南人民出版、二〇〇八年）が紹介している古長沙窯磁「青釉褐緑彩格言壺」には「懸鉤之魚、悔不忍飢」（第5段）が書かれている（『太公家教』であるとの指摘はない）。屏風などの器物に紛れ込む可能性も否定はできない。考古史料にも目配りが必要であろう。『唐研究』第四巻（一九九八年）に、徐俊「唐五代長沙窰瓷器題詩校証」があり、付録に格言熟語を収める。

（11）最古の写本に、徳治三年（一三〇八）金沢貞顕自筆本残簡がある（「徳治三歳二月廿五日点校畢。正五位下行越後守平朝臣（花押）。同三月二日重校合畢。菅相公為長卿抄云々。貞顕」（納富常天『金沢文庫資料の研究』、法蔵館、一九八二年）。

第一択近臣　不知其子、視其所友。不知其君、視其所使。家語→〔第22段〕

第二寛仁　寛則得衆、用賢則多功。信則人帰之。袁子正書（表子正喜・赤子）→〔第18段〕

家語曰、不知其子、視其所友。不知其君、視其所使。→〔第22段〕

第三文学　幼而学者如日出。而学者如秉燭夜行。顔子→〔第21段〕

賞功　香餌〈之〉下、必有懸魚。重賞〈之〉下、必有勇（死）夫。故礼者士之所帰、賞者士之所死。同（三略記）

→〔第23段〕

往来礼　礼尚往来、往而不来非礼。来而不往、亦非礼也。→〔第1段〕

賓主礼　尊客之前不叱狗。同（礼記）→〔第6段〕

飲食礼　食居人之左、羹居人之右。毋流歠、毋姙食、毋齧骨、毋投与狗骨。賜菓君前、其有核者懐（之）其核。同

（左伝）→〔第6段〕

第五択友　伝曰、不知其君、視其所使、不知其子、視其友。同（史記）→〔第22段〕

第七避嫌疑　瓜田不納履、李下不正冠。文選→〔第18段〕

第八慎染習　蓬生麻間不扶自直。白沙入涅不染自黒。人久相与処、自然染習。貞観政要→〔第13段〕

第十世俗　尊君之前不叱狗。同（礼記）→〔第6段〕

他弓不挽、他馬莫騎。大唐俗語要略（太田氏が指摘）→〔第4段〕

（12）中国の俚諺・戯曲・小説など白話資料中に紛れる『太公家教』とその変化形については、高国藩「敦煌写本《太公家教》初探」（『敦煌学輯刊』一九八四年第一期）や入矢義高「校釈」が指摘している。

（13）先行書或いは藍本としての『群書鉤玄』の存在を指摘したものに、田島照久「『禅林句集』考」（『早稲田大学大学院文学研究科紀要』50、二〇〇四年）がある。

（14）近世日本の『明心宝鑑』の受容については、成海俊「江戸時代における勧善書『明心宝鑑』の受容と変容」（『日本思想史—その普遍と特殊』、ぺりかん社、一九九七年）が概観を与える。『禅林句集』注釈及び『天草版金句集』所引『明心宝鑑』は直接引用である。その他日本人の著作に引用されるものに、小瀬甫庵（一五六四～一六四〇）『明意宝鑑』『政要抄』、林羅山（一五八三～一六五七）『童蒙抄』（内閣文庫本寛文六〈一六六六〉年）、野間三竹（一六〇八～一六七六）『北渓含毫』、浅井了意（一六一二～九一）『浮世物語』『堪忍記』等が知られる。林羅山『童蒙抄』（内閣文庫本寛文六〈一六六六〉年）「寛文六丙午暦孟春吉辰　武村新兵衛刊行」に見える『明心宝鑑』の引用は太田氏が指摘している。

（15）例えば明治の刊本で二十世紀の始まる年の刊本、衣笠宗元『世諺叢談』では、諸善書からの引用に混じって、寛文版本系の『明心宝鑑』を回路として、四則の『明心宝鑑』からの間接引用が認められる（『国立国会図書館蔵書目録　明治期』）。

○血を含みて人に噴く

明心宝鑑上巻正己篇曰、太公曰、欲量他人、先須自量。傷人之語、還是自傷。含血噴人、先汚自口。〔備考〕五灯会元第十八崇覚空禅師章「含血噀人、先汚自口。」

○芸は身を助くる

韓文公進学解曰、占小善者率以録、名一芸者無不庸。

〔備考〕明心宝鑑巻下、省心篇に「太公曰、良田万頃、不如薄芸随身。」顔氏家訓巻上、勉学篇に「諺曰、積財千万、不如薄伎在身。」とあり。

○朱に交われば赤くなる

明心宝鑑交友篇曰、太公曰、近朱者赤、近墨者黒、近賢者明、近才者智、近痴者愚、近良者徳、近智者賢、近愚者暗、近佞者諂、近偸者賊。（略）

○子を持ちて知る親の恩

明心宝鑑上巻孝行篇曰、養子方知父母恩、立身方知人辛苦。

この例にみるように、『明心宝鑑』を新たな乗り物として『太公家教』は更に大きな伝播力を持つに至った（過去の『新集文詞九経抄』や西夏本『経史雑抄』の場合も事情は同じであったろう）。

（16）和刻本『明心宝鑑』（一六三一年刊）の底本となった太倉緱山王衡校・陳弼廷刊本には、明版にはよくあることだが、正己編に落丁がある。西班牙語版の底本Cobo手沢写本にも同一の欠陥が認められ、この系統の明版の影響力が大きかったことが知られる。Cobo手沢写本には同音異字の写し間違いが多い。恐らくこれも音読されたテキストを書写したことに原因があろう。南越本『明心宝鑑』については、二〇〇六年九月杭州で開催された国際学術検討会「〝書籍之路与文化交流〟国際学術検討会」に於いて何成軒氏による「明心宝鑑在越南的流播与影響」が報告されている。最近中国では李朝全点校訳注『明心宝鑑』（華芸出版社、二〇〇七年）も出版されている（以上金程宇氏垂教）。なお陳慶浩『第一部翻訳成西方文字的中国書—『明心宝鑑』』（『中外文学』二一-四、一九八二年）及びLe Mingxin baojian (Miroir précieux pour éclairer l'esprit), premier livre chinois traduit dans une langue occidentale (le castillan) cahiers de la société asiatique Ⅳがある。

（17）Beng Sim Po Cam o Espejo Rieo del Claro Corazon. (Primer libro chino treducio en lengua castellana por Fr. Juan Cobo, O. P. 1592, Carlos Sanz, ed. Madried, 1959）は、西欧語に翻訳された最初の中国書として著名である。一九五九年の書影に見る如く、Juan Coboの手稿と漢文の原文が対照されている（巻五と巻六に錯簡が認められるが落丁はない）。

（18）清州本『明心宝鑑』に引用される「太公曰」の用例を含め、引用書の素性については船木勝馬「『明心宝鑑』雑考 付—引書・人名索引稿」（中央大学『人文研紀要』18、一九九九年）がある。柳雲撰（一四八五～五二八）『進修楷範』朝鮮中宗十四年刊（一五一九）の上巻の中にも次のような「太公曰」が現れる。これも『明心宝鑑』を経由したものであろう。

［正法］太公曰、婦人之礼、語必細（語）、行必緩歩、止必斂容、耳無余聴、目無余視、不窺牖戸、早起夜眠、専勤紡績、勿好葷酒、供其甘旨、以奉賓客。

［好善］太公曰、見善如渇、聞悪如聾、又曰、見人善事、即須記之、見人悪事、即須掩之。

［隠悪］太公曰、傷人之語、還是自傷、含血噴人、先汚其口。

［修検］太公曰、一行有失、百行倶傾。

（19）出版予告に「在『経史雑抄』征引的古書中,『太公家教』是最値得注意的,『太公家教』是唐宋之際在下層民衆中頗流行的

童蒙読本之一，宋代王明清『玉照新志』論為其作者是唐代的一个郷塾先生．由于該書文辞浅陋鄙俚，為上流学者所不歯，所以問世不久就在中原失伝了．（略）『経史雑抄』為胡蝶装刻本，首尾均佚，未見書題和序跋，現用的書題『経史雑抄』是后人擬定的，書的現存部分去掉重復可以合并成三二葉，已由上海古籍出版社于一九九九年刊布．（『俄蔵黒水城文献』『英国国家図書館蔵黒水城文献』所収）（『経史雑抄』所引の古書の中では『太公家教』が最も注目される。『太公家教』は唐宋時代の下層民衆にとても流行した童蒙読み物の一つで、宋代の王明清の『玉照新志』でその作者は唐代の郷塾の先生であると論じている。この書の文章が賤しく上流の学者が歯牙にもかけなかったために、世に問われて間もなく中原では失われてしまったものである。（略）『経史雑抄』は粘帖装の版本で首尾が欠け、書名と序跋が未詳であり、現在『経史雑抄』の書名が用いられるのは後の人の仮に付けたもので、現存部分の重複をとり去ると全て三二葉となる。既に上海古籍出版社によって一九九九年に刊行されている」とある。現在知られていない零葉が更に紹介されれば、西夏に伝来した『太公家教』の実態が明らかになろう。

（20）越南本『太公家教』は、啓定元年（一九一六）書写本である。発見者王小盾〈昆吾〉氏の指教によれば『越南訪書札記』（四川大学中文系『新国学』三、二〇〇一年）ほかがある。書写が新しく羅振玉が敦煌本を紹介した『鳴沙石室佚書』一九一三年と接近していることは懸念されるが、科挙が二十世紀まで行われた国柄であることや、魯迅『朝花夕拾』の回想、『増広賢文』が今でも盛んに学習されていることなどを勘案すると、越南の地で二十世紀まで『太公家教』が生き延びていたとしても不思議ではない。全文の紹介が待たれる。

［参考文献］

①太田晶二郎「太公家教」（『日本学士院紀要』七―一、一九四九年）

②王重民『敦煌古籍叙録』三子部上所収「原本六韜」、商務印書館、一九五八年

③Beng Sim Po Cam o Espejo Rieo del Claro Corazon.（Primer libro chino treducio en lengua castellana por Fr. Juan Cobo, O. P. 1592, Carlos Sanz, ed. Madried. 1959）

④入矢義高「「太公家教」校釈」（福井博士頌寿記念『東洋思想論集』、一九六〇年）
⑤Lothar G.Knauth・白石晶子「明心宝鑑の流通とイスパニア訳の問題」（『近世アジア教育史研究』、一九六〇年）
⑥З. И. Горбачева, Е. И. Кычанов "Тангутские рукописи и ксилографы" Москва : Издательство вoстчной Литературы, 1963
⑦松尾良樹「音韻資料としての「太公家教」—異文と押韻—」（『アジア・アフリカ言語文化研究』一七、一九七九年）
⑧遊佐昇「敦煌文献にあらわれた童蒙庶民教育倫理—王梵志詩・太公家教等を中心として—」（『大正大学大学院研究論集』四、一九八〇年）
⑨Paul Demiéville "Les Instructions Domstiques de L'aïeul (*T'ai-kong kia-kiao*)" Paris, 1982
⑩高国藩「敦煌写本《太公家教》初探」（『敦煌学輯刊』一九八四年一期）
⑪周鳳五『敦煌写本太公家教研究』、明文書局、一九八六年
⑫入矢義高「『句双紙』解説」（『新日本古典文学大系』52、岩波書店、一九九六年）
⑬王泛舟『敦煌古代児童課本』（敦煌文化叢書、甘粛人民出版社、二〇〇〇年）
⑭伊藤美重子「敦煌写本「太公家教」と学校」（『お茶の水女子大学中国文学会報』20、二〇〇一年）
⑮鄭阿財・朱鳳玉『敦煌蒙書研究』（敦煌学研究叢書、甘粛教育出版社、二〇〇二年）
⑯黒田彰「音読する幼学—太公家教について」（『文学』七〈二〉、二〇〇六年）
⑰黒田彰「太公家教攷」（『日本敦煌学論叢』一、二〇〇六年）
⑱岡田美穂「太公家教の諸本生成と流動」（『中京大学文学部紀要』四一-二、二〇〇六年）
⑲伊藤美重子『敦煌文書にみる学校教育』、汲古書院、二〇〇八年
⑳黒田彰「大谷文書の太公家教—太公家教攷・補—」（『佛教大学文学部論集』93、二〇〇九年）

［補記］この解題で記したことの骨子は二〇〇七年夏の南京大学に於ける「域外漢籍研究国際学術検討会」で口頭発表した。発表の機会をお与え頂いた南京大学文学院金程宇先生に感謝したい。発表後に次々反響があり新たに判明した事実がもたらされた

が、本解題にこれらを追記補訂することが出来た。御指教戴いた方々に深く感謝したい。この解題はまた、平成19年度科学研究費補助金基盤研究(B)(1)（18320044）（研究代表者黒田彰）の成果の一部である。

あとがき

黒田　彰

幼学の会が『孝子伝注解』を公刊し（平成15年3月、汲古書院）、引き続き太公家教の注解に取り掛かったのは、平成15年5月のことである。その後、一読を終えて二読に入ったのが平成16年8月、三読を開始したのが平成17年12月のことで、後述の事情によって、なお校異表及び、注解原稿の大幅な改訂、整備を必要としたため、平成19年2月からさらに四読を行って、同8月にそれを終了させることが出来た。併行して、校異表の作成を終えたのが昨年夏のことであったから、幼学の会が本書刊行に要した期間は、約五年ということになる。偶々その下働きに従事した私の感想を一言で言えば、「梃子摺（てこず）った」という一言に尽きる。あとがきを命じられたこの機会を利用して、本書成立の内幕を若干明かしておくことも、幼学の会の小史として強ち無意義なことではないだろう。

本書成立の第一段階は、まず太公家教のテキストのリスト作りから始まった。最終的に全四十八本（書名のみを含むS三八七七を入れれば四十九本。略解題注⑳参照）を数える。太公家教の現存本は、その大半を敦煌文書が占めるので、スタイン文書、ペリオ文書のマイクロフィルムを所蔵する東洋文庫（東京）に依頼して、両文書の太公家教全本の写真複写を入手することが叶った。ところが、その内の何点かの文書の写りが悪く、一部が判読出来ない。複写を担当されたのは高橋情報システム（現、インフォマージュ。東京）だったが、その良心的な対応によって、結果的に何点かの文書については濃、中、淡三種類の写真を無料で焼き付けて下さった。さらに寧楽美術館にお願いして、その貴重な太公家教を撮影させて頂いたのは、平成15年9月13日のことである（巻頭口絵。後半は王梵志詩集）。一読を開始する準備段階において既に分かっていたことだが、太公家教の校異表を作成しようとする場合、常時十五点前後、多い時には二十点を越える文書を、一時に対照しなければならない。本書の影印篇を参照すれば御理解頂けるように、元の文書のままで二十本近い本文を眺め亙そうとすると、物凄い面倒な仕事となる。そもそも当該写本の必要部分を見付けるだけで、相当な時間を食ってしまう。そこで、一読の準備段階において私が企てたのは、まず一通り文書全体を複写し、それを行毎に切り離す作業である。先立って入矢義高氏の校訂本文（「「太公家教」校釈」、『福井博士頌寿記念　東洋思想論集』所収、昭和35年）に句数を付し、行毎に切り離して、それを第一行目とする台紙を作っておく。私達の一読は、取り敢えず1羅振玉氏旧蔵本を底本としようということであったから、台紙二行目には、一行目に対応する1本を貼り付けた。後は、その左へ切り離した諸本の対応本文を、次々に貼り付けてゆくのである。諸本の順序は、略解題（また、校異表凡例）に掲げた伝存諸本の一覧を、仮に入矢氏校訂本の本文順に並べ変えたもの（後掲拙稿「太公家教攷」18―20頁参照）に従っている。これは相当神経を使う作業で（およその写本は一行毎に切り離せるようには書かれていない）、大変な手間を必要とした。実際、佛教大学の院生諸君三人に手伝って貰い、四人掛かりで計三日間を費やしたのである（この後暫く私は、太公家教の写本を見ることも、カッターを持つことも厭になってしまった）。その結果、お蔭で非常に見事な校本原稿が完成する。一読に当たって幼学の会でそれを配った折、山崎誠氏が、「これを影印しましょう」と言ってくれたことは、今思い出しても嬉しい。参考までに、その校本原稿の一部を、図版に掲げる。図版は、本書の本文注解篇第5段第116―125句に該当し、また、略解題「太公家教対校表」の原本にも相当する（句番号は、入矢氏校訂本のもので、112―121句）。図版右端は、入矢氏校訂本、上欄は、諸本番号で、右から1羅振玉氏旧蔵本、19本P二五六四、31本P三五九九、33本P三七六四などとなっている。こう

太公家教諸本対校表

(14)

見人善事、必須讚之。見人惡事、必須掩之。(47)隣有災難、必須救之。(48)見人鬪打、必須諫之。(49)見人不是、必須諂之。(50)

太公家教校本原稿

して、件の校本原稿に基づき、また、諸本の写真（B5判のクリアファイル三冊。これが冗談でなく重い）を回覧する形で一読に入り、二年半を経て二読を終え、注解原稿が一旦、完成に近付く。しかし、全諸本の校異表が出来上がったものの、全員何だかすっきりしない。第一に、二読時点での校異表即ち、上掲図版を翻刻したもの（前述のように二読まで、1羅振玉氏旧蔵本を底本としていた）が美しくない。第二に、校訂本文に付けた校異の分量が矢鱈に多い（二読までは1本に対する全ての異同が、注解の校異欄に記されていた）。これらのことが具体的に問題化したのは、平成17年の秋のことである。そのことはまず、山崎氏による、「ところで、1羅振玉氏旧蔵本は、スタンダードな太公家教の本文を示す底本として、本当に相応しいものなのでしょうか？」という質問に端を発する。確かに、その1本には独自句が多く、方や校異表にもまだ一考の余地が残されていた。

かくして、㈠底本は何が良いか、㈡校異表をどのようにすべきか、㈢校異の取り方になお工夫の余地はないか、という三つの宿題を、先の校本原稿を切り貼りした私が背負う羽目に陥った。さて、例えば㈡校異表の形の問題は、㈠底本の選択の問題とも連動しつつ、換言すれば、諸本をどのように並べるか、ということである。一、二読時点における校異表全体を眺め亙して、不満が残るのは、例えば同じ句を欠落させる諸本が表中に散在し、それらの纏まっていないことが主たる原因のように思われる。そのように考えて今一度校異表を見直すと、明らかに句の有無を共有する、諸本のグループがあるらしく、また、諸本中の各本文の遠近も、それぞれに一様ではない。この太公家教諸本間における、本文の遠近の問題は、二読開始直後の平成16年の冬辺りから私の頭を占め始め、明けても暮れても私の脳裏を去ろうとしない。半年程あれこれ悩んだ挙げ句、そこから得られた結論が、本書略解題の基礎となった拙稿「太公家教攷」（『日本敦煌学論叢』一、平成18年）に述べた、太公家教諸本をA―G七系統十類に分かち、また、その系統下に諸本を配する、諸本系統一覧の内容なのである。そこで、三読を開始するに際し、諸本をA―G七系統十類のグループ毎に並べ、その順序を岡田美穂君の説（「太公家教の諸本生成と流動」〈『中京大学文学部紀要』41・2、平成18年12月〉参照）によることを提案し、受け容れられた。さらに㈠底本の選択に関しては、まず完本であることを条件としつつ、19本P二五六四を検討したが、B⑴系統の19本は、A系統の1羅振玉氏旧蔵本に近く、底本を変更する意義が薄いとして、却下される。そして、1本に代わって底本とすることになったのが、E系統の33本P三七六四である。このような経過を踏まえ、三読を始めるに当たっては、㈠底本を33本に代え、それに伴って、㈡校異表を全面的に作り直すこととなった訳だが、二読までは校異表を単なる参考と位置付け、1本に対する校異全てを、注解篇に置いていたことが前述、㈢大規模且つ、複雑な校異欄の問題を惹起していた。そこで、校異表の意味を今一度吟味し直し、33本に対する、諸本の本文異同を全て校異表に譲って、原則的に注解篇には一切記さず、注解篇の校異欄は、33本を改めた場合にのみ専ら用いることとして、欄の名称も「校勘」に改め、一方で校異表には、従来以上に重要な意味を担わせることとした。結果として、校異表は、面目を一新し、本書所収の如く、諸本の異同が各グループ下に纏まって見易いものとなると同時に、新たな学術的課題を今後に提供することになり、また、本書の本文注解篇の校勘欄は、極めて無駄の少ない、現行のものへと生まれ変わるのである。

ところが、底本を変え、改めて校異表を作り直すことは、始めて校異表を作成すること以上に、困難な仕事を生んだ。幼学の会の全員がそのため非常に苦しんだ。加えて、校異表の見直しを依頼した坪井直子、岡田美穂、中村直美、筒井大祐の四名の諸君には、言い知れぬ苦労を掛けた。その四人の尽力によって、本書の校異表は余程、誤りの少ないものとなっている筈である。もし校異表が一般の利用に値するものとなっているとすれば、それは上記四人の苦心の賜物と言わなければならない。

しかしながら、本書の作成に当たっては、苦しいことばかりではなく、楽しいことも多かった。その最大の喜びは、例えば日本文学研究の基礎的方法である、文献学的方法を敦煌文書に応用し、太公家教諸本の本文系統に、一応の目途を付け得たことである。このことは、グローバル時代たる二十一世紀における、日本文学研究の不滅の意義を示すものであろうと、幼学の会は自負している。また、小島憲之氏が先鞭を付けられた、大谷文書即ち、トルファン本太公家教との出会いは、この上なく心惹かれる出来事であった。太公家教は敦煌本以前、さらに西方へと伝播していたのである。この大谷文書の太公家教六本（43―48本）を、校異表に取り入れるに際しては、極めて面白い課題に遭遇する。大谷本は一見、余りに片々たる短文に過ぎないので、暫く系統不明の部に入れたまま、時を経た。そして、いよいよ校異表に書き込む段階に至って、それらが単に系統不明という訳でなく、少なくとも六本中の四本（43―45、48本）は明らかにF系統に属していることに気付いたのである（詳しいことは、拙稿「大谷文書の太公家教―太公家教攷・補」〈『佛教大学文学部論集』93、平成21年3月〉参照）。大谷本の太公家教は、敦煌本より一世紀以上溯ることが確かである。諸本の校異を取ってゆくと、A―G七系統中、相体的にE、F、Gの三系統は、古態を留める印象が強く、今回E33本を底本に選んだ主な理由もそこにある。そして、大谷本がF系統に属する事実は、また、私達がE33本を底本とした理由を強力に裏付けてくれるものであったのだ。また、敦煌本以降、太公家教が西夏のみならず、東南アジアを席捲した様子を山崎氏から聞いた私は、ただただ呆気にとられるのみであった（解題参照）。加えて、驚いたのは校正中、三木雅博氏の齎された、唐代の瓷器に太公家教が記されているとの情報で（長沙市文化局文物組「唐代長沙銅官窯址調査」〈『考古学報』80・1〉など。徐俊氏「唐五代長沙窯瓷器題詩考証―以敦煌吐魯番写本詩歌参考」〈『唐研究』4、98年12月〉に詳しい）、それこそ単に文献に留まらぬ、古代幼学の文化史的広がりを示す、恰好の例と言うべきであろう。このことは、二十一世紀における文学研究の方向を示唆するものとして、なお一般的に知られて良い、貴重な事例と思われる。

さて、幼学の研究は、緒に就いたばかりである。本書の場合も、幼学の会として全力を上げたものとは言え、まだ至らぬ点が多いに違いない。これまでの研究史に見られない、新たな試みとして掲げた校異表を始め、本書が太公家教の基礎的研究の一助として、今後の研究に資することを祈りつつ、なお大方の批正を乞う。

末尾となるが、本書影印篇の公刊に際し、影印を快く許可された大英図書館、フランス国立図書館、寧楽美術館の各位、また、大谷文書五点の転載を許可された龍谷大学仏教文化研究所に対し、幼学の会を代表して、心から御礼申し上げたい。先著『孝子伝注解』に引き続いて、本書の刊行を御快諾下さった汲古書院、石坂叡志代表取締役には、心から感謝申し上げる。同編集部、飯塚美和子氏には、拙著『孝子伝図の研究』に引き続き、行き届いた内校は言うに及ばず、種々の面における的確なアドバイスを賜った。一年に及ぶ校正期間中、余りに複雑な構成を有する本書の特性のため、私を始めとする幼学の会の誰しも、一体本書のどの部分を手掛けているのか、次に飯塚氏に何を依頼すればよいのか、ふと見失ってしまうことがあった。そのような折、必要な事柄また、時期まで含めて、一々御教示を惜しまれなかった飯塚氏の心遣いというものは、身に沁みて有難いものであった。本書が一書としての纏まりを保ち得ているのは、偏に氏の高配による。この場を借りて、改めて御礼申し上げたい。また、印刷を担当された富士リプロには、特に校異表について、私共が完全なデジタルデータを用意し損なったことから、一から入力し直して貰うという、大変な手間をお掛けすることとなった。その結果上がってきた校異表が、殆ど印刷技術の奇跡とも言うべき、見事なものであったことは、幼学の会一同の心から喜びとする所である。最後に、本書は平成20年度科学研究費補助金基盤研究（B）による成果の一部であることを申し添えておく。

平成21年1月31日記

付記　本書は佛教大学の平成20年度出版助成費の交付を受けて刊行されるものである。

太公家教　語句索引

・太公家教本文中の語句（固有名詞・普通名詞）を、漢字の音により五十音順に配列した。
・漢字の音は、第一字目の音によることとし、熟語をその下に配した。同音の漢字は部首順に配列し、部首の順序は『新字源』（角川書店）による。
・複数の音をもつ漢字の音、訓でも読める漢字の訓は、→で参照すべき音を示した。
・語の所在は、段数–句数で示す。例えば、序–1は序段の第1句を、5–118は第5段の第118句を表す。

太公家教　成句索引

・太公家教本文中の成句を注解篇の訓読に基づき、五十音順に配列した。
・成句の所在は、語句索引に準じて示した。
・見出し字に複数の読み方が考えられる場合には、→により参照すべき読みを記した。

ア行

カ行

サ行

タ行

ナ行

ハ行

マ行

ヤ行

ラ行

ワ行

幼学の会

黒田彰（佛教大学教授）
後藤昭雄（成城大学教授）
三木雅博（梅花女子大学教授）
山崎誠（国文学研究資料館教授）

太公家教注解

平成二十一年三月三十一日　発行

編　者　幼学の会
発行者　石坂叡志
整版印刷　富士リプロ㈱

発行所　汲古書院
〒102-0072　東京都千代田区飯田橋二-五-四
電　話　〇三（三二六五）九七六四
FAX　〇三（三二二二）一八四五

ISBN978 - 4 - 7629 - 3570 - 1　C3098
KYUKO-SHOIN, Co., Ltd. Tokyo.